工商管理案例丛书

组织行为学案例精选精析

周瑜弘　编著

中国社会科学出版社

图书在版编目（CIP）数据

组织行为学案例精选精析/周瑜弘编著．—北京：中
国社会科学出版社，2008.7
ISBN 978 - 7 - 5004 - 7042 - 7

Ⅰ．组…　Ⅱ．周…　Ⅲ. 组织行为学—案例—分析
Ⅳ. C936

中国版本图书馆 CIP 数据核字（2008）第 095685 号

策划编策　卢小生（E - mail：georgelu@ vip. sina. com/georgelu99@ yahoo. cn）
责任编辑　卢小生
责任校对　韩天炜
封面设计　高丽琴
技术编辑　李　建

出版发行　中国社会科学出版社
社　　址　北京鼓楼西大街甲 158 号　　　邮　编　100720
电　　话　010 - 84029450（邮购）
网　　址　http：//www. csspw. cn
经　　销　新华书店
印　　刷　北京新魏印刷厂　　　　　　　装　订　丰华装订厂
版　　次　2008 年 7 月第 1 版　　　　　印　次　2008 年 7 月第 1 次印刷
开　　本　787 ×960　1/16　　　　　　插　页　2
印　　张　25.25　　　　　　　　　　　印　数　1—6000 册
字　　数　466 千字
定　　价　35.00 元

《工商管理案例丛书》主编、副主编及编委名单

主　编：张岩松

副主编：栾永斌　刘淑茹　周瑜弘

编　委（按姓氏笔画为序）：

王　萍　王海鉴　包红军　刘　霖　刘淑茹

李　岩　赵　霞　张岩松　辛宪章　赵明晓

周瑜弘　姜雪梅　栾永斌　滕人轶

目　　录

总　序

　　作为与传统理论教学模式完全不同的管理类案例教学，在我国，是改革开放之后才迅速传播开来的。在传统的理论教学模式中，教师凭借粉笔和黑板做系统的讲解，通过教师的口头表达、板书、手势及身体语言等完成教学活动，这带有很大的局限性。这种教学模式缺乏师生之间、学生之间的交流，教师是这类活动的中心和主动的传授者，学生被要求认真倾听、详细记录和领会有关意图，是被动的接受者。因此，这种传统的教学模式应用于能力的培养上难以奏效，对独立思考能力日趋完善的新时代大学生来说，是很难激发其学习兴趣的，因此也难以更好地实现培养目标。

　　案例教学则完全不同，教学活动主要是在学生自学、争辩和讨论的氛围中完成，教师只是启迪和帮助学生相互联系，担当类似导演或教练的角色，引导学生自己或集体做分析和判断，经过讨论后形成共识。教师不再是这类教学活动的中心，仅仅提供学习要求，或做背景介绍，最后进行概括总结，绝大部分时间和内容交由学生自己主动地进行和完成。

　　不难看出，案例教学的首要功能，在于使学生通过个人和集体的讨论与分析，从案例情景中归纳出问题，找寻解决问题的方案及择优处理，最终领悟出适合自己个人特点的思维方法和逻辑推理，使得在今后的实践活动中，可以有效地运用这种逐步培育起来的思维方法和逻辑推理，来观察、分析和解决实际问题，从而使学生的相关能力得以培养和确立，并随今后工作实践的持续进行而日趋成熟和完善。

　　由张岩松等一批年轻教师新近编写的"工商管理案例丛书"——《战略管理案例精选精析》、《危机管理案例精选精析》、《企业文化案例精选精析》、《组织行为学案例精选精析》、《财务管理案例精选精析》、《国际贸易案例精选精析》和《经济法案例精选精析》，加上此前已经出版的《企业管理案例精选精析》、《市场营销案例精选精析》、《人力资源管理案例精选精析》和《公共关系案例精选精析》，这套丛书基本上涵盖了管理类专业主干课程的内容。这套丛书结合国内外企业管理的实践，从方便高校各层次工商企业管理类课程教学的角度出发选编案例，整套丛书的近800个案例涵盖了大量最新的企业信息，每个案例都具有很强的可读性、操作性、代表性和新颖性，真正做到了"精选"。

"工商管理案例丛书"每本书的绪论对案例的含义、类型、功能，特别是对案例教学的特点、过程及案例教学的组织等都做了各有侧重的分析和阐述。具体案例注重结合各管理学科通行的内容分章组织编写，在每章前先对本章的学科内容做了简要的阐述，帮助使用者把握基本管理原理和规律。在对每个案例进行分析和点评时，力求画龙点睛，对读者有所启迪，并在此基础上提出若干思考·讨论·训练题，供读者思考和作为教学之用，真正做到了"精析"。

这套丛书既可以作为管理类专业相应课程的教材单独使用，也可作为相应课程的教学参考书使用。我相信，这套"工商管理案例丛书"必将会推动我国高校管理案例教学的开展，对从事企业管理工作、企业管理教学和研究的人士也会有所裨益，有所启发。

武春友

2008 年 3 月 30 日

前　言

在当今中国，随着经济的振兴和企业的发展，越来越多的管理人员，尤其是广大企业家已普遍认识到，组织行为学是提高组织有效性的一门关键学科。在中国理论界和实践界也已经成为一个热门的研究领域。它重点研究的是关于所有组织中普遍存在的问题，也是关于组织中的人员怎样才能在组织中取得成功，并且利用组织的优势来为你的组织增加价值的问题。

组织行为学是一门理论性和实践性很强的综合学科。它采用系统分析的方法，综合运用了管理学、心理学、政治学、社会学等学科的理论、方法和手段，了解个体、群体和组织结构对组织中人的行为的决定因素，对于提高管理人员对组织成员行为的预测、控制和引导能力，及时协调个人、群体和组织之间的相互关系，充分激发和调动组织成员的积极性、主动性和创造性，有效的实现组织目标，取得最佳的经济效益和社会效益，具有十分重要的意义。

在多年从事组织行为学的教学和研究过程中，我也深深地体会到：倘若想直接利用发端于西方的组织行为学理论模型和概念，来解释和预测我国文化背景下组织中人的行为，难免会产生"隔靴搔痒"之感。正是基于这样的考虑，我们编写了《组织行为学案例精选精析》，尝试以组织行为学的理论框架为平台，以案例分析为背景，对组织行为学的基本问题进行比较系统和全面的讨论。使读者举一反三，触类旁通。同时，注意在每一章案例前对组织行为学的基本原理和规律进行重点阐述，并使读者对每个案例所阐述的问题有重点的了解；我们还为每个案例配写了"案例分析"，并以"思考·讨论·训练"的形式，引导读者对案例进行深入的分析。

本书适合作为组织行为学课程的教材使用，让学生通过案例洞悉企业管理规律，有利于提高教学效果。同时也可作为企业相关管理人员岗位培训教材和广大的企业管理者自学使用。本书既是大中专院校学生的良师益友，也是广大企业领导者、管理者和企业员工颇有价值的参考读物。

本书由周瑜弘编著，李鹏、王海鉴、李学轶、王华一、刘晓燕、潘丽、那丽萍、穆秀英、房红怡、张朝晖、曹永仕、蔡颖颖、王芳、于军、徐茂安、曹晖、佟昌杰、王洪亮、齐迹、孟因、李晓明、唐成人具体负责了全书资料收集工作和全书的文字录入工作。

在编写本书过程中，参阅了不少有关著作和报刊，对案例和资料的原作者，在此深表感谢。本书在成书过程中，也得到中国社会科学出版社的大力支持，亦致以深深的谢意。

由于时间、条件、水平等的限制，书中不足之处，恳请读者批评指正。

编者

2008 年 3 月 16 日

绪　论

　　管理案例是在企业管理实践过程中发生的真实事实材料，这些事实材料由环境、条件、人员、时间、数据等要素所构成，把这些事实材料加工成供课堂教学和学生分析讨论所用的书面文字材料，就成为了管理案例。它是为了某种既定的教学目的，围绕一定的管理问题而对某一真实的管理情景所做的客观描述或介绍。管理案例教学既是对管理问题进行研究的一种手段，也是现代管理教育的一种方法，目前国内外已经有广泛的研究和运用。为了更好地实施案例教学，充分运用本套丛书，我们在此对管理案例教学的组织开展进行较全面的论述，希望对读者有所助益。

一、管理教学案例概述

（一）管理教学案例的由来

　　"案例"译自英文单词 Case，医学上译作"病历"；法学上译作"案例"或"判例"；在商业或企业管理学中，往往译作"案例"、"实例"、"个案"等。

　　案例教学法是指以案例为教学媒介，在教师的指导下，运用多种方式启发学生独立思考，对案例提供的客观事实和问题分析研究，提出见解，做出判断和决策，从而提高学生分析问题和解决问题能力的一种理论联系实际的启发式教学方法。

　　案例教学法的产生，可以追溯到古代的希腊和罗马。希腊哲学家、教育家苏格拉底，在教学中曾采用过"问答式"教学法，这可以被看作是案例教学的雏形。之后，希腊哲学家柏拉图继承了苏格拉底的教育思想，将"问答"积累的内容编辑成书，在书中附加了许多日常生活的小例子，一个例子说明一个原理，那些日常生活的小故事，就可被看作是案例。

　　在管理教学中采用案例教学法是 20 世纪初的事情。现代工商管理实务的出现呼唤着正规的学校管理教育。19 世纪 80 年代，首批商学院在北美出现，哈佛商学院是其中之一。1908 年，哈佛大学创立企业管理研究院，由经济学者盖伊担任首任院长。他认为，企业管理教学应尽可能仿效哈佛法学院的教学方法。他称这种方法为"问题方法"（Problem Method）。在盖伊的策划下，邀请了 15 位商人参加哈佛"企业政策"一课，每位商人在上第一次课时，报告他们自己所遇到的问题，并解答学生们所提出的询问。在第二次上课时，每个学生需携带分析这些问题及解决这些问题的书面报告。在第三次上课时，由商人和学生一同讨论这些报告。这些报告，便是哈佛企业管理研究院最早的真实案例。1920 年，哈佛企业管理研究院第二任院长董翰姆向企业管理界募集到 5000 美元，请欧普兰德教授从事收集和整理制作案例的工作，这是哈佛企业管理研究院第一次由专人从事案例开发工作。这应当说是案例教学的雏形。同年，哈佛成立案例开发中心，次年出版了第一本案例集，开始正式推行案例教学。

　　到 20 世纪 40 年代中期，哈佛开始大力向外推广案例法。在洛克菲勒基金会赞助下，从 1946 年起连续 9 年，先后请来 287 位外校的高级学者参加他们的"人际关系"课的案例讨论，开始争鸣辩论。1954 年，编写出版了《哈佛商学院的案例教学法》一书，并出版了《哈佛案例目录总览》，建立了"校际案例交流中心"，对澄清有关概念、统一术语、就案例法的意义与功能达成共识，起了良好的作用。1955 年起，在福特基金会资助下，哈佛连续 11 年，每年举办为期 8 周的"访问教授暑期案例讲习班"，前后有 119 所院校的 227 位院长、系主任和资深教授参加，大大促进了案例教学在全美管理院校的普及。由此可以看出，案例教学在美国普及经历了近半个世纪的艰苦历程。首先在少数院校"开花"，再向四周逐步扩散；在有战略远见的团体的大力支持下，通过出书、编案例集、建立交流所、举办研讨班等措施，尤其是首先提高院系领导的认识，终于瓜熟蒂落，水到渠成。

　　从 20 世纪 50 年代开始，案例教学法传出了美国，加拿大、英国、法国、德国、意大利、日本以及东南亚国家都引进了案例教学法。50 多年来，哈佛案例教学法被各大学接受，闻名全球，它设立"校际案例交换所"，从事国内以及世界各大学所制作的案例交换工作，每年投入巨额资金开发案例，同时案例的交流也使它每年获得 2000 多万美元的收入。

　　我国管理教育与培训界开始接触到案例教学起自 20 世纪 80 年代。1980年，由美国商务部与中国大陆教育部、经贸委合作，举办"袖珍 MBA"培训班，并将中美合作培养 MBA 的项目执行基地设在大连理工大学，称"中国工业科技管理大连培训中心"，由中美双方教师组成案例开发小组，到若干个中国企业编写了首批用于教学的中国案例，并编写了《案例教学法介绍》一书和首批 83 篇自编的中国管理案例。此后数年，部分高校及管理干部培训机构开始陆续试用案例教学，全国厂长统考也开始有了案例题。

1986 年春，在国家经委支持下，大连培训中心首次举办了为期两周的案例培训班，这种新型教学方法与思想引起几十位参加者的极大兴趣。在大家倡议及国家经委的支持下，同年底在太原成立了第一个国内民间的专门学术团体"管理案例研究会"，次年开始办起了"管理案例教学研究"的学术刊物，余凯成教授任会长和刊物主编，他主持和出版多部案例教学法的译著与专著。

中国台湾地区较之大陆地区更早地开展工商管理教育，自 20 世纪 70 年代起，先后有司徒达贤、陈万淇、刘常勇等学者，力主和推荐个案教学法，并编写出版了《企业个案集》（熊祥林主编）、《台湾本土企业个案集》（刘常勇主编）供教师学生使用。此外，要学好案例，对师生的要求都很高，学生得认真准备，积极参加小组和班级讨论，查阅参考文献，构思和拟写发言提纲，这当然比带上笔记本就去听课要难多了；对教师来说更是如此，案例的课堂讨论中将会发生什么情况，很难预计，这次班上出现这种情况，下一次虽讨论同一案例，却可能出现另一情况。冷场了怎么办？出现僵局怎么办？……有点防不胜防，所以，教师备好一堂案例课所花工夫，远胜于准备一堂讲授课。

总之，案例教学确实是适合管理教育与培训特点的一种十分有效而独特的管理教学方法。

（二）管理教学案例的特征

1. 鲜明的目的性。这里所说的目的是教学目的，它有两层含义：一是狭义的目的，是指通过对案例的分析，让学生验证、操作练习和运用管理的某些概念和方法，以达到学生能深刻领会、掌握、提高这些知识和技能的目的；二是广义的目的，这与工商管理教育的基本目标——重在能力培养是密切联系的。这包括未来管理者应具备的学习能力（快速阅读、做笔记、抓重点、列提纲、查资料、演绎和归纳等）、人际交往能力（口头和书面表达、陈述见解与听取意见、小组交流沟通等）、解决问题能力（发现和抓住问题、分清轻重主次、分析原因、拟订各种解决问题的措施等）。

2. 高度的仿真性。教学案例是在实地调查的基础上编写出来的实际案例，这种实际案例具有典型性、代表性、非偶发性，这是案例的关键特征。在案例设计中，其问题往往若隐若现，提供信息并非一目了然，有关数据需要进行一定的计算、加工、推导，才能直接用案例进行分析。案例通过模拟显示社会经济生活纷繁复杂的"迷宫"以及"陷阱"，目的是训练学生通过对信息的搜集、加工、整理，最终获得符合实际的决策。

3. 灵活的启发性。教学案例必须设计一定的问题，即思考题。其中有的问题比较外露，有的比较含蓄，但通常是显而不露，留待学生去挖掘。案例中设计的问题并不在多，关键是能启发学生的思考。案例提供的情况越是有虚有实，越能够诱人深入，从而给学生留下充分的思维空间，达到最佳的学习效果。

4. 相当的随机性。管理教学案例的侧重点是介绍真实的管理情形，这种情形中包含了许多对解决问题的思路、途径和办法所做的评论；或者案例对问题的解决只字不提，由学生去观察、挖掘、分析，提出自己认为合适的、满意的解决办法和方案。

（三）管理教学案例的类型

案例可以按不同的角度划分类型。如按篇幅长短，可分为短、中、长、超长四类。短篇案例，通常指 2500 字以下的；中篇案例指在 2500～5000 字之间的；长篇案例指超过 5000 字的；除此以外，将超过万字的案例称为超长型案例。以传载形式看，可以分为书写案例、影像案例、情景仿真案例以及网络上使用的用于远程教育或其他形式的案例。若按编写方式，则可分为自编、翻译、缩删、改编等类。从案例的专业综合程度看，则可分为单一职能性的（如生产、财务、营销等）与跨职能综合性两类。按案例间关系，又可分为单篇独立型与连续系列型两类。应当指出，这些分类方法都不可能划分得很明确，其中必有些中间性混合过渡的情况。比较有用的分类法，是按案例编写方式和学习功能的不同，将管理案例分为描述性管理案例和分析判断性管理案例。

1. 描述性管理案例。它是指通过调研工商企业经营管理的整体问题或某一部分问题（包括成功的经历和经验与失败的过程和教训），具体地、生动地加以归纳描述，这类案例的最大特点是运用管理实践的事实来印证管理基本理论与方法，人们通过这类案例的分析能够获得某种经验性的思维方式。最为典型的是，中国管理科学院采取"企政研"三位一体相结合的方式撰写的《中国企业管理案例库》。现实中，人们常常把描述性案例与实例混为一谈，实际上，它们之间既有联系又有区别。案例必须是实例，不是实例就不是案例，但实例又不等于案例，而这之间主要区别在于两方面：一是描述性管理案例是管理实践的一个全过程，而实例可以是管理实践过程中的某一侧面或一个环节；二是描述性案例通常有解决某一问题（决策、计划、组织等）的所有基本事实（人、财、物、时间、环境、背景等）和分析过程，而实例往往仅是表达某一问题的解决方法和运用某种方式的效果。描述性案例更多的是写拟订好的方案，很少叙述执行结果，一般也不进行总结和评价，以给读者留下更多的思考空间。很显然，描述性案例应属于管理教学案例法的范畴，而实例只能属于课堂讲授教学法范畴。

2. 分析判断性管理案例。这类案例是通过描述企业面临的情况（人、财、物、时间、环境等）和提供必要的数据，把企业决策所面临的各种环境、因素问题及意义写成书面材料，使学生身临其境。现在翻译出版的西方管理案例书中，许多都是这类判断性案例。这种案例的编写像录像机一样将企业面临的全部景况从不同侧面实录下来，然后整理成文字数据资料，搬到课堂，供学生分析研究，帮助企业决策。这类案例最接近企业实际，它往往是主次方面交叉，表面现象与实质问题混淆，数据不完整，环境不确定，人们观察与思考具有多维性。由于判断性案例存在着描述企业实际状况方面的非完整性、解决问题途径的多元性和环境因素模糊以及未来发展的不确定性等问题，所以这都给在传统学习模式熏陶下的学生分析研究和在传统教学思维惯性中的教师用管理理论方法来组织引导学生对案例进行分析讲解带来了较大困难。但是，如果我们跳出传统思维方式的窠臼，把案例教学作为培养学生的感觉能力、反应能力和思维能力，以及对案例中企业面临的问题或机遇的敏感程度，对企业内外环境因素所发生变化的对策思路，的确是很有好处的，因为它能增强学生独立判断企业问题或机遇的能力。通过这类案例分析和讨论，还能增强教师和学生的思维、逻辑、组织和归纳能力，并摆脱对权威教科书理论或标准答案的心理上的依赖。而这一切对学生今后迈向真正的企业经营管理实践是大有裨益的。因此这种案例无疑是最典型的，它是国外案例教学的主流。

（四）管理案例教学的作用

管理案例教学的过程具有极为丰富的内容，它是一个学知识、研究问题和进行读、写、说综合训练的过程，这一过程有着重要的作用。

1. 帮助学生建立起知识总体，深化课堂理论教学。一个管理专业的学生按其专业培养计划要求，需要学习的课程较多，除管理专业课外，还要学习诸如会计、统计、财务、金融、经济法学、经济学和哲学等课程。正是这众多的课程构成了学生必要的知识结构，形成一个知识的总体。但是，在教学过程中，分门别类地开出这些课程，出于种种原因，仅依靠课堂讲授，学生总难以把握各门课程之间的内在联系，因而难以形成自己的知识总体。知识的总体建立不起来，也就表明一个学生所获得的知识还是零散的、死板的，是解决不了现实问题的一些知识碎片。在现实社会生活中，书呆子正是这种情况及其危害的生动说明。管理案例分析在帮助学生建立知识的总体结构方面，具有特殊的功能。因为要对一个现实的、活生生的管理案例进行分析，势必要运用各学科的知识，使其相互渗透，融会贯通，否则，就难以分析说明任何一个问题。而且，正是在这种案例的分析说明中，使得分析者头脑中原来处于分割状态、零散状态的知识，逐渐实现了有机结合，形成了知识的总体，表现分析和解决问题的一种能力。很显然，管理案例分析不是理论学习的中断，而是学习的深入，只是这种学习具有很强的针对性，它致力于实际问题的分析和解决。因此，对深化课堂理论教学起着十分重要的作用。

2. 增强学生对专业知识的感性认识，加速知识向技能的转化。管理是一种特殊的复杂劳动，一个管理者仅仅会背诵几条管理理论，而没有判断实际事物的能力是不能解决问题的。正是出于这一原因，作为一个管理者就要特别注意对实际问题的研究，把握事物的个性特征。所以，在管理专业知识的教学中，增强学生对专业知识的感性认识，努力促使学生所学知识向技能转化十分重要。由于管理案例中一些典型素材源于管理实践，提供了大量的具体、明确、生动的感性知识，因此，管理案例的分析过程在丰富学生对专业知识的感性认识，培养学生洞察问题、发现问题和根据实际情况分析问题的实际技能等方面有着重要作用。

3. 推进"启发式"教学，提高教学质量。多年来，在教学上，我们都主张废除灌输式，提倡启发式的教学方法，而且，我们为此也做出了巨大的努力，获得了不少成功的经验。但是，我们过去的不少探索多是在课堂理论教学的范围内进行的，多是强调教师的努力，较少注意到发挥学生在这方面的积极作用。而管理案例分析的独到之处在于，它的教学阵地大大突破了课堂的狭小范围，并一改单纯由教师进行课堂讲授知识的传统形式，要求学生对一个个活生生的管理案例进行分析研究，并以高度的积极性和主动性在理论知识和实例的相互碰撞过程中受到启发，在把握事物内在的必然联系中萌生创见。很明显，案例分析的这种教学方式，对提高教学质量是大有好处的，它在教学领域里，对推动理论与实际的紧密结合和正确运用启发式教学等方面，将产生深远影响，发挥重要作用。

4. 培养学生分析和解决问题的能力，提高决策水平。在一定的意义上说，管理就是决策，而决策就是分析和解决问题的过程。所有案例都隐含着现实管理中的问题，案例将纷繁复杂的管理情景加以描述，以使管理者调动形象思维和逻辑思维，对其中的有关信息进行分类组合、排列分析，完成去粗取精、由表及里的加工过程，理出头绪，揭示问题的症结，寻求解决问题的有效方法。通过对案例情景中所包含的矛盾和问题的分析与处理，可以有效地锻炼和提高学生运用理论解决实际问题的能力。由于在解决案例有关管理问题的过程里，学生唱的是"主角"，而教师只起辅助和支持的作用，因此，学生没有依靠，必须开动自己的脑筋，独立地走完解决问题的全过程。这样，经过一定数量的案例分析，能使学生摸索到解决问题过程中的规律，帮助他们逐步形成自己独特的分析和解决问题的方式方法，提高他们决策的质量和效率。

5. 提高学生处理人际关系的能力，与人和谐相处。管理是一种社会性活动，因此，管理的效果不仅取决于管理者自身的办事效率，而且还取决于管理者与人相处和集体工作的能力。案例教学在注重提高学生解决问题能力的同时，把提高处理人际关系和集体工作的能力也放在重要的位置上。要解决问题就必须与别人合作。在案例教学过程中，有许多群体活动，通过群体的互动，取长补短，集思广益，形成较为完善的方案。同时，同样重要的是，在讨论过程中，学生可以通过学习与沟通，体会如何去听取别人的见解，如何坚持自己的观点，如何去说服别人，如何自我指导与自我控制，如何与人相处。人们的思考方法不尽相同，思维方式各异，价值观念也不尽一致，在认识和处理问题上自然会存在分歧，正是在遭遇和处理分歧及人际冲突过程中，学生才能体会到如何理解和包容想法不同、观点各异的同伴，才能心平气和地与人合作，向他人学习并携手朝着共同的目标努力。

6. 开发学生的智能和创造性，增强学习能力。案例独具特色的地方，是有利于开发人的智能和创造性，增强人的学习能力。人的学习能力是分层次的，接受知识和经验是一个层次，消化和整合知识经验是另一个层次，应变与创新是更高层次。学习能力的强弱不仅体现在对理论知识的死记硬背和被动接受上，更为重要的是体现在整合知识和经验的能力上，以及适应不断变化创新的能力上。只有真正善于学习的管理者，才会知道自己需要什么样的知识和窍门，懂得更新哪些方面的知识，知道如何利用知识解决问题，达到既定的目标。

二、管理案例教学的组织引导

管理案例教学的组织引导，是教师在案例教学的课堂上自始至终地与学生进行交流互动，督促学生学习的过程。管理案例教学的组织引导是主持案例教学的重点和难点，它似一只看不见的手，对案例教学产生一种无形的推动作用，是教学成败的关键，作为实施管理案例教学的教师必须高度重视管理案例教学的组织引导。

（一）明确教师角色

在案例分析中，教师与学生的角色关系有所转换，这具体是指在传统的课堂上，从讲授的角度来看，教师的活动似乎减少了。其实，就和演戏一样，这是前台上的表面现象，这并不能否定教师在教学中的重要作用。恰恰相反，在案例分析中，教师的作用非常重要，为了使案例分析课获得好的效果，教师总要煞费苦心、精心设计，这里我们不妨转摘一段一个学生有趣的谈话，来看看教师所耗费的苦心：

　　我头一回碰上大型综合性管理案例，是在上一门叫做"政策制定"课的时候。在这以前，我连什么叫政策也不清楚，跟大多数同学一样，头一回去上这课，可真有点紧张，生怕老师点到我。

　　一开始老师就正巧把坐在我身边的一位同学叫起来提问，我如释重负，松了一口气，暗暗地说：老天爷，真是福星高照，差点没叫到我！其实，那案例早就布置下来了。我也曾细细读过两遍，而且想尽量把分析准备好。可是说实话，我仍然不知从何下手，心中实在无底。

　　我身边那位同学胸有成竹，很快地解释起他所建议的方案来。讲了5分钟，他还滔滔不绝，看来信心十足。我们绝大多数同学都听得目瞪口呆，他真有一套！

　　又过了5分钟以后，他居然像魔术师似地拿出几张幻灯片，上台去用投影仪放给大家看，上面全是支持他论点的数据演算和分析，足足花了10分钟才介绍完。

　　老师既无惊讶之感，也没夸他，只是礼貌地向他略表谢意，然后马上叫起另一位同学："李××同学，请你谈谈你对王×同学的分析有什么看法？"我心想：真见鬼，难道老师真想让我们也干得跟王×一样好？

　　不用说，以后每来上课，同学们全把案例准备得十分充分。原来这种案例就该这样分析，我也能学会！大约一周以后，我可真有点想念王×来了。可是，自打头一堂课露过面以后，他再没露面。这是怎么一回事？

　　原来是老师要的"花招"，他让一位高年级班上的尖子生来放头一炮，向我们提供了一个案例分析发言的样板。我们知道后都叫了起来："咳，我说呢，他咋那棒！老师真鬼。"可是，老师的目的达到了，他已清楚地向我们表明了他眼里杰出的案例分析发言该是什么样子。虽然最后我们班没有谁撵上王×的水平，但我们心里已有了一个奋斗方向，用不着老师老来督促我们去向某种看不见、摸不着的目标努力了。

　　从学生的话中，我们可以看到，这个老师为了设计案例分析发言的"第一炮"，他做了多么精巧的安排，费了何等的苦心，而正是这番苦心，使学生获得了具体的真实的楷模，有了可仿效的范例。不难看出，教师在这里扮演的是一个导演的角色，所起的是一个导演的作用，教师没有直接告诉学生应该怎样进行案例分析的发言，可是，他通过精心安排，使"第一炮"获得成功，让同学们明白了应该如何去做，这比直接讲授，效果要好得多，正如这个学生所说的，这是他们看得见、摸得着的目标。

在管理案例分析中，还有许多重要工作需要教师去做，比如，教学进度的确定，规范性案例的选择等。学生在案例分析过程中理论指导和能力的诱发，以及学生分析成果表述的评估和最后的讲评等，都离不开教师的辛勤劳动。具体来说，教师在案例教学中要承担如下角色：

1. 主持人。在案例教学过程中，教师首要的任务是向学生明确教学的内容以及把握教学行进的程序，并在整个课堂教学的过程中维持课堂秩序。具体来说，在教学的开始阶段，教师要像主持人那样引导学生进入学习状态，帮助学生明确教学目的，了解学习的程序、规范和操作方法。同时，还要提出明确的教学要求，编制教学计划和进度表，使学生心中有数，尽早进入学习状态。没有课堂秩序，就不可能进行真正的案例讨论，因此，教师还必须发挥主持人的角色作用，在教学过程中，控制发言顺序和学习进度，使讨论总是围绕一个问题或一定范围的问题进行，使课堂的发言在每一时刻只能由一人主讲，形成热烈而有秩序的讨论气氛。在讨论终结时，教师要发挥主持人的作用，无论对讨论的内容做不做评价，但有必要对讨论的全过程进行总结，使案例教学有头有尾，为学生的学习画上一个完满的句号。

2. 发言人。如果说教师对教学有控制作用，那就是对教学程序和学习大方向的控制，这是通过主持人角色实现的。在教学的具体内容上，教师发挥一定的"控制"作用。但这种"控制"完全不同于课堂讲授上教师发挥的作用。在讲授中的教师可以自己决定讲什么内容，讲多少内容，如何安排这些内容，不需要考虑学生的所思所想。而案例教学中教师的控制作用是通过发言人的角色发挥出来的。"发言人"是一个代表性人物，他的发言不能只代表自己，而要代表一个群体。教师的发言，需要反映学生群体的整体意见，也就是既不能是教师自己的，也不能是学生中个别人的，而是包括全体学生集体成果的思想和意见。当然，发言人不能有言必发，原样照抄，也不能任意取舍，随意剪裁，而是对学生的思想"原料"进行加工简化，对学生的发言做简要的总结和整理归类，有时还要从意思到言语上稍加修正，以求更准确、更科学地反映学生的思想。当学生不能形成统一的意见和共识时，教师还要综合各种不同的看法和决策，向学生做一个既有共性又包含特性的结论性交代。能否扮好这个角色，取决于教师的综合分析能力，以及思想整合能力。

3. 导演者。案例的课堂讨论虽然以学生为主体，但这并不等于完全放任自流，它实际上一直处于教师紧密而又巧妙的监控与指导之下。教师就像那未曾出现在舞台或屏幕之上但却无所不在的导演那样，发挥着潜在的影响力。教师通过导演的角色，使学生知道什么时候陈述自己的见解，什么时候评论他人的观点；教师通过导演的角色，无形规定着哪些学生发言，哪些学生不发言，哪些学生多说，哪些学生少说；教师通过导演的角色，影响全班的联动，同时也影响个人，对其进行个别辅导。导演角色的灵活度很大，同时难度也很大，扮演好这个角色，对教师的群体互动能力和临场应变能力要求很高。

4. 催化剂。催化剂是化学反应中帮助和加速物质变化过程的中间媒体，它本身不发生变化，但在物质的变化过程中却又离不开它。案例课堂上的教师像催化剂一样，促进着学生的讨论学习过程，否则就难以深入，难以取得预期效果。教师催化剂角色的发挥，就是帮助、启发学生，通过一个又一个的提问向学生提出挑战，促使他们思考，将问题由表面引向纵深，一步步地朝着解决问题的方向发展。为达到这个目的，教师会不断地提出这类的问题：这些方案的优点和缺点是什么？如果选择了这个方案将产生什么样的影响？会有什么反作用？有多大风险？必要时，教师还会主持一场表决，迫使学生做出自己的决策。同时，教师催化剂角色的发挥，还体现在促进学生相互交流沟通过程中。在学生交流过程中，发挥桥梁和穿针引线的作用，使各种思想相互撞击和融合，丰富教学的内容。要发挥好催化剂的作用，是很不容易的，需要悉心体会，不断摸索，长期积累，才可功到自然成。

5. 信息库。这不是教师的主要角色，但在某些情况下，特别是在进行"活案例"的教学过程中，这个角色的作用是必不可少的，甚至是非常重要的。在许多情况下，教师需要向学生适当地补充一些必要的信息，充作"提问"和"参考数据库"。在学生主动提出补充有关信息的要求时，教师就应该满足他们的要求。要发挥好这个角色，教师必须在备课时做好充分的材料和信息准备。

教师要自觉抵制诱惑，不能角色错位，充当自己不该扮演的角色：一是不当讲演者。高明的案例教学教师在课堂上往往少露面、少讲话，他们只铺路搭桥，穿针引线，最忌讳经常插话，长篇大论，形成喧宾夺主之势。二是不当评论家。教师不要频繁地、急急忙忙地对学生的见解和活动横加指责和干涉，不要吹毛求疵，评头论足，只能适当地诱导和提醒。教师应当更精心备课，对将要做研讨的案例有深刻的认识，就案例中隐含问题的分析和处理对策有自己的见解。在课堂上，教师也应当在必要时为学生释疑解惑，以及在展开讨论的基础上适当予以归纳、评论。然而，不应忘却和违背"导引而非替代"的宗旨，切忌讲解过度。要致力于引导学生多想、多说，以收到激发学生思考，集思广益之效。古人说："君子引而不发，跃如也"（《孟子·尽心上》），这对于成功的案例研讨是极为重要的。三是不当仲裁者。当学生之间产生争论时，不要马上出来评判是非，充当裁判员，教师见解未见得总是正确、全面的，不能总以"权威"自居，教师若妄下断语，实际上就终止了讨论。

（二）做好教学准备

案例的教学准备是指在选择确定了具体案例之后，根据教学目标，就案例的内容、重点以及教学的实施方法等问题的酝酿筹划。

这些准备工作并不一定按照固定的顺序进行，通常应首先考虑教学目标，其次是案例内容，最后是实施方法，然后再回到内容和实施方法，如此不断地反复。对多数教师来说，课前的准备是不断地试验和纠正错误的过程，直到找出一种最适合自己的办法。

1. 案例内容的准备。以案例内容为主的准备工作包括了解案例的事实和对有关信息的透彻分析。教师对案例事实和数据越熟悉，在教学中就越主动。要避免出现在课堂上胡乱翻找关键的信息和统计数据的现象，所有重要信息都要做到信手拈来。不能因为以前教过了某些案例就认为掌握了这些案例，即使是教了十多遍的案例，也应该不断地翻翻这些案例，重视一下有关人物的姓名和职务，重温一下各种数据并记住在哪儿可以找得到。

除了对案例的情境有把握，教师还应对超出案例情节的相关情形进行了解，掌握更多的背景情况，争取对案例的内容有所扩展。这就要求教师不仅要研读案例，同时，还要阅读报纸杂志上的相关资料，并通过与相关人员谈话，积累丰富的相关信息。

在案例内容的准备上，教学说明书或教学指导书有时会起更大的作用。通常，公开发表的案例教科书都伴有教学指导书或说明书。指导书的目的是为了帮助教师为课堂教学做准备，其主要内容一般包括识别案例问题、确定教学目标、建议的学生作业、在课堂讨论中可以提出的问题等。不同作者写的教学指导书都是为了某一特定的课程编写的。所以，每个教师在考虑使用一份教学指导书时，要看他的课程是否具备类似的条件。把某一环境中某一门课的一个案例搬到另一环境中的另一门课中往往很难取得理想的效果，需要教师认真把握。

2. 教学重点、难点的准备。由于教学的时间有限，因此，应该对案例中的重要议题做优先安排，根据教学的目标不同，教学重点也应有不同的侧重。有时，可以将重点放在传授知识、理解概念上，在这方面，其他教学形式也许更容易做到。案例教学特有的重点是对问题的识别与分析，对资料与数据进行分类与说明以及制定备选方案和决策。既可以是内容性的，也可以是过程性的，完全根据具体的需要进行选择和确定。在教学重点的准备过程中，必须考虑教学目标与学生特点等因素，避免凭教师的主观想象来确定教学重点，造成学生需要的没有作为重点，学生掌握不了的或已经掌握的，却被作为重点强调和发挥这样的局面。

3. 教学实施方法的准备。根据教学目标和教学重点，教师通常需要制订教学实施计划，明确一系列方法步骤。比如：教师希望课堂上发生什么？如何使其发生？讨论按什么顺序进行？是先做决策然后再分析，还是先分析再决策？案例的每一部分需要讨论多长时间？是对讨论进行控制，还是任其自由发展？以上所有问题都应在教学实施计划中做出回答。教学实施计划通常涉及预习思考题、课堂时间分配、板书计划及拟定提问学生名单等方面的问题。不同教师的课堂计划所包含的组成部分和具体内容不尽相同，其详细的程度也不一样，有的将其写在纸上，有的则存在脑子里。下面就以上几个方面的具体准备内容做一般性介绍。

（1）布置预习作业。由于案例教学的特殊形式和作用，在案例教学前让学生进行课前预习非常必要。因此，给学生布置预习作业就成为案例教学的重要一环，也是教学实施准备的基础工作。在案例教学中，学生的预习作业主要包括：阅读案例及其参考资料和针对具体案例的思考题。为了促进学生的课前准备，教师可以要求学生就自己准备的案例写一份书面分析。预习作业中的思考题，通常隐含教师的教学意图，对学生的分析起着导向的作用，是非常重要的一个环节，它可以作为"引子"，是值得认真琢磨和探讨的问题。案例教学中没有一定要遵循的布置预习作业的准则，由于教学风格的不同和教学目标的特殊需要，教师可以灵活安排，随时调整。

（2）课堂时间分配计划。为使教学时间得到有效利用，制订课堂时间分配计划是必要的，特别是对那些教学经验少的教师更是如此。课堂时间的分配计划不仅规定课堂上各种活动各占多长时间，而且还包括即将讨论问题的顺序。从教学经验来看，时间计划既不能规定太死，也不能毫无限制，时间计划性太弱，可能使教学发生任意性，容易使教学偏离目标。

（3）板书计划。课堂上的板书往往不为一般教师所重视，特别是在案例教学过程中，板书的书写更容易被当作可有可无、可多可少的，是一件较为随意的事情。然而，一些对教学有丰富经验的教师，则尤为重视板书的作用，他们在教学之前，刻意做板书计划，对那些重要问题和重要内容常做一些强调，加强对学生的引导。有的教师甚至会对哪些问题写在黑板的什么部位都做预先的规定，比如，将分析的内容写在左边，将建议的内容写在右边。许多包含重要内容和重要问题的板书，往往会从头到尾地保留在黑板上。这些板书，无疑会对学生有着非常重要的提示和指导作用，教师根据教学的需要，可随时将这些"要点"展示在学生面前，学生从这些"要点"中受到提醒，使其思考问题得以连贯，学到的概念得以进一步的强化。

（4）拟定提问名单。为了提高课堂讨论质量，创造良好的教学气氛，在事先对学生有所了解的前提下，拟定一个提问名单，不失为一种好方法。提问名单没有固定的模式，一般可以包括如下一些思路：一是确保班上每一个人在课堂里至少有机会依次发言；二是找到那些与该案例特定情境有相关的技能和经验的学生，并予以重点考虑；三是当分析案例遇有较大困难时，要确保选几个，至少有一个合适的学生来打破僵局；四是当课堂上没有人举手发言时，教师能有一个名单可用。制定提问名单同鼓励学生积极发言并不矛盾，即使名单上列出了某个学生，教师仍希望他们自己举手发言。关于教师应否使用提问名单，可以根据教学需要，自行处理。

（5）课堂的课题引入与结束。如何使学生在案例教学中快速进入正题，如何使学生在讨论结束后有一个整合，这与课堂的开始和结束有很大的关系。好的开始是成功的一半。因此，教师需要就如何推动课堂讨论做认真的准备。好的教学需要找到合适的切入点，比如，如何引入案例，如何谈到所布置的阅读材料，如何就已布置给学生的思考题让其发挥。可供切入的点有许多，关键是要做到自然巧妙，能抓住学生的兴趣和注意力。同开始一样，一堂案例课的结束虽不是教学的主体，但却有独特的作用，是不可缺少的教学组成部分，形象一点地理解，可将课堂教学的结束看作"点睛"之笔，通过结束过程突出重点，使之显得有生气，这在很大程度上决定于如何去"点睛"，有的教师会对学生的活动进行总结，同时指出课堂讨论的优缺点；有的教师会既不总结也不评论，而把总结的任务留给学生独立完成。很难说哪种方法好，应根据实际情况而定。

4. 物质准备。在案例教学的准备过程中，往往容易被忽视，而又非常重要的是教学场地等物质设施的安排。物质性设施的准备是案例教学中的重要一环。教学之前，教师必须检查教室的布局是否利于学员参与学习，必须提供必要的条件，使教师能够迅速认识学员并使学员相互彼此认识，并保证和促进其交流与沟通。因此，明智的教师有必要在教室的物质性设施上动一番脑筋，下一番工夫。

理想的教室布局需要根据场地的形状、面积和学员人数进行灵活调整。因此，案例教学是不可能有固定教室布局的，但没有固定的布局并不意味着可以随意安排，而要遵循一定的原则。案例教学教室布局的原则主要有四条：一是要满足听与看的条件，即学员可以在任何位置上听到教师和其他学员的发言，不需移动位置就可以看到教师、写字板以及教室内设置的其他视听设备；二是要保证教师不受限制，可以走到每一个学员的位置前进行对话和指导；三是每个学员可以很便利地离开座位走到讲台前或其他学员的面前，进行面向全班的交流和学员之间面对面的交流；四是根据学员人数的多少，扩大或缩小课堂的沟通半径。

实际上，大多数大学和教育培训机构中的传统式教室（或许还应算上一些公共设施如酒店等的会议室）都是一间长方形的房间，室内一端放置有一个讲坛或讲桌，条桌和坐椅一排排地放置，布满全室。对于讲课这类单向沟通来说，学员的主要任务是聆听教师的讲解，这种布置方式是实用的。不过，这可能并不算是最佳的布局，因为后排的人往往很难看得见讲演者。但这是一种常规的布局方式。从案例教学的角度看，这种布局带来了不少困难。案例讨论要求的是双向沟通，这种布局方式使坐在后排的人发言时，只能面对前面各排同学的后脑勺，这很难实现流畅的双向沟通。对于坐在前面的学员来说，要他们扭过头去看着后排正在发言的同学，同样也非易事。从使用案例来考虑，这种布局对教师强调过多而对学员重视不够。

对于小组，使用案例的理想布局是一张完整的圆桌，坐椅呈环状布置。环状意味着全体参加者地位均等，平起平坐，大家的视线可以顾及每一个人，使组员得以面对面地沟通。环形布局有一些其他变化形式。例如，可以利用方形或矩形布局，也可以采用六边形或八边形布局，在参加讨论的人数不多的情况下，六边形和八边形或矩形更可取，因为这两者都能改善学员的视野，但随着学员人数的增加，以上这些布局开始显现出不足。桌子的尺寸总是有限的，人数增加，参加者之间的距离就会随之迅速增加，桌子中央的无用空间不但被浪费，而且还成了沟通的障碍。对于较大的组，就不能像小组那样安排，而需要采用其他布局方案。以半环形、好似台阶式的方式，用成排的坐椅布置出的各种形式，是较为理想的方案。坐椅最好是可移动的，或至少是可转动的，以便前排的学员可以轻易地转过身来，看见他们身后的学员。放在每位学员前面的课桌或条桌的大小，应不但能使人舒适，还能放置案例和参考材料，其尺寸不必太大，比正常的打印案例尺寸宽一点即可，大约 30 厘米是较适当的尺寸。

（三）积极组织引导

课堂组织和引导的效果是否理想，课堂引导的原则是否得到较好的体现，教师的角色和作用能否得到较好的发挥，不仅取决于教师主观刻意的追求，更紧要的是要具备较厚实的功底，掌握并善于运用课堂组织引导的技能技巧。掌握了多种引导技能技巧，教师就能在课堂上进退自如，四两拨千斤；缺乏引导的技能技巧，就会面对复杂的教学环境，束手无策，难以驾驭课堂。课堂组织引导的技能技巧难以穷尽，何时何处在何种情况下采用何种技巧更难以在纸面上准确描述，而是需要教师经过一段时间的教学实践，不断地探索和积累，才能有所把握。

1. 善于把握教学节奏。课堂引导就如同带一支队伍，教师要尽力做到出发时有多少人，到达目的地时还有多少人，也就是说，当学习的过程完成后，所有学生都能达到预期的学习目的。由于案例教学前后延伸的时间长，经历的环节多，特别是始终处在较开放的教学条件下，因此，不可能像讲座那样可以由教师直接操纵和控制，教学行进速度和节奏可以不受其他因素的影响，完全由教师一人决定。在案例教学过程中，难免会遇到节外生枝、偏离主题的情况，如不能及时予以处理，就会影响和分散一些学生的注意力，渐渐地会使有的学生"落伍"和"掉队"。因此，在总揽全局、整体把握的前提下，教师必须根据教学的具体进展情况，不断地进行"微调"。其中，合理地把握教学的节奏就是进行微调的一个关键技能，值得教师去细心体会和认真掌握。进度的跳跃，会破坏连贯思维，使学生产生困惑；进度缓慢，会淡化学习的兴趣，使学生产生懈怠情绪。所谓合理的节奏，就是快慢适度，松紧自如。调整进度，把握节奏，可以采取以下方法和技能：

（1）具备善于澄清学生意见和见解的能力。具备善于澄清学生意见和见解的能力才能及时避免观点混淆和学生间的误解。课堂交流的效果是好还是不好，首先体现在发言人是否准确地表达了自己的意见，听取发言的人是否完整地理解了发言人的意思，两者中有一方出了问题，误解就在所难免。因此，要使教学能有效地进行，教师就要从最初较容易出现差错的地方着手，帮助学生表达和理解。为此，教师可以运用一些操作性、实用性较强的问句去引导和澄清学生发言中需展开和完善的概念，或请发言的学生进一步解释说明自己的意见，或通过教师表述其意思，然后征询发言学生意见。澄清概念和观点，不仅可以及时增进师生以及学生之间在语言含义上的理解，提高教学效率，同时，还常常可以避免许多无意义的争论。当然，案例教学适度争论是必要的、有益的。但一旦争论超出了一定的限度，就会造成无意义的纠缠，甚至攻击。一旦达到了这种程度，争论双方都会置初始的概念和见解于不顾，掺杂许多个人情绪，不是为了辨明是非，而是为了争胜负。这时，通过澄清概念，可以把学生拉回到最初探讨问题的状态中去，从紧张和对立的情绪中摆脱出来。同时，在概念澄清过程中，往往还可以发现许多共同点，进一步增进理解。

（2）要检查认同程度、把握学习进度。由于学生在思维方式、表达习惯、理解能力、经验积累等方面存在着差异，对教学中遇到的问题和探讨的道理，有的学生可能理解和接受得快一些，有的学生则慢一些，要保持全体学生相对同步，教师有必要适时检查学生思想进度及对问题的认同程度，进而适度控制进展节奏，以免学生学习进度的差距拉得太大，妨碍广泛的思想交流，影响课堂的讨论交流效果以及学生的参与程度。因此，教师在课堂上要注意首尾相接，不断提出问题，了解学生是否将注意力放在了问题的主线上，并了解学生是否对有关问题有了相应的理解。一旦发现有学生走得太快，及时引导，使其适当地放慢进度；对跟不上的学生，则集中力量加以引导，使其加快步伐，同全班保持同步。在检查学生对问题的认同程度、学习进度的过程中，还有另一个问题值得注意，由于学生研究问题的兴趣不同，一些学生往往被枝节的问题所吸引，而分散了注意力。因此，教师要善于体察学生的思想动态和心理过程，及时发现偏离主题的情况并加以引导，把其注意力集中到关键的问题上来。

（3）要善于做好阶段性小结和总结。在课堂引导中，教学节奏的明确标志体现在阶段性的小结和最后的总结上。当教学的一项内容或一个过程完成时，往往需要进行小结，归纳阶段性的成果和收获，使学生对全班的学习成果有一个概要性的认识，并进行条理化、结构化，明确要点和重点，为进行下一步的学习和研究打下基础。因为案例教学是一个分析问题和解决问题的过程，只有一环扣一环地探索和铺垫，循序渐进地向前推进，才能形成有说服力的方案和解决问题的方法。值得教师注意的是，阶段性小结和最后总结的内容不是教师自己对问题的认识、分析和看法，而是就学生对问题的分析和看法的重点进行归纳。总结也不一定需要太长时间，5分钟可以，15分钟也行，只要把握住重点，提纲挈领地理出几条，即能达到目的，切忌在总结中大发议论，喧宾夺主，影响学生学习的主动性和积极性。

2. 进行课堂有效沟通。管理案例的课堂教学是师生之间、学生之间进行沟通，实现思想交流、达成共识、取长补短、相互学习的过程。课堂上教师的发言总量的多少、沟通时机的把握、沟通方式的运用等种种因素，都直接影响课堂引导的质量和教学效果。因此，课堂上的沟通能否有效，在很大程度上取决于教师的沟通技能与技巧。

（1）要给出明确的指导语。教师的主持人角色和发言人角色，具体体现在他对课堂活动所做的总体性和阶段性的安排及组织上。要发挥好这个作用，教师就要善于明确地、简要地将教学的目的、程序、方式、方法等向学生交代清楚，使学生能够尽早地在教师确定的规则下形成自组织状态。所谓自组织状态就是学生不需要教师的介入，自行组织进行教学活动的状态。指导语在案例教学中，是教师向学生进行授权，帮助学生达到自组织状态的关键。如果处理不好，就可能出现暂时失控的情况。因此，给出明确的指导语，是把握课堂教学的重要技能。指导语要恰当明了、突出重点，添枝加叶、反复解释会冲淡重要的信息，使学生难得要领。对关键的信息，重要的内容和程序，适当加以强调，有时还有必要适当举例和示范加以说明解释，引起学生的注意。

（2）对学生在课堂上的表现和发言予以及时反馈。反馈是激励学习的重要手段，因为反馈是教师对学生发言内容的理解验证。要理解学生就必须真诚、精心地去听。除此之外，反馈是教师引导把握教学方向的有力工具。在课堂讨论中，教师可以通过反馈，讨论学习中的重点内容、观点，把有独到见解的发言提纲反映出来，使有价值的闪光点得到突出和放大，使学生能够朝着正确的学习线路进行思考和研究问题。反馈可以采取不同方式，比如，可采取言语表述方式，也可采取写板书的方式，必要时，还可以与个别学生进行课外的交流并予以适当指导。有时，写板书的方式比只用言语表述的反馈效果会更好些。一是因为这样的反馈更直观明了，二是学生可能会受到更强的激励。值得探讨的还有一点，就是在对待学生所提出的尖锐问题和棘手难题时，教师不能回避，必须做出合情合理的解释和响应。来不及在课堂上说明的，可以采取课后单独交流的方式来完成。因为，学生提出的许多尖锐问题往往是其最关注的问题，非常希望得到教师的重视和认可，如果这时教师予以回避，势必会影响学生的学习积极性。

（3）善于打破冷场。所谓冷场指的是当需要学生发表意见和看法时，课堂保持较长时间的沉默。冷场是教师和学生都不愿看到的事，但在整个教学过程中偶尔出现冷场的情况也在情理之中。重要的是，当出现冷场时，教师能否采取灵活的方式方法，运用恰当的技能技巧，及时有效地启发引导，打破沉默，使课堂气氛热烈起来。冷场的现象可能由不同的原因造成，因此要解决冷场问题，必须针对不同的原因，采取不同的方法。分析起来，冷场多是发生在以下几种情况之下，一种是在教学开始阶段，可能由于不熟悉，学生带有一些防备心理，慎于开口，这时教师可以采取一些"破冰"或称"热身"的方法，激励学生。所谓"破冰"、"热身"就是创造某种环境，使学生心情放松，在不自觉中参与培训的教学技能，就像体育运动所称的"热身运动"一样，教学开始阶段的"热身"和"破冰"，对帮助学生进入状态很有意义。在学生相互不熟悉的情况下，还可以通过点名的办法或者"顺序发言"办法，打破冷场，这对学生保持在以后的时间里继续发言也是非常重要的。研究发现，在集体讨论中，已经发了言的人往往再发言的可能性更大，而没有开口的人，则往往倾向于保持沉默。发言和不发言都犹如带着惯性。因此，在教学阶段教师就应尽力想办法让每一个学生都发言。另外，还有一种可能带来冷场的情况，当课堂中由几位擅长发言的学生主宰时，一旦他们不发言，冷场就出现。这时，既要引导擅长发言的学生继续发言，又要引导不开口的学生对面前的发言谈看法，逐步让缺乏自信和羞怯心理较重的学生适应讨论和交流的环境。为了避免冷场，教师还需讲究一下提问的方法和角度，尽量避免问题过空过大。过于抽象的问题，往往会使学生难以准确地把握问题的含义，无从开口。当教师提出问题后，没有得到响应，就回头来想想提的问题是否不够具体，指向是否够明确，一旦发现是这种情况，就应及时地将问题细化，做进一步解释和说明。

（4）出现背离正题，及时引回。许多人在一起讨论，很难避免出现海阔天空、离题万里的偏差，这时不必焦躁，也不妨静观一下，很可能会有学生主动出来纠偏。如果走得过远，时间宝贵，不容再等，也可由教师干预，但切忌粗暴，口气要委婉些。如能培养学生自治，集体控制讨论，那当然是上策了。

（5）做好讨论的收尾。收尾并没有什么固定的模式。有的老师喜欢做一个简要的结论性小结，或做一番讲评收尾。学生这时喜欢围绕着教师问这类问题："老师，您说谁的说法对？""要是换了您，会怎么办？""什么才是正确答案？"明智一点，最好别正面直接回答。一是有违学生自学与自治原则；二是管理问题，本无所谓"唯一正确"或"最佳"答案，何况学生中很可能更有见解，所以，有的教师是让学生集体做总结，比如问："大家觉得今天有哪些主要收获和心得？"也可以让一位学生带头小结，再让大家补充。因为既无所谓"标准答案"，因此，重要的是使每个人去总结自己的体会。在这个案例的具体情况下，问题及其原因已经找出了，你到底打算怎么办？当然还该知道，别人有不同意见吗？为什么？这些才是要紧的。

（6）课堂发言的掌握。在案例讨论的各个阶段，教师都面临着掌握课堂发言过程的问题。课堂发言是全班信息共享、形成共识的过程，利用好有限的时间，集中学生高质量的见解和解决问题的思路、办法，创造良好的交流氛围，也是教师掌握课堂发言的关注点和主导方向，这是教师引导教学的难点和重点，对教师的角色发挥和教学技能的发挥提出了很高的要求，其基本任务便是妥善处理四类常见的问题。

其一，发言过少。每次在讨论时总有一些人发言很少或完全不发言。两小时左右的讨论，很难使 30 个以上的学生都有效地参与讨论。因此，班级规模超过这个数，很多学生显然不可能发言，问题是要防止同一批学生每次讨论都不发言。因此，教师要尽力避免这种情况的发生，采取多种办法帮助那些发言过少或根本不发言的学生。要做好这一点，前提就是要了解学生。人与人之间有很大的差别，人们对不同事物的敏感度也不一样，教师应在教学过程中，注意发现学生的个性特点，对"症"下药。对那些要面子的学生则可以客气的方式，劝导其发言，对于过于腼腆的学生还可以私下与之交流，个别提供指导，给他们鼓励，帮助他们战胜怯场的弱点。同时，教师要注意搜寻那些新举手的人，及时给他们创造发言的机会，注意观察经常不发言者的兴趣，从他们的兴趣入手，引导他们发言，还可提一些简单的是非判断题请不善发言的人作答，由少到多地引导他们发言，有时还可以要求学生每人至少要说一句话，但不能重复别人已经说过的，或仅仅复述案例内容而没有个人见解或解决措施。总之，这些办法的真正作用，在于强调参与发言本身的重要性，对创造良好的交流氛围大有好处，至于采取哪些具体办法，可以根据教师的喜好和学生的特点灵活处置。

其二，发言过差。虽然学生都发言了，但其发言的态度与质量却不能令人满意，这种事情也是有可能发生的。偶尔放过一些水平不高的发言是可以的，也是正常的，但是，经常容忍学生低水平发言，最后会使整个学习班趋于平庸，所以有时必须采取一些措施，改善发言过差的情况。首先要分析其原因，看是教师方面的原因，还是学生方面的原因？不同的原因，应采取不同的对策和方法。是教师的问题，就要注意总结经过，分析是教师提出的要求和标准太高，学生无法达到，还是阅读时间的余地太小，难以深入解析案例？等等。发现问题，及时纠正。如果是学生的原因，属于能力等客观问题，可以原谅，属主观努力程度不够，没有很好地预习案例，课堂讨论得不好，可以要求学生重新再来，促使其认真对待。总之，解决发言过差的问题是为了提高讨论质量，带动全班学习的整体水平，教师要认真对待，慎重处理。

其三，发言过多。正像有些学生发言过少一样，也可能有些学生在课堂讨论中发言过多，这往往会影响其他学生的参与程度，破坏讨论的发言气氛。因此，适当对发言过多的学生加以限制是必要的。在院校学生的案例课上，那些口若悬河的人成不了太大的问题，因为，在一个大家彼此相处了较长时间的班级里，群体压力会迫使那些讲话滔滔不绝而又空洞无物的发言者有所限制，"自我矫正"。但在具有丰富经验的管理者的培训班上，教师所面对的是一批彼此相处不久的学生，如果讨论的题目撞在了他们的兴奋点上，很有可能一发而不可收拾，教师要特别注意观察，必要时，可以有意识地限制他们发言，或者以诙谐的办法打断他们的长篇大论，限制他们发言的次数。有时，一堂课上，多数学生争相发言，都颇有见地，只是时间不够，不可能每个人都尽兴，那就只好限制每个人的发言时间。制定一个规矩，一个大家都必须共同遵守的规矩，比如，规定每个人就每个问题的发言最多不可超过5分钟。在这个规定前提下，教师再进行"协调"和"平衡"，则显得容易些了。

其四，发言过当。发言过当主要是指讨论中出现空洞无物、关系不太大或不得要领的发言。发言过当是影响讨论效果的原因之一，需要教师及时引导，及时纠偏。解决发言过当的问题，首先要由教师明确具体的讨论题目，要求学生将注意力集中到某一问题上或某一范围内。如果遇到与确定的问题有关但暂时还未涉及时，教师可以说：让我们把这个问题放一放。必要时，还可以把学生引出的这些问题记录在写字板上，这样，既可以调动发言学生的积极性，又可以将这些将要涉及的问题存下来，留做话题。当遇到那些空洞无物的发言时，可以适当地打断发言者，请他结合一些数据加以说明，有哪些证据支持他的观点？通过这些问题，可以引起发言者的思考，帮助学生学会分析问题的方法。当然，处理发言过当的情况还应该注意因人而异，不要采取一种方法对待所有学生。比如，一个从不发言的学生第一次发了言，即使没有讲出什么内容，也可以鼓励他，而对一个经常喋喋不休的学生，教师可以果断地打断他的发言。

到底采取什么样的发言引导办法，掌握讨论发言的过程，需要一个系统的考虑，必须从教学目标、课堂讨论的整体进程和学生的具体情况出发，不能"灵机一动"，随意处置，否则会迷失方向，丧失重点。为实现总体意图，采用的方法可以千差万别，但需要遵循的一个基本原则是：在任何情况下，都不能伤害学生的感情，至少不能从主观上面打击学生的积极性。有时，极个别学生的冷漠和不参与态度不能改变，那就让他去保持自我，其实教师不可能解决所有学生的所有问题。

三、管理案例的学习过程

学生是案例教学中的主体，案例教学的过程基本上是学生通过自己努力来逐步领悟的过程。换句话说，案例教学的过程，对学生来讲，既是一种收集分辨信息、分析查找问题、拟定备选方案和做出最后决策的纵深演进的过程，同时也是从个人阅读分析到小组学习讨论，再到全班交流，形成共识的过程。学生在案例教学过程中要做好以下工作：

（一）重视课前阅读

阅读案例是进行案例分析的基础，没有一定数量和一定质量的阅读，要做好案例分析是不可能的，实质上它是将纸上的情况变为脑中的情况的转换加工过程，能否既全面、客观又突出重点地接受案例的信息，首先取决于对案例的阅读质量，为了达到有效的阅读，可以从以下方面着手考虑：

1. 案例阅读的目的与时间安排。阅读的目的，不仅是为了了解案例的内容和所提供的情况，而且要能以尽可能高的效率做到这一点，因为学习负担总是那么重，谁能以最短时间读完并理解它，谁就能占优势。不过所说最短时间，不是指到了次日进行课堂讨论了，当晚才急匆匆翻阅、囫囵吞枣，不花工夫是无法理解、分析和消化案例的，大多数案例至少要读两次，若要分析深透，两次也不够，要知道教师们可能已经把案例反复读得很熟，甚至能背诵了，学生当然不必下这么大工夫去阅读，但要准备至少读两遍。

记住这一要求，便可以预做时间安排了。一般来说，一个大型综合案例，约2小时30分至3小时精读一遍，外文案例当然要更长些。如果同时有几门课，全有案例分析，合并专门时间（比如一整天或两个下午等）集中阅读效果较好。有经验的学生，总是安排在每周五、六和周日，先把下周要学习的案例阅读一遍，以便能有充足的时间深思，有备无患，万一下周出了应急情况，使你无法再读，但由于你已知道大概，不至于进课堂脑内空空、仓促应战。

2. 案例阅读的步骤与方法。不要一开始就精读，而应分两步走：先粗读，待知其概貌再精读，究其细节。粗读是浏览式的，而且要掌握诀窍，这就是先细看第1、2页，其中往往交代了背景情况及主要人物所面临的关键问题。有时候如果开始没有介绍背景，赶快先翻至末页，因为背景在最后介绍也是常见的。如果还没有读到，就只好从头读下去，直到找到为止。背景介绍找到后，要反复看，不可浮光掠影，要透彻了解，直到能用自己的语言描述出来为止；了解了背景后，应快速浏览正文中余下的部分，注意小标题，先看每一节的头一段的头几句，不必齐头并进，同样下工夫，因为粗读的目的，是做到心中有数。很快翻完正文，就要迅速翻阅正文后面所附的图表，先注意是些什么类型的图表，有资产负债表和损益表，有组织结构系统图，有主要人物的简历列在表中，是否已列出一些现成的财务经营表，搞清这些可以帮你节省不少分析时间，否则你若盲目地读，做了许多分析，最后再看附图，其实已经提供了这些分析，岂不白花了你的宝贵时间与力气。图表分为两大类，一类是多数案例都常有的，比如：一般财务报表、组织结构图等；另一类是某案例独有的。对于前者，要注意有什么不同于一般的奇特之处，如财务报表里有一笔你没见过的特殊账目，就得标出来留待以后来细加探究，你若能在这些常被人忽略的地方有发现，则在全班讨论时就可能有独到之处。

对正文与附图有了大体了解后，就可以从容地从头到尾再仔细读之，如记点眉批和备注，但不要重复文中所述，应点出要害，引进你自己的观察结果、发现、体会与心得，记住与下一步分析有关的概念。如果是外文案例，做点摘要是有好处的。一边读正文，一边要对照有关附图，找出两者关联。对于技术、组织方面的复杂描述不要不求甚解，一定要搞清楚。要把事实和观点分开，还要分清人物说的和他们实际做的，看两者是否一致。不但要注意他们说过和做过什么，还要注意他们有什么没说和没做的以及为什么这样。千万不要对文中人物所说的看法和结论都照单全收，信以为真，而要想一想，真是这样吗？正文全看完，要再细看附图，搞清其中每个主要组成部分。全班讨论前夕，最好挤出一点时间把案例重读一遍，温习一下。不过，步骤可不全同于上次。虽然先看背景情况，但接着先不要读正文，而是先看图表，顺序最好倒着看，即先从最后一幅看起，弄清细节，特别留心反常的图表或项目。这样做的原因是，因为粗读时，往往越读越累、越厌烦，也就越马虎，结果虎头蛇尾，对后面的理解不如前面的深入，尤其时间紧迫时，倒读更为保险。

（二）做好分析准备

个人分析与准备是管理案例学习的关键环节，其目的是完成信息的取舍，找到有效信息的因果关系，是学生创造性学习的过程。这个环节的基础打好了，不但可以为个人的决策提供可靠的根基，而且可以将全班的讨论交流朝着高质量、高水平推进。同样，做好个人分析和准备有其内在的规律，需要学生认真琢磨、体会。

1. 案例分析的基本角度。案例分析应注意从两种基本角度出发：一是当事者的角度。案例分析需进入角色，站到案例中主角的立场上去观察与思考，设身处地地去体验，才能忧其所忧，与主角共命运，才能有真实感、压力感与紧迫感，才能真正达到预期的学习目的。二是站在总经理或总负责人的角度。

这当然是对综合型案例而言。高级课程就是为了培养学生掌握由专业（职能）工作者转变为高级管理者所必需的能力。因此，这种课程所选用的案例，要求学生从全面综合的角度去分析与决策，这是不言而喻的。

2. 案例分析的基本技巧。这种技巧包括两种互相关联和依赖的方面。第一，就是要对所指定的将供集体讨论的案例，做出深刻而有意义的分析。包括找出案例所描述的情景中存在的问题与机会，找出问题产生的原因及各问题间的主次关系，拟定各种针对性备选行动方案，提供它们各自的支持性论据，进行权衡对比后，从中做出抉择，制定最后决策，并作为建议供集体讨论。第二，被人们所忽视的就是以严密的逻辑、清晰而有条理的口述方式，把自己的观点表达出来。没有这方面的技巧，前面分析的质量即使很高，也很难反映在你参与讨论所获得的成绩里。

3. 案例分析的一般过程。究竟采用哪种分析方法，分析到何种深度，在很大程度上要取决于分析者对整个课程所采取的战略和在本课中所打算扮演的角色。但不论你的具体战略如何，这里向你提供一个适用性很广、既简单又有效的一般分析过程，它包括 5 个主要步骤：①确定本案例在整个课程中的地位，找出此案例中的关键问题；②确定是否还有与已找出的关键问题有关但却未予布置的重要问题；③选定适合分析此案例所需采取的一般分析方法；④明确分析的系统与主次关系，并找出构成自己分析逻辑的依据；⑤确定所要采取的分析类型和拟扮演的角色。

4. 关键问题的确定。有些教师喜欢在布置案例作业时，附上若干启发性思考题。多数学生总是一开始就按所布置的思考题去分析，实际上变成逐题作答，题答完了，分析就算做好了。作为学习案例分析的入门途径，此法未尝不可一试，但不宜成为长久和唯一的办法。老师出思考题，确实往往能够成为一个相当不错的分析提纲，一条思路，但那是他的，不是你的，不是经过你独立思考拟定的分析系统。按题作答不可能是一套综合性分析，多半只是一道道孤立的问题回答。最好是在初次浏览过案例后，开始再次精读前，先向自己提几个基本问题，并仔细反复地思索它们：案例的关键问题，即主要矛盾是什么？为什么老师在此时此刻布置这一案例？它是什么类型的？在整个课程中处于什么地位？它跟哪些课程有关？它的教学目的是什么？除了已布置的思考题外，此案例还有没有其他重要问题？若有，是哪些？这些问题的答案往往不那么明显、那么有把握，不妨在小组里跟同学们讨论一下。这些问题要互相联系起来考虑，不要孤立地去想。最好一直抓住这些基本问题不放，记在心里，不断地试图回答它们，哪怕已经开始课堂讨论了。一旦想通了此案例的基本目的与关键问题，你的分析自然纲举目张，命中要害。要是全班讨论后你还没搞清，可以再去请教老师和同学。

5. 找出未布置的重要问题。真正很好地把握住案例的实质与要点，这是必须做的一步。一般凭自己的常识去找就行，但要围绕本案例的主题并联系本课程的性质去发掘。找出这些问题的一个办法，就是试着去设想，假如你是教师，会向同学们提出一些什么问题？有些教师根本不布置思考题，或讨论时脱离那些思考题，不按思考题的思路和方向去引导，却随着大家讨论的自然发展而揭示出问题，画龙点睛地提示一下，启发大家提出有价值的见解。你还得想想，在全班讨论此案例时可能会提出什么问题？总之，要能想出一两个问题，做好准备，一旦老师或同学提出类似问题，你已胸有成竹，便可沉着应战。

6. 案例分析的一般方法。案例的分析方法，当然取决于分析者个人的偏好与案例的具体情况。这里想介绍三种可供选用的分析方法。所谓一般方法，也就是分析的主要着眼点，着重考察和探索方面，或者是分析时的思路：

（1）系统分析法。把所分析的组织看成是处于不断地把各种投入因素转化成产出因素的过程中的一个系统，了解该系统各组成部分及其在转化过程中的相互联系，就能更深刻地理解有关的行动和更清楚地看出问题。有时，用图来表明整个系统很有用，因为图能帮助你了解系统的有关过程及案例中的各种人物在系统中的地位与相互作用。管理中常用的流程图就是系统法常用的形式之一。投入—产出转化过程一般可分为若干基本类型：流程型、大规模生产型（或叫装配型）、批量生产型与项目生产型等。生产流程的类型与特点和组织中的各种职能都有关联。

（2）行为分析法。分析着眼于组织中各种人员的行为与人际关系。注视人的行为，是因为组织本身的存在，它的思考与行动都离不开具体的人，都要由其成员们的行为来体现，把投入变为产出，也是通过人来实现的。人的感知、认识、信念、态度、个性等各种心理因素，人在群体中的表现，人与人之间的交往、沟通、冲突与协调，组织中的人与外界环境的关系，他们的价值观、行为规范与社交结构，有关的组织因素与技术因素，都是行为分析法所关注的。

（3）决策分析法。这不仅限于"决策树"或"决策论"，而且指的是使用任何一种规范化、程序化的模型或工具，来评价并确定各种备选方案。要记住，单单知道有多种备选方案是不够的，还要看这些方案间的相互关系，要看某一方案实现前，可能会发生什么事件以及此事件出现的可能性的大小如何。

7. 明确分析的系统与主次。这就是通常说的"梳辫子"，即把案例提供的大量而紊乱的信息，归纳出条理与顺序，搞清它们间的关系是主从还是并列，是叠加还是平行，等等。在此基础上分清轻重缓急。不论是你的观点还是建议，都要有充分的论据来支持，它们可以是案例中提供的信息，也可以是从其他可靠来源得来的事实，还可以是自己的经历。但是，案例中的信息往往过量、过详，若一一予以详细考虑，会消耗大量的精力与时间，所以要筛选出重要的事实和有关的数据。最好先想一下，采用了选中的分析方法分析某种特定问题，究竟需要哪些事实与数据？然后再回过头去寻找它们，这可以节省不少时间。此外，并不是所需的每一个事实都能找到，有经验的分析者总是想，若此案例未提供这些材料，我该做什么样的假设？换句话说，他们已对某一方面的情况做出恰当的、创造性的假设准备。分析的新手总以为用假设就不现实、不可靠，殊不知，在现实生活中，信息总难以完备精确，时间与经费都往往不足以取得所需的全部信息，这就需要用假设、估计与判断去补充。既然是决策，就不可能有完全的把握，总是有一定的风险。最后还应提醒一点，能搞出一定定量分析来支持你的立场，便可以大大加强你的分析与建议的说服力。能创造性地运用一些简单的定量分析技术来支持自己的论点，正是学生在案例学习中所能学到的最宝贵的技巧之一。这种技巧一旦成为习惯或反射性行为，就能使你成为一个出类拔萃的管理人才。

8. 案例分析的类型与水平。案例分析的类型，可以说是不胜枚举，每一种都对应有一事实上的分析深度与广度（或称分析水平），不能认为在任何情况下都力求分析得越全面、越深入才好。有时你还有别的要紧事要做，时间与精力方面都制约着你。所以，究竟采取何种类型的分析为宜，这要取决于你具体的战略与战术方面的考虑。这里举出五种最常见的分析类型：

（1）综合型分析。即对案例中所有关键问题都进行深入分析，列举有力的定性与定量论据，提出重要的解决方案和建议。

（2）专题型分析。不是全线出击，而只着重分析某一个或数个专门的问题。所选的当然是你最内行、最富经验，掌握情况最多、最有把握的、可以充分扬长避短的问题。这样你就可以相对其他同学分析得更深刻、细致、透彻，提出独到的创见。讨论中你只要把一个方面的问题分析透了，就是对全班的重要贡献。

（3）先锋型分析。这种分析是你认为教师可能首先提出的问题。这似乎也可以算是一种专题的分析，但毕竟有所不同。开始时往往容易冷场，要有人带头破冰"放响第一炮"。所以这种一马当先式的分析，可能不一定要求太详尽，还要具体视问题的要求和教师的个人特点而定。这种分析，因为是第一个，所以还常有引方向、搭架子的作用，即先把主要问题和备选方案大体摊出来，供大家进一步深入剖析、补充、讨论。然而，这点做好了，是功不可没的。

（4）蜻蜓点水式或曰"打了就跑"式的分析。这种分析多半是一般性的、表面的、肤浅的。这种分析，只是个人因故毫无准备，仓促上场时采用，是一种以攻为守性战术，目的是摆脱困境，指望收瞬间曝光之效。这当然只能在万不得已时而偶尔为之，仅表示你积极参与的态度。

（5）信息型分析。这种分析的形式很多，但都是提供从案例本身之外其他来源获得的有关信息，如从期刊、技术文献、企业公布的年报表乃至个人或亲友的经历中得来的信息。这种信息对某一特定问题做深入分析是很可贵的，分析虽不能记头功，但功劳簿上仍要记上一笔的，因为你为全班提供了额外的资源。

9. 案例分析的陈述与表达。完成了上述分析，还有很重要的一步，就是把你的分析变成有利于课堂陈述的形式。学生分析做得颇为出色，可惜不能流畅表达，无法将高见传播得让别人明白。表达与说服他人是一种专门的技巧，它是管理者终身都要提高的技巧。关于这方面的一般要点，在此只想提出三点以供参考：一是要设法把你所说的东西形象化、直观化。例如，能不能把你的发言要点用提纲方式简明而系统地列出来？能不能用一幅"决策树"或"方案权衡四分图"表明备选方案的利弊，使比较与取舍一目了然？能否列表表明其方案的强弱长短？学生为课堂讨论预制挂图、幻灯片或课件应当受到鼓励并提供方便，因为这可以大大提高讨论的质量和效率。二是可以把你的分析同班上过去分析某一案例时大家都共有的某种经历联系起来，以利用联想与对比，方便大家接受与理解。三是不必事先把想讲的一切细节全写下来，那不但浪费精力，而且到时反不易找到要点，还是列一个提纲为好。要保持灵活，不要把思想约束在一条窄巷里，否则教师或同学有一个简单问题请你澄清，便会使你茫然不知所措。

（三）参与小组学习

以学习小组的形式，组织同学进行讨论和其他集体学习活动，是案例教学中重要的、不可缺少的一环。这是因为，许多复杂案例，没有小组的集体努力，没有组内的相互启发、补充、分工合作、鼓励支持，个人很难分析得好，或者根本就干不了。而且，有些人在全班发言时顾虑甚多，小组中则活跃，充分做出了贡献并得到锻炼。此外，案例学习小组总是高度自治的，尤其在院校的高年级与干部培训班，小组本身的管理能使学生学到很有用的人际关系技巧与组织能力。

1. 案例学习小组的建立。小组建立的方式对它今后的成败是个重要因素。这种小组应由学生自行酝酿，自愿组合为好，使其成为高度自治的群体。但小组能否成功地发挥应有的作用，却取决于下述五个条件：

（1）建组的及时性。这指的是建组的时机问题。据有的院校对上百位管理专业学生所做的调查，搞得好的小组多半是建立得较早的，有些在开学之前就建立了。组建早的好处是，对组员的选择面宽些，组员间多半早就相识，对彼此的能力与态度已有所了解，学习活动起步也早些。

（2）规模的适中性。调查表明：最能满足学习要求的小组规模都不大，一般 4～6 人，过大和过小都会出现一些额外的问题。小组超过 6 人（调查中发现有的组多达 10 人），首先集体活动时间难安排，不易协调。当然，人数多达 7～8 人的组办得好的也有，但都符合下列条件：一是建组早，彼此又了解在各自工作与学习方面的表现。二是时间、地点安排上矛盾不大，可以解决。三是第 7、8 位组员有某些方面的特长、专门知识或有利条件，还有的是组员们知道有 1～2 位同学确实勤奋，但因某种原因需要特别额外辅导、帮助，再就是有个别组员因某种正当理由（半脱产学习等），事先就说明不可能每会必到，但小组又希望每次学习人数不少于 5～6 人时，就不妨多接纳 1～2 人。

（3）自觉性与责任感。这是指组员们对小组的负责态度与纪律修养，尤其指对预定的集体学习活动不迟到、不缺勤。否则，常有人不打招呼任意缺席，小组的积极作用就不能充分发挥。你可能会问：干脆每组只要 2～3 人，组小精干，机动灵活，有什么不好？也许确实没什么不好，避免了大组的那些麻烦，但却可能因知识的多样性与经验不足，虽收到取长补短之效，却不能满足优质案例分析的需要，同时，也难营造小组讨论的气氛。而且与大组相比，分工的好处不能充分显现，每人分配的工作量偏多。很明显，小组规模的大小应因课程的不同而异，课程较易，对分析的综合性要求较低，且并不强调与重视小组学习形式的利用，则规模宜小，2～3 人即可；反之，则至少应有 4 人，但增到 6 人以上就得慎重了。

（4）互容性。如果组员间脾气不相投，个性有对立，话不投机，互容性低，就不会有良好的沟通，易生隔阂。调查中就有学生反映，尖子生不见得是好组员，要是大家被他趾高气扬、咄咄逼人的优越感镇住了，就不能畅所欲言。当然，强调互容性并不是认为一团和气就好，不同观点之间的交锋也是有必要的，关键是要保持平和、平等的态度。

（5）互补性。指相互间感到有所短长，需要互助互补。可惜的是，希望组内气氛轻松随和，就自然去选私交较好的朋友入组，以为亲密无间，利于沟通，却忽略了互补性。调查中有人说，我悔不该参加了由清一色密友们组成的学习小组，我们之间在社交场合已结交了很久，相处得一直不错，但却从未一起学习、工作过，结果证明不行，遗憾的是，学习没搞好，友谊也受了影响。这不是说非要拒绝好友参加不可，最好是根据课程性质和对个人特长的了解来建组，以收集思广益之效。

2. 案例学习小组集体活动的管理。根据经验，要建设并维持一个有效能的小组，在管理方面应该注意下列事项：

（1）明确对组员的期望与要求。如果你有幸成为组长，你首先要让大家知道，一个组员究竟该做什么？所以，必须在小组会上从开始就预先向大家交代清楚这些要求：一是小组开会前，每人必须将案例从头到尾读一遍，并做好适当的分析。二是人人尽量每会必到，如与其他活动冲突，小组活动应享受优先。三是要给予每人在小组会上发言的机会，人人都必须有所贡献，不允许有人垄断发言的机会。四是个人做出了有益贡献，应受到组内的尊敬与鼓励，首先让他（或他们）代表小组在全班发言。五是组内若有人屡屡缺席，到会也不做准备，无所作为，毫无贡献，就不能让他分享集体成果，严重的要采取纪律措施直到请他退组。有时小组为了程序方面的琐事（如定开会时间、地点、讨论顺序等）而争吵，或因为性格冲突，话不投机，拂袖而去，甚至为争夺影响与控制权而对立，也是有的。但关键是要看小组是否能出成果，对大家学习是否确有帮助，如时间花了，却没有收获，小组对大家没有凝聚力，各种矛盾就会出现。

（2）建立合理的程序与规则。所谓合理即指有利于出成果。一是要选好会址。这是第一个程序问题，会址除了要尽量照顾大家，使人人方便外，最要紧的是清静无干扰。最好有可以坐和写字的桌椅，能有块小黑板更好。二是要定好开会时间。一经商定，就要使之制度化、正规化。这可以节省每次协调开会或因变化而通知的时间，也不致因通知未到而使有的人错过了出席机会。不但要定好开会时间，也要定好结束时间，这更为要紧。每一案例讨论 2 小时，最多 3 小时就足够了，时间定了，大家就会注意效率。三是要开门见山，有什么说什么，节省时间。四是要早确定和发挥小组领导功能，可以用协商或表决的方式公推出组长，以主持会议和作业分派，也可以轮流执政，使每个人都有机会表现和锻炼组织领导能力。五是要尽早确定每个案例的分工。这种分工是允许的，甚至是受到鼓励的。多数老师允许同小组的同学，在各自书面报告中使用集体搞出的相同图表（报告分析正文必须自己写，不得雷同），有的组为了发扬每个人的特长，把分工固定下来（如某某总是管财务分析等）。但由于案例各不相同，若每次小组会能根据案例具体特点，酌情分工，可能会更有利于出成果。但由谁来分工好，较多情况下是授权组长负责，他得先行一步，早把案例看过，拟出分工方案。六是要在整个学期中，使每个人都有机会承担不同类型的分工，以便弥补弱点与不足。人们的长处常与主要兴趣一致，或是本来主修的专业，或是自己的工作经历等。通常开始总是靠每人发挥所长，才能取得最佳集体成效。但长此以往，人们的弱点依然故我，难有长进。因此，组长得考虑安排适当机会，使每个人在弱项上能得到锻炼。事实上，个人弱项进步了，全组总成绩也水涨船高。好的组长会巧妙地安排不善演算的组员有时也去弄一下数字，而让长于财会的同学适当分析一下敏感的行为与人际关系问题。至少学会在自己的弱项上能提出较好的问题，并观察在这方面擅长的同学是怎么分析的，对已在管理岗位上当领导者的同学更需如此。

（3）学习小组的改组。有时会发现，由于各种无法控制的原因，小组不能做出富有成果的集体分析，这时可以考虑与另一个较小的组完全或部分合并。后者是指仅在分析特难案例时才合到一起讨论，可先试验几次，再正式合并。较大的组可能体验到相反的情况，指挥不灵，配合不良。这时，可以试行把它进一步分解为两个小组以增加灵活性，不是指彻底分解，而是有分有合，有时分开活动，有时则集中合开全体会议。

（4）争取实现"精神合作"。从行为学的角度看，小组也像个人那样，要经历若干发展阶段，才会趋于成熟，变成效能高、团结紧密、合作良好的工作单元。但有的小组成长迅速，有的要经历缓慢痛苦的过程，有的永远不能成熟。成长迅速的小组，表面看来没下什么工夫，其实他们为了发展群体，是做出了个人牺牲的。他们注意倾听同伙的意见和批评，仲裁和调解他们中的冲突，互相鼓励与支持、尊重并信任本组的领导。组员只有做出了这种努力，才能使小组完成既定的集体学习任务，满足各位组员个人的心理需要，成为团结高效的集体。这里的心理需要指的是集体的接受、温暖、友谊、合作与帮助。案例学习小组的成熟过程，一般包括五个阶段：一是互相认识；二是确定目标与任务；三是冲突与内部竞争；四是有效的分工合作；五是精神上的合作。小组若是能具备适当的构成条件，又制定出合理的工作程序与规范，就易于较快越过发展的头三个阶段而达到第四个阶段，并有可能发展到最高境界即精神上的合作默契成熟阶段。那时，小组的成果就更多，水平更高，学习兴趣更浓，组员们也就更满意了。

（四）置身课堂讨论

课堂讨论，对于教师来说是整个案例教学过程的中心环节，对于学生来说则是整个案例学习过程中的高潮与"重头戏"。因为学生在个人及小组的分析准备中所做的工作要靠课堂讨论表现出来，这也是教师对学生整个课程中成绩评定的重要依据。事实上，课堂讨论的表现也决定了随后书面报告质量的高低，并已为大量实践所证明，但不少教师不太重视书面报告评分。

1. 注意聆听他人发言。就是注意倾听别人（教师与同学们）的发言。许多人认为，参加讨论就是自己要很好地发言，这的确很重要，但听好别人的发言也同等重要。课堂讨论是学习的极好机会，而"听"正是讨论中学习的最重要的方式。有人还以为，只有自己"讲"，才是做贡献，殊不知，听也同样是做贡献，听之所以重要，是因为课堂讨论的好坏不仅决定于每一个人的努力，而且也取决于全班的整体表现。集体的分析能力是因全班而定的，它的提高不仅依靠个人经验积累，也要靠全班整体的提高。重要的是要使全班学会自己管理好自己，自己掌握好讨论，不离题万里，陷入歧途。初学案例的班常会发生离题现象，原因就在于许多人从未经过要强制自己听别人发言的训练，只想自己打算讲什么和如何讲，而不注意听别人正在讲什么，并对此做出反应。监控好全班讨论的进程，掌握好讨论的方向，从而履行好你对提高全班讨论能力的职责，这也是重要的贡献。只会讲的学生不见得就是案例讨论中的优等生，抢先发言，频频出击，滔滔不绝，口若悬河，还不如关键时刻三言两语，击中要害，力挽狂澜。如能在每一冷场、一停顿就插话、发言，使得讨论马上又活跃起来，那才可谓是位高手。许多人在讨论刚一开始，总是走神，不是紧张地翻看案例或笔记，就是默诵发言提纲，或沉浸在检查自己发言准备的沉思里。其实，正是一开头教师的开场白和当头一问，以及所选定的第一个回答者的发言最重要，是定方向、搭架子，你得注意听教师说什么，你是否同意教师的观点，有什么补充和评论，并准备做出反应。

2. 具备主动进取精神。前面提到有人总想多讲，但对多数人来说，却不是什么克制自己想讲的冲动问题，而是怎样打破樊篱，消除顾虑，投身到讨论中去的问题。这一点，教师必须尽力做好说服教育工作。就像生活本身那样，案例的课堂讨论可能是很有趣的，也可能是很乏味的；可能使人茅塞顿开，心明眼亮，也可能使人心如乱麻，越来越糊涂；可能收获寥寥，令人泄气，也可能硕果累累，激动人心。不过，追根到底，从一堂案例讨论课里究竟能得到多少教益，还是取决于你自己。为什么？因为案例讨论是铁面无私的，既不会偏袒谁，也不会歧视谁。正如谚语所云："种瓜得瓜，种豆得豆。"你参加讨论并成为其中佼佼者的能力如何？你在讨论中所取得的收获大小怎样？决定因素是你有没有一种积极参与、主动进取的精神。足球界有句名言："一次良好的进攻就是最佳的防守。"这话对案例讨论完全适用。反之，最糟糕的情况就是畏缩不前，端坐不语，紧张地等着教师点名叫你发言。这种精神状态，完全是被动的，怎么会有多少收获？你不敢发言，无非怕出了差错，丢了面子。你总想等到万无一失，绝对有把握时再参加讨论。可惜这种机会极为罕见或根本没有。你若有七八成把握就说，那发言的机会就很多。积极参与的精神能使你勇于承担风险，而做好管理工作是不能不承担风险的，这种精神正是优秀管理者最重要的品质之一。指望每次发言都绝无差错，这是不现实的，无论分析推理或提出建议，总难免有错，但这正是学习的一种有效方式。人的知识至少有一部分来自于教训，教师或同学指出你的某项错误，切不要为争面子而强辩，为了满足自己"一贯正确"的感情需要而拒不承认明摆的事实。这正是蹩脚管理者的特征。要知道，案例讨论中说错了，只要诚恳认识，不算成绩不佳、表现不佳；无所作为，一句不讲才是成绩不佳、表现不佳。其实，怕在案例讨论中发言不当，根本谈不上是什么风险。因为即使你讲得不全面、不正确，对你将来的工作、生活、职业生涯与命运，都无损于丝毫，倒是你的分析与决策能力以及口头表达与说服能力得不到锻炼与提高，反会影响你的前途与命运。既然如此，你又何妨不试一试呢？

（五）记录学习心得

参加案例课堂讨论的过程，是一个学习和锻炼的过程，也是一个积极进行思考从事复杂智力劳动的过程，在这过程中萌发一些心得体会和发现一些自己原来未曾想到的问题是常有的事，这正是在案例学习中已经意识到的点滴形态的收获，为了不使这些收获遗忘或丢失，有必要做好记录。

做心得和发现的记录，要讲究方法。有的同学过于认真，从讨论一开始就从头记录，结果记录一大篇，不知精华之所在，这就是方法不妥。正确的方法是，在认真听的基础上记重点，记新的信息。有的学生采取"事实、概念、通则"一览表的格式，颇有参考价值。这里不妨引一实例以作借鉴：

春季学期：××××年×月××日课堂讨论"兴办新事业"。

事实：①在美国的所有零售业企业中，50％以上营业两年就垮台了。②美国企业的平均寿命是6年。③在经营企业时想花钱去买时间，是根本办不到的。④美国在2000年有235万个食品杂货店。

概念："空当"，各大公司经营领域之间，总有两不管的空当存在。大公司不屑一顾，小企业却游刃有余，有所作为。例如，给大型电缆制造商生产木质卷轴，就是个空当。

通则：①开创一家企业所需的资源是人、财、物，还有主意。②新企业开创者的基本目标是维持生存。

记录要精确、简明，对素材要有所取舍、选择。在课堂上，主要注意力要放在听和看上，确有重要新发现、新体会，提纲挈领，只记要点。此外，最佳的笔记心得整理时机是在案例讨论结束的当天。

（六）撰写分析报告

管理案例书面分析报告，是整个案例学习过程中的最后一个环节，是教师在结束课堂讨论后，让学生把自己的分析以简明的书面形式呈上来供批阅的一份文字材料，一般由 2500 字以下，最多不到 3000 字的正文和若干附图组成。但并不是每门课程所布置的案例都必须撰写书面报告，有些案例教师可能要求只做口头分析就够了。有些报告可能完全布置给个人去单独完成。书面报告是在全班及小组讨论后才完成，本身已包括了集体智慧的成分，是指教师允许同一小组的成员使用小组共同准备的同样图表，但报告正文照例要由个人撰写，禁止互相抄袭。还有的案例教师要求学生在全班讨论前呈交个人书面报告或案例分析提纲。这主要是为了掌握学生的分析水平，也便于在下次全班讨论前进行小结讲评。一般来说，要求写书面报告的案例比起要求口头讨论的案例要长些、复杂些、困难些，也就是教师希望在这些案例的阅读与分析上花的时间和工夫要更多些。其实，在书面报告上下点力气是值得的，书面报告的撰写是一种极有益的学习经历，这是在学习管理专业的整段时期内，在本专业领域检验并锻炼书面表达技巧的极少而又十分宝贵的机会之一。多数学生在如何精确而简洁地把自己的分析转化为书面形式方面，往往都不怎么高明和内行。这种转化确实并非易事，尤其篇幅与字数的限制又很紧，所以花点时间去锻炼提高这种可贵的技巧是必要的。

1. 做好撰写准备与时间安排。写书面报告，先要认真地考虑一下计划，尤其要把时间安排好，这不单指报告本身，要把阅读与个人分析以及小组会议（一般是开两次）统一起来考虑。一般的计划是，在两三天内共抽出 12 ~ 15 小时来完成一篇案例分析报告（包括上述其他环节，但课堂讨论不在内）是较恰当的。如果案例特难，也许总共得花 20 ~ 25 小时以上。但是，如果长达 25 小时以上，就会使人疲乏而烦躁，洞察力与思维能力会下降。不能满足于抽出整段总的时间，还得仔细划分给每项活动的时间，这种安排是否恰当将影响整个工作和效率。下面是一种典型的时间计划安排，共分六项或六个步骤，分析的作业是一篇较长的、具有相当难度的典型综合性案例，书面报告要求

2500 字以下，图表最多 8 幅：

（1）初读案例并做个人分析：4~5 小时。

（2）第一次小组会（分析事实与情况，找出问题及组内任务分工安排）：2~3 小时。

（3）重读案例并完成分析：4~5 小时。

（4）第二次小组会（交流见解及讨论难点）：2~3 小时。

（5）着手组织报告撰写（确定关键信息，列出提纲，完成初稿）：5~7 小时。

（6）修改、重写、定稿、打字、校核：2~3 小时。

上述六项活动可分别归入"分析"与"撰写"这两大类活动。根据对 3000 多份案例报告的调查，无论是得分高低，大多数学生花在写稿方面的时间普遍不足，而花在分析上，尤其是小组会上的时间过多。要知道，既然总时数已经限定，则多分析一小时，写稿就少了一小时，而且又多出来一批需要筛选和处理的信息，会加重写稿的工作量，这种连锁反应式的影响，将使一些同学无法细致地利用、消化、吸收他们的分析成果，难以准确表达、陈述、综合归纳成一份有说服力的文件，很难使阅读他们分析报告的人信服和接受他们的见解。

下面是一段典型的对话：

学生：我花了那么多时间，没想到只得到这么点分数！不过，我把自己的报告又读了一遍，是看出不少问题。我怎么在写稿的时候竟然一点没意识到它会这么糟呢？

教师：怎么会没意识到呢？仔细谈谈你是怎么写的？

学生：报告是星期二早上上课时交的，我们小组是上星期五下午开的第一次会，开了好长时间，第二次会是星期一下午开的，会开完，已经很晚了。当晚我就动手组织材料，拟提纲，动笔写初稿，搞到凌晨两点多才写完，但来不及推敲修改誉正，就交卷了。

很明显，这位同学根本没时间修改，初稿就直接誉正，也没留足够时间消化、吸收和组织好他个人和小组分析的结果。遗憾的是，这种现象十分典型，是经常出现的。有人说："根本不会有高质量的初稿，只可能有高质量的定稿。"这就是说，要写好分析报告，在报告的构思上得肯花时间，并安排足够时间用在修改和重写上。

2. 书面报告的正确形式与文风。要写好报告，当然要以正确的分析作为基础，问题还在于怎样才能把最好的分析转化为书面报告，由于受篇幅、字数的限制，这就自然引出对文风的要求，那就是简明扼要。写案例报告可不是搞文学创作，不需要任何花哨的堆砌修饰，但要做到一针见血，开门见山，却非易事。不许你多于2500字，你就只能把代表你分析的精髓的那一两点关键信息说出来，并给予有力的辩护和支持。

一般来说，2500字加图表的一份报告，教师评改得花15～20分钟，一位老师通常每班带50位学生，每一班他就要批阅50份报告，每份20分钟，就要花17小时才批得完，若同时教两班，每班平均每周两次案例作业……算算就知道，一份报告最多能占20分钟，所以，一定要干净利落，把你的主要见解及分析论据写得一目了然。手头有了分析与讨论所得的大量素材，可别忙于动笔，要先花点时间好好想想，怎样才能有效而清晰地把你的意见表达出来，到这一步为止，你就已经花了不少时间在案例阅读、分析和讨论上。一般是按照自己分析时的思路，一步步地把报告写出来，可是，教师和读者要知道的是你分析的结果，所以你的报告若不以你的分析为起点，而是以分析的终点入手，会显得明智得多。试考虑一下，能不能用一句话概括出你所做的分析的主要成果和精华所在？这应该成为报告的主体，并应在几段中就明确陈述出来，报告的其余部分，则可用来说明三方面的内容：一是为什么选中这一点来作为主要信息。二是没选中的其他方案是什么及其未能入选的理由。三是支持你的表现及其所建议方案的证据。慎重的方法是，把报告剩下这部分中的每一段落，都先以提纲的形式各列出一条关键信息来，最好每一段落只涉及一条重要信息，一个段落若超过700个字，就一定包含有几条不同见解，这会使读者抓不到要领。报告定稿后，正式打字前，最好要自己读一遍，以便发现问题，及时修改，打字后还应校阅一遍，看有无错别字和漏句、漏字等。老师批阅发回报告后要重读一遍，记下写作方面的问题，以免下次再犯。

3. 图表的准备。把数据以图表方式恰当地安排与表达出来，有效地介绍出你的许多支持性论证，但一定要使图表与正文融为一体，配合无间，让读者能看出图表的作用，还要使每张图能独立存在，即使不参阅正文，也看得懂，每幅图表应有明确标题，正文中要交代每幅图表的主要内容，图表应按报告正文中相应的顺序来编号。

四、管理案例教学范例

（一）管理案例讨论提纲实例

案例：中日合资洁丽日用化工公司

十几年前，洁丽公司与日本丽斯公司技术合作，向国内引进该公司丽斯品牌的化妆品，双方各投资40%，另有20%由建厂当地乡镇的个体户出资建成。日本丽斯品牌在日本不出名，由于中国当时改革开放不久，日用化工和化妆品缺乏，大家也不在乎名牌。十几年来，合资生产的丽斯牌化妆品，在江南一带颇具知名度，有数百个专柜遍布城乡各地的小百货商店，并有几百位化妆师（销售与推广）和美容店。近两三年来，由于人们消费水平提高的缘故，以及不少欧美品牌进入中国市场，丽斯牌化妆品在人们心目中的地位下降，销路萎缩，此时那几个占20%份额的小股东希望让出股份、撤资。假使你是洁丽公司的负责人，你有哪些应对策略和方案？

中日合资洁丽日用化工公司案例课堂讨论提纲

1. 有三种可能的方案

（1）品牌重新定位。

（2）收购散户小股东的股份，使洁丽公司控股超过50%，然后找一流的厂商技术合作或代理一流产品。

（3）寻找机会，脱售持股。

2. 方案分析

方案1：

利：可利用原来已建立的销售渠道、服务人员以及与经销商的良好关系、化妆品本身的价值、较难衡量的较高附加值，重新定位锁住目标市场。

弊：因为市场变化快，进口关税逐渐降低，会使整个企业转型有较高的风险。

方案2：

利：可利用原有的销售渠道与服务人员，除可重新定位外，还可与其他知名品牌厂商合作，进入其他市场；控股权扩大，经营方式较有弹性。

弊：投资金额较大；日方态度不易掌握。

方案3：

利：避免激烈竞争，可将资金转做他用。

弊：原有的渠道和人员、队伍全部放弃相当可惜。

3. 建议：采用方案2，接受小股东的退股建议。

本题的关键点是：想要放弃原有的市场或产品，而进入全新的陌生领域，只想创造新产品，放弃原有产品有改善的可能，都可能使事业受到更大的损伤。

但是，产品创新或多角化经营，也有可能为公司创造更好的将来，成败的关键在于信息的收集是否齐全、利弊评估是否准确。

（二）管理案例分析报告实例

案例：威廉美食苑的创业

赵威大学毕业后，没有去政府分配的工作单位上班，而在省城里的一家肯德基快餐店当上了副经理，原来他曾在大学四年级时，利用假期和社会实践的机会在肯德基店里打过工，这次是他第一次告诉家里，没想到当乡镇企业经理的父亲还是理解他的，一年后他很快升为经理，再后来又升为地区督导等职。最近，他发现省城商业街有一店面要出售，这个地点位于商业闹市区附近的主要街道，交通流量大，写字楼也很多。赵威认为，这是一个很难得的快餐店地点，于是他决心自己创业。这是他由来已久的事业生涯规划，并与父亲商量请求财务支持，声明是借贷的，日后一定归还。家里表示可以支持他，但要求他认真规划，不要盲目蛮干，多几个方案才好，有备无患。

赵威自己创业的愿景是一个属于自己独立经营的快餐连锁店，它不是肯德基、麦当劳或其他快餐店的加盟连锁店。他很顺利地注册，资金到位也很快，房子的产权也办理了过户手续。不久，赵威很快就发现成立自己的店和当初在肯德基看到人家成立连锁店有很大的不同，他必须自己动手，从无到有地办理任何事情。比如，要亲自参与店面装潢设计及摆设布置，自己设计菜单与口味，寻找供货商，面试挑选雇用员工、自己开发作业流程，以及操作系统管理。他觉得需要找来在工商管理专业学习的同学好友帮忙一起创业，假如赵威选择的就是你。请你帮他搞一个创业的战略规划，试试看。

以下是摘要分析报告内容的主要部分：

创业的战略规划分以下五个步骤：①设定目标。②界定经营使命、愿景与经营范围。③进行内在资源分析。④进行外在环境分析。⑤可行性方案。

于是针对这五个步骤，分别说明：

1. 设定新目标。①提供更符合消费者口味、适度差异化的食品；②满足不喜欢西方快餐口味的顾客为最重要的目标。

2. 界定经营使命、愿景与经营范围。①提供消费者不同于西式文化、新的健康饮食概念。②提供融合中国人饮食口味与西式餐饮风格的新快餐。③塑造洁净、便利、快速、舒适、健康的企业形象。

3. 进行内在资源分析。可以就人力、财力等方面进行强弱势分析。

(1) 相对优势方面。①曾经在著名的西式快餐店工作，有相当的经验，对于西式快餐店的经营模式、生产方式及管理方法都有相当的了解。②经营的地点有很大的交通流量，是一个理想的快餐店设立地点。③财务有来自于家庭的支持。

(2) 相对弱势方面。①对于菜单的设计、分析消费者对于快餐的需求、生产流程规划，可能无法有相对的经验与优势。②在原料供货商方面，也无法像大型竞争者那样节省大量的进货成本。

4. 外在环境分析。

(1) 在威胁方面有以下方面要考虑：①在竞争者方面，目前市场中的主要竞争者众多。②就替代品方面，快餐产品也纷纷进驻便利商店，如烤香肠等。③就整体市场而言，传统的快餐产品竞争者众多，他们所提供的产品，同构性也很高，他们之间的竞争优势，多是建构在附加服务或是媒体的塑造，所以对于非连锁性的自创性商店，可能无法在广告上与其相抗衡。④就垂直整合程度与经济规模而言，这些竞争者的连锁店众多，也因此他们在原料的进货上可以借助量大而压低成本，在媒体广告上，更可以收到较大的效果。再者，这些竞争者也不断借助媒体塑造，有些快餐店在假日已经成为家庭休闲或是举办聚会的场所，这种社区关系的维系，也是新进入者需要考量的。⑤在竞争手段方面，由于这些竞争者的市场占有率高，也因此会和其他商品进行联合营销，如麦当劳在电影《泰山》上映时，同步推出玩偶，更吸引许多只为喜好赠品而来店消费的顾客，如此更加提高他们的竞争优势。

(2) 在相对机会方面。①由于快餐文化追求效率，使得他们在产品上无法做到顾客饮食差异化的满足。②就产品的广度与深度而言，这是目前竞争者较为缺乏的，不过，要达较佳广度与深度的境遇，可能与快餐追求快速有所抵触，这是一个值得考虑之处。③目前竞争者喜好推出的套餐组合，对于某些食品并不可以替换，例如，不喜欢吃薯条的人就不能要求换等值的产品，这是一个在无法提供大众差异化口味产品的前提下，另一种借助消费者产品组合满足需求的一种方法。④国内目前对于健康的重视，而西式的快餐又具有常被以为热量太高、被称为垃圾食物等问题，这也是一个在从事新式快餐店设立时确定产品种类的考量点。

5. 可行性方案。由以上的分析可以知道，自行创业从事快餐店，可能会遭遇的最大困难就是缺乏广告效果以及无法在生产原料上有规模成本的优势。但是，可以从产品的差异化来满足顾客的需求，于是可以提出下列几个可行性方案：

（1）发展中式口味，但又能兼顾生产效率的产品，如米食。

（2）借助大量顾客差异化的观点，提供较能满足顾客差异化需求的产品。

（3）提供顾客在产品套餐选择时有较大的自主性。

（4）先建立地区性的口碑，再从事跨区域经营。

（5）提供健康食品的概念，如可以卖素食、蔬果类素食以及有机饮料。

（6）不要放弃西式快餐店的经营模式，如整洁的饮食环境、明亮舒适的饮食空间、亲切充满活力的店员，但要导入中式口味、健康概念的食品。

（7）以食物作为竞争差异化优势，也就是强化食品的健康性、快速性，以及符合中国人的饮食口味。

由于这种产品的差异化，在快餐产业中，推介中式口味、健康概念的新快餐或许是一个缺乏媒体广告与附加商品支持的快餐创业者可以走的方向。

（三）哈佛案例教学实录

其一，哈佛拍"案"惊奇。以下是哈佛大学公共管理硕士孙玉红女士在其译著《直面危机：世界经典案例剖析》一书中有关哈佛案例教学的文章，希望对读者有所启发。

提起哈佛商学院，人们自然想起案例教学。

案例教学（Case Study）是哈佛教学的一大特色。不管是商学院、法学院，还是肯尼迪政府学院。对于商学院来说，所有课程，只用案例教学，全世界独此一家，可以说是很极端的。包括"公司财务"等看起来技术性很强，似乎不存在多大讨论余地的课，也用案例教学。为什么？

我们常说，学以致用。对于 MBA 和 MPA 来说，教学目的很明确。他们培养的学生不是搞研究的，而是解决问题的。在哈佛培养的是一种解决问题的思维方法，不是对一个理论有多深的研究（那是博士要做的事），而是做决定的水平。

虽然对于案例教学我并不陌生（我1999年写的《风雨爱多》被国内一些大学 MBA 用做教学案例，而正在应哈佛商学院之邀修改应用），但是对于只用案例教学我一直心存疑惑。

"如果我对一些课程基本知识都不懂怎么办呢？"有一天，我问一位教授。他说："有两种可能：第一种是我们招错了人，第二种是该读的书你没有读。"

半年下来，我才明白了其中的含义。第一，两个学院招生基本要求有4～5年以上的工作经验；对肯尼迪学院高级班学员来说，是爱有10年左右工作经验。所以，不大可能对一个领域完全不懂。第二，更重要的是，2小时的课堂时间，课余平均要花8～10小时的时间进行准备。包括阅读案例、建议阅读的书和材料。如果有困难，助教随时恭候，教授有固定的工作时间。你可以预约请教。这种设计的前提是你有足够的能力自学一门知识。课堂只是讨论它的应用问题。这既是对学生自学能力的挑战，也是一种锻炼。联想到为什么像麦肯锡这样的咨询公司喜欢哈佛商学院的人，是因为学生有这种能力与自信，面对陌生的行业和比自己大几十岁的客户，敢于高价出售自己的看法。想象一下郭士纳23岁离开哈佛商学院时那种自信的感觉。

还有一个妙处是最大限度地利用学生的时间和能力。将所有该学的知识部分压缩到课堂以外，难怪哈佛学生要自学的第一门课是"求生本领"。

哈佛所有的案例几乎全为自行撰写，均取自真实发生的事，姓名、地点偶尔做些改动。案例要经该公司认可，保证所有数字和细节的真实性。MPA的案例有一半是肯尼迪政府学院自己编写的，有一半是商学院的。均明确注明，版权保护，不得随便使用。当然，这些案例也对外公开，用于教学的价格是一个学生一次性5美元。也就是说，如果有100个学生在课堂上使用这个案例的话，你需要付500美元的版权费。

案例有长有短，长的30～40页，像南美某国的财政危机；短的只有一页纸。我印象最深的是公共管理第一堂课的案例，短小精悍型，题目是：宪法应该被修改吗？（Should the Constitution be amended?）

事情是这样的：参议员胡安遇到了他政治生涯中最令他头疼的事：他要在24小时之内做出决定，是否投票赞成修改宪法。12年前，该国人民推翻了军人独裁统治，并颁布了宪法。宪法规定总统一届6年，不得连任。现在该国总统弗洛里斯已经干了5年，并且在这5年中使国家经济取得了巨大成就，深受人民爱戴。要求修改宪法，使总统连任的呼声很高。胡安本人是不赞成修改宪法的，因为他知道民主政治在本国还很脆弱。但是面对民意调查多数人支持的结果，面对他自己明年也要进行连任竞选。如果你是他，你该做出什么决定？

在这个案例中，描述了一个两难的困境，需要胡安做决定。没有分析，只有事实。如果你是胡安，你会怎么做？

班上50多位同学，职业各异，信仰各异，知识结构各异。有的本身就是参议员、外交官，有的是效益至上的跨国企业的首席执行官，有的是社会观察者。有的深信民主政治体制，有的心存怀疑。一开始就分成两派，争论不休。支持修改宪法的基本观点是，既然现任总统受人民欢迎就应该支持他干下去，换新总统对国家的风险很大，支持胡安同意修改宪法的理由被汇总成1、2、3、4、5写在黑板上；反对总统连任的观点认为，随意变动国家体制对国家未来的风险更大。理由也被汇总，写在黑板上，1、2、3、4、5。有的说决策所需要的资料不全，无法做出决定。最后大家等着教授总结，给出答案。教授说："你们已有了自己的答案。没有做出决定的同学需要立即做决定：下课！"

大家面面相觑。到哈佛是学什么来了？数星期之后，终于理清了案例教学法的基本思路：

分析案例围绕着四个方面的问题：

（1）问题是什么？

（2）要做出什么决定？

（3）有什么可行方案（所有的）？

（4）现在要采取的行动是什么？

通过案例教学，训练一种系统的思考问题的方法和采取行动的决心和勇气。它的价值在于：

（1）领导就是做决定。案例取自真实生活的片断，通常是让决策者处于一种两难的困境。这是所有领导者经常面临的困境：没有绝对的对与错，没有人告诉你答案。案例教学的目的，就是让参与者置身于决策者的角色中，面对大量的信息，区分重要和次要，做出自己的决定。案例教学没有正确答案。

（2）领导在于采取行动。案例不只是研究问题，是在分析的基础上采取行动。一切分析是行动的向导。在案例教学中，你就是参议员，你就是企业的技术主管，你就是阿根廷的总统，你就是主角。这是案例教学与传统教学的最大不同。

（3）找出所有的可能性。所有人的积极参与，可以让你惊讶于这么多不同的选择。每个人想两个方案，50个人就有100个方案。其中许多是你从来没想到的，或者从来不敢去想的。你能从同学那里学到很多，你能否从中收获，取决于你的参与程度。提出自己的观点，支持它；倾听别人的观点，评价它；敞开思想，随时准备改变自己的观点；做决定，避免模棱两可。

案例教学并不神秘，为什么哈佛案例独行天下？我想原因有几个：

第一，哈佛案例均为自行采写。哈佛的资源使它可以拥有全世界最有价值的案例，从南美国家改革的真实数字到跨国公司的财务情况，从中国北京旧城改造的难题到《华盛顿邮报》的家族危机，均拥有第一手材料。学生经常需要为跨国公司，为一个国家的大事做决定，不知是否在无形中培养了他们做大事的感觉和准备？

第二，凭借哈佛的名声，可以请到总统、总裁们到课堂上亲自"主理"。到哈佛商学院演讲的总裁们通常会出现在一节相关的案例课上。在肯尼迪学院，我记得在学宏观经济学的时候，美国农业部部长专门来讲过美国农产品出口问题；学演讲沟通的时候，不仅有好莱坞演技派明星专门来过，还有四届美国总统顾问亲自上课……这些都是哈佛案例的附加价值。

第三，哈佛拥有最好的学生。他们的观点、他们的眼界，常常使你受益最多。

最后，哈佛案例教学并不仅仅是就案例论案例，一个案例课过后，通常会开出一个书单，从这些书中你会找到分析此案例可能需要的理论支持，掌握一套科学的思考方式，建筑你自己的思考习惯。

写到这里，我已经在担心哈佛要起诉我侵犯知识产权了。但是，好在你我都知道：哈佛是无法复制的。如果你想了解更多，欢迎你到哈佛来。

其二，哈佛案例教学经历自述。

……第二天所用的案例，是我们在哈佛商学院要用的总共大约800个案例中的第一个，正躺在我的书桌上等着我去阅读、分析和讨论，我看了一眼题目："美国电报电话公司和墨西哥"，内容并不太长，大约有15页，实际上内容之长短并不很重要，因为哈佛商学院教学案例的挑战性不在于阅读过程之中，而在于准备在课堂上就案例发表自己的见解。在课堂上，每个案例是通过以教授和全班同学对话讨论的形式来完成的，学生们必须在课前阅读和分析每个案例，在课堂讨论时说出自己对案例的分析和看法，课堂讨论的进程由教授掌握，使全班同学的想法达到某种程度的一致，或者至少得出案例本身所能阐明的几个结论。

我拿起案例资料开始阅读，内容引人入胜，我不知不觉地就读完了，中心议题是美国电报电话公司的一位经理要决定是否在墨西哥建立一个答录机生产厂。该案例所涉及的伦理问题包括：使一些美国人失去工作机会；剥削第三世界廉价劳动力；在一个充满贿赂和腐败的环境中如何定义行为的适当性。我认为前两项不成问题，在第三世界国家投资建厂，给那儿的工人提供比当地平均水平较高的工资和较好的工作条件没有什么不对。只是对第三点，即如何应付当地的腐败的做法，我没有清楚的具体想法。

我又将案例资料阅读了两遍，并在旁边空白处及白纸上做了详细的笔记，花费大约半个小时考虑所附的三个思考题。有一个问题是这样的：该经理选择在墨西哥建厂，他应该就工资水平、工人福利、废料管理、童工问题、雇用工人时性别上的要求以及贿赂问题做出什么样的决定？这使我忽然想到一个问题：如果教授让我做开场发言怎么办？尽管可能性并不大，精确地讲被叫的概率是1/92，但是我并没有冒险的心情，我早就听说过被叫起做开场发言是商学院生活中带有传奇色彩的一个事实。如果说毕业后能拿到高薪工作的前景是吸引数千名学生在商学院拼搏两年的胡萝卜，那么被教授选做开场发言的潜在威胁就是那大棒。有人告诉我，大部分课是由任课教授叫起一名同学做开场发言而开始的，这位同学要做5~10分钟的发言，总结案例中的几个要点，为理解案例提供一个分析框架，还要为解决案例所描述的问题提出行动方案。

接下来，他可能不得不对其他同学对他发言的指责进行反驳。他发言得分的情况在很大程度上取决于其他同学的反应。我想起两种对付被教授叫起发言的方法：一是每天晚上都认真准备每个案例；二是偶尔认真准备一下，抱着侥幸的心理，希望教授不叫到自己。鉴于是第一堂课，我决定认真准备，制定一个详细的发言提纲，半小时后我才将提纲列出，准备输入电脑。

学习小组在哈佛商学院也是一个很重要的传统。学习小组的成员通常是在深夜或者早晨上课前的时间聚在一起进行讨论。在这种讨论会上大家互相启发，确保案例中的要点不被遗漏，并且可以在一个比较安全的环境中发表自己的见解。参加过学习小组讨论，大家对于明天的案例做了几乎过于充分的准备。第二天，走进教室，环顾四周，发现每个人的座位前都摆放着一个白色姓名卡，整个教室看起来像联合国的一间大会议室。

8点30分整，我们的教授迈进教室，他站在教室前部的中央，扫视了一眼，全场鸦雀无声，突然他吼叫道："让冒险历程开始吧！从今天起我们有许多事情要干，但在我们开始之前，我要求在座诸君为自己热烈鼓掌，因为你们大家都做了十分出色的事情，今天才能坐在这里，你们应该得到鼓掌欢迎！"这句话打破了大家的沉默，教室响起了雷鸣般的掌声。

教授接着向我们介绍了他的背景、课程的有关情况以及哈佛商学院的一些情况，他风度极佳，讲话极富感染力，然后，他开始谈论我们的情况，时而引用一些同学们填写在调查问卷上的内容。"你们中有一名同学，"他说道，"在调查问卷上写了一句妙语，现在我愿意与在座各位一同欣赏它。"他开始引用原语："我喜欢挑战、成长和激励。"他一边说一边迈步登上台阶，走向"警示线"。"请推动我——"教授做了一个戏剧性的停顿，才接着说道："使我发挥自己最大的潜力。"他停在一位坐在"警示线"中间的同学面前，"克拉克先生，"教授问道，"MBA 生涯中第一堂课由你做开场发言算不算是一个足够的挑战？"可怜的克拉克同学几乎要昏过去了，此时大家哄堂大笑。教授的讲话完美无缺，就像 CBS 电视台大腕主持人大卫·莱特曼主持晚间电视节目一样，真是棒极了。

克拉克努力使自己镇静下来，结果做出一个很不错的案例分析发言。他得出的结论是：在墨西哥建厂是正确的，条件是美国电报电话公司要确保那些墨西哥工人的工作条件和该公司在美国的工厂工作情况大体一致。教授对他的模范发言表示感谢，然后问大家有什么要补充。至少有 7 名同学举起手，争先恐后地要求发言。两位同学曾告诉我，一旦开场发言结束，当那个做开场发言的同学在角落里颤抖的时候，其他同学争夺发言机会的战斗就开始了。不管发言内容是多么中肯贴切或者是纯粹的迂腐空话，只要发言就能得到课堂参与分。尽管教授一再言明课堂参与分不是根据发言次数而定，每个人仍然是极力争取尽可能多的课堂发言机会，以使自己能在同伴中脱颖而出。

同学们争夺课堂发言机会的表现因人而异。有的人审时度势，制定了一套什么时候发言、怎样发言以及发言频度的策略。有的人在发言时首先肯定其他同学的正确见解，然后指出不足，提出自己的意见。有的人采取"鲨鱼战术"，如果有同学的发言不妥或显得可笑，他就唇枪舌剑，将对方批驳得体无完肤，用打击别人的方法来为自己得分。最终，每位同学的名誉和彼此之间的关系将在很大程度上取决于课堂讨论时的表现，问题的关键是课堂参与情况在每门功课的最后得分中占多达 50% 的比例。

教授对几个关键问题讨论的进展把握得游刃有余。这个案例产生不一致的原因相对较少，在墨西哥建厂实际上对美国人的工作并不构成威胁，它能给所在国带来的好处也是不言自明的，唯一产生争执之处是当地的腐败问题。一个拉美同学说："当地腐败盛行，如果公司想在当地建厂，就不得不入乡随俗。"另一名同学援引《国外腐败行为法案》说："如果公司在当地有任何失检行为，它将在美国陷入麻烦。"这个问题把同学分为两个阵营：实用主义者认为，小规模的行贿是可以接受的，只要通过它能实现建厂的目的；理想主义者认为，任何行贿行为都是不可忍受的；还有几个人从实用主义角度支持理想主义者，认为一旦有向当地官员行贿的行为，那么将来就面临更多被敲诈的可能。

课堂讨论一直持续了将近4个小时，每个人都发过言，我本人持实用主义和理想主义相结合的态度，做了几次不太重要的发言。最后，教授通过告诉我们实际发生的事情结束了当天的案例分析。美国电报电话公司在墨西哥建一个厂，极大地推动了当地经济的发展，向所有有关当地官员表明了该工厂绝对不会行贿的立场。这一原则得到坚持，腐败问题从来也没有成为一个问题。教授最后说，我们大家做得很好，我们用鼓掌的方式结束了第一堂伦理课，并且大家对第一个做开场发言的同学也表示了祝贺。

其三，哈佛商学院案例课堂讨论实录。下面是哈佛商学院的一次案例课堂讨论课的写实，内容是关于新日本制铁公司面临的人力资源管理问题。

戴着一副深度眼镜的乔克第一个被教授叫起来发言："我不清楚这里的问题究竟是什么。看起来很明显是新日铁公司无力将员工的退休年龄从55岁延长到60岁，但这是日本政府已经宣布在全国企业中推行的，而且工会也要求公司这么做。"

以定量分析擅长的乔克在这次有关人力资源管理的案例课堂讨论中，说了这样一句话作为开场白。他接着说："根据我的计算，由于钢铁市场需求减少，这家公司已经有3000名富余员工，这些人占了员工总数的10%。这种局面正在吞噬着企业的盈利。如果延长员工的退休年龄，那么，公司在今后五年时间内，还要承担7000多名富余人员。"

刹那间，所有的人都沉默了。要是在往常，"开局者"总会受到许多人的围攻，他们都试图对其逻辑中的漏洞予以曝光。而领头发言的学生，常常畏畏缩缩地回到座位上等待着一场哄堂大笑。接着，教授请第二个学生起来，对这个问题增加一些定性的分析。

"我们应该回顾一下过去，在做出草率判断之前，应该先考察一下这种情况的动态变化过程。首先，我们要看一看当时做出这项决策的条件。国际市场对日本钢铁的需求一般很大，只是在过去的两年时间里才开始减少。在这种环境下，新日本制铁公司采取了降低劳动力成本的经营战略，所以使它成为世界钢铁生产的领先者。这个战略的具体实施办法就是，当旧的工作岗位被撤销后，公司把现有的工人调换到新工作岗位上去，这样就同时解决了辞退和新招工人的矛盾，而且没有花太大的代价。

　　另外，社会上普遍认为这家公司有一个开明的雇主。这种认识对行业的发展很重要。因为这是一个重群体甚于个体的社会。尽管日本政府现在开始减少干预，但在历史上，政府一直在资助这家公司和钢铁行业的发展。劳资关系一直很融洽，工人们没有进行过罢工，但却得到了较好的福利。日本银行也一直与这家公司密切合作，银行实际上给该公司的经营提供了100%的资金。现在的退休年龄虽说是55岁，但人的寿命在不断延长，工人们已经不能再接受这么早就退休的现实了。

　　我们再看看公司目前的人力资源政策。这些政策适用于钢铁行业的环境，并且相互之间妥当配合，与社会价值观保持一致。有许多利益群体牵涉进来，他们参与子公司的决策。管理人员希望与劳动者保持和平共处，同时也希望能减少劳动力规模，并且对钢铁行业中出现的衰退现象进行负责任的管理，以便维持在本行业中的领先地位和取得长期的利润。管理人员和工人们与工会紧密联手，共同建造对各方都有利的工作环境。管理人员总是将决策问题摆在员工面前，而且向他们提供所有有关的材料，决策过程还是相当透明的。

　　工会希望把退休的年龄延长到60岁，同时希望避免罢工和维持一个全面有效的人力资源计划。工会领导者还希望继续保持他们的中立立场，以便工人们既得到应有的福利，又不致发生罢工现象。

　　工人们通过自主管理小组，对企业中各项工作如何开展，具有相当程度的发言权。他们希望保持他们的工作，并有一个良好的工作条件，同时也希望延长退休年龄。

　　政府也希望延长退休年龄，这样做的好处是可以减少社会的福利保障。政府还认为，钢铁是日本工业发展的一大关键行业。

　　公司人力资源流动方面的政策和程序。到目前为止，也还适应环境条件的要求。比如说公司实行了员工终身雇用制。这项对员工的投资，使得这家公司可以实行缓慢的晋升政策。这种缓慢的晋升与强有力的培训和发展机会相配合，才确保了在组织的各个层次中，有知识的人都能够轻易地在水平方向上移动。尤其是在工作堆积、需要加班的时候，员工的调动就更加普遍。公司对员工进行了投资，反过来，员工也对公司给予了相应的回报。

　　公司的奖酬系统很好地支持了人员流动政策，公司按资历计付报酬，这样也就为员工忠诚于公司提供了激励。而且外在的激励也不仅仅是公司提供的唯一奖酬。

　　这家日本公司的工作系统设计，反映出公司对工作的内在激励极为看重，比如，工作职责说明一直是灵活的、不那么正规的，只设置少数几个职务层级。决策总是在尽可能低的组织层次中做出。第三层次的管理人员负责开发和考评工人；第一层次和第二层次的管理人员则负责制定经营战略并与银行和政府部门打交道。

从案例中我们还可以看出，由于决策权的适当下放，蓝领工人组成的自主管理小组，能在几个小时之内开发出一个程序来改进工作中的安全保障问题。

最后，我们再来看看这些管理政策到目前为止所产生的效果。公司由于实行了一整套人力资源政策，在降低成本、提高员工对公司的忠诚感等方面取得了良好的效果。公司中有才干的员工数量正在增加，他们只要求中等水平的工资，并通过自主管理小组活动，使公司的年度成本开支节约了相当于雇用成本20％的水平。公司的员工也获得了自尊和安全的感觉。对于整个社会来说，这样一种企业正在成为经济发展的一大推动力量。

依我看来，这里的管理者们正在进行一件有益的事。社会人文因素的变化，使得劳动力队伍和社会逐渐老年化，加之市场对钢铁需求的减少，这些因素都促使公司的人力资源政策必须做出相应的改变。的确，人员配备过多会造成成本上升，但鉴于该公司有银行提供财务资助，所以利润并不那么紧要。如果公司与劳方发生对抗，可能对所有各方的利益都没有好处。

为了保持公司在世界范围内成本水平的领先地位，关键的是要在维持生产率水平的同时，尽可能降低劳动力成本。也许他们应该延长退休的年龄，忍受人员富余可能造成的成本增加，然后再努力寻找办法削减未来的员工。这样做是与公司的战略和行业传统的成功因素相吻合的。"

当这第二位发言者的长篇大论刚结束，坐在教室另一角的一位焦虑不安的女同学急忙抢着说：

"我原则上同意你的意见，尽管我到现在才终于搞清楚你的意见是什么。如果他们想赢得时间产生创造性解决问题的方案，那么有一个现成的办法就是，先不要执行新的退休年龄计划，而应该等到一年以后。"

坐在她左边的一位男同学反对说：

"你这个办法仍然不能解决这种长远性的问题，也就是对劳动力队伍的中期影响问题，它会使劳动力结构向老年化倾斜，而且在年功序列工资制下，还会使公司的工资支出增加。另外，减少招聘新员工，是不是就没什么新主意了？"

坐在教室中间的一位"高瞻远瞩者"认为，不管采用什么方案，都必须对利弊得失做出衡量。他补充说：

"所选定方案的执行方式，对于成功有着至关重要的影响。我认为，决策应该按他们传统的自下而上方式和惯用的程序来做出。然后，像往常一样，还要在所有有关情况都充分介绍的基础上，才能提出最终的决策。而劳资双方的密切合作，是一项很重要的财富，不能轻易破坏。"

尽管已经进行了近 100 分钟激烈的课堂讨论，教授和同学们心里都很清楚，案例中仍有许多问题尚待解决，许多事实需要明确交代。下课时间快到了，教授在做了简短的总结后宣布这堂讨论课就此结束。同学们边离开教室边带着意犹未尽的劲头争论着。像其他案例讨论课一样，有些同学离开教室时仍然遗憾课堂的讨论没有取得更一致的意见，心中纳闷最好的解决方案应是什么。另一些同学不以为然地反驳说："我们在这么短的讨论时间内就触到了这么多的问题，想到了这么多的好主意，该知足了吧？"有人甚至引用教授前些日子曾说过的话来这样开导学友："现实中的管理问题本来就没有一个唯一正确的答案嘛！关键是把握分析问题的角度，学会怎样去分析问题和解决问题。过程是第一位的，结果是第二位的。教授不是说了嘛，技能的锻炼才是最重要的，问题的解决方案可能因时、因地甚至因人而异！"

其四，海尔案例在哈佛。

1998 年 3 月 25 日，美国哈佛大学迎来了一位特殊的客人。他就是来自中国海尔集团的总裁张瑞敏。海尔集团以海尔文化使被兼并企业扭亏为盈的成功实践，引起了美国工商管理界与学术界的极大关注。哈佛商学院搜集到有关信息后，认为"这简直是奇迹"。经过缜密研究，决定把海尔兼并原青岛红星电器厂并迅速使其发展壮大的事实编写成案例，作为哈佛商学院的正式教材。

这一天，《海尔文化激活休克鱼》的案例正式进入课堂与学生见面。张瑞敏总裁应哈佛商学院邀请前去参加案例的研讨，并当堂指导学生。上午 9 点，教授林·佩恩——一位精干的女士——高兴地见到了海尔案例的主角张瑞敏先生。下午 3 点，上课时间到了，学生们陆续走进教室。

张瑞敏总裁步入课堂，U 形教室里座无虚席，讨论开始了。"请大家发挥想象力，回到 1984 年，那时，张瑞敏先生面临的挑战是什么？"佩恩教授意在启发每个学生研究企业时首先研究其文化背景，包括民族文化、企业文化。

学生们主要来自美国、日本、拉美国家以及中国台湾、香港特别行政区。其中有 2/3 的人举手表示曾到过中国大陆。

"铁饭碗，没有压力。"来自中国台湾的一位学生首先发言。

"没有动力，每个人缺乏想把事情做好的动力。"

发言一个接一个，学生们从各个角度理解这个对他们在思想观点上来说是遥远的中国。

教授及时把讨论引向深入："请大家把讨论推进一步，什么是海尔成功的因素？你若是处在张先生的位置，你怎么决策？"

"张先生注重管理，抓了质量与服务，他认为人最重要，他用不同方法来建立危机感，砸毁了不合格的库存品，我可能不会做得这么好。"一位美国学生的发言使大家笑了。

"张能改变公司文化，干得好奖励，干得不好要反省。"中国香港的陈小姐说。"张先生不在西方生活，在中国长大，他却有这样先进的观点，引用西方先进的管理来改变职工的思想。如果让我把东方文化中的精华传播到西方，我不知道我能否做到、做好，但张先生做好了，这是他成功的原因。"另一位美国学生说。

发言从一开始就十分激烈，一个人话音刚落，一片手臂便齐刷刷地举起来，有的同学连举几次手也没有得到教授的点名，急得直挥手。佩恩教授抓紧时间，把这堂课的"伏笔"亮了出来："我们荣幸地邀请到了海尔总裁张瑞敏先生。现在，由他来讲解案例中的有关情况并回答大家的问题。"

张瑞敏总裁走上讲台。

"作为一个管理者看哈佛，哈佛是神秘的。今天听了案例的讨论，我的感觉不像是上课，而是在海尔召开一次干部会议。"学生们听了这风趣的语言都开心地笑了。来自中国的这位企业家也像西方人一样幽默，他们开始被张瑞敏吸引了，"大家能在不同的文化背景下对海尔的决策有这样的理解，我认为很深刻，要把一条休克鱼激活，在中国的环境下，关键是要给每一个人创造一个可以发挥个人能力的舞台。这样，就永远能在市场上比对手快一步……"

学生们开始提问，从原红星电器厂干部的削减办法、效果谈到如何解决两个品牌，从扭转人的观念谈到改变公司文化的措施。问得尖锐，答得精彩，以至于下课时间到了，教授不得不让学生停止提问。

"我非常高兴地通知张先生，海尔这个案例今天第一次进入课堂讨论后，我们将要做进一步修订、核对，然后放在我们学院更多的课堂使用。定稿后，由我来签字认可，把案例交到学校案例库，作为正式教材出版。哈佛的案例教材是全美商学院通用的。美国以外的国家选用哈佛的案例做教材也相当多，因为哈佛始终是以严谨的治学态度对待每一个案例的编采、写作。这样，将会有更多的MBA学生和经理们看到海尔的文化，我相信他们一定会从中受益的。"佩恩教授真诚地说。

第一章　组织行为学导论

　　我们中间的大多数人都具有非凡的潜在能力，但这种潜能大部分时间里都处于一种甜睡的状态，它一旦被唤醒，就会做出许多令人惊奇的事情。

——奥里森·S. 马登

　　自始至终把人放在第一位，尊重员工是成功的关键。

——斯沃森

一、组织行为学的概念

（一）组织行为学的定义

　　组织行为学是采用系统分析的方法，综合运用心理学、社会学、人类学、生理学、生物学、经济学和政治学等知识，研究一定组织中人的心理和行为的规律性，从而提高管理者对人的行为的预测和引导能力，以便更有效地实现组织预定的目标。这个定义有以下四层含义：

　　1. 组织行为学的研究对象是人的心理和行为的规律性。组织行为学既研究人的心理活动的规律性，又研究人的行为活动的规律性。人的行为与心理密不可分，心理活动是行为的内在依据，行为是心理活动的外在表现，因此，必须把两者作为统一体进行研究。

　　2. 组织行为学的研究范围是一定组织中的人的心理与行为的规律。这就说明组织行为学并不是研究一切人类的心理和行为的规律，而是只研究一定组织范围内的人的心理与行为的规律。研究这种组织中的人的心理和行为的规律，不仅是研究单个人的心理和行为，而且还要研究聚集在一起的人的心理和行为。因此，它又可分为个体心理与行为、群体心理与行为以及整个组织的心理与行为。

　　3. 组织行为学的研究方法是系统分析的方法。如果我们把组织看作是一个有机体的话，那么个体则是组织这个有机体的细胞，群体则是组织这个有机体的器官。这意味着组织中的个体、群体和整体的组织之间是相互联系、相互作用、相互影响的。因此，在研究不同层次的行为和心理的时候，都必须用系统的观点和方法进行分析。

4. 组织行为学的研究目的是提高管理者预测、引导和控制人的行为的能力，以达到组织既定的目标。组织行为学通过对组织中人的行为的描述和成因的解释，为管理者预测员工未来行为，并引导和控制员工的行为向着有利于组织目标实现的方向。

（二）组织行为学的特点

1. 综合性。组织行为学是一个多学科交叉，综合运用心理学、社会学、人类学等有关学科的知识和研究成果，来研究组织中人的行为规律的一门学科。因而属于综合学科，具有综合性特点。

2. 层次性。作为一个完整的知识系统，组织行为学的研究可以分为四个不同的层次，即个体行为、群体行为、组织行为和组织的外部环境。只有把这四个层次结合起来研究，才能真正把握组织及其成员的行为规律。

3. 两重性。这是组织行为学最为突出的一个特点。表现在：既具有组织及其成员的心理和行为的一般规律性或称自然属性，又具有特殊规律性或称社会属性。这种两重性主要取决于组织行为学的多学科性、人本身的两重性、管理的两重性。

4. 实用性。组织行为学研究组织及其成员的心理和行为规律，目的是为了通过研究，紧密联系组织的管理实际，掌握保持积极行为，改变消极行为的技术和方法，改善人际关系，调动广大员工的积极性、主动性和创造性，增强组织活力，提高工作绩效。

（三）组织行为学的研究内容

1. 个体行为。探讨组织行为的一个有效的方法，就是从单个组织成员的角度出发。这种研究组织行为学的方法把重点放在心理学的发展理论和解释的规律上，这些发展理论和解释是关于个体行为以及它们对不同的组织政策、实践和过程的反应。在这种研究方法中，以心理学为基础的有关人性、需要、动机和激励等方面的理论是用来说明单个组织成员的行为和绩效的。对诸如价值观、知觉、态度、个性、意志和情感这些因素也予以考虑，并对它们在工作中的个体行为与绩效的影响进行研究。

2. 群体行为。组织中的人们总是处在一定的关系之中，这些关系又表现为亲近或疏远的不同程度，并呈现为不同的群体。要有效地达到管理目标，就必须研究群体行为，包括群体行为的特征、群体的凝聚力、群体的合作与竞争、工作压力、群体的冲突与沟通以及群体中的人际关系等，使管理者能掌握群体行为形成的原因，并对之进行有效的协调与控制。

3. 组织行为。所有的组织都是由个体与群体组成的。所有的个体既是群体的一员，也是组织的一员。组织作为一个整体的特征如组织结构、组织规模、组织文化对个体和群体的行为都会有影响，从而对组织效率和气氛有重要的影响。社会的发展、环境的变化、制度的变迁乃至技术的进步，都会对组织行为产生非常大的影响。组织行为学关注组织与环境之间的关系以及这种关系变化对组织绩效的影响。研究的主要内容包括组织结构与设计、组织规模与发展阶段、组织所应用的技术、组织文化、组织变革与创新，等等。目的仍是发挥组织的功能，提高组织的效率。

（四）研究组织行为学的意义

1. 有助于加强以人为中心的管理，充分调动人的积极性、主动性和创造性。组织行为学认为，人是组织的主体，在现代化的管理中，最重要的管理是对人的管理。实现管理的目标，就要实行合乎人情味的管理，建立以人为中心的而不是以工作任务为中心的管理制度。科学技术越发展，就越要重视人的因素，就越要重视提高人的素质，提高脑力劳动的比重。

2. 有助于知人善任，合理地使用人才。组织中的每一个人均有他们各自的个性特征，有他们不同的气质、能力、性格和兴趣。而组织行为学的个体行为，通过对个性理论及其测定方法的研究，通过对个人绩效考核方法的研究，使组织领导者能够全面地了解每个人的性格特点和能力所长，从而安排与之相适应的工作岗位和职务，真正做到扬长避短、人尽其才、才尽其用，取得最佳的用人效益。同时，也可为我国当前的劳动人事制度的改革，为制定用人和育人政策提供科学依据。

3. 有助于改善人际关系，增强群体的合理凝聚力和向心力。组织中的员工决不可能孤立行事，必然在一定的工作群体中与他人协作配合，发生各种各样的关系。组织行为学对群体行为规律的研究，为改善人际关系，发挥群体的功能，提高群体绩效，提供了依据。如组织行为学主张，把组织中的正式群体和非正式群体的作用结合起来，增强群体的凝聚力和向心力，满足人们的归属感和友谊的需要。在这样和谐的人际关系下，人们心情舒畅，有利于进一步提高群体绩效。

4. 有助于提高领导水平，改善领导者和被领导者的关系。在不同的社会制度下，领导者与被领导者的关系，是具有不同的阶级性质的。所以，不能混为一谈。但是，任何组织的领导者又是生产和工作任务的协调者和指挥员，他们与员工的关系，除了有一般意义上所说的生产关系一面，还有一般的社会关系的一面。所以，西方组织行为学中关于一个有效的领导人应具备的素质、领导艺术和如何根据不同情况采用不同的领导方式等原理原则，对于提高我们的领导者水平，还是很有借鉴意义的。

5. 有助于组织变革和组织发展。组织变革和组织发展是组织行为学的重要课题。它要研究如何根据组织所处的环境、组织的战略目标、技术和人员素质的变化和发展，来进行组织的变革和发展，设计出更为合理的组织结构。这种研究对于我国的企业改革，特别是对于增强企业活力有许多启示。其中主要启示有下列两个：第一，应根据我国企业的规模、技术水平、产品或劳务性质、人员素质的不同，设计出不同的企业组织结构，改变改革前那种不顾企业的差别而一律采用同一种僵化的组织结构的做法；第二，鉴于同一个企业或单位的环境、技术、产品、劳务和人员素质，在不同时期也是不同的，有时变化很大，所以其组织结构也必须随着时间的变化而变化。

二、组织行为学的产生与发展

（一）管理学的产生

组织行为学是在管理科学发展的基础上产生和发展起来的。管理是人类社会的永恒主题，它是人类社会有序发展的推动力。管理学理论的发展受到社会生产力和科学技术发展水平的制约，经历了不同的发展阶段。按照比较公认的说法，可以分为以下四个阶段：

1. 科学管理学派阶段。20世纪初到30年代，以美国的泰罗（F. W. Taylor）、法国的法约尔（H. Fayol）、德国的韦伯（M. Weber）为代表的古典管理学派。泰罗是科学管理的倡导者，被称为"科学管理之父"。

这一时期正是大工业快速发展的阶段，人们关注的是生产的效率。泰罗对工作进行动作和时间研究，注重工作的分析和设计，在钢铁公司进行了一系列的实验：搬运铁块、铲铁锹等，将人的动作进行分解和设计，提出了劳动定额、工时定额、计件工资制等。这一阶段的管理理论重视对物的研究，而忽视人的因素。

2. 行为学派阶段。行为学派产生于20世纪20~60年代。代表人物是梅约、麦格雷戈等，他们提出了著名的人际关系理论。在行为科学的发展史中被称为里程碑式的实验就是霍桑实验。梅约的重要研究成果提出了人际关系理论。

3. 管理科学学派阶段。管理科学学派产生于20世纪60~70年代。代表人物为钱德勒、劳伦斯等。其特点是把系统科学的理论应用于管理，即我们通常说的系统论、信息论、控制论等应用于管理领域，形成新的组织管理技术和方法。

4. 现代管理学派阶段。管理科学学派产生于 20 世纪 70 年代以后。这一阶段综合了前三个阶段的研究成果，把组织看作一个开放的社会模式，把管理科学和行为科学结合起来，创立了系统工程这一新的管理理论。系统工程强调系统的组织和规划，解决了多种目标的矛盾。

（二）组织行为学的理论来源

1. 管理科学有关理论对组织行为学的意义。尽管组织行为学作为一门独立的学科的历史只有四五十年的时间，但对于组织行为的研究探索则贯穿于管理科学发展的始终。因此，从广义来说，管理科学的历史就是组织行为学的历史。但从理论的来源意义上来说，构成组织行为学理论的来源则主要是管理科学中的组织管理理论、人力资源理论和权变理论。

2. 相关学科对组织行为学的贡献。组织行为学是在多门学科的基础上建立、发展起来的，与其密切相关的学科有心理学、社会学、社会心理学、人类学和政治学。这些学科的有关理论构成了组织行为学的另一个理论来源。

（三）组织行为学的产生

组织行为学作为一门独立的专门研究组织系统及人的心理和行为规律的科学，产生于 20 世纪 50～60 年代的美国，但其形成过程却可以追溯到 19 世纪末 20 世纪初。

1. 工业心理学的诞生——芒斯特伯格的贡献。早期著名心理学家芒斯特伯格（H. Munsterberg）1892 年应邀从德国到美国哈佛大学任实验心理学教授，负责心理实验室的工作。从 1910 年开始，他和他的学生开始在许多大工厂中进行把心理学应用于工业的实验，并于 1912 年把研究成果写成《心理学和工业生产率》一书。在书中他强烈要求加强管理的科学性，特别是更好地理解和应用心理学。提出把心理学应用于管理领域，开创了工业心理学这一新领域。工业心理学可以看作是组织行为学的雏形。

2. 人际关系理论——霍桑实验。工业心理学的研究，仅限于工业个体心理学的研究，考虑的面还较狭窄。20 世纪 20 年代中期至 30 年代初期，美国哈佛大学教授梅约等人在美国西方电器公司的霍桑工厂进行了有关员工行为的一系列实验，开始了工业社会心理学的研究，从而加强了研究的深度和广度，为组织行为学的诞生奠定了实验和理论基础。霍桑实验得出了以下四条结论：

（1）员工是"社会人"，企业应注意从社会心理角度调动员工的积极性。

（2）企业中存在着"非正式组织"，管理者应当给予足够的重视。

（3）生产效率主要取决于员工的积极性，而员工积极性的提高又主要取决于员工的态度以及企业内部的人际关系。

（4）新型的企业领导应具备两方面的能力，即解决技术—经济问题的能力和处理人际关系的能力。

这四条结论构成了早期行为科学——人际关系学说的基本要点，也是行为科学发展的理论基础。霍桑实验创建了人际关系学，同时也对行为科学的发展产生了巨大的影响。

3. 从管理心理学到组织行为学。美国斯坦福大学教授莱维特于1958年开始用管理心理学这个名称来代替原来的"工业心理学"，使之成为一门独立的学科。据莱维特本人的意思这样更名，就是想引导人们考虑这样一个问题，即如何领导、管理和组织一大批人去完成特定的任务。20世纪60年代初，莱维特在一篇文章中又首先提出了"组织心理学"这个名称，其目的也是要强调社会心理学，尤其是群体心理学在企业界日益显著的作用。此后不久，美国心理学协会第14分会——工业心理学分会改名工业和组织心理学分会，其目的也是要承担比个体差异测定更广泛的组织问题研究。随着这一学科从个体到群体再到组织研究的演变，其研究机构也发生了变化，从原来各大学的心理学系转入到管理学院、系，特别是这些学院的研究生部。在研究过程中，这些学院的教师队伍又吸收了社会心理学家、社会学家和人类学家。从这批人中产生出来的研究项目，开始取名"组织行为学"。至此，组织行为学作为一门学科公开问世。

从"工业心理学"、人际关系理论、"管理心理学"、"组织心理学"到"组织行为学"，反映了这一领域研究范围不断扩大的发展历程。应当说，从应用的角度来看，"组织行为学"是更为广泛的。

三、关于人性的理论

（一）经济人假设

"经济人"假设起源于享乐主义，美国工业心理学家麦格雷戈称该假设为X理论，泰罗制是"经济人"假设的典型代表。

（二）社会人假设

"社会人"假设是梅约等人依据霍桑实验的结果提出来的。这一假设认为人们最重视的是工作中与周围的人友好相处，物质利益是相对次要的因素。

（三）自我实现人

"自我实现人"假设是行为科学和人力资源学派的一些代表人物提出来的，这一假设认为人都期望发挥自己的潜力，表现自己的才能，只要人的潜能充分发挥出来，就会产生最大的满足感。

（四）复杂人假设

"复杂人"假设是 20 世纪 60 年代末 70 年代初提出来的。认为人是复杂的、多变的，不能用以往的人性假设，如经济人、社会人等将所有的人归为一类。复杂人的假设和"超 Y 理论"共同构成权变学派的理论基础。

对人性假设理论的总结如表 1－1 所示。

表 1－1　　　　　　　　　对人性假设理论的总结表

人性假设	对应理论	管理对策	奖励方式
经济人	X 理论	任务式管理	金钱（外在奖励）
自我实现人	Y 理论	创造自我实现条件	内在奖励
社会人	人群关系理论	参与式管理	集体奖励
复杂人	超 Y 理论	随环境而定	因地制宜

四、组织行为学的研究方法

（一）研究方法的重要性

研究方法是揭示研究对象的手段。任何一门以某种客观规律性为研究对象的科学，都有与之相适应的一套合乎科学性的研究方法。没有科学的研究方法，就无法揭示客观规律，组织行为学也和其他科学一样，也有一套作为揭示事物客观规律的科学的研究方法。

（二）研究方法应遵循的原则

1. 研究程序的公开性。科学的研究方法，必须公开说明研究的全过程、所使用的程序、所测的变量和所采用的测量方法。要使其他研究人员只要按照这样的程序去做，就能得到同样的结论。

2. 收集资料的客观性。如实地客观地进行观察和实验，这是最重要的原则和特点，研究者要尽量避免受自己的个性或主观偏见的影响。只有所收集和占有的资料是如实地客观存在，研究人员在此基础上进行分析，才可能得出正确而全面的结论。为此，在调查研究过程中特别是在调查研究之前，绝对不应当带着主观偏见。

3. 观察与实验条件的可控性。由于影响人的行为和工作绩效的变量是多方面的，为了要寻找某一种变量与人的工作绩效的关系，就必须把其他可能影响工作绩效的因素控制在一定的条件下，而集中精力专门观察和实验某一种因素对工作的影响。

4. 分析方法的系统性。鉴于影响人的心理与行为的因素是多方面的，所以，一方面必须把每个因素都置于整个大系统中去分析研究，决不可只从个别因素和个别方面孤立地研究分析；另一方面，由于新的知识又是在过去已有知识的基础上产生的，它是整个知识的一部分，因此还必须把有关这方面的知识从过去到现在加以系统化、条理化。

5. 所得结论的再现性。如果采用上述相同的研究程序，收集的资料是客观的，在相同的可控条件下，不断重复地做相同的实验，相同的结论就会不断再现。这就证明这个结论是符合客观规律的，因而也是可信的。

6. 对未来的预见性。我们只要能够掌握符合客观规律的结论，就可以预测未来。因为符合客观规律的结论是能够不断再现的，是可以知道未来的。也正因为如此，我们也就可能事先采取有效的措施来预防消极行为，引导积极行为的产生，化消极行为为积极行为。

（三）研究的主要方法

1. 观察法。运用感觉器官对人的行为进行观察与分析。优点是：方法简单，使用方便，效果直观。其缺点是：往往缺乏深刻性和准确性。

2. 访谈调查法。运用口头的信息沟通方式（个别访谈、调查会），传递与交流，分析人的心理与行为。优点是：双向沟通，加强感情交流，增加相互了解。缺点是：无法完全避免主观因素、暗示、诱导所形成的信息失真。

3. 问卷法。运用标准的问卷量表对人的心理与行为进行分析与调查。问卷的形式多种多样，例如五等分法等。优点是：应用范围广，可以对较大规模的人的心理、行为、态度进行分析与调查，并能运用数据分析方法将定性问题定量化。缺点是：问卷设计要力求标准与科学，同时需要被调查者的积极配合，避免随意性。

4. 试验法。运用必要的试验设备，创造必要的条件，在实验室或现场对人的心理与行为进行测试与分析。优点是：方法科学、严谨、有一定的准确性。缺点是：复杂、繁琐，难以大面积推广。

5. 个案分析法。运用个案调查、综合分析、案例研究等手段，对人们的心理与行为做出全面分析与评估。优点是：对人的行为研究比较全面系统。缺点是：需要花费比较多的时间与精力。

6. 模型法。同其他学科的研究方法一样，组织行为学也可以通过建立模型的方法来反映各要素之间的关系。同物理模型不同，组织行为学的模型往往是动态的、描述性和抽象性的模型。

案例 1 – 1　霍桑工厂的实验

一、案例介绍

位于美国芝加哥城外西方电器公司的霍桑工厂，是一家制造电话机的专用工厂。它设备完善、福利优越、具有良好的娱乐设施、医疗制度和养老金制度。但工人仍愤愤不平，生产效率也不理想。为此，1924 年美国科学院组织了一个包括各方面专家在内的研究小组，对该厂的工作条件和生产效率的关系进行了全面的考察和多种实验。这就是著名的霍桑实验。从 1924～1932 年，在将近 8 年的时间里，霍桑实验前后共经过两个回合。第一个回合从 1924 年 11 月至 1927 年 5 月，它主要是在美国国家科学委员会的赞助下进行的。第二个回合是 1927～1932 年，主要由美国哈佛大学教授梅约主持进行研究。整个实验前后共分为四个部分。

1. 照明实验

这项实验在霍桑工厂共进行了两年半时间，实验是在被挑选出来的两组绕线工人中间进行的。一组是"实验组"，另一组是"参照组"。在实验过程中，"实验组"不断地增加照明的强度，从 24、46、76 烛光逐渐递增，而"参照组"的照明度始终保持不变。研究者起初打算考察照明和产量之间的关系，找出一种理想的照明度，在这种照明度下工作，能使工人的生产效率达到最高标准。但出乎研究者的意料之外，实验的结果是，两组的产量都在不断提高。后来，他们又采取了相反的措施，逐渐降低"实验组"的照明强度，还把两名试验组的女工安排在单独的房间里劳动，使照明度一再降低，从 10 烛光、3 烛光一直降到几乎和月亮光差不多的程度，这时候，也只有在这时候，产量才开始下降。研究者的结论是：工作场所的灯光照明只是影响生产的一种因素，而且是一种不太重要的因素。除照明之外，一定还有其他什么因素影响产量。由于研究者找不到原因，感到迷惑不解，许多人都不干了。只有该公司的检查部主任朋诺克当时推测，产量的增加，可能是由于工人被实验鼓起的工作热情所影响。后来于 1927 年冬天，朋诺克在一次哈佛大学教授梅约主持的人事经理报告会上，把自己的想法告诉了他，并当场邀请梅约参加霍桑实验。梅约接受了邀请，并组织了一批哈佛的教授会同电器公司的人员成立了一个新的研究小组。于是开始了第二阶段的研究。

2. 继电器装配试验

为了能够更好地控制影响工作绩效的因素，梅约选出了 6 名女工，在单独的房间里从事装配继电器的工作，他们告诉女工可以保持平常的工作节奏，因为实验的目的不是为了提高产量，而是要研究各种工作条件，以找出最适宜的工作环境。在这期间，研究者在实验场所指定了一名观察者，他的任务主要是创造与工人的友好气氛，以确保她们合作。他还做一些管理工作，每天与女工们非正式地交谈，以消除她们对实验可能抱有的疑虑。这样，与女工之间的谈话更加自由，彼此关系比过去更为亲近了。在实验过程中，不断地增加福利措施，例如，缩短工作日、延长休息时间、免费供应茶点，等等。随着生产效率的提高，研究者起初以为是这些福利措施刺激了工人生产的积极性。随后他们又撤销了这些措施，生产不但没有下降，反而继续上升。这就证明物质条件的改变并不是提高产量的唯一原因。经过对这些结果的可能原因的分析，研究者认定，管理方法的改变可能是改变工人态度和提高产量的主要原因。

3. 大规模的访谈实验

在两年多的时间里，梅约等人组织了大规模的态度调查，在员工中谈话人数达两万次以上。在访问过程中，访问者起初提出的问题，大都是一些"直接问题"，例如，工厂的督导工作及工作环境等，虽然访问者事先声明，将严格保守秘密，请工人放心，可是受访者在回答问题时仍遮遮掩掩，存有戒心，怕厂方知道，自己受到报复。谈话总是陈腔客套，无关痛痒。后来改用了"非直接问题"，让受访者自行选择适当的话题，这时员工在谈话中反而无所顾忌了。结果在这次大规模的访谈中，收集了有关工人态度的大量资料，经过研究分析，了解到工人的工作绩效、职位和地位既取决于个人，又取决于群体成员。人际关系是影响绩效的一个主要因素。同时，这次大规模的实验，还收到一个意想不到的效果，就是在这次谈话以后，工厂的产量出现了大幅度的提高。经研究者分析认为，这是由于工人长期以来对工厂的各项管理制度和管理方法有许多不满，但无处发泄，这次实验，工人无话不谈，发泄了心中的怨气，由此而感到高兴，因而使产量大幅度上升。

4. 继电器绕线机组的工作室实验

这项实验又称群体实验。实验者为了系统观察在群体中人们之间的相互影响，在车间里挑选了 14 名男工，其中 9 名绕线工，3 名焊接工，2 名检验员，在一个专门的单独房间里工作。

实验开始，研究者向工人说明：他们可以尽量卖力工作，报酬实行个人计件工资制。研究者原以为，这套奖励办法会使工人努力工作，提高产量。但结果是产量只保持在中等水平，而且每个工人的日产量都差不多。根据"时间—动作"分析的理论，工厂经过计算向他们提出的标准定额是每天完成7312个焊接点，但工人每天只完成6000～6600个焊接点就不干了，即使离下班还有一段时间，他们也自行停工。研究者经过深入观察，了解到工人自动限制产量的理由是：如果他们过分地努力，就可能造成其他同伴的失业，或者公司会接着制定出更高的生产定额。

与此同时，研究者为了了解他们之间的能力差别，还对实验组的每个人做了灵敏测验和智力测验。发现3名生产最慢的绕线工在灵敏测验上得分都高于3名最快的绕线工，其中1名生产最慢的工人在智力测验上得分排行第一，灵敏测验排行第三。测验的结果和实际产量之间的这种关系使研究者联想到群体对这些工人的重要性。1名工人可以因为提高他的产量而得到小组"工资基金"总额的较大份额，而且也减少了失业的可能性。然而这些物质上的报酬却会招来群体的非难和惩罚。因此，每天只要完成群体认可的工作量大家就可以相安无事。

研究者通过观察发现，工人们之间有时会相互交换自己的工作，彼此间相互帮忙，虽然这是有违公司规定的事，但是，这种行为却大大增进了他们的友谊，有时却也促进了他们彼此间的怨恨，谁喜欢谁，不喜欢谁，都可以由此表现出来。诸如此类的事情，使研究人员发现他们中间有着两个派系，即小群体，一个称为A派，一个称为B派。研究者在对他们的观察中获得了以下几点结论：

（1）他们之间的派系，并非是因工作不同而形成的，例如，A派包括3名绕线工，同时还有1名焊接工和1名检验员。

（2）派系的形成多少受到工作位置的影响，例如，A派的几位工人均在工作室的前端，而B派的几位工人均在工作室的后端。

（3）实验组的成员中也有人不属于任何派系。例如，其中1名检验员一向受到其他成员的排斥。原因是他曾向检验科抱怨，说工作室的工人们都在偷懒，这件事后来被大家知道了，大家都与他保持一定距离。还有1名绕线工，老喜欢在B派中出风头，他虽然想加入B派，B派却因此没有完全接纳他。

（4）每个派系都认为自己比别派好，并有一套他们自己的行为规范。

研究者在观察他们各自履行自己所订立的行为规范时发现，有的规范与限制产量有关，有的则涉及个人的品德，而就其规范对个人的影响来说，主要有以下几点：一是谁也不能干的太多或太少，以免影响大家；二是谁也不准向管理当局告密，做有害于同伴的事；三是任何人都不得远离大家，孤芳自赏；四是不得打官腔，找麻烦；五是任何人不得在大家中间唠唠叨叨或自吹自擂自以为是。

这些规范主要是通过挖苦、嘲笑以及排斥于社会活动之外等一些社会制裁方法实施的。如果有谁违反这些规范，就会受到群体的制裁。小组中最受欢迎的人就是那些严格遵守群体规范的人；而受厌恶的人，则是违背群体规范，私下向工长告密的人。

研究者认为，这种自然形成的非正式群体，其职能，对内在于控制其成员的行为，对外则为保护其成员，使之不受来自管理阶层的干预。这种非正式群体，一般都存在着自然形成的领袖人物。

霍桑实验的结果，后经梅约整理于1933年正式发表，其书名为《工业文明中人的问题》。在此书中，梅约首次提出"人际关系学说"，对管理学的发展产生重大影响。

（资料来源：吴翔华、钟萍萍、蒋黎晅、陈江江：《管理学概论》，化学工业出版社2007年版）

二、案例分析

通过霍桑实验分析，看到研究小组形成了一些新的理论假设，其中最主要的，就是员工的行为受情感支配，组织行为学必须注重对心理问题的研究。由此，诱发了以"社会人"假设替代"经济人"假设的初步设想。访谈计划本身也收到了显而易见的成效。

特别是梅约对访谈实验的分析，不仅仅局限于霍桑工厂，而是把这种心理研究方法贯穿于整个工业领域，甚至也不仅仅局限于美国的工厂，而是把同类型的研究推向整个世界。尽管存在着国家的差别、语言文化的差别，等等。使不同国家、不同类型的员工情况不啻天壤，但是，人们在心理表现上却具有惊人的相似性。管理活动中，找准问题比解决问题更重要，如果问题找不准，就像医生诊断错误，哪怕是用最好的药也不能治病。作为经理人员，面对员工的某种现象，必须弄清楚原因究竟是什么，而要诊断准确，除了倾听别无他法。梅约的这种分析，具有极大的启示意义。

（1）员工解脱情感负担。每个员工都有自己的"个人情况"，而相应的问题都来自于个人处境，解决这些问题只能靠员工自己。把自己的问题说出来，情绪就放松了一大半。发泄的过程，也是心理舒展的过程。消除了内心的焦虑，往往就能"柳暗花明"，自己发现摆脱困境的方法。访谈本身并不改变任何客观处境，但访谈过后员工往往会感受到处境好转了，对客观情况的评价会产生积极的变化。

（2）促使人际关系的改善。通过访谈，员工同自己周围的人更好相处，尤其是与监工和同事。从心理学的角度看，访谈以后，员工之间、员工与工头之间，会在悄然无声中造成交往气氛的变化，原来打肚皮官司的许多事情，现在能够摆到桌面上。原来较为普遍的"敌意"和"警惕"，现在减少了许多，甚至彻底消除，人际交往更为友善。

（3）增进了群体与厂方的合作愿望。访谈增进了群体与厂方的合作愿望，而且也提高了二者之间的合作能力。员工自己通过访谈增加了两种归属感，一是对员工群体的归属感，二是对公司的归属感。相对应的是，厂方参与者也从中学会了如何与员工实现真正的合作。

（4）管理工作的重要信息来源。一开始，有的管理人员在倾听员工谈话时，认为由着员工海阔天空自己谈，谈的都是个人琐事，表达的是他们的主观感受，同工作无关，是没有用处也没有价值的。这恰好说明了这些管理者不知道组织工作的内涵。那种给出选项的询问，以及向工作方面倾斜的"诱导式"谈话，恰恰说明管理人员的信息遮蔽。如果对员工自身的信息不掌握，那么，管理政策和举措都将是盲目的，就有可能遇到种种管理者想不到的困难，降低管理的有效性。"上有政策"永远会"下有对策"。有效的管理必须确切了解员工的合作情况，了解员工对经理层的真实态度，这种信息只有从倾听中才能得到。

总之，访谈的结果表明，倾听是训练管理人员的重要方法。通过倾听谈话，管理人员的管理风格会产生"润物细无声"的相应变化。作为管理者，往往习惯于"居高临下"式的指挥，而缺乏倾听的经验。要恰当地管理员工，首先需要学会善于帮助和启发他人表达出自己的情感以及见解，而不是由自己发号施令。会"听"的管理者要比会"说"的管理者更有效。这就要求管理方式由"指令"变为"对话"。

三、思考·讨论·训练

1. 霍桑实验采用了哪几种组织行为学研究的具体方法？

2. 梅约对访谈实验的分析说明了什么？具有什么启示意义？

3. 在对人的看法上，通过霍桑实验，您可以得出哪些不同于传统看法的结论？

4. 霍桑实验对我们做好管理工作有哪些启示？

案例1-2 油漆厂工人为什么闹事

一、案例介绍

钱兵是某名牌大学企业管理专业毕业的大学生，分配到宜昌某集团公司人力资源部。前不久，因总公司下属的某油漆厂出现工人集体闹事问题，钱兵被总公司委派下去调查了解情况，并协助油漆厂高厂长理顺管理工作。

到油漆厂上班的第一周，钱兵就深入"民间"，体察"民情"，了解"民怨"。一周后，他不仅清楚地了解到油漆厂的生产流程，同时也发现工厂的生产效率极其低下，工人们怨声载道，他们认为工作场所又脏又吵，条件极其恶劣，冬天的车间内气温在零下8度，比外面还冷，而夏天最高气温可达40多度。而且他们的报酬也少得可怜。工人们曾不止一次地向厂领导提过，要改善工作条件，提高工资待遇，但厂里一直未引起重视。

钱兵还了解工人的年龄、学历等情况，工厂以男性职工为主，约占92%。年龄在25~35岁之间的占50%，25岁以下的占36%，35岁以上的占14%。工人们的文化程度普遍较低，初高中毕业的占32%，中专及其以上的仅占2%，其余的全是小学毕业。钱兵在调查中还发现，工人的流动率非常高，50%的工人仅在厂里工作1年或更短的时间，能工作5年以上的不到20%，这对生产效率的提高和产品的质量非常不利。

于是，钱兵决定将连日来的调查结果与高厂长做沟通，他提出了自己的一些看法："高厂长，经过调查，我发现工人的某些起码的需要没有得到满足，我们厂要想把生产效率搞上去，要想提高产品的质量，首先得想办法解决工人们提出的一些最基本的要求。"可是，高厂长却不这么认为，他恨铁不成钢地说："他们有什么需要？他们关心的就是能拿多少工资，得多少奖金，除此之外，他们什么也不关心，更别说想办法去提高自我。你也看到了，他们很懒，逃避责任，不好好合作，工作是好是坏他们一点也不在乎。"

但钱兵不认同高厂长对工人的这种评价，他认为工人们不像高厂长所说的那样。为进一步弄清情况，钱兵采取发放调查问卷的方式，确定工人们到底有什么样的需要，从中找到哪些需要还未得到满足。他也希望通过调查结果来说服厂长，重新找到提高士气的因素。于是他设计了包括15个因素在内的问卷，当然每个因素都与工人的工作有关，包括报酬、员工之间的关系、上下级之间的关系、工作环境条件、工作的安全性、工厂制度、监督体系、工作的挑战性、工作的成就感、个人发展的空间、工作得到认可情况、升职机会等。

调查结果表明，工人并不认为他们懒惰，也不在乎多做额外的工作，他们希望工作能丰富多样化一点，能让他们多动动脑筋，能有较合理的报酬。他们还希望工作多一点挑战性，能有机会发挥自身的潜能。此外，他们还表达了希望多一点与其他人交流感情的机会，他们希望能在友好的氛围中工作，也希望领导经常告诉他们怎样才能把工作做得更好。

基于此，钱兵认为，导致油漆厂生产效率低下和工人有不满情绪的主要原因是报酬太低，工作环境不到位，人与人之间关系的冷淡。

（资料来源：余敬、刁凤琴：《管理学案例精析》，中国地质大学出版社 2006 年版）

二、案例分析

本案例主要涉及的知识点有：X 理论、Y 理论、需要层次理论和双因素理论等。组织行为学理论认为，人的工作表现由能力、动机和环境三个因素决定。缺少其中任何一个因素，都会影响工作的绩效。然而，在不同的组织内由于管理者对人的认识不同，他们会采取不同的激励方式来激发人的动机，而且人的需要又是不同的，并随环境的变化而变化，这就会使组织内的成员产生不同的行为。因此，正确认识能引发人的动机的需要，并予以满足，将大大地提高人的积极性，使人愿多做工作或把工作做得更好。

案例中高厂长对工人的看法从人性的假设理论来看，主要体现为 X 假设。认为工人懒惰，不思进取，不求上进，工人的行为仅仅是为了金钱的获取。把工人完全看作为"经济人"，与泰罗制的有关思想是一致的。而钱兵通过与工人的接触和了解，并在充分调查的基础上，认为工人不是这样的，工人愿意承担工厂的责任，愿意多为工厂干活，工人有发挥自身潜能的愿望，有与他人交往并被他人接纳的愿望，所以钱兵对工人的看法主要表现为 Y 假设。根据马斯洛的需要层次理论，人的需要由低级到高级经历生理需要、安全需要、社交需要、自尊需要、自我价值实现需要五个层次，且人的行为主要取决于其主导需要。就案例中当前的情况来看，工人的主导需要应该是社交需要、自尊需要和自我价值实现需要。

从赫兹伯格的双因素理论来看，工人的保健因素可能包括工作环境与条件、工作的安全性、工厂的规章制度等，激励因素可能包括工资报酬、工作的挑战性、工作的成就感、个人发展机会及升职的机会等。据此，我们可以考虑从奖励手段、工人参与管理、丰富工作内容、美化工作环境、建立健全规章制度等方面着手来改进油漆厂目前的工作状态。不同的职工有不同的行为动机，对于工作方面的要求也不尽相同。所以在实施那些措施时，要有的放矢，针对不同职工的不同动机采取不同的激励因素。

三、思考·讨论·训练

1. 高厂长对工人的看法属 X 理论吗？钱兵的问卷调查结果又说明了对人的何种假设？

2. 试分别列出保健因素和激励因素可能包括哪些项目。

3. 根据钱兵的问卷调查结果，请你为该油漆厂出点主意，来满足工人们的需求。

4. 根据马斯洛的需求层次论，你认为油漆厂工人们的主导需求是什么？

案例 1－3　王安电脑公司的启示

一、案例介绍

美籍华裔科学家、企业家王安在美国波士顿创办了一家驰名世界的"王安电脑公司"，他从 600 美元投资开始，经过 40 多年的艰苦奋斗，已发展到拥有 3 万多名员工，30 多亿美元资产，在大约 60 多个国家和地区设有 250 个分公司的世界性大企业。成功给他带来了荣誉和地位，还给他带来了 16 亿美元的巨额资产。当我们顺着王安的足迹，浏览他的人生历程，寻找他的成功秘诀之时，不难发现，王安公司成功的决定因素就在于重视和拥有人才。王安目光远大，办事果断，懂得人才开发的重要，充分重视人的作用，以最大努力发挥公司里每一个人的积极性。

该公司人才济济，有善于经营的副经理拉克斯，有实业家、电子学专家朱传渠，有主管亚太地区销售工作的销售部经理庄家骏，等等。正因为如此，仅 1952～1983 年每年的营业额以 40%～50% 的速度增长，到了 1982 年，营业额高达 10 亿美元之多。

对于人的使用，自始至终充满尊重、理解和信赖。王安认为，公司是人组成的，能不能把每个员工的积极性发挥出来，将关系到公司的成败。具体工作中，他根据员工的不同类型、特点、技术专长和生活需要，实行不同的管理方式。他把设计和研制产品的工程师和科学家看成公司的灵魂，给他们特殊的礼遇以示尊重，甚至在用词上都特别讲究，从不用"雇佣"之类的词，只用

"聘用"，以完全平等的态度对待他们，尊重他们。而对一个有创造性的技术人才，即使他有令人难以容忍的错误和缺点，或是骄横自负，或是两个工程师相互对立，王安都能和他们搞好关系，从而使他们明白公司最高领导人最了解和懂得他们的贡献。公司经常会出现这种情况：某个工程师正在做公司下达的一项设计或研制任务，而且做得很好，公司却因为某种原因突然决定停止这个项目的设计和研制。为了不使这个工程师感到失望，避免挫伤他的积极性，王安总是亲自和这个工程师谈心，给予鼓励和安慰，同时，还千方百计安排他去完成另一个特别重要的项目，从而维护了这个工程师的自尊。

理解是一种欲望，是人天生具有的一种欲望，人一旦得到了理解会感到莫大的欣慰，更会随之不惜付出各种代价。有一次，一个研究对数计算器的工程师告诉王安，公司的工作计划同他在几个月前达成的夏季度假租房协议发生冲突。王安听后当即表示，如果因为对数计算器问题打乱了他的个人计划，他可以用王安自己的别墅去度假。这件事使这个工程师备受感动，为了研究课题项目，他不仅没有去别墅，反倒把自己整个的假期都搭上了。

信赖是王安对部下的信条，是王安公司得以生存的基础。随着公司的不断扩大发展，王安作为公司的总经理，对于人的使用，自始至终充满尊重、理解和信赖。平日里，王安从不插手一个具体项目的日常管理工作，只是在他认为非要他管不可的时候，他才露面，就是公司开会，他也很少主持。会上，除非某个重要的事情或方面仍没有被引起重视时，他才站起来说几句，一般都是听而不言。王安虽不轻易发表自己的意见，但公司内部每一个员工的意见他都爱听。王安公司有一条热线电话，不管是谁，凡是自认为有好主意的人，都可以通过热线和王安直接交谈。这就使每一个好的建议不会因为上司让它躺在文件筐里面被埋没。王安公司在发展过程中，有一套越级联系制度，使员工们能与他们相隔一级以上的其他负责人保持联系。

此外，王安公司很少解雇员工，只有在公司处于最严重的困境时，才会解雇少量的人员，而一旦形势好转，王安总是尽可能地把这些解雇人员再招回来。王安公司就是这样在发展着，并以此丰富自己的成功经验。

（资料来源：张文昌：《管理学：古今中外管理案例精选与习题集》，山东人民出版社2002年版）

二、案例分析

从案例我们可以看出王安目光远大，办事果断，懂得人才开发的重要，充分重视人的作用。对于人的使用，自始至终充满尊重、理解和信赖。

按照 Y 理论的假设，主管人员就不会太担心是否对员工给予了足够的体贴和关心了，而会较多地考虑怎样才能使工作本身变得具有更多的内在意义和更高的挑战性。管理自我实现的人应重在创造一个使人得以发挥才能的工作环境，此时的管理者已不是指挥者、调节者和监督者，而是起辅助者的作用，从旁给予支援和帮助。激励的整个基础已经从外在性的转到内在性的了，也就是从组织必须干些什么事来激发起员工的积极性，转到组织只是为员工的积极性提供一个表现与发挥的机会而已，而这种积极性是本来就存在的，只不过要把它引向组织的目标。在管理制度上给予自我实现的人以更多的自主权，实行自我控制，让工人参与管理和决策，并共同分享权力。

根据西方人性假设理论，王安的人性观属于"复杂人性的假设"。他的管理模式是：根据员工的不同类型、特点、技术专长和生活需要，实行不同的管理模式。一是王安满足员工作为"经济人"的需要，为公司员工提供稳定的经济保障，很少解雇员工。二是王安处处满足手下技术人员作为"经济人"的福利待遇的需要；作为"社会人"的社交需要；作为"自我实现的人"的"自主、挑战"的需要。对人的使用，自始至终充满尊重、理解和信赖。王安把人才看作是公司的灵魂，给他们特殊的礼遇以示尊重和理解，以完全平等的态度对待他们，让每位技术人员都能感到自己的贡献是被了解和被承认的，维护他们的自尊。还时时注意协调好技术人员之间的关系，消除他们之间的摩擦，营造和谐平等的工作氛围。并照顾到员工的生活细节，满足员工的个人需要。在此，王安作为管理者，将对工作的主动性由发自管理阶层而转到发自员工，主管不再是任务的下达与授予者，不再是激励与控制者，而成为给员工的工作创造条件与提供方便的人，成为员工富有同情心的支持者。三是王安还以"信赖"作为公司的信条，满足手下管理人员作为"自我实现的人"的"自主、挑战"的需要，他懂得下放权力，让手下的经理人员能发挥自己的才干，还认真对待公司每位员工的建议，为员工的积极性提供一个表现与发挥的机会。

王安懂得人才开发的重要，充分重视人的作用，以最大的努力发挥公司里每一个人的积极性。从案例中我们可以看出，其管理模式符合对"复杂人性"的管理：一个人是否感到满足或是否表现出献身精神，决定于自己本身的动机构成及他跟组织之间的相互关系，工作能力、工作性质与同事相处的状况皆可影响他的积极性；人在同一时间内，会有多种的需要和动机，这些需要和动机相互作用、结合，形成一种错综复杂的动机模式；人类的需要是分成许多类的，人的需要各不相同，能力也有差别，因此对不同的管理方式每个人的反应也是不一样的，没有一套适合任何时代、任何人的普遍的管理方法；主管人员应该保持足够的灵活性，掌握高超的处理人际关系的技巧；在管理方法上，对不同的人、在不同的情况下采取不同的措施，即一切随时间、条件、地点和对象变化而变化。因此，我们说，王安的人性观属于"复杂人性的假设"。

三、思考·讨论·训练

1. 西方人性假设理论，对人性有几种假设呢？
2. 根据西方人性假设理论，您认为王安的人性观是什么？
3. 这种人性观在管理方式上是怎样体现的？

案例 1 - 4　王厂长的会议

一、案例介绍

王厂长是佳迪饮料厂的厂长，回顾 8 年的创业历程真可谓是艰苦创业、勇于探索的过程。全厂上下齐心合力，同心同德，共献计策为饮料厂的发展立下了汗马功劳。但最令全厂上下佩服的还数 4 年前王厂长决定购买二手设备（国外淘汰生产设备）的举措。饮料厂也因此令同类企业刮目相看。今天王厂长又通知各部门主管及负责人晚上 8 点在厂部会议室开会。部门领导们都清楚地记得 4 年前在同一时间、同一地点召开会议，王厂长做出了购买进口二手设备这一关键性的决定。在他们看来，又有一项新举措即将出台。

晚上 8 点会议准时召开，王厂长庄重地说："我有一个新的想法，我将大家召集到这里是想听听大家的意见或看法。我们厂比起 4 年前已经发展了很多，可是，比起国外同类行业的生产技术、生产设备来，还差得很远。我想，我们不能满足于现状，我们应该力争世界一流水平。当然，我们的技术、我们的人员等诸多条件还差得很远，但是，我想为了达到这一目标，我们必须从硬件条件入手？即引进世界一流的先进设备，这样一来，就会带动我们的人员、带动我们的技术等等一起前进。我想这也并非不可能，4 年前我们不就是这样做的吗？现在厂的规模扩大了，厂内外事务也相应地增多了，大家都是各部门的领导及主要负责人，我想听听大家的意见，然后再做决定。"

会场一片肃静，大家都清楚记得，4 年前王厂长宣布他引进二手设备的决定时，有近 70% 的成员反对，即使后来王厂长谈了他近三个月对市场、政策、全厂技术人员、资金等厂内外环境的一系列调查研究结果后，仍有半数以上的人持反对意见，10%的人持保留态度。因为当时很多厂家引进设备后，由于不配套和技术难以达到要求等因素，均使高价引进的设备成了一堆闲置的废铁。但是，王厂长在这种情况下仍采取了引进二手设备的做法。事实表明，这一举措使佳迪饮料厂摆脱了企业由于当时设备落后、资金短缺所陷入的困境。那时二手设备价格已经很低，但在我国尚未被淘汰。因此，佳迪厂也由此走上了发展的道路。

王厂长见大家心有余悸的样子，便说道："大家不必顾虑，今天这一项决定完全由大家决定，我想这也是民主决策的体现，如果大部分人同意，我们就宣布实施这一决定；如果大部分人反对的话，我们就取消这一决定。现在大家举手表决吧"。

于是会场上有近70%的人投了赞成票。

（资料来源：余敬、刁凤琴：《管理学案例精析》，中国地质大学出版社2006年版）

二、案例分析

本案例主要涉及决策的影响因素、决策过程、领导在决策中的作用等内容。决策是指为实现某一目标，从若干可以相互替代的可行方案中选择一个合理方案并采取行动的分析判断过程，影响组织决策的主要因素如下：

（1）环境。外部环境对组织决策的影响表现在：环境的特点影响着组织决策的频率和内容；环境的特点影响着组织的活动选择；环境中的其他行动者及其决策也会对组织决策产生影响。对环境的习惯反应模式影响着组织的活动选择。

（2）组织文化。从决策方面来说，组织文化会对决策的制定和执行都产生重大影响：组织文化制约着包括决策制定者在内的所有组织成员的思想和行为；组织文化通过影响人们对改变的态度而对决策起影响和限制作用；组织文化是构成组织内部环境的重要因素。

（3）过去决策。过去的决策对目前决策的制约程度，主要受它们与现任决策者的关系的影响。

（4）决策者对风险的态度。任何决策都带有一定程度的风险。愿意承担风险的决策者，通常会未雨绸缪，在被迫对环境做出反应以前就采取进攻性的行动，并会经常进行新的探索。

（5）决策的时间紧迫性。美国学者威廉·金和大卫·克里兰把决策划分为时间敏感型和知识敏感型。时间敏感型是指那些必须迅速而尽量准确做出的决策（战争中经常出现）；知识敏感型讲究决策的效果取决于决策质量。

决策方式的选择，主要视决策问题的性质、参与者的能力和相互作用的方式等而定。从案例来看，王厂长的两次决策分别是个人决策和群体决策。第一次的决策合理，因为王厂长是在掌握充分的信息和对有关情况分析的基础上做出购买进口二手设备的，充分发挥了个人决策的作用，效率高且责任明确。这一决策使佳迪饮料厂摆脱了企业由于当时设备落后、资金短缺所陷入的困境，并由此走上了发展之路。而第二次决策引进世界一流的先进设备的决策过程不够合理，王厂长虽然说民主决策，但群体决策的效果没有得以充分体现。由于屈从压力，存在少数人的权威作用，使群体决策成员从众现象较为明显，影响了决策的质量。

作为佳迪饮料厂的厂长，第一次决策购买进口二手设备，采取个人决策是成功的。但由于个人决策受到个人行为特征（行动的持久性、知觉、成见、个人价值系统、对问题的感知方式）等的影响，所以王厂长应充分考虑企业自身的实际和外部环境因素，在信息充足、备选方案充分的前提下做出决策。

由于企业规模扩大，第二次决策引进世界一流的先进设备时采取群体决策，不仅可提供更完整的信息、产生更多的方案、提高方案的接受性及合法性，而且可减少个人决策因知识所限、能力所限、个人价值观、决策环境的不确定性和复杂性等造成的影响，提高决策的质量。所以，在第二次决策时，王厂长应精心营造群体决策的氛围，引导群体决策成员积极参与，明确责任，以充分发挥群体决策的作用。

三、思考·讨论·训练

1. 王厂长的两次决策过程合理吗？为什么？
2. 如果您是王厂长，在两次决策过程中应做哪些工作？
3. 影响决策的主要因素是什么？

案例 1-5　无效的激励不如不激励

一、案例介绍

企业在对员工采取激励手段时，最尴尬的结果就是：花了钱，反而换来了人心离散。VK公司原来是一家校办企业，主要生产一种为其他电器配套的机电部件，产品有较大的市场空间。从1994～1997年，公司的经营业绩一直不理想。1997年，企业实施了改制，变成了一家民营企业。此后，公司凭借技术实力和灵活的机制，取得了良好的效益，产品不仅为多家国内大型电器公司配套，而且还有相当数量的出口，一时成了所在区的纳税大户。

但是，伴随市场成功而来的却是公司内部管理上的一系列麻烦。尽管员工的工作条件和报酬比起其他企业来都已经相当不错，但管理人员、技术人员乃至熟练工人都在不断地流失；在岗的员工也大都缺乏工作热情。这给公司的发展乃至生存带来了极大的威胁。

为什么会出现这样的问题呢？从以下几个具体事例也许能窥见该公司的人力资源管理和员工激励方面存在的问题：

其一，"红包事件"。公司改制时，保留了"员工编制"这一提法（尽管这个"编制"是公司自己定的，而非原来的国家事业单位编制），这就使公司有了三种不同"身份"的员工，即"工人"、"在编职工"和"特聘员工"。其中，"工人"是通过正规渠道雇用的外来务工人员；"在编职工"是与公司正式签订过劳动合同的员工，是公司的技术骨干和管理人员，他们中一部分是改制前的职工，一部分是改制后聘用的；"特聘员工"则是向社会聘用的高级人才，有专职的，也有兼职的。一次，公司在发放奖金时，"工人"和"在编职工"的奖金是正式造表公开发放的，而"特聘员工"是以红包形式"背靠背"发放的，并且"特聘员工"所得红包是"在编员工"的 2~3 倍。但这件事的实际效果却是大大挫伤了员工，特别是"在编员工"的工作积极性。他们中一部分人感到公司没有把他们当做"自己人"，而更多的人则误认为"在编职工"肯定也得到了更多的红包。"在编职工"认为，作为公司的"自己人"，所得数额一定比"特聘员工"更多，自己的辛苦付出没有得到公司的认可。公司多花的钱不但没有换来员工的凝聚力，反而"买"来了"离心力"。

其二，"人尽其用法则"。公司高层领导的"爱才"是出了名的，公司在"招才"上舍得花钱，但在如何"用才"上，却不尽如人意。公司的职能机构设置很简单，厂长室下设了生产科、技术科和综合科。生产科长兼任主要生产车间主任，还兼管供应；财务、统计、文秘等均压缩在综合科；市场则由副总经理直管。因此，职能科室成员往往是"一位多职"，如会计师同时还可能是文秘，又要做接待，等等。这本来体现了用人机制的灵活和高效。但是，这种"一位多职"又不稳定。一项任务交给谁完成，十分随意。又由于职责与分工不明确，最终也就无从考核。于是多数科员为减轻自己的工作强度，纷纷降低了工作效率，以免显得过于"空闲"而被额外"加码"。

其三，"评比出矛盾"。公司定期对员工进行考评，整个考评工作由各部门分别做出，但公司规定不论工作如何，必须分出 A、B、C 三等，并将考评结果与待遇挂钩。这使得员工之间产生不少矛盾。

（资料来源：陈维政：《人力资本与公司治理》，大连理工大学出版社 2005 年版）

二、案例分析

从案例中我们可以看出，尽管企业人才流失的原因是多方面的，但企业激励机制存在问题必然是造成人才流失的重要原因之一。用德鲁克的话说，"优秀的机制比所有制更重要"。要使民营企业机制的灵活性充分发挥作用，应从以下几个方面入手：

（1）明确岗位职能与责任。建立必要的人力资源管理制度，在工作分析的基础上，结合自身特点设置岗位，明确岗位职能与责任。这样，不但可以有效避免工作指派上的随意性，而且能克服招人用人的盲目性，也为员工业绩考核提供了客观公正的依据，有利于充分发挥组织效率。不少中小型民营企业的内部管理失效，归根到底就是没有建立相应的管理制度。事实上，制度化和灵活性是相辅相成的，关键在于将灵活的机制纳入制度之中。同时，制度必须有利于组织的协调，要坚决摒弃"末位淘汰制"之类严重挫伤员工积极性的制度。

（2）充分认识和利用非正式组织，增强企业活力。作为中小型企业，它的一切资源都很有限，因此，领导层在关心工作的同时，必须高度重视人际关系。这样可以利用客观存在的非正式组织，达到个人目标与组织目标相统一的目的。

（3）引入员工"职业生涯设计"机制。关心员工发展和成长，在了解员工个人愿望的前提下，企业帮助员工设计好自己的职业目标并努力创造实现目标的条件，这样既可以提高员工工作的努力程度，又可以提高员工对企业的归属感。对于一部分高级人才，可以用"期权制"等方式来处理他们与企业的关系，这将有利于企业的长期稳定发展和壮大。

（4）建立沟通与反馈机制。从个体的角度来考察，员工有一种及时了解上级对自己工作评价的需求，当这种信息不能及时反馈员工时，他们一方面会迷失行动方向，即不知道自己的工作方法究竟是否正确，从而彷徨不前；另一方面他们会感到自己的工作不被组织重视，从而失去工作动力。由此可见，建立一种制度化和非制度化相结合的沟通与反馈机制十分重要。机制上的灵活性是民营企业的优势。但同时，规范化不足又是中小型民营企业的最大欠缺。规范有序，可以减少组织"能量"的浪费，灵活、人性化可以增强组织的内在动力。规范与灵活的结合，应当成为人力资源管理和激励工作的追求目标。

三、思考·讨论·训练

1. VK 公司的管理有什么特点？

2. 企业激励机制存在的问题是造成人才流失的重要原因吗？

3. "优秀的机制比所有制更重要"吗？为什么？

4. 企业激励员工有哪些主要的方法？

案例 1-6　哪种领导类型最有效

一、案例介绍

ABC 公司是一家中等规模的汽车配件生产集团。最近，对该公司的三个重要部门经理进行了一次有关领导类型的调查。

1. 安西尔

他总是强调对生产过程、出产量控制的必要性，坚持下属人员必须很好地理解生产指令以得到迅速、完整、准确的反馈。安西尔当遇到小问题时，会放手交给下级去处理，当问题很严重时，他则委派几个有能力的下属人员去解决问题。通常情况下，他只是大致规定下属人员的工作方针、完成怎样的报告及完成期限。安西尔认为，只有这样才能导致更好的合作，避免重复工作。

安西尔认为，对下属人员采取敬而远之的态度对一个经理来说是最好的行为方式，所谓的"亲密无间"会松懈纪律。他不主张公开谴责或表扬某个员工，相信他的每一个下属人员都有自知之明。

据安西尔说，在管理中的最大问题是下级不愿意接受责任。他说，他的下属人员可以有机会做许多事情，但他们并不是很努力地去做。

2. 鲍勃

鲍勃认为，每个员工都有人权，他偏重于管理者有义务和责任去满足员工需要的学说。他说，他常为他的员工做一些小事，如给员工两张下月在伽利略城举行的艺术展览的入场券。他认为，每张门票才 15 美元，但对员工和他的妻子来说却远远超过 15 美元。通过这种方式，也是对员工过去几个月工作的肯定。

鲍勃说，他每天都要到工厂去一趟，与至少 25% 的员工交谈。鲍勃不愿意为难别人，他认为安西尔的管理方式过于死板，安西尔的员工也许并不那么满意，但除了忍耐别无他法。

鲍勃说，他已经意识到在管理中有不利因素，但大都是由于生产压力造成的。他的想法是以一个友好、粗线条的管理方式对待员工。他承认尽管在生产率上不如其他单位，但他相信他的雇员有高度的忠诚与士气，并坚信他们会因他的开明领导而努力工作。

3. 查理

查理说他面临的基本问题是与其他部门的职责分工不清。他认为不论是否属于他们的任务都安排在他的部门，似乎上级并不清楚这些工作应该谁做。

查理承认他没有提出异议，他说这样做会使其他部门的经理产生反感。他们把查理看成是朋友，而查理却不这样认为。

查理认为，纪律就是使每个员工不停地工作，预测各种问题的发生。他认为作为一个好的管理者，没有时间像鲍勃那样握紧每一个员工的手，告诉他们正在从事一项伟大的工作。他相信如果一个经理声称为了决定将来的提薪与晋职而对员工的工作进行考核，那么，员工则会更多地考虑他们自己，由此而产生很多问题。

他主张，一旦给一个员工分配了工作，就让他以自己的方式去做，取消工作检查。他相信大多数员工知道自己把工作做得怎么样。

如果说存在问题，那就是他的工作范围和职责在生产过程中发生的混淆。查理的确想过，希望公司领导叫他到办公室听听他对某些工作的意见。然而，他并不能保证这样做不会引起风波而使情况有所改变。他说他正在考虑这些问题。

（资料来源：史金平：《管理学》，高等教育出版社 2006 年版）

二、案例分析

我们要研究领导者应该具有怎样的特征，以及这些特征是怎样获得的、领导者的领导方式有哪些？不同的领导方式带来的领导效果如何？针对不同情况应采用怎样的领导方式，研究归纳为三类进行介绍，即领导特质理论、领导行为理论和领导的权变理论。

（1）安西尔使用的是重事式领导方式，注重组织的目标，领到任务的完成和领导效率的提高，以事为中心进行领导活动。安西尔关心的是组织目标、工作任务和工作效率及质量。重事式领导行为主要受道格拉斯·麦克格雷戈提出的"X"理论的影响。基于"X"理论对人性的五个方面的假设，重事式的领导方法理论就应运而生了。持该理论的领导者认为，在管理上必须以金钱刺激劳动热情，同时要以严厉的处罚对待消极怠工者。这种理论实质上是以工作为中心的领导管理理论，按要求领导者在任何时候都必须把完成工作看成组织的唯一目标。这种理论的片面之处在于，把人看成是天生懒惰的，认为经济利益的需求才是人参加工作的唯一动力，而且对组织内的人际关系没有给予足够的关心。

（2）鲍勃的激励方式是基于马斯洛需要层次论和情感激励理论。需要层次理论是由美国心理学家亚伯拉罕·马斯洛于 20 世纪 50 年代首先提出的。马斯洛在《人的动机理论》一文中，阐述了人类基本需要的五个层次，即生理需要、安全需要、爱的需要、尊重需要和自我实现需要。马斯洛认为，既然不同的人需要不一样，在进行激励时就应有所区别，而不能用千篇一律的激励方法对待所有的人，并且要注意到每个人的不同需要，采取有针对性的激励方法，从而尽可能地激发所有人的最大力量；同一个人在不同的时期有不同的需要，这告诉我们在进行激励时就不能用一成不变的激励方法去激励人，而应根据激励对象不同时期的需要，采取灵活多样的激励形式来满足人的需要。

（3）查理认为，激励员工的因素是将来的提薪与晋职、成就、自我实现。根据人本管理的基本原理，不同人的需求是不一样的，同一个人在不同时期的需求也是不一样的。所以，相同的激励措施对不同的人起到的效果是不同的。职业经理人在制定和实施激励措施时，首先要调查清楚每个员工的真正需求，将这些需求合理地整理归纳，然后再制定相应的激励措施。

总之，领导在进行激励时，也要注意场合和时机，宜公开则公开，宜秘密则秘密，宜群体则群体，宜个别则个别，坚持具体问题具体分析，这样才能真正地发挥激励效应。

三、思考·讨论·训练

1. 描述安西尔使用的领导方式。
2. 鲍勃的激励方式基于什么理论？
3. 查理认为激励员工的因素是什么？
4. 是否每一种领导方式在特定的环境下都有效？为什么？
5. 请评价这三位中您最欣赏的领导方式和最不欣赏的领导方式，做出描述并解释原因。

第二章　知觉与行为

　　感到自己是人们所需要的和亲近的人——这是生活最大的享受、最高的喜悦。这是真理，不要忘记这个真理，它会给你们无限的幸福。

——高尔基

　　一个人的真正伟大之处，就在于他能够认识自己的渺小。

——约翰·保罗

一、知觉的概念

（一）知觉的概念

知觉是对客观事物整体属性在人脑中的反映。知觉是在感觉的基础上产生的，知觉是感觉的深化，是几种器官综合分析产生的结果。人们通过知觉，有助于对客观事物整体与全面的认识。

不同的个体看到相同的事物却产生不同的知觉，很多因素影响到知觉的形成甚至有时会使知觉歪曲。这些因素可以归纳为知觉者、知觉对象以及知觉发生的情境三个方面。如图 2-1 所示。

（二）知觉的基本特征

1. 知觉的选择性。知觉的选择性是指人们能迅速地从背景中选择出知觉对象。我们每时每刻所接触的外部事物多不胜数，不可能同时把它们都纳入为知觉对象，而总是根据当前的需要有选择地把其中一部分作为知觉对象，把它们构成一个整体，使之得到清晰的知觉，这就是知觉的选择性。

2. 知觉的整体性。知觉的整体性是指在刺激不完备时，知觉者仍能保持完整的认识。知觉对象是由许多部分组成的，各部分具有不同的特征，但是人并不把对象知觉为许多个别的孤立部分，而总是把它知觉作为一个统一的整体。

3. 知觉的理解性。根据已有的知识经验，对感知的事物进行加工处理，并用言语把它揭示出来的特性称为知觉的理解性。知觉的理解性受多种因素的影响，如个人的知识经验、言语的指导、实践活动的任务和对知觉对象的态度等。

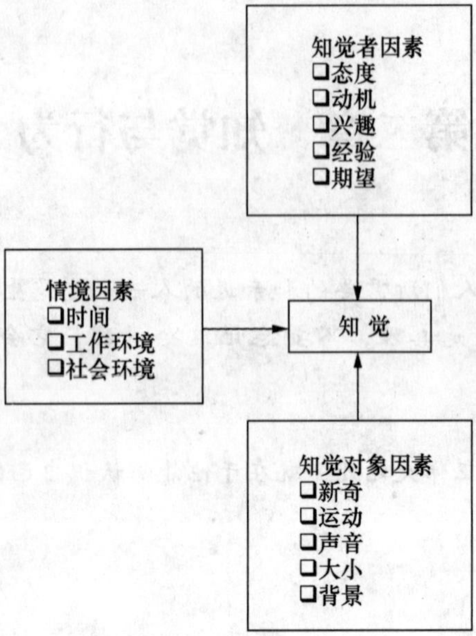

图 2 − 1   知觉影响因素图

4. 知觉的恒常性。当知觉的条件在一定范围内改变的时候，知觉的映像仍然保持相对不变，这就是知觉的恒常性。由于知识和经验的参与，人的知觉并不因知觉的物理条件（如距离、亮度）的变化而改变。例如，图形钟表，从正面看是圆的，从斜面看是椭圆的，从侧面看是长方形的（必须标出时针），但我们总会把它知觉作为圆形，即知觉并不随投视角度的变化而改变。

（三）错觉

错觉是对客观事物的一种不正确的、歪曲的知觉。错觉可以发生在视觉方面，也可以发生在其他知觉方面。如当你掂量一公斤棉花和一公斤铁块时，你会感到铁块重，这是形重错觉。当你坐在正在开着的火车上，看车窗外的树木时，会以为树木在移动，这是运动错觉，等等。

产生错觉的原因：一是客观原因。错觉都是在知觉的客观环境有了某种变化的情况下发生的。如许多图形错觉，有的是对象的结构发生了某种变化，有的是对象的背景发生了变化。知觉情景发生了变化，而人们仍以原先的感觉模式来对待，从而产生错觉。二是主观原因。错觉的产生可能与过去的经验、情境相关。如时间错觉中的"光阴似箭"、"度日如年"。

错觉也可能是各种感觉相互作用的结果。如形重错觉很可能是大脑接受视觉信息多于动觉的信息而引起的。在实践活动中，我们可以采取适当措施来识别和利用错觉。识别错觉最有效的办法是实践检验。

二、社会知觉和自我知觉

（一）社会知觉

社会知觉是指人对社会对象（包括个体、社会群体乃至大型社会组织）的知觉。在组织行为学中，它是研究人际关系的基础。社会知觉分为不同的类型，有对人的知觉、人际知觉、角色知觉等。

1. 对人知觉。对人知觉也就是对他人的知觉，是指通过对他人外部形态和行为特征的知觉，进而借以了解其心理活动。如通过对一个人的相貌、仪表、风度、言谈、举止等推测他的年龄、职业、受教育的程度、可能有什么性格特点，此行何意，等等。

2. 人际知觉。人际知觉是对人与人之间关系的知觉。例如，一个人对自己与张三或李四的关系的看法，好还是不好；自己在群体中的位置及对他人之间的关系的看法，张三和李四之间的关系如何；在自己所在的群体中，谁最受欢迎，谁最有影响力，而谁又是孤立的，等等，都是人际知觉。

3. 角色知觉。角色知觉是指对人们所表现出的角色行为的知觉。角色知觉包括对不同角色的认知以及个人以有关角色的行为标准来要求和评价他人角色，同时也以有关的行为标准要求自己怎样行为才符合本人的角色。

（二）社会知觉的偏差

在社会知觉领域内，由于知觉的主体、客体都是人，影响知觉准确性的因素很多，使社会知觉产生错觉的可能性大为增加。社会知觉发生偏差或错觉时，有多种效果。典型的效应有以下几种：

1. 第一印象效应。第一印象效应是指人对人的知觉中留下的第一个印象，亦称首因印象。由于人们在心理上存在认知上的惰性，所以，在对待他人的知觉方面，首因印象能给人留下深刻印象，产生心理定式作用。

2. 晕轮效应。晕轮效应是指通过社会知觉获得个体某一特征的突出印象，进而将此扩大成为他的整体行为特征。也就是"一好遮百丑"，"以点概面"的作用。这突出的一点就像一个光点产生出光环，将其他特点都掩盖了。

3. 近因效应。近因效应是指在知觉过程中，最后给人留下的印象最为深刻，对以后该对象的印象起着强烈的影响。它和首因效应正好相反。一般来说，在知觉熟悉的人时，近因效应起较大的作用；在知觉陌生人时，首因效应起较大的作用。

4. 定型效应。定型效应（社会刻板印象）是指人们在头脑中把形成的对某类知觉对象的形象固定下来，并对以后有关该类对象的知觉产生强烈影响的效应。定型作用使我们对人的看法过度类化，而忽略了个体差异，不能具体情况具体分析。

（三）自我知觉

1. 自我知觉的概念。自我知觉是指一个人通过对自己行为的观察而对自己心理状态的认识。自我有以下几种特征：

（1）自我的社会制约性。每个人的自我是在个体社会化过程中产生并发展起来的，没有个体的社会化，也就没有自我的产生与发展。自我不能脱离社会而孤立存在。

（2）自我的个别差异性。自我不仅受社会制约，而且也依赖每个人自己生理、心理等因素。因而每个人的自我以及对自我认识都不相同。

（3）自我的意识性。每个人的自我存在于个体的心理活动之中，能够被自己认识。这种认识是自觉的、清晰的、有目的的，通常称为自我意识。

（4）自我的同一性。这种同一性主要表现在社会制约与个体差异性的同一；客体自我和主体自我的同一；生理自我与心理自我的同一等。

2. 自我知觉与社会知觉的关系。社会知觉是对人的知觉。广义的社会知觉包括自我知觉，自我知觉就存在于社会知觉之中，两者在心理活动过程中相互联系、相互作用。自我知觉往往是在社会知觉中进行的，离开了社会知觉，就不存在自我知觉；在社会知觉中必然发生自我知觉，自我知觉对社会知觉具有影响作用。

3. 自我意识的概念。自我意识是指个体对自己存在的认识，包括认识自己的生理状况、心理特征以及自己与他人的关系。自我意识与自我知觉的关系，是一种你中有我、我中有你的关系。两者在个体的心理发展过程中互相作用、相得益彰。自我意识是在自我知觉的基础上形成的。自我意识的形成也不是被动的，而是能动的，对自我知觉具有一定的影响作用。自我意识的能动性表现为能够根据自我意识来选择、调节和控制自我知觉，提高自我知觉能力，使自我在作为被意识的同时成为意识的主体。自我意识由物质自我、社会自我和精神自我三部分构成。自我知觉的结构如表 2 - 2 所示。

三、归因理论

所谓归因，就是根据他人或自己的言行或其他外部特征，推测其内在心理状态或原因的过程。归因既包括对他人言行的归因，也包括对自己言行的归因。一般来说，人们对行为的归因包括三种倾向：一是归因于自身之外的环境原因；二是归因于主客观两方面的交互作用；三是既看到自身因素的作用，又重视外部环境的客观影响。

表 2-1 　　　　　　　　　　　　　　**自我知觉的结构表**

自我要素	自我认识与评价	自我追求行为
物质自我	对自己身体、衣着、仪表、家庭等的认知与评价	追求身体外表、欲望的满足，如装饰、打扮、爱护家庭
社会自我	对自己的社会地位、名誉、财产及与他人关系的认知和评价	引人注目、讨好别人、追求名誉、爱与隶属等
精神自我	对自己的智慧、能力、道德水准及自卑和优越的认知与评价	追求智慧、宗教、道德与良心

（一）归因偏差的克服

首先，要引导组织成员学习科学知识，尊重自然规律的特殊性，避免拟人化归因。其次，要引导组织成员多进行个人倾向归因，克服总是归因外在因素的偏差，以提高他们的成就动机对工作绩效的影响作用。最后，要引导组织成员多从内在不稳定因素（努力）归因，尽量少从内在稳定因素（能力）归因，克服那种总是认为自己能力低的归因偏差，以提高他们的自信心。

（二）归因的模式

1. 海德的归因理论。海德（Heider）认为，人的行为是有原因的，其原因或决定于外界环境，或决定于主观条件。如果判断个人行为的根本原因来自外界力量，如个体周围的环境、与个体相互作用的其他人对个体行为的强制作用、外部奖赏或惩罚、运气、任务的难易等，称为情景归因。如果判断个体行为的根本原因是个体本身的特点，如人格、品质、动机、情绪、心境、态度、能力、努力及其他一些个体所具备的特点，称为个人倾向归因。

2. 凯利的归因理论。凯利（Kelley）认为，人们的行为的原因十分复杂，仅凭一两次观察难以判断，必须在类似的情境中做多次观察，根据多种线索做出内部或外部归因。三度归因理论的归因维度：

一是区别性资料是指个体在不同情景下是否表现出不同行为。二是一致性资料是指个体的行为表现与其他人是否一致。三是一贯性资料是指个体行为的发生是一贯的还是偶然的。

3. 韦纳的成败归因理论。韦纳（B. weiner）认为，在对他人行为的原因进行分析时，除了把行为的原因归为情景因素与个人因素外，原因的稳定性是第二个重要的问题。这样，个人的行为可归入内在—外在、稳定—不稳定的四个范畴之中。韦纳的成败归因理论如图 2-2 所示。

支配原因　　稳定性	内　　因	外　　因
稳定因素	能　　力	工作难度
不稳定因素	努　　力	运　　气

图 2-2　韦纳的成败归因理论图

（三）归因理论的运用

如果一个人习惯于把失败归因于那些稳定的内因，则不会增强今后的努力和坚持性行为，对未来行为不具有激励作用；如果一个把失败归因于那些不稳定的内因，表现出一定的努力或坚持性行为；如果一个人习惯于把失败归因于那些人力可以控制的因素，则在未来行动中可能会增强努力和积极性。反之，如果习惯归因那些人力不可控的因素，则对未来行为不容易产生激励作用。

可见，管理者根据不同员工对于成败归因的取向不同，因人而异地做好员工的思想工作，帮助员工正确归因，对于调动员工工作的积极性、开创性和坚持性具有十分重要的作用。不仅如此，管理者还应有目的、有系统地对员工的工作行为进行归因，这对于量才录用、合理分工、人尽其才、才尽其用，提高管理绩效具有重要的帮助。

案例 2-1　碧浪冲击吉尼斯

一、案例介绍

1999 年国庆节前夕，一件高 40.6 米，宽 30.8 米，重达 930 公斤的大衬衣，在北京的东二环路附近一栋大楼上悬挂起来，该衬衣约有 12 层楼高。这件衬衣在此悬挂了半个月，吸引了大量路人的目光。这是爱德曼国际公关公司为美国宝洁公司策划的一次重要的媒体事件。宝洁公司的碧浪洗衣粉是其麾下著名的品牌，如何让中国公众接受它呢？为此，爱德曼公关公司绞尽脑汁，想出了这样一个用大衬衣冲击吉尼斯世界纪录的活动。这件大衬衣的布料，足可以缝制2350件普通衬衣，衬衣上还印制有"全新碧浪漂渍洗衣粉"的字样，其中红色的"碧浪"两字高5.9米，宽9.8米，非常醒目。更妙的是，这件大衬衣在悬挂了15天以后，经风吹雨淋和空气污染变得非常肮脏，在大衬衣的揭幕仪式上，还有一些嘉宾用更难洗净的墨汁泼在衬衣上。7月23日，宝洁公司用全新的碧浪洗衣粉，洗净了这件衬衣，使新推出的碧浪洗衣粉一举成名。爱德曼公关公司策划的这次媒体事件，其意义并不仅仅在于破吉尼斯世界纪录，更主要的是要使中国的消费者认识碧浪洗衣粉。他们先用大衬衣冲击吉尼斯世界纪录吸引公众的视线，引起新闻媒体的广泛报道；然后再通过洗净如此肮脏的衬衣，强化碧浪洗衣粉的功效，在市场上产生强大的冲击力。

（资料来源：高燕：《销售与市场》1999年第10期）

二、案例分析

在商品经济十分发达的今天，广告可谓无时不在，无处不有。有一种夸张的说法："在美国你随便扔出一件物品都会砸到一个与广告有关的东西。"学者的调查显示，每个美国人每天平均可以接触到1500个广告，但平均只有7个广告真正受到注意。也不是说绝大部分的广告并未起作用，而是消费者对之视而不见，听而不闻。我国的情况虽不至于此，但在广告多得有些泛滥的今天，如何把广告设计得容易引起注意，这是一个非常有现实意义和应用价值的问题，也是我国广告设计中有待改进的问题。本案例归纳有如下几点：

（1）人们的知觉选择性。知觉选择性作用于人的客观事物是纷繁多样的，人不可能在瞬间全部清楚地感知到。但可以按照某种需要和目的，主动而有意地选择少数事物（或事物的某一部分）作为知觉的对象，或无意识地被某种事物所吸引，以它作为知觉对象，对它产生鲜明、清晰的知觉映象，而把周围其余的事物当成知觉的背景，只产生比较模糊的知觉映象。知觉的选择性既受知觉对象特点的影响，又受知觉者本人主观因素的影响，如兴趣、态度、爱好、情绪、知识经验、观察能力或分析能力等。知觉的选择性与知觉的其他特性是密不可分的，被选择的知觉对象通常是完整的、相对稳定的和可以理解的。案例中组织在制造新闻时，要有意识地强调自己作为知觉对象的特征，强调所谓"新闻点"，以期引起公众的注意。

（2）注意是心理活动对一定事物的指向和集中。人在同时间内不可能感知周围的一切对象，而只能感知其中的少数对象。按照巴甫洛夫的学说，注意的生理基础就是大脑皮层优势兴奋中心的形成，人类接受新事物的心理活动都始于注意。爱德曼国际公关公司为宝洁公司策划的这次新闻事件，就是先以衬衣之巨大，冲击吉尼斯世界纪录为切入点，吸引公众和媒体的广泛关注，展示了宝洁公司的综合实力；又用全新碧浪把挂了 15 天的脏衣服洗净，强化了全新碧浪洗衣粉的功效，对市场产生了强大的冲击。

（3）充分利用知觉的选择性规律。把广告的主体想要发送给接受者的信息内容称为广告的主题，或者说主题就是广告的主要内容，而那些非主要的、起陪衬作用的部分称为广告的背景。通过推理我们可以得到如下判断：要想使消费者在众多的广告中对你的广告优先知觉引起注意，要想使消费者对广告的主要内容引起注意，避免被不必要的背景干扰，就应该充分利用知觉的选择性规律。

三、思考·讨论·训练

1. 爱德曼国际公关公司为宝洁公司策划的这次新闻事件有什么强烈影响？是否达到预期效果？

2. 用知觉选择性的理论分析这一事件有什么作用？

3. 宝洁公司事件影响知觉形成的主要因素有哪些？

案例 2 - 2　姜村的秘密

一、案例介绍

鲁西南深处有一个小村庄叫姜村。因每年都有几个人考上大学、硕士、博士而闻名遐迩，久而久之人们称之为大学村。

20 多年前，姜村来了一位 50 多岁的老教师。听人说这位教师是大学教授。这位老师来了不长的时间以后，就有一个传说在村子里流传：这位老师能掐会算，他能预测孩子的前程。原因是，有的孩子回家说：老师说了，我将来能成为数学家；有的孩子说：老师说，我将来能成为音乐家；有孩子说：老师说，我将来能成为钱学森那样的人。

不久，家长们发现他们的孩子与以前大不一样了。他们变得懂事而好学，好像他们真的是数学家、作家和音乐家的材料。老师说："会成为数学家的孩子要对数学学习更加刻苦；会成为作家的孩子语文成绩要更加出类拔萃"。孩子们不再贪玩儿，也不再像以前那样严加管教，变得更加自觉了。

家长很纳闷，也将信将疑，莫非孩子真的是大材料，被老师道破了天机？

就这样过了几年，奇迹发生了。这些孩子到了参加高考的时候，大部分都以优异的成绩考上大学。

这位教师在姜村人的眼里变的神乎其神，他们让他看自家的宅基地，测自己的命运，可是这位老师却说，他只会给学生预测，不会其他的。

后来，这位老师年龄大了，回城了，但他把预测的方法教给了接任的老师。接任的老师还在给一级一级的学生预测着，而且他们坚守着老教师的嘱托，不把这个秘密告诉村里的人。当学生从姜村出来后，他们说从他们考入大学的那一刻起，就明白了这个秘密，但他们都自觉地坚守起这个秘密。

（资料来源：刘源：《成都晚报》2001 年 4 月 7 日）

二、案例分析

案例中老师鼓励学生要有一种信念，而这种信念，是催人奋发，朝着目标不懈努力的动力，在心理学上称为期望值效应，在西方称为"皮格马利翁效应"，也叫"罗森塔尔效应"。在姜村产生了以下几方面的影响：

（1）期待方通过直接或间接的方式向被期待方暗示将来行为或成就的发展方向。预设期待的前提是对期待方目前综合能力的合理评价和将来发展方向的正确估量。在此基础上预设期待才能进行，方式和手段可以多种多样，直接向对方描述将来的发展前景，通过其他渠道借助其他手段传达自己的愿望，个别的，公众的，等等。案例中"这个老师教了不长时间以后，就有一个传说在村里流传。这个老师能掐会算，他能预测孩子的前程。原因是，有的孩子回家说，老师说了，我将来能成为数学家；有的孩子说，老师说，将来我能成为音乐家；有的孩子说，老师说，我将来能成为钱学森那样的人，等等"。是老师预设期待，把自己对于孩子们的期望通过农村最简单的"能掐会算"以"预测孩子的前程"的方式传递给孩子们，使处在农村的孩子们把对前程和理想的追求用最朴素的方式表达出来。这里期望的预设是非常成功的。

（2）期待方的言行表现出对被期待方有不同的寄托，被期待方接受期待。双方的言行都需要有回应。如果传达期待后，期待方没有相应的行动或言行，被期待方会对期待产生疑问；如果被期待方没有回应，则需要进行全面的分析，以便双方的连结畅通无阻并"形成永久神经联系"。这个过程的主动方是传达期待方而不是被期待方。案例中老师向学生传递期待，学生把老师的"预测"告诉给家长和乡亲们，实际上是产生期待效应的过程，师生双方都是主动者。

（3）被期待方对期待方的言行加以回应并表现出期待的行为。这是期待行为被激发的标志，主动方是被期待者，这时的期待变成了双方互动的过程。家长们又发现，他们的孩子与以前大不一样了，他们变得懂事而好学，好像他们真的是数学家、作家、音乐家的材料了。老师说会成为数学家的孩子，对数学的学习更加刻苦，老师说会成为作家的孩子，语文成绩更加出类拔萃。孩子们不再贪玩，不用像以前那样严加管教，孩子们也变得更加自觉。这里学生的主观能动性得到了充分的发挥，外部的刺激内化成了孩子们自觉的行动，从而产生了巨大的推动力。

（4）双方向着期望方向努力并且谁也不可能改变这种趋向，同时因期望值的不同而表现出不同的努力程度和进度。这时，谁也无法改变期待的方向。期待变成了双方共同的需要和目标，变成了心灵的契约，如同裂变一旦发生，谁也无法阻止。高期待的人和低期待的人表现出不同的交融和"竞技状态"，同时在"竞技"的过程中出现不同的分化结果，形成不同的期待。

（5）达到或接近期望的结果。姜村的孩子参加高考大部分考上了大学，是老师期待的最终结果。

总之，可以说上述"秘密"是一个典型的"皮格马利翁效应"。期待实际上是一种心理暗示和心理控制的实施，只要我们把握好机会，适当传达期待，我们所面临的培养人才的目标一定会实现的。

三、思考·讨论·训练

1. 姜村老师的秘密是什么？并以此分析本案例。
2. 什么是皮格马利翁效应？在本案例中表现出什么特点？
3. 人的信念是可以培养和改变的吗？为什么？

案例 2-3　尤尼帕特公司的约翰·尼尔

一、案例介绍

在英国汽车行业，尽管大多数零部件供应商都在苦苦挣扎，但有一家公司却做得很不错——它就是尤尼帕特公司。这家身价为 23 亿欧元的公司之所以能如此成功，很大程度是由于其首席执行官约翰·尼尔（John Neill）所做出的决策。

1974 年，约翰·尼尔正值风华正茂的 29 岁，负责管理英国利兰公司的分公司尤尼帕特。他很快就打破了利兰公司那些保守的高层主管的特点，着手发动具有创新特点的市场攻势，并使分公司的注意力集中在零配件行业（而不是汽车和卡车上）。他把分公司的市场预算提高了 6 倍，他创立了零售店方案，改变了产品包装，并促使分公司生产电视零配件。他的"零配件优先"定位与总公司老板的看法并不统一，老板认为这对英国利兰公司本身的生存能力构成了威胁。但是，对英国利兰的高级管理层来说，他们采取行动已经太晚了。尼尔把尤尼帕特改造成一个可以独立生存的企业，而公司的其余部分（后来是英国路华汽车集团的一部分）却步履维艰，每年都在不断失去市场占有率。

几乎从一开始，尼尔就预料到尤尼帕特公司会从利兰公司独立出来。1987年，他真的这样做了。他采取管理层收购的方式，通过谈判以 8950 万欧元买下了尤尼帕特公司。然后，他立刻采取措施，让公司靠自己的力量站了起来。"我知道未来会更为艰难，"尼尔回忆道，"因为今天的市场占有率比昨天更小。因此，如果汽车配件行业不进行巨大变化，那么无疑会走下坡路。"在备用配件方面，尤尼帕特公司致力于树立一个非常优秀的顾客品牌。今天，尤尼帕特公司在英国成为一个备受顾客认可的品牌。它还涉足众多的其他行业。尽管生产和销售汽车零配件依然是公司的主要业务，但它同时还成功经营了一家仓储商店和一家物流公司，并创办了一个网上贸易平台。

1987 年，尤尼帕特公司刚刚独立时，向路华公司的销售占据企业的 90%，现在则降为 3%。尤尼帕特公司的命运不再与路华集团紧紧联在一起。实际上，目前尤尼帕特最盈利的业务是在费用基础上为美洲豹生产全套零配件。

尽管尤尼帕特公司在尼尔全盘买下之后运作得很成功，但它仍然要面对艰难岁月。英国的汽车工业出现生产过剩局面，来自供应商方面的剧烈削价压力几乎要吃掉尤尼帕特公司的全部利润。作为回应，尼尔扩展了尤尼帕特的物流业，他斥资 29200 万欧元买下汽车零部件经销公司帕特可（Partco）。这项收购使尤尼帕特一举成为英国最大的汽车零部件经销公司。尼尔还对企业进行多元化经营，不局限在汽车零部件方面，而是进军电子商务的前沿阵地。

（资料来源：电子科技大学，组织行为学精品课程网站：http：//218.6.168.52）

二、案例分析

本案例涉及知觉理论。知觉选择性是指人们在某一具体时刻只是以对象的部分特征作为知觉的内容。人不可能在某一时间内接受所有感知到的信息，所以会根据自己的兴趣、背景、经验和态度进行主动的选择，这便是选择性知觉。

人的注意力具有高度的选择性，包括选择性注意、选择性理解、选择性接受和选择性记忆。在判断客观世界时使用选择性知觉、对比效应等有它的利弊。

利：一是可以帮助我们迅速有效地处理关于知觉对象的信息，帮助我们缩短和简化认识的过程。特别是在事情较为复杂或暂时不明了的情况下可以快速得出一个结论。二是帮助我们更有效地了解和应付周围的环境。当我们与陌生人打交道时，可以帮助和指导我们对对方做出适当的判断。

弊：一是使我们用静止的态度去知觉客观现实，对当前客体的知觉陷于僵化，导致对变化了的客体的认知偏差，从而导致行为上的偏差。在使用捷径判断时，常常会导致判断的结果与实际情况不相符，从而会影响在决策时的正确性，在错误的判断一个人的行为时，还会导致被判断的人的反感情绪，影响双方之间的信任关系，严重的甚至会造成抵触情绪。二是会成为正确知觉的障碍，导致形成不正确的知觉印象。

案例中在约翰·尼尔的决策中知觉起了重要的作用。一是他能够凭借直觉，认识到公司需要变革，很快打破利兰公司那些保守的高层主管的特点，着手发动具有创新特点的市场攻势，并使分公司的注意力集中到零配件行业。二是凭借他的知觉，尼尔预料到尤尼帕特公司会从利兰公司独立出来。因此，他通过管理层收购的方式，通过谈判买下了尤尼帕特公司。三是尼尔对企业进行多元化经营，不局限在汽车零部件方面上的决策，他的直觉就起到了重要作用。

约翰·尼尔在1987年如果领导着英国利兰公司，他还会有同样的成功。主要原因：一是在当时汽车配件行业已经出现了下坡路，这个客观条件为尼尔实施公司变革提供了基本条件。二是尼尔的聪明决策力使他具有在不同情境下采取不同战略决策的能力。这两个重要条件会让尼尔成为一个成功者。

约翰·尼尔的成功不仅由于幸运，他的聪明也是主要因素。因为所有渴望成功的企业领导人，都应该具备一定素质：学习、勤奋、激情、执著。

至于机遇，我们不应该抱怨它的不公，其实，每一个人在走向人生成功的征程中，大部分条件都已经具备了，但是我们自己从未留意过！而是把不成功的原因归结没有机会，但是我们反思一下就会释然，因为机遇本身就是不公平的，它只青睐那些有准备的人。

三、思考·讨论·训练

1. 约翰·尼尔并不聪明，他不过是幸运而已。您是否同意这种看法？请解释您的理由。

2. 在约翰·尼尔的决策中知觉具有什么作用？为什么？

3. 对比尤尼帕特公司和英国利兰公司在主要战略决策上的差异。

4. 假设约翰·尼尔领导着英国利兰公司，他还会有同样的成功吗？请说明您的看法。

案例 2－4　电车公司的服务小姐

一、案例介绍

有位电车公司的服务小姐，年方 18 岁，她做梦都想当个职业歌手，可是她容貌不够漂亮，嘴巴宽大，更要命的是，她竟是龅牙。后来，一个偶然的机会，她到一个俱乐部去演唱，首次展现自己的容貌与歌喉。她感到十分紧张，唯恐观众发现她不雅观的牙齿，于是将上嘴唇紧紧抿着，极力摇晃身体，希望借此引开观众的注意力，结果弄巧成拙。在观众席中，有位音乐老师听了她的歌声，认为她具有歌唱才能，音乐老师在演出后对她说："刚才在台上你所做的一切动作我都看得清清楚楚。你尽量抿着嘴唇不使龅牙露出来，你真的认为自己的牙齿不好看吗？"听罢，姑娘羞得满脸通红。音乐老师又说："那有什么值得羞耻呢？龅牙又不是你的罪过，何必要隐瞒呢？为此而矫揉造作，肯定不会成功，顺其自然，放声歌唱吧，你会得到观众的喜爱的。"这位小姐终于听从了老师的劝告，悦纳自己。此后，每逢表演，她都尽情地张开嘴巴，开怀歌唱，不久，便成了深受观众欢迎的歌星。后来很多演员也学起她的舞台形象来。

（资料来源：毛灿月、曾红艳：《走进赛场——学业指导》，中南大学出版社 2004 年版）

二、案例分析

我们每个人都是独一无二的，即使是不漂亮的缺陷，也如同你的手指，属于你自己。如果你不能接纳自己，那么别人也很难接纳你。因为别人的关注反而让你放大了自己的短处，从而更加退缩。久而久之，别人会因为你的退缩而误以为你不喜欢他们，因此都疏远你。

自我接纳也称自我认可，是指人格健康，对自己有较为明确的了解，能客观地认识自己和评价自己，即承认自己的才干和能力，又承认自己的不利条件或限制因素。自我接纳的原则是指对自己的能力、才干、潜力和长处竭力发扬光大，对自己的不利条件、制约因素、缺点和不足则能主动地进行自我批判和自我教育，也能努力去避免、改正和克服，能正确地估计自己的天赋、体格、实际能力和才干来确定自己的目标，简单地说，自我接纳就是要多爱自己一点，要做你自己，人只有接纳自我才能走向成功。

我们要学会接纳自我、接纳自我的独特性。既接纳短处，也接纳长处；要不断地给自己积极的心理暗示，说"我能行"；要明白世界上没有完美的东西，只有不完美的才是真实的，不苛求完美，也不要抱怨身世；要勇于尝试，加强人际交往。要做好自我接纳，必须做好以下四项工作：

（1）通过有效渠道全面深刻地了解自我。客观全面地认识自己，不论是身高、体重、年龄，还是饮食习惯、起居习惯、学习习惯、说话习惯、自己的能力大小、知识水平、性格脾气以及自己的家庭情况、人际关系，等等。人贵有自知之明，不是一句空话。不但认识世界重要，认识自己更重要。为了将来得到更好的发展，不要过高地估计自己，也不要过低地估计，而要努力客观全面地认识自己。当自己客观全面地认识自己的一些真实情况后，自己在认清这些客观真实的情况下，再设计自己个人全面发展的计划，自己的将来才有可能掌握在自己的手中。只有对自己客观全面认识后，自己才能得到更好的发展。

（2）正确地看待自身的特点。人与人之间本来就各不相同，要珍惜自己的特点，哪怕是弱点和不足，都是完全属于自己的特色。只要我们一直在努力让自己变得更完善、更优秀，一丝不苟地走自己的路，哪怕结果不尽如人意，也没有什么追悔和遗憾的。

（3）分清理想的自我和现实的自我。每个人都希望自己是完美的，无论是外在特征还是内在品质，都有希望超越别人，成为佼佼者。但是，人无完人，我们总会有所欠缺，理想中的自己和现实中的自己会有较大的差异。在日常生活当中，一定要分析清楚想做的和能做的，理想中的和现实中的。我们应该朝着理想中的自我努力，不管怎样，想着自己的明天会更好。

（4）做自己的主人。美国的一个黑人教堂的墙上刻着一句话："在这个世界上你是独一无二的一个，生下来你是什么这是上帝给你的礼物，你将成为什么这是你给上帝的礼物。"你将成为什么，这个权利掌握在自己手中，要学会做自己的主人。在接纳自己原有的一切特征的基础上进行自我塑造，面对自己的独特性满怀喜悦，让自己成为一个敢于剖析自我的强者。

本案例告诉我们，认识自己，悦纳自己，你也就突破了迈向成功时可能有的第一大障碍。自我接受并不意味着你应该完全顺从你目前所处的状态，而是说不管怎样，接受自己，不要自我贬低，更不要为自己感到耻辱难堪。自我接受也意味着接受那些需要改变的自己，使自己更接近你所希望的更高境界的所有优点和潜力，从而建立一套属于自己的标准和令自己创造"成功"的方法。

三、思考·讨论·训练

1. 通过本案例分析，您对接纳自己有什么认识？为什么？
2. 全面而深刻地认识自己与接纳自己有什么意义呢？
3. 结合自己，谈谈如何正确地认识自我？

案例 2-5　"救火式"的反复培训缘何失效

一、案例介绍

S公司是国家定点生产某机械产品的国有大型企业，现有员工4200人。多年来，经济效益平稳增长，为当地的经济发展做出了相当大的贡献。但是，自2003年上半年以来，公司经济效益急剧下滑，企业生产经营工作非常被动。公司领导反复思量，一致认为是："培训缺乏导致的结果。"

为改变企业生产经营中的被动局面，该公司领导决定立即着手对公司全体员工进行培训，从整体上提高员工素质，缩小与企业需求之间的差距。于是，公司上下掀起了大规模的培训运动。从高级技师到普通工人，从部门经理到车间主任再到班组组长……都被纳入了受训范围。培训内容包括基本技术和管理能力。一个月后，两个月后……直到2004年年底，公司的整体业绩非但没有任何改观，反而又出现了下滑。该公司领导仔细推敲，得出的结论是："培训不力犯的错"。

因此，公司领导和人力资源部在深刻反思的前提下，制定出了新一轮的培训方案。不幸的是，S公司在2004年一年当中大型培训进行了三次后，企业的经济效益仍然不见起色。而对S公司造成更大打击的则是公司内部的不少精英，由于企业经济效益不断滑坡，而自己培训后又无用武之地，所以，在培训结束后纷纷另谋高就。S公司不断上演着"为他人作嫁衣"的悲剧。反复培训未果再加上培训后的人才外流，令该公司领导深刻感叹道："都是培训惹的祸！"于是公司领导伤心之余决定不再做培训。

（资料来源：刘红霞：《中国劳动保障报》2005年6月4日）

二、案例分析

归因理论对人事激励与人事管理都有重要的指导意义。根据归因论，一个人对过去的工作中的成功与失败、得与失、兴与衰是归因于内部原因还是外部原因，是归因于稳定性因素还不稳定性因素，这是影响今后工作、成功预期和坚持动力行为的关键之一。也就是说，如果工作中的失败和挫折，被归因于智力差、能力低、任务难等内外原因中的稳定因素，就必然会造成人们对今后工作成功的期望失去信心，也就难以产生坚定的努力行为；相反，如果工作中的失败和挫折被归因于个人努力不够、马虎大意等不稳定性的偶然因素，就会使行为者在今后的工作中，容易接受教训，消除不稳定性因素造成的影响，增强成功的信心，坚持努力行为。所以，领导者要注意树立通过改变人的思想认识来改变人的行为的工作方针，注意对成功者和失败者今后行为的引导，尽可能地把成功与失败的原因，归因于不稳定性因素。

案例中，S公司接二连三的"救火式"培训最终却以失败告终。在公司领导痛定思痛后得出不再做培训的结论时，其实，该公司反复培训最终失效的关键原因在于公司领导对企业绩效滑坡的不恰当归因和在培训运作过程中的失误。具体表现在以下几个方面：

（1）绩效滑坡的不恰当归因。S公司在2003年突然间碰到经济效益急剧滑坡的局面，公司领导表现出来的是措手不及。为了尽快改变企业所处的被动局面，公司领导想当然地把效益滑坡的原因归结为缺乏培训。作为一家老牌的大型国有企业，S公司虽然多年来经济效益都在平稳增长，但是，并不能因此就说明公司内部的日常管理不存在问题。多年来，S公司没有对现有员工进行相关的技能开发是导致经济效益滑坡的原因之一，但是绝不是唯一原因。有些因素，如领导决策、工作流程、交流与参与制度、企业组织结构和企业文化等都可能引起企业经济效益急剧滑坡。S公司由于对绩效滑坡的不恰当归因而进行的反复培训，不但造成公司人、财、物的巨大浪费，反而招致"赔了夫人又折兵"。

（2）没有设定培训的具体目标。S公司只知道要通过培训提高员工素质，来达到提高整个企业经济效益的最终目标，但是，在具体的培训过程中完全忽视了培训的具体目标的设置，这也是导致S公司培训最终失效的一个重要原因。因为目标是导航线，目标的缺失等于方向的缺失，所以S公司缺乏培训的具体目标，导致两方面的恶果：一方面员工在实际培训时无目标可循，也因此缺乏学习的动力；另一方面，企业也没有相应的目标来组织培训和对培训加以监控，最终使培训成为"无花果"。所以，培训必须将企业的发展目标、岗位技能要求和员工个人的职业生涯设计三个层次相结合来设计，以此确定培训的具体目标。否则可能导致培训最终成为"雷声大，雨点小"的"走过场"。

（3）对培训需求不加分析。S公司虽然把经济效益下滑的主要原因归因为缺乏培训，但是，对于缺乏什么样的培训却没有准确的定位和仔细的推敲。由于公司的培训没有建立在科学的需求分析基础上，对员工的培训需求缺乏科学、细致的分析，以致出现两种后果：一是培训工作带有很大的盲目性和随意性。表现在S公司领导只凭自己的主观判断就对培训需求加以界定，盲目地制订培训计划，而且低水平反复开展。二是培训对象缺乏针对性。表现在S公司进行大规模的培训运动，从高级技师到普通工人，从部门经理到班组组长都被纳入了受训范围。"眉毛胡子一把抓"，缺乏针对性，更加缺乏培训需求与公司实际需求之间的成功对接，最终导致培训效果大打折扣。

领导者要学会正确归因。因为潜能需要激发，这种激发是一个过程。在这个过程中，很多因素会影响我们是否能顺利激发潜能，能否正确归因就是其中一个关键因素。无论在培训方面成功还是失败，都有必要进一步去分析成功或失败的原因，才能有针对性地做好管理工作。

三、思考·讨论·训练

1. 本案例中，培训怎么了？真是培训惹的祸吗？
2. 通过案例分析，您认为归因理论如何影响人的行为？
3. 您认为领导者要学会正确的归因方式吗？为什么？

案例2-6 国强电器有限公司中山店

一、案例介绍

时间：2007年7月9日。

地点：国强电器有限公司中山店。

人物：顾客张先生、国强前台客户服务甲先生、国强中山店B经理。

事件：国强受理张先生关于所购科龙空调不按时按约安装的实录。

产品型号：KF-23（GX2）W。

发票号码：0027705。

空调安装维修施工单：8001916。

2007 年 7 月 8 日中午，家与国强中山店仅一路之隔的张先生在国强中山店订购了一台科龙（一拖二）空调。国强导购小姐承诺并在其开具的"安装维修施工单"上注明了预约安装时间为 7 月 9 日晚 19 时。

7 月 9 日，张先生早早的回到了家里等待空调安装人员来安装已经送到家的空调，然而，19 时 10 分左右，既无任何人上门安装空调，也无任何人通知是什么原因不来。

约 19 时 25 分张先生根据施工单上提供的电话，打了过去，一位小姐接了电话。

张先生反映了情况，经接线小姐核实，此空调今天并没有安排工程人员安装。于是张先生很生气，要求向其经理反映，接线小姐经尝试转接电话后告诉张先生其经理正在电话中处理事务。张先生要求等，接线小姐同意了。可是 5 分钟过去了，张先生还是不能等到与其经理通话。张先生很无奈，要求接线小姐通知其经理在 30 分钟内回话并留下了自己的手机号码。

30 分钟过去了，40 分钟过去了，没有任何人给张先生打电话。怒气冲冲的张先生推开了家门，走进了一路之隔的国强中山店。

（资料来源：江西 IT 权威资讯网：http：//it. jxcn. cn/jd/index. asp）

二、案例分析

这是一个顾客面对服务失败的案例。我们来分析顾客对服务失败的归因过程。凯利归因理论认为，我们对个体的不同判断取决于我们把特定行为归因于何种意义的解释。当我们观察某一个体行为时，总是试图判断它是由内部原因还是外部原因引起的，这种判断在很大程度上取决于三个因素：一是区别性低。是指除了业已发生在顾客身上的服务失败外，企业在其他方面的表现也较差。对区别性低的服务失败，顾客倾向于归因于服务组织自身；而对区别性高的服务失败，顾客有可能认同于是由外部因素所导致。二是一贯性高。是指同一类服务失败的发生概率较高。对一贯性高的服务失败，顾客倾向归因于服务组织自身。三是一致性低。是指顾客除了在某一服务组织遇到过某项服务失败外，在其他服务组织很少遇到对一致性低的服务失败原因，顾客倾向于认为是由服务组织自身不完善所引发的。

（1）服务失败发生以后，不管企业是否对失败的原因主动做出解释，顾客总是努力寻求服务失败发生的原因。通常情况下，顾客会通过服务组织员工来获得服务失败原因的初级答案，然后，通过寻找其他信息来对此答案的正确性进行判断和交叉论证。当服务组织员工对顾客提问无法解答或不予理睬时，顾客会自己来解答，但往往解答的结果一般不会很准确，且常常对服务组织极为不利。因为对一个连服务失败之原因都无法做出解释的组织，顾客是不会把服务组织的所有的表现同导致服务失败联系起来的。

（2）顾客对服务失败稳定性的判断，主要是依据可获得的一些直接或间接经验。比如，张先生很无奈，要求接线小姐通知其经理在30分钟内回话并留下了自己的手机号码。另外，顾客也会经由因果关系分析来进行判断，这一判断深受服务失败原因的归属性判断结果的影响。一般而言，顾客认为由外部因素而引发的服务失败原因稳定性较低，即不会经常发生；认为由企业整体表现较差所引发的服务失败原因稳定性较高，而由员工个体表现较差所引发的服务失败稳定性较低。

（3）经由服务失败原因归属性的判断，顾客基本对服务失败原因的可控制性有了一个初步的判断，即由外部因素所引发的服务失败原因可控性较低，而由企业内部因素所引发的服务失败原因一般是可以控制的。外部因素虽可控性较低，但并非完全不可控，如案例中由于中山店与安装施工商沟通不到位，无法供应而导致的服务失败，虽可以解释为由外部因素导致，但企业也应为缺乏柔性和保证性较低承担责任。因此，即使由外部因素引发的服务失败原因，顾客也有进一步划分为可控性低和完全不可控原因的倾向。顾客对何为不可控外部原因的认定，也经常受企业竞争对手的影响。企业内部的服务失败原因虽为可以控制的，但控制起来的难度也不尽相同。一般而言，个别员工所导致的服务失败原因比较容易控制，如采取培训、解雇等手段，而由企业系统原因所导致的服务失败原因比较难控制。

所以，面对服务失败的发生，服务补救管理者的一项重要工作是保持服务环境的秩序，确保在服务失败发生时，补救的实施都在井然有序的环境中进行，才能让顾客满意。

三、思考·讨论·训练

1. 简述案例中面对服务失败归因时常依据的因素。
2. 常见的归因误差有哪些？
3. 案例中归因结果分析对管理者有何影响及启示？

第三章　个性行为

　　播种一个行动，你会收获一个习惯；播种一个习惯，你会收获一个个性，播种一个个性，你会收获一个命运。

　　　　　　　　　　　　　　　　　　　　　　　——菩德吉

　　教育者的个性、思想信念及其精神生活的财富，是一种能激发每个受教育者检点自己、反省自己和控制自己的力量。

　　　　　　　　　　　　　　　　　　　　——苏霍姆林斯基

一、个性的概述

（一）个性的概念

　　个性是一个人的整个的精神面貌，是一个人经常的、稳定的、本质的，具有一定倾向性的心理特征。个性是一个人在其先天生理素质的基础上，在长期的生活实践中形成的具有一定意识倾向性的稳定心理特征的总和。个性包括相互联系的两个部分：其一，个性倾向性。是指个人对客观事物的意识倾向性，包括兴趣、爱好、态度、需要、动机、信念、理想、世界观等。其二，个性心理特征。主要包括气质、能力和性格。个性是以整体形式表现出来的，是一个统一的整体。人是作为整体来认识世界、改造世界的。一个人的各种心理现象和心理过程，都是有机地联系在一起，表现在一个具体的人身上。一个完整的个性形成离不开社会实践，所以，研究个性应特别重视社会条件对其影响。

（二）个性的特征

　　1. 倾向性。个体在形成个性的过程中，时时处处都表现出每个个体对外界事物的特有的动机、愿望、定式和亲和力，从而发展为各自的态度体系和内心环境，形成了个人对人、对事、对自己的独特的行为方式和个性倾向。

　　2. 复杂性。个性是由多种心理现象构成的，这些心理现象有些是显而易见的，别人看得清楚，自己也觉察得很明显，如热情、健谈、直爽、脾气急躁等；有些非但别人看不清楚，就连自己也感到模模糊糊。

　　3. 独特性。每个人的个性都具有自己的独特性，即使是双生子甚至连体婴儿长大成人后，也同样具有自己个性的独特性。

4. 稳定性。人的个性是逐渐形成的，一旦形成某种个性，包括它的组成部分，都具有相对的稳定性。

5. 整体性。个性是个完整的统一体。一个人的各种个性倾向、心理过程和个性心理特征都是在其标准比较一致的基础上有机地结合在一起的，绝不是偶然性的随机凑合。人是作为整体来认识世界并改造世界的。

（三）个性的形成

个性是由先天素质与后天环境两个方面的相互作用形成的。那种遗传决定论与环境决定论的观点都具有片面性。遗传只为个性的形成与发展提供了前提与可能性，但不能起决定作用。一个人的个性发展的方向与水平是由后天环境，特别是社会生活条件所决定。主要是在社会中经过长期的塑造逐渐形成和发展的。

当然，人在接受环境作用时，并不是被动、消极的，人是有能动性，积极主动的，人在改造客观世界的同时也在改造自己的主观世界，改变着认识能力、气质、性格，人的个性就是在社会关系的交往中逐步磨炼而形成的。个性的形成和发展大体经历以下三个阶段：

1. 儿童时期。所受父母、兄长及亲友的熏陶和影响，这在孩子的个性形成上打下深深烙印，往往会影响他的一生。

2. 学生时期。在教师与同学的影响下，使个性的发展按照一定的规范去实践。

3. 走向社会。这是个性发展的最复杂阶段，会受到许多因素的影响。如社会制度、阶级关系、政治形势、文化教育、交往圈等对个性的发展有重要的影响。

总之，个性是在遗传素质的基础上，通过后天的生活实践形成与发展起来的个体心理倾向与心理特征的总和。

二、气质差异及其应用

（一）什么是气质

气质是指个人行为全部心理活动的动力特点的总和。心理活动的动力特点是指心理过程的强度、速度、稳定性以及心理活动的指向性等方面的特点。心理过程的强度包括情绪活动的强度、意志努力的强度等；心理过程的速度和稳定性包括知觉的速度、思维的灵活性程度、注意集中的时间长短等；心理活动的指向性包括有的人倾向于外部事物，有的人倾向于内部体验。

（二）气质类型和特征

中外有各种各样的理论与假说，其中影响较大、比较有说服力的是（19世纪）俄国的生理学家巴甫洛夫通过对高级神经活动研究，把气质类型分为以下四种。气质类型与高级神经活动对照如表3-1所示。

表3-1   气质类型与高级神经活动对照表

神经系统的特性及类型				气质类型	主要心理特征
强度	平衡性	灵活性	组合类型		
强	不平衡（兴奋占优势）		不可抑制型（兴奋型）	胆汁质	精力充沛，情绪发生快而强、言语动作急速而难以自制、内心外露、率直、热情、易怒、急躁、果敢
	平衡	灵活	活泼型	多血质	活泼好动、富于生气、情绪发生快而多变、表情丰富、思维言语动作敏捷、乐观、亲切、浮躁、轻率
		不灵活	安静型	黏液质	沉着冷静、情绪发生慢而弱、思维言语动作迟缓，内心少外露、坚毅、执拗、淡漠
弱	不平衡（抑制占优势）		弱型（抑制型）	抑郁质	柔弱易倦、情绪发生慢而强、易感而富于自我体验、言语动作细小无力、胆小、忸怩、孤僻

（三）气质差异应用范围

气质无好坏之分，任何一种气质都具有容易形成某些优良性格和某些不良性格的可能性。如胆汁质的人外向、热情、开朗，但也容易鲁莽、任性、暴躁。多血质的人，善交往，反应灵活，工作效率高，但兴趣容易转移，稳定性差。黏液质的人，冷静稳重，踏实自制，但固执冷淡，缓慢死板。抑郁质的人，敏锐、细致，工作耐受能力强，做事谨慎小心，但怯弱多疑，缺乏热情，易发展为孤僻和羞怯的人等。

1. 职业要求。气质只影响人们智力活动的方式，不影响人的成就和智力发展的水平。俄国四位著名的文学家就有不同的气质类型：著名作家普希金属于胆汁质；赫尔岑是多血质；克雷洛夫寓言作家是黏液质；果戈理是抑郁质。他们虽然气质类型不同，但在文学事业上同样取得了杰出的成就，成为世界文豪。气质只影响人们智力活动的方式，不影响成长和智力发展水平。

2. 人际关系。胆汁质型的人心理活动一般较强，心理变化比较频繁，对人际关系具有主动狂热的特点。这种气质特征的缺点是热情有余而冷静不足，因而呈现在交往中是"人际浪漫关系"。多血质型的人敏感而感情丰富，能灵活地适应环境。他们善于交际，有较高的创造性，使他们呈现在交往中的是"握手关系"。但这种气质的人在交往的稳定持久方面有些不足。抑郁质型的人怯懦腼腆，不善于交往。他们的感情深沉内向，经常缺乏表露的勇气，这使他们呈现在交往中的是"被动接受关系"。但这种气质的人对人际交往的体验非常深刻持久，不易改变。黏液质型的人做事较有计划，他们对人际交往的追求也是如此。通常是预先对人际交往进行周密的考察，再制订一套计划，按步骤行动，他们呈现在交往中的是"伙伴关系"。

3. 教育方式。对胆汁质型的人进行教育时，首先要讲明道理，然后要耐心说服，尤其注意态度上不能简单粗暴，要避免触怒他们而造成矛盾激化。对多血质型的人，要注意严格要求，使之养成做事有计划、有目标并努力落实的习惯。要教育他们保持稳定的兴趣，发扬他们热情奔放、机敏灵活的长处，要求他们做事要专心致志和敢于面对困难等。对黏液质型的人，教育者应理智、热心和有耐心。在把工作和活动的任务交代给他们时，要讲清具体要求，要鼓励他们主动探索新问题，诱导他们生动活泼、机敏灵活地完成任务。对抑郁质型的人，要注意多鼓励他们发挥自己善于思考的优势，鼓励并及时肯定他们的见解。要多给予他们关怀和帮助，绝不要在公开场合批评和指责他们。

（四）气质差异应用的原则

1. 气质绝对原则。气质不能决定一个人的智力发展水平和成就大小。也就是说，气质不能决定一个人能干什么或不能干什么，但气质确能影响一个人能胜任什么或不能胜任什么。所以，管理者要注意人的气质类型是否与工作特点相适应，把人安排在适合发挥自己能力的岗位上。

2. 气质互补原则。不同气质类型的人组成团体，可以产生互补作用。气质学家研究了气质对群体协同活动的影响，发现两个不同气质或相反气质类型的人的合作，往往会取得更好的成就。各种气质都有其优缺点，管理者要做有心人，在分配工作时要注意人的气质的协调与互补。

3. 气质发展原则。虽然人们原始的气质特征是遗传的，对它加以改变并不容易，但在主客观条件下，气质可有变化，何况我们大多数人属于混合型，有利于气质行为的改变，向积极的一面发展。

三、能力差异及其应用

（一）什么是能力

能力是个体完成某种活动所必备的心理特征的总和。任何一种活动都要求参与者具有一定能力。完成某种活动，需要依赖各种条件。如客观条件、生理条件、心理条件等。心理条件又包括一般的或必备的两方面，能力是属于那些直接影响活动效率，并使活动的任务顺利完成的必备的心理条件，如暴躁、冲动、沉静等，虽然也和活动有一定关系，但不是完成某种活动所必备的最基本的心理特征，因而不能称之为能力。

1. 能力和活动的关系。人的能力是在活动中形成和发展，并在活动中表现出来的。从事某种活动必须以一定的能力为前提，能力是人们成功地完成某种活动所必需的个性心理特征。

2. 才能和天才。要顺利完成某种复杂的活动，需要有多种能力的完备结合。这种多种能力的结合称为才能。才能的高度发展就是天才，它是多种能力的最完备的结合，使人能够创造性地完成某种或多种活动。

3. 能力和知识的关系。能力是人顺利完成某种活动的心理条件，而知识是人对客观事物的认识与经验的总结。二者既有联系又有区别。区别是：它们属于不同的范畴，能力是人的个性心理特征，知识是人类社会历史经验的总结和概括。知识的掌握和能力的发展不是同步的，能力的发展要比知识的获得要慢得多。联系是：能力是在掌握知识的过程中形成和发展的。掌握知识又是以一定的能力为前提，能力是掌握知识的内在条件和可能性，它制约着掌握知识的快慢、难易、深浅和巩固程度。

（二）能力及其类型

1. 一般能力和特殊能力。一般能力是指每一个人完成一切活动都必须具备的共同能力。如思维能力、观察能力、语言能力、想象能力、记忆能力、操作能力等。特殊能力是指个体从事某种专业活动应具备的各种能力有机结合而形成的能力。特殊能力是在特殊领域中表现出来的。如情绪知觉、评价和表达能力、思维过程中的情绪促进能力、理解与分析情绪可获得情绪知识的能力、对情绪进行有效调控的能力等。

2. 再造能力和创造能力。再造能力是指在活动中顺利地掌握前人所积累的知识、技能，并按现成的模式进行活动的能力。这种能力有利于学习活动。人们在学习活动中的认知、记忆、操作与熟练能力多属于再造能力。创造能力是指在活动中创造出独特的、新颖的、有社会价值的产品的能力。它具有独特性、变通性、流畅性的特点。

再造能力和创造能力是互相联系的。再造能力是创造能力的基础，任何创造活动都不可能凭空产生。因此，为了发展创造能力，首先就应虚心地学习、模仿、再造。在实际活动中，这两种能力是相互渗透的。

3. 现实能力和潜在能力。现实能力是在生活中已经表现出来的能力，它易于被人们所认识，所承认；潜在能力是尚未表现出来，因而它不容易为人们所认识、所重视。

（三）能力差异

1. 能力发展水平的差异。能力发展水平的差异主要是指智力上的差异，它表明人的能力发展有高有低。研究发现，就一般能力来看，在全世界人口中，智力水平基本呈正态分布，即智力极低或智力极高的人很少，绝大多数的人属于中等智力。人类智力水平的正态分布如图 3 - 1 所示。

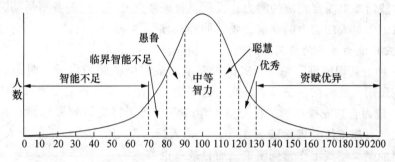

图 3 - 1　人类智力水平的正态分布图

2. 能力类型差异。能力类型差异是指构成能力的各种因素存在质的差异，主要表现在知觉、记忆、想象、思维的类型和品质方面。如有的人观察能力强，记忆印象鲜明，想象力丰富，人称艺术型。有的人概括能力强，善于思考，人称思维型。就一般能力而言，科学家擅长理性思维和逻辑思维，画家擅长形象思维，作家擅长词语思维，发明家擅长想象思维。在特殊能力上，有人具备音乐能力，有人具备数学能力，有人具备体育能力，在某些领域有卓越成就的人都具备了适合该领域的特殊能力，这说明个体在能力类型上存在差异。这种能力的类型差异，一般不代表智力水平的高低，只影响人们学习的过程和获取知识经验的方式。

3. 能力发展的早晚差异。能力发展的早晚差异（能力发展的年龄差异）是指个体能力发展在年龄上的差异。一方面"人才早熟"的人能力充分发挥较早。如王勃 10 岁赋诗，李白 5 岁通六甲，7 岁观百家。我国唐朝文学家李贺，7 岁能做诗。莫扎特 5 岁作曲，8 岁试作交响乐，11 岁创作歌剧等。另一方面"大器晚成"的人能力表现比较晚。如达尔文年轻时被认为智力低下，后来却成为进化论的创始人。画家齐白石，青年时做木匠，30 岁才学画，40 岁显露才能。

4. 能力的性别差异。心理学家的研究发现：男性与女性也存在着能力差异。女性在言语表达能力上要优于男性。男性在视觉能力特别是空间知觉能力上优于女性。记忆力方面，理解记忆、抽象记忆男性优于女性，机械记忆、形象记忆女性优于男性。男性多倾向于逻辑思维，所以从事数学、物理学科的人较多，女性多倾向于直觉与形象思维，所以从事语文、历史、地理等学科的人较多。男女性别在能力上的差异也不能一概而论，还存在个体差异。

（四）能力差异的应用范围

能力差异影响人的心理活动的形成和发展，也影响人们实践活动的效果。任何实践活动都需要相应的能力，因此，管理者在安排人们的各项活动时，必须考虑工作对人的能力的要求，要"职能相称"。

（五）能力差异的应用原则

1. 能力阈限原则。每一项工作所要求的最起码的能力水平，叫做能力阈限。在录用人的时候，必须坚持用人达到能力阈限，这就是能力阈限原则。

2. 能力合理安排原则。在安排工作时不仅要坚持能力阈限原则，而且要考虑人的兴趣特长合理地安排工作，"用人所长"。用人所短不仅令人不快，更重要的是，使其工作感到困难，而且效果也差。

3. 能力互补原则。在安排工作人员时考虑如何使他们的能力有可能互相补偿和促进，就是能力互补原则。

四、性格差异及其应用

（一）什么是性格

性格是指一个人在生活过程中形成的对现实稳定的态度以及与之相应的习惯化的行为方式。性格不是与生俱来的，也不是一朝一夕形成的，它是在主客体的相互作用过程中伴随着世界观的确立而形成的；性格是人对现实的态度和行为方式中稳定的心理特征，与一个人的理想、信念、人生观和世界观等高层次的心理成分相联系，所以，它在个性发展中发挥核心作用。性格是个体的本质属性，有好坏之分，始终有道德评价的意义。

（二）性格的特征

1. 性格的态度特征。人在处理各种社会关系方面所表现出来的个体差异。如对社会、集体、自己、他人、学习、工作、劳动及劳动成果的态度等。

2. 性格的意志特征。人为了达到既定目标，自觉调节自己的行为，千方百计地克服前进道路上的困难时，所表现出来的意志特征的个体差异。具体表现在个人行为的目的性、对自己行为的控制上、紧急和困难情景的表现、对工作的坚持性等方面。

3. 性格的情绪特征。人们在情绪的强度、持续性、稳定性及主导心境等方面所表现出来的个体差异。如有的人热情奔放、乐观开朗、振奋昂扬；有的人情绪波动、多愁善感、郁郁寡欢。

4. 性格的理智特征。人在认知过程中的性格特点，人的认知水平的差异称为能力特征，人的认知活动特点与风格被称为是性格的理智特征。

（三）性格差异应用范围

1. 思想教育。就思想教育的内容来说，基本在于改变个体的不良性格，帮助其形成优良性格。了解不同人的性格特点才能"对症下药"。在方法上，也要注意对不同性格的人采取不同的方法，如对独立型的人绝不能采取对顺从型的人的方法。

2. 人员选拔。对于某些岗位来说，性格是十分重要的，如领导者需要德才兼备，德就是优的性格。教师更是一个对性格有较高要求的职业。发达国家选择教师已不是看学位，而是测量性格。

3. 行为预测。性格测验有行为预测的作用，这也是为什么人格测验可以成为招聘工作的一项重要内容。

（四）应用的原则

1. 性格顺应原则。为了开展工作，顺应人员的某些性格特征，采取相应的措施，叫做性格顺应原则。人的性格是不容易改变的，当我们的工作很需要某人时，而他的某些性格特点虽然与众不同，但并无碍大局，在某些方面顺应他也不失原则时就应顺应。

2. 性格互补原则。在人际关系中考虑人们的不同性格，尽量使他们之间能够互补，有利于人际关系的发展。这就是性格的互补原则。

案例 3-1　美晨集团销售员的选拔

一、案例介绍

美晨集团前身始建于 1896 年，是中国最早的牙膏专业生产厂家之一，自 1993 年由广州牙膏厂转为股份制企业——广州美晨股份有限公司以来，几经改革创新，股本构成发生了深刻的变化，现已成为"职工控股 96%、国家持股 4%"的股份制企业。美晨集团也由单一产业的日化企业发展成为生产经营口腔护理品、食品添加剂、化妆护肤品、现代中药、保健品、高新分离技术设备，同时经营房产物业以及进出口业务的多元化、综合性高新科技企业，是经国家工商总局正式审批成立的跨区域、跨行业，集科、工、贸、投资于一体的大型企业集团。

美晨集团注重借助高新技术改造传统产业。在牙膏中引入"超纯萃"的概念，利用超临界二氧化碳萃取技术，提取植物精华，开发了一系列功能型的新型牙膏产品，为牙膏这一传统产品注入高科技的含量。现在"黑妹"牙膏的品种和规格已达百余种，2005年，黑妹牙膏再次被评为中国名牌。

美晨集团销售部负责该集团产品在全国各地区的促销工作，包括产品销售合同签订、产品的广告工作、售后服务工作和营业推广活动的策划工作等。为了提高销售，销售部与集团订立了承包合同，集团依据销售额和销售货款回收率这两大指标的完成状况对销售部进行考核，相应的，销售部也以这两个指标为主来考核销售员的工作实绩。

随着产品的销售量的不断增加和营销策略的不断深化，销售部感到人手紧缺，工作十分紧张，急需充实销售员队伍。为此，集团改变以前行政任命销售员的办法。由该集团人力资源部和销售部负责，经过本人申请和文化考试，录用了赵明、钱达、孙青和李强4名员工到销售科，进行为期半年的实习试用，作为正式销售员的候选人。目前，他们的实习期将满，集团人力资源部部长老萧正考虑从他们中选拔合适人员作为正式销售员，从事牙膏产品的销售工作。根据平时对他们的观察和集团人力部领导、销售部同志及用户对他们的评价，对上述4位同志的个人素质和工作状况进行了初步的总结，以作为选拔销售员的依据。

1. 个人素质方面

赵明，是个刚进厂的小伙子，今年刚满20岁，高中毕业，精力旺盛，工作肯吃苦，但平时大大咧咧，做事粗心大意，说话总是带有一股"火药味"。

钱达，是为了照顾夫妻两地分居而从外地调进厂里的，今年34岁。他为人热情，善于交往，本人强烈要求做销售工作。

孙青，是市轻工电视大学经济管理专业毕业生，今年25岁。她工作认真，稳重文静，平时少言寡语，特别是在陌生人面前，话就更少了。

李强，今年29岁，大学公共关系专业毕业，他为人热情，善于交际，头脑灵活，但缺乏销售工作经验。

2. 工作实绩方面

赵明，工作很主动大胆，能打开局面，但好几次将用户订购的牙膏规格搞错，用户要大号的，他往往发给小号的，尽管部长曾多次向他指出，他仍然时常出差错，用户有意见找他，他还冲人家发火。

钱达，工作效率很高，经常超额完成自己的推销任务，并在推销过程中与用户建立了熟悉的关系。但他常常利用工作关系办私事，如要求用户帮助自己购买物品等。而且，他平时工作纪律性较差，上班晚来早走，并经常在上班时间回家做饭，销售部的同事们对此颇有微词，他曾找领导说情，希望能留在销售部工作。

孙青，负责广东省内的产品推销工作，她师傅曾带她接触过所有的主要用户，并与用户建立了一定的联系，但她自己很少主动独立地联系业务，有一次，她师傅不在，恰巧有个用户要增加订货量，她因师傅没有交代而拒绝了这一笔业务。

李强，负责河北省的产品推销工作，他经常超额完成推销任务，并在推销过程中注意向用户介绍产品的性能、特色，而且十分重视售后服务工作。有一次，一个用户来信提出产品有质量问题，他专程登门调换了产品，用户为此非常感动。尽管如此，但他却时常难以完成货款回收率指标，致使有些货款一时收不回来，影响了企业经济效益指标的实现。

老萧必须在月底以前做出决定，哪些人将留在销售部成为集团里正式销售员，哪些人拒收。

（资料来源：余凯成：《中国企业管理案例》，四川人民出版社 1993 年版）

二、案例分析

一个企业需要什么样的人才跟企业目前所处的行业、企业本身的发展速度以及规模都密切相关。美晨集团股份有限公司（原广州牙膏厂）是一家历史悠久的企业，有一个非常明显的特色：关注每个人的特质、素质。因为企业发展到一定阶段，不会只是跟在别人后面走，它要确立自己的发展之路，就会对人的学习能力、工作能力提出一定的要求。不只是考虑这个人招来以后能不能用，而更关注企业能不能发展，这个人是不是有利于企业的发展。此外，还有人品、道德层面，也是对一个人最高层次的要求，比如正直、诚实。销售员最重要的还有正确的服务意识、明确的目标、自信心与自制力、正确对待挫折、知识与技巧、销售知识和说服技巧，等等。

案例中，赵明为胆汁质，钱达为多血质，孙青为黏液质，李强为抑郁质。巴甫洛夫认为，气质是每一个人的最一般的特征，是他的神经系统的最基本的特征，而这种特征在每一个人的一切活动中都打上了一定的烙印。气质是指个人心理活动的稳定的动力特征。在不同的实践活动中，气质都会在个体身上以相同的形式表现出来。在企业中，我们会发现每个员工的脾气和性情都有所差别，有的员工直率、热情、精力充沛，有的员工安静、内向、善于忍耐，而有的员工孤僻、敏感、非常情绪化，还有的员工反应迅速、善于交际，等等。我们通常所说的"性情"、"脾气"都是气质最通俗的说法。气质是职业选择的依据之一，某些气质特征为一个人从事某项工作提供了有利的条件。例如，黏液质和抑郁质的人较适合从事持久、细致的工作，而多血质和胆汁质的人适合从事反应灵活的工作。

关于销售员选用方案可有多个，这里有两种方案供参考：一是美晨集团股份有限公司人力资源部部长老萧，根据厂里的实际情况和试用人员的表现，最后决定选用了钱达和李强在销售部做销售员工作。因为钱达的问题是可以纠正的，通过一定的管理，主要是销售的目的他达到了，只是一个管理经验不足的问题；而李强有可塑性，销售的前期工作完成得比较好，对于工作方法是可以通过领导帮助改进的，也可以归纳到管理的角度上，不能够把这些责任都推到员工身上，其他的两位都缺乏做销售的基本素质。短期目标，集团依据销售额和销售货款回收率这两大指标的完成状况对销售部进行考核，销售部也相应地以这两个指标为主来考核销售员的工作实绩。二是根据分析，他们4个人都有缺点，均不适合单独完成销售任务，应该搭配使用，赵明适合市场推广，钱达适合客户关系，孙青适合回款和内务，李强适合售后和产品推广，由于集团考核的是短期目标，大家可以明显地看到，李强属于可以省略的流程部分，其他3个人应该是一个很好的销售流程，不用裁减，只是把任务重新分配一下，每个人做销售一块流程，没有必要让他们进行独立销售，只考核他们流程的效率就可以了，这样可以长期地使用一个组合，并且使他们在这个销售程序上达到专业水准。什么都可以做的销售员不是一个企业真正需要的，那是在为别人培养销售员，应该建立适合企业自身的销售流程，按照人的特点使用一个人的优点。结果是赵明以市场推广为主；李强是对客户回访进行售后处理同时进行产品推介；钱达善于沟通客户关系并进行销售；孙青督促回款和考核其他人的销售成绩。

三、思考·讨论·训练

1. 在选拔销售员时应考虑哪些因素？

2. 老萧必须在月底以前做出决定，哪些人将留在销售部成为集团里正式销售员，哪些人拒收？

3. 如果您是集团人力资源部部长，根据4个人的个人素质和工作实绩，你将怎样决定他们的去留？

案例3-2 金春电子电器工业公司谁当经理

一、案例介绍

金春电子电器工业公司是一个由十几家小厂组成的专业公司，公司行政领导班子由一正三副四个成员组成。总经理由于年事已高即将退休，需要物色一个合适的新总经理。该公司的上级主管部门经过一段时间的研究考察，认为现任三位副经理不宜提升，新的总经理需从下面挑选。各方面的意见最后集中到李厂长和王厂长两个中选一个。下面是有关他们两人的资料。

李厂长，男，39岁，大学本科文化程度（电子专业），中共党员，原是该厂技术员，高级知识分子家庭出身。"文化大革命"中父母受到严重迫害，他也受到影响。党的十一届三中全会以后，他一反过去的消沉，工作十分积极努力，认真学习科学文化知识，并善于把学到的知识用来指导工作，为本厂的产品开发、产品的升级换代，提高质量、建立科学的检测手段等都做出了重要贡献。他从技术科长提升为厂长后，对厂里进行了一系列的改革，加强了科学管理，使工厂的面貌大为改观，大大提高了经济效益，年创利和人均创利都居本系统的首位，职工收入也大幅度提高。全厂精神振奋，一派欣欣向荣的景象。

李厂长性格开朗，精力充沛。善言谈，好交际，活动能力很强，积极开展横向联系，在全国十多个省市开设了200多个经销点，30多个加工企业，效益都很显著。他认为，要发展就要靠技术，因此千方百计，不惜重金引进人才，至今该厂已有十多位外来的高级工程师和工程师。他还很重视产品的广告，每年要花几十万元广告费，电台、电视台、路边广告牌、电车、汽车以及铁路沿线都有该厂的广告，可谓"无孔不入"。他担任了市企管协会分会的理事，在协会中活动频繁，各方面关系融洽，对厂里工作也有促进。李厂长事业心强，一心扑在工作上，早出晚归，南来北往，一年到头风尘仆仆，不辞辛苦。该厂曾被评为市企业管理先进单位，李厂长获市优秀厂长称号，该厂的产品也被评为市优质产品。

但李厂长也有一个明显的缺点，这就是骄傲自满，自以为是，常常盛气凌人，有时性情急躁，弄不好还会暴跳如雷，不太把公司的领导放在眼里，经常顶撞他们，公司的"指令"常常被他顶回去，因此公司领导对他这一点颇为不满。各科室也不大愿意和他打交道，他同公司下属的其他几个兄弟厂关系也不融洽。这些厂的厂长们对他敬而远之，对上级表彰他颇有微词。他也不善于做思想工作，认为这是党支部的事。所以平时遇到思想问题，他都是作为"信息"告诉书记，要支部去做工作，他和几个副厂长关系处理得也不太好，领导上几次协调也无济于事。

王厂长，男，37岁，大专文化程度（企业管理专业），中共党员，有技术员职称，家庭出身小业主，在"文化大革命"期间，他不参与任何派性活动，而是偷偷学文化、钻业务，组建该厂时就担任了厂长，至今已近十年。他经历了该厂由衰到盛、几起几落的整个过程。对电子行业的特点非常熟悉，自己又有动手设计的能力。他最大的特点是精于企业管理，在学校学了计算机原理后，他率先把计算机运用到企业管理中去。他对整个厂的机构设置、行政人员的配备、岗位责任以及各副厂长、科长、车间主任和各级管理人员的职责都有明确的规定，每年考核两次，奖惩分明。因此，平时大家各司其职，他却显得很悠闲自在，经常上这个科室转转，到那个车间看看，以便了解情况，发现问题。公司及有关部门召开的会议，他从来不缺席，而有的厂长常常忙得脱不开身。他似乎比别的厂长"超脱"得多。厂长们都很羡慕他。

王厂长性格内向、沉稳，不喜欢大大咧咧地发议论，对什么事情总要深思熟虑，三思而后行，人们说他"内秀"。他对自己厂今后五年的发展有一个远景规划，听起来切实可行，也颇鼓舞人心。对一些出风头的社会活动，他不太喜欢参加，但对各科开阔思路的业务技术讲座却很感兴趣。他很善于做职工的思想工作，他认为企业职工的思想问题都是在生产过程中产生的，都和生产有关。一厂之长，要抓好生产怎么能不做思想工作呢？因此，对一些老大难问题，他从不推诿，都是亲自处理。他还要求各级行政干部做人的思想工作，并把它作为考核的内容。他和党支部、工会的关系都很好，积极支持他们的工作。他待人谦和，彬彬有礼，和本公司上下左右关系都不错，公司有什么事，只要打一声招呼，他就帮助解决了。因此，他的人缘挺好，厂里进行民意测验，几乎异口同声称赞他

和李厂长不同，他不喜欢花高价引进工程技术人员，他认为这些人中不乏见利忘义之徒，只能同甘，不能共苦。关键时刻还是要靠自己，宁愿多花些钱来培养自己厂里的技术人员，近几年来，厂里也确实培养了一批技术骨干，有些人还很拔尖。他也不喜欢高价做广告，他说我们的产品质量自己有数。我不能干这边排队卖，那边排队修的事。他把做广告的钱用来购买先进的技术设备，为提高质量服务。他说等质量到经得起"吹"的时候再做广告。但实际上他们厂的产品质量还是不错的。开箱抽查，合格率达98%。

该厂是市企业管理先进单位，区文明单位。工会是区"先进职工之家"，团支部是区"先进团支部"，他本人则荣获市优秀厂长和局优秀党员称号。但也有不少人认为，王厂长缺乏开拓精神，求稳怕变，按部就班，工作没有多大起色。按照厂里的基础和实力，应该发展得更快些。可他们的效益都比不上李厂长他们厂。和李厂长比，他就显得保守、过于谨慎、处事比较圆通、不得罪人。王厂长听了这些议论，不以为然，依旧我行我素。李厂长和王厂长谁当总经理更合适，上级领导部门至今议而未定。

（资料来源：陈国海：《组织行为学》第二版，清华大学出版社 2006 年版）

二、案例分析

中国经济发展中最稀缺、最可贵的资源之一就是企业家。结合我国的国情，中国式企业家（总经理）应具备以下若干方面的素质：

（1）政治思想素质。表现为政治上坚定，认真贯彻执行党的路线、方针和政策，维护国家的利益，有良好的思想作风和工作作风，不以权谋私，品德高尚。

（2）道德情操素质。培养良好的道德情操素质，形成优秀的职业道德和工作风格是企业家发挥知识、才能作用的重要保证。

（3）个性、气质修养。具有远大的志向，坚定的信念，强烈的事业心和责任感，果断的作风，诚实、公正、以身作则的品格，等等。其中又以志气、毅力与事业心最为重要。

（4）知识素质。企业家应具备较高的现代化的经济、技术知识，眼界开阔，思维敏捷，敢于吸收国内外先进技术和成功的管理经验。企业家的知识素质包括许多方面，最基本的有科学文化基础知识、专业技术知识、现代经营管理知识和领导科学知识，等等。

（5）竞争素质。企业家的竞争素质是企业家的创造性思维和创新能力的体现。

（6）能力素质。企业家要掌握管理企业的多方面能力和技能。如决策能力、思维能力、分析能力、组织指挥能力、协调能力、用人能力及自制能力等。技能方面主要有文字技能、语言技能、外语技能和计算机操作等方面。

（7）善于利用"外脑"重用专家的素质。咨询顾问机构的不断出现，是当代发达国家的显著特点之一。在西方国家，国家和企业的决策者，越来越倚重于智囊机构，业已成为现代西方社会运转不可缺少的一个重要环节。各个企业都把发挥智囊组织的作用视为提高企业声誉和竞争力的重要手段。

（8）身体素质。良好的身体素质是企业家成长和发展的物质基础，是企业家做好领导工作的最基本的条件。

（9）社会活动素质。企业要生存和发展，就要与政府、新闻单位、传媒机构、业务单位、社区等方面搞好关系，以塑造良好的企业形象。为此，要求企业家具有高超的社会活动与交往的素质，特别是精通与灵活运用公关、人际交往、礼仪等方面的技巧和方法。

（10）心理素质。这表现为兴趣、情趣、意志、风度、决断、魄力、性格、作风等非智力因素。坚忍不拔，富于创新，敢于承担风险，在任何困境中勇于开拓进取是企业家应具有的普遍心理素质。健康的心理素质也是企业家（总经理）必备的素质。从心理学上讲，心理素质是指人们在心理过程、个性心理特征和心理状态方面表现出来稳定的特点总和。性格，气质、心智能力等都是心理素质的内容。

在案例中，李厂长工作精力充沛，善言谈，好交际，独立性强，有开拓精神，大胆改革并取得显著成效。但情绪易波动、急躁、骄傲自满，与上级和兄弟单位关系不融洽等。李厂长属多血质气质，在性格上属情绪型。从能力上看，李厂长重技术、重人才、重视广告宣传，事业心强，业务、管理能力强，活动能力和交际能力都很强。

王厂长对工作细心谨慎，善于思考，三思而后行，对事物的感受性强，敏感多虑，内向不太愿交际，人缘倒挺好。但显得保守、过于谨慎、处事比较圆通、不得罪人，求稳怕变，按部就班。王厂长属抑郁型气质，在性格上属理智型。从能力上看，王厂长个人业务能力很强，精于企业管理，尽职尽责，善于做思想工作，重视人才培养。

作为公司总经理，在性格上要求具有理智、外倾、独立的特征；善于思考问题和与人相处，决策果断，具有改革和创新精神，同时对公司事业抱积极负责的态度；在气质上应该说，不同气质在工作中各有利弊，没有好坏之分，关键在认识到自己的优缺点，适当扬长避短。作为公司总经理应当能发扬积极因素，控制消极因素；精力饱满，沉着而不呆板，外倾性明显；在能力上不仅具备一定的专业技术能力，而且有较强的企业管理能力，深思远虑，善于领导所属部门进行有效的工作。

根据以上分析，李厂长与王厂长相比较更适合担任公司总经理职务。但李厂长还必须学习王厂长理性思考，注意上下级关系。

只有具备以上现代企业家（总经理）的素质，才能使企业家真正成为事业的探险家、经营的战略家、脚踏实地的实干家、管理的艺术家、学术渊博的科学家和颇具风度的外交家。

三、思考·讨论·训练

1. 您认为厂长应该具备什么素质？
2. 依据个性理论，对两位厂长的能力、气质、性格进行分析、比较。
3. 您认为谁当总经理更为合适？怎样才能做到"扬长避短"、"人尽其才"？

案例3-3 东方广告公司

一、案例介绍

东方广告公司成立于1990年，是中国图书进出口公司投资创办的专业性广告公司。公司拥有一批年富力强、经验丰富的专业人员，为客户提供从市场调查、营销策划、广告策划、创意设计到媒体代理、印刷制作、展览设计等全程全方位服务。

十多年来，东方广告公司依托集团公司良好的品牌效应、雄厚的经济实力和规范的经营作风，全体员工始终以"客户的成功就是我们的成功"作为市场化运作的服务宗旨，为日本天龙音响、中国海尔集团等中外著名企业提供了优良的服务，受到了他们的赞誉。

汤杰，男，1971年1月生，江苏无锡人。毕业于大连外语学院英语专业，在中学时成绩优秀，积极参加各种学生活动，并且是学校足球队的队长。后来，汤杰进入外语学院，在英语专业学习的同时，还学习了韩语和日语，并以优异的成绩毕业。在校时，他还是学院的学生会主席。汤杰毕业后，应聘于东方广告公司，一直在此工作了13年，并且拥有良好的工作记录，是公司为拓展新业务，开发国际市场引进的典型人才，精通英语，粗通韩语和日语。他为国际友人做好翻译、校对以及业务联系工作等。他一天的工作量最少也要十几个钟头，什么策略啊、创意啊、完稿啊，能干的都给他干了，早上六点就到，晚上还得加班。在公司里他是工作狂。被市广告协会授予"优秀广告人"的光荣称号。

王德，男，1968年12月出生，辽宁凤城人。中共党员。毕业于吉林大学新闻通信专业。在中学时，他很少参加课外活动，中学毕业时，成绩在班上位于前十名。在大学时，他攻读的是新闻通信专业，而且在学生活动中十分活跃。毕业后到东方广告公司工作，已经为东方公司效力15年，并且拥有良好的工作记录。他认为，优秀的广告人，应该具备三种能力，即创造力、合作力和执行力。世界上任何一个职业，可能都会需要创造力，但是没有哪一种职业像广告专业一样对创造力的要求这么高。无论是广告作品，还是广告策划活动，都离不开创造力；创造力能带来新的概念、新的想法、新的点子、新的创意、创造。为人开朗、谦虚、自律、自信，不甘于现状，锐意进取，凭着执著、诚信、创新的经营理念，闯出了一片新天地。去年，他被省广告协会授予"优秀广告人"称号。

现在公司广告编辑的职位空缺，汤杰和王德是两位最佳候选人。东方公司的老总王斯达的要求是：这个职位需要一位具有良好品质的人。他将要和办公室里所有的人打交道，要求他能够和其他人相处融洽，还能够协调工作并且在紧迫的期限内按时完成任务。

（资料来源：大麦的世界网：http：//home.live.com）

二、案例分析

现代企业随着科学技术的不断发展和应用，领导对人员的要求日益提高。一是注重人员是否有较强的事业和责任感，是否具有爱业、敬业、勤业精神。二是一专多能的复合型人才是现代企业选择的重要依据，企业需要的是知识技术与能力并重，掌握多种专业技能、专业知识，具有良好的职业能力，适应多项职业岗位的综合型人才，适应市场经济迅速变化的全天候人才。

中国广告业进入全球化竞争时代之后，行业按全球竞争力标准重新洗牌，此时行业对广告人素质的要求是着眼于国际竞争的大舞台与跨文化传播的范畴来衡量与期待的，广告人必须具备的素质有：①文化视野上的国际化；②知识结构的开放性；③跨文化传播技能的掌握；④良好的职业道德。广告业的竞争最终是人才的竞争，广告公司的核心竞争力是广告人。高素质的广告人才是中国广告业可持续发展的根本因素，也是中国广告业全面参与国际市场竞争并决胜国际市场的关键。随着跨文化传播在数量和强度上的急剧变化，现有的队伍素质已难以与国际广告公司相抗衡，提高广告人的素质已成为广告界、学界乃至全社会所必须面对和关注的问题。

广告人的个性是制约广告活动、广告行为和广告作品的一个具有决定性意义的重要变量。广告人理想个性是一定的社会理想、职业理想、广告道德原则与规范的完美结合。这是广告人对其权利与义务的自觉遵守与践履；是广告人所普遍追求和向往的一种个性典范；是通过广告实践与广告道德修养而形成的广告道德楷模。每一个广告作品、每一次广告活动都成为广告从业人员素质水平的实证。广告个性就是在众多的广告活动中产生和形成的，借助广告行为和广告作品体现出来的。

汤杰和王德谁将填补空缺，关键在于谁的个性、能力与该职位相匹配。因此，在人事决策中，需要考虑候选者的个性特征与能力水平。因为广告编辑的职位岗位职责有：负责规划广告杂志的稿件采写、编辑工作；开发刊物的广告客户并负责客户维护。任职要求：大学本科及以上学历；文笔好，有多年时尚、综合消费类媒体或广告杂志的编辑工作经验；较强的媒体工作背景，熟悉整个编辑部门工作流程；工作积极主动，责任心强，注重效率；有自我管理及团队管理的能力；沟通协调能力强，积极、有创意；能够承受销售的快节奏及巨大压力，能配合领导很好地完成相关工作。

一个人的个性会影响到职业的适宜度。当他从事的职业与其个性相吻合时，就可能发挥出能力，容易做出成就；反之，可能导致其原有才能的浪费，或者必须付出更大的努力才能成功。广告编辑的职位要求品质优秀，人际交往能力强。从这一点来说，似乎王德更易胜任。

因为王德学习的是新闻专业，有良好的团队精神，沟通协调能力，其能力与性格更适合空缺职位。

三、思考·讨论·训练

1. 在人事决策中，对汤杰和王德的能力、气质、性格如何进行分析、比较呢？

2. 广告人必须具备怎样的素质才能应对挑战，适者生存呢？

3. 汤杰和王德谁更适合东方广告公司广告编辑的职位？为什么？

案例 3 - 4　飞腾软件股份有限公司

一、案例介绍

飞腾软件股份有限公司，是一家 1994 年成立的高新技术企业。在 20 世纪 90 年代中期的 IT 产业浪潮中，飞腾软件凭借其良好的商业模式——正版软件连锁渠道通路，迅速在中国大地开拓运营，建立起分布全国的 500 余家软件连锁专卖店，树立了中国正版软件流通领域的第一品牌形象，"买软件，到飞腾"已深入每一个消费者心中。

成立十多年来，飞腾软件运用其强大的渠道实力，代理承销软件近万款，基本囊括了各类通用型、专业型软件。个人通用型软件的零售和分销一度是联邦的业务核心，在软件市场环境的转变下，飞腾迅速调整方向，将技术和服务与渠道紧密结合，将业务重心成功转向中小企业级应用软件的直销和方案解决上。目前，飞腾已在全国重要省会城市建立起 21 家区域分公司，38 家直营专卖店，逐步形成以总部及区域分公司为核心、以直营专卖店为重点、向下辐射至各地加盟专卖店、经销商的立体渠道体系。飞腾的战略定位将是成为一个虚实并举、调控有力，集推广、销售、服务为一体的增值服务渠道商。

飞腾软件始终秉持集聚与协作的理念，以融通、灵活的价值观服务于政府和客户，多年的客户服务，造就了一支中国最专业、最敬业的软件园区开发、运营和管理团队。员工平均年龄 34 岁，管理人员平均年龄 38 岁；员工 87% 为本科及以上学历，管理人员 58% 为硕士以上学历；具有海归背景的 16 位。公司形成了以事业为先、简单为人；团队至上、相互负责；快乐工作、健康生活的阳光文化。

飞腾软件技术部的王龙是一位难得的人才。他良好地掌握基础理论和技术基础部分，懂得相关领域里的技术，国家有关政策；能进行抽象的系统思维和形象思维，有良好的创造性和创新性；具有独立工作的能力，不需监督，自觉加班加点，保持工作效率，保证工作效益；按最高标准严格要求自己，能在有压力有困难下竞争，克服各种阻力取得成绩；对周围世俗不随波逐流，无从众心理，独立思考，不断学习，总结经验，不轻易否定。他到公司 7 年里，始终及时跟踪国际计算机市场上的技术行情，自行研究开发了与美国大型计算机公司的产品不相上下的新机型，为飞腾软件公司占领了国内 42% 的市场份额。因此，公司任命他为技术部经理。王龙上任后，一方面仍然同以前一样兢兢业业，继续钻研计算机技术；另一方面他还尽力避免自己陷于复杂的人际关系中，尽力保持自己作为科研人员的相对独立性。但是，上任一段时间后，因为他仍然沉迷于对计算机技术的研究，对技术部的管理跟不上，导致技术部的员工不团结，一盘散沙。此外，技术部内部还产生了不少人际关系的矛盾与冲突，有些还牵扯到王龙本人。

（资料来源：中共云南省委党校：http://www.ynce.gov.cn）

二、案例分析

一位合格的现代企业领导必须懂得取长补短、以长制短的用人原则，而力戒长短不分，以短为长的盲目行为，这样才能发挥员工在企业中的作用。做领导的要保护积极做事的人，保护那些有干劲、有棱角、锋芒毕露的人。成功的人往往是个性很强的人。个性强的人，干得多，说得多，错的自然也多。只要不是原则问题、道德问题，而是个性特征问题，如冒失、自认第一、易得罪人等，只要不影响大局，就应给予保护。要做到：

（1）用其所长。用人所长，容人所短，把人才放在最能充分显示其才能的岗位上，智者尽其谋，勇者尽其力。

（2）用其所愿。在服从工作需要和服从分配的前提下，尽可能与个人的意愿、兴趣、特长结合，力求个人自身价值的实现和企业的发展目标相统一。

（3）用当其时。珍惜人才的使用年限和最佳年龄。打破论资排辈、求全、平衡、照顾的束缚，大胆破格破例录用辈分小、资质好的青年人才。对业绩卓越、时代感强、身体健康的人才，即使到了退休年限，经审批仍可延期任用。

王龙是具有技术特长和刻苦研究精神的人，而且独立工作能力较强，属于内向性格的人，他不愿意也不善于处理人际关系。自 2000 年进入公司以来，表现十分出色，每每接到任务时总能在规定时间内按要求完成，并时常受到客户方的表扬。在项目进行时还常常主动提出建议，调整计划，缩短开发周期，节约开发成本。

由于王龙做上经理后既忙于行政，又忙于科研，不得不去干自己不善于做的事，又不能集中精力搞科研，常常顾此失彼，结果一样也干不好。用人的首要出发点是根据战略来调配企业的人力资源。每个员工的长处和才干都可以分为若干类型，有的擅长组织协调，有的适合技术分析，有的喜欢冲锋陷阵，有的足智多谋，要使其特点与工作岗位相适应。假如不把各人的才能用到最能发挥其作用的地方去，那对人才是一个压制，对事业是一种极大的浪费。人才管理中有一句名言："垃圾是放错了位置的人才。"人才能不能发挥最大的能量，在于是否把他放在了最适合其发展的工作上。

知人，就是要有了解人、洞察人的能力，对人才要进行详细的分辨和判断；善任，就是要善于用人，把人才放在最合适的位置上，发挥特长、施展才干。不应该任命王龙为技术部经理，让他做行政事务，而应该任命他为总工程师，专搞技术。还应该给王龙营造一个良好的科研环境，创造有利于发挥他才能的条件，以发挥他的技术特长。人的潜能无限，关键看你怎么开发，如何捕捉闪光点，激发潜能。

三、思考·讨论·训练

1. 王龙是一个具备什么能力和个性的人？
2. 为什么他上任后没有达到人们对他的期望？

3. 作为公司领导，应该如何使用王龙？

4. 公司领导在用人问题上有何失误？应该怎么做？

案例 3-5　研究所里来了个魏清

一、案例介绍

李力一个人在自己的办公室里坐着。下班了，屋里静悄悄的，人全走光了。老李把坐姿调整一下，使自己坐得更舒服点，眼睛得意地瞅着桌子上那套光子元件头一轮测试结果的记录。

他就是喜欢在人家全走光了以后独自留下来。他被任命为这个新的课题组组长一事至今对他还挺新鲜，仍能使他深深地体验到一种快感。他的目光在盯住眼前的图表，可是，脑海里闪现的却是他这研究所所长，德高望重的老学者老赵多次对他说到的一段话："在咱们所，如今你满可以指望能有大展宏图的机会，你有多大本事就使出来吧。想干啥就能干到啥，没什么能限制你才能的发挥的。"想到这，老李的心情既高兴又复杂。他自言自语地说："好，这下子老子总算搞出些名堂来了，可不是开玩笑的。"他是五年前调到应用物理研究所来的。有一回，他在对几个报废的克兰逊元件做常规测试的过程中，忽然灵机触动，想到了光子耦合器的主意。赵所长知道后，很重视也很热心，很快拨出专人成立了一个新课题组，专门负责这项目的研究，想进一步开发这种装置；他荣任这个课题组长，就是理所当然、众望所归的事了。对老李来说，这接着发生的一连串的事，都有点像奇迹那样。看来，我老李是时来运转了。

他终于不再胡思乱想，静下心来，想埋头查阅手头的实验记录，好好地思索一番了。就在这时，他听见有谁进了屋来，而且站到他身后了。他带着期望扭头一看，满心以为准是赵所长。因为赵老也常待到很晚才走，有时会折进他的屋里来跟他聊上几句。每回遇上这种情况，总使老李觉得那天过得特别愉快。

可是，这回却不是老赵，而是一位陌生人。他三十刚出头吧，个子高高瘦瘦的，脸庞黑中透红，似乎曾经风吹日晒像个农民，但却戴了一副知识分子常戴的那种眼镜。他穿一件旧的部队的草绿上衣，看上显得不太修边幅。最古怪而显眼的是他挎着一个土黄色布包，下边带有穗子的那种。后来，老李爱人小杨曾说，这准是朝山拜佛的香客才挎的那种。总之，有点不伦不类。

这位陌生人微笑了一下，就自我介绍说："我是魏清。请问您是李力同志吗?"老李说正是,于是相互握了握手。"赵所长说我可能在这间屋子里找到您。我刚跟他谈到您这个课题,我对您这里搞的这项研究很感兴趣。"老李于是向旁边一张椅子摆了摆手,示意请坐。

这位老魏看来不像是来访者中任何一种类型的人,也不像大学或兄弟研究所来的;不像是仪器仪表公司来的,更不像上级部门来的。老李指指桌上那堆纸说:"喽,这是我们搞的试验的初步结果。我们是发现了一种新玩意儿的苗头,可还没弄懂是怎么回事,还没搞完,不过我可以把正在试验的那一节给你翻翻。"

老魏于是接过那堆材料,专心致志地看那些图表。过了一会,他抬起头来,嘴上挂着有点古怪的笑意,微微露着牙齿,说:"这看起来有点像是詹宁斯函数曲面的一段嘛,是不是你一直在搞曲面自动相关函数之类的名堂,我想你必须是懂得这些的啰。"老李有点发懵,他对老魏说的那些东西其实根本一无所知。可是,他却未置可否地以含糊的一笑作答。但他随即感到有点不安,就说:"来,让我给你看看咱正在搞的那个宝贝吧。"说着就领头向实验室走去。

老魏终于走了。李力把桌上的图表、材料往边上一推,心里感到一种莫名其妙的烦恼。然后,就像突然拿定了什么主意似的,他赶忙把房门锁上了,故意绕了一圈路,好打赵所长办公室门前走过。可是那办公室已经锁上了。老李有点怅然若失,心理在算计着赵老会不会是跟那个姓魏的家伙一块走的。第二天上午,老李就上所长办公室去找赵老,想了解老魏昨天作为不速之客来谈话的事,还想问问这老魏究竟是何许人也。

赵所长说:"来,先坐下。我正想找你谈谈魏清的情况。你觉得他这个人怎么样。"老李如实谈了自己的印象说,他觉得老魏好像很聪明,可能工作能力也挺强。赵老听他这么说,看来也挺高兴。他说:"我们正在调他来这里,基本没啥问题了。他在好几个研究所干过,底子相当好。对于咱们正在搞的课题,他好像有些新点子。"老李听了点点头,但心里却在说,千万可别把他安排到我这个组里来呀。

赵老接着说:"我们还没定下来他最后放在哪个组比较好,不过他好像对你们组搞的题目很感兴趣。我想可以让他先跟你们一块干上一阵子。要是他挺合适干这活,再正式算你们组里的人怎么样。"老李心事重重地点了点头说:"那好吧,他好像肚子里事先就藏了些点子了。我们希望他能待下去,有了他我们挺高兴。"

李力朝实验室走时,心境复杂矛盾,可以说是酸甜苦辣,百味俱全。他对自己说:老魏来,对我们组是有好处的;他是个能干的人,准能帮我们组搞出些名堂来。可是,他马上又想起赵老上回说到过的一段话:"谁在这个课题攻关里能搞出好成果，走到最前头，所里就提拔谁。"这话如今听起来，好像就有点像威胁了。

（资料来源：价值中国网：http://www.chinavalue.net）

二、案例分析

个性是个人稳定的行为方式和内部倾向性。所谓内部倾向性就是他的能力、性格、气质、信念，等等。个性在我们生活中起着非常重要的作用，一个人能不能很好地适应社会，能不能愉快地生活，与他的个性特点有着非常大的关系。比如，气质作为影响个性特征的重要方面与人的职业就有重要的意义。我们所面对的世界是一个分工的世界，分工带来了效率，也带来了职业这种社会现实。职业选择是一个决策过程，是将个人特点与工作需求最大限度地相匹配的过程。这里一是要考虑个体具有什么样的个人特点。二是职业本身需要具有什么特点的人。员工对工作的满意度很大程度上取决于其个体的个性特征与工作岗位的匹配程度。当个体个性特征与所选择的职业或岗位相一致时，他们会有足够的能力和积极的情感来工作，并取得成功，产生成就感，从而奠定产生良好工作绩效的基础。同时，企业注意做到人尽其才，能大大减少人才的流失，为组织带来管理效益。

从案例中可看出，魏清属外倾型性格，他与人交往性情开朗而活跃，善于表露情感、表现自己的独立行为，工作勤奋；他知识渊博，工作能力强，有责任心；有个性，不愿受约束，也不修边幅。案例中还可看出，李力是属内倾型性格，他与人交往显得沉静，不善于表露情感、表现自己的行为，遇到问题好思考，做事总是三思而后行；他工作责任心强，有事业心，也有一定的工作能力，希望有所成就，得到晋升、提拔，并把能晋升看得非常重要。案例中可看出赵老是个不错的领导，有事业心，责任感强，工作勤奋，经常较晚回家；知人善任，创造条件调动下属的积极性，并为下属提供有发展和晋升的机会，喜欢平等的上下级关系，易于沟通。

赵老对部下在管理上应注意性格顺应和互补的原则，李力和魏清在性格上不一样，在工作中要注意调解他们的人际关系，以缓解他们的紧张关系；当在权利上发生矛盾与性格不合而又无法缓解矛盾时，就应把他们两人分开，以利工作开展。注意能力阈限的原则，考虑他们各人的性格，给他们一个适合自己的岗位，各尽其能。从气质方面考虑，注意气质的互补原则，发挥他们各自的长处，使他们形成团结的组合，更好地提高科研效益，也使他们相处更加融洽。

一个有效的组织，为了最大限度地调整组织内的大多数职工个人与组织之间的关系，就要尽量适应这种不同个性的需要。因此，赵老对李力的管理应是：第一，进一步满足李力进行光子耦合器的课题研究的需要和兴趣。在研究中，李力要人给人，要物给物，创造条件使他的积极性、创造性得到进一步的发挥。第二，明确魏清在本课题中的角色地位。这个地位应是配合李力进行此项课题研究，消除李力心里对魏清加入课题研究后构成对李力威胁的心理压力。第三，针对李力搞好课题研究想提拔的期望，要继续对他进行鼓励，对他进行正确价值观和人生观的教育和培养。第四，从生活上进行关心，在心理上多多沟通，减少不必要的误会。第五，要求李力要依靠魏清，发挥他在此课题研究中的聪明才智。

赵老对魏清的管理应是：一是加强价值观、人生观的教育，明确其在课题研究中的角色地位，在李力的带领下，充分发挥自己的聪明才智。二是在生活上多多关心，为他发挥作用创造条件。三是明确经济机制。

三、思考·讨论·训练

1. 请您用个性理论来判断李力的个性特征是哪一类型。

2. 本案例很多地方都对魏清的内心活动进行了描述，请问：决定人的心理活动的动力特征是什么？

3. 结合案例所描述的赵老内心活动现象来看，他是什么个性特征的人？

4. 在证实对魏清到来这件事情上，李力应加强自身哪方面的修养？

5. 赵老对这样的下属应如何管理？

案例 3-6 性格与工作发展

一、案例介绍

蓝宇卷烟销售有限公司，于 1996 年 1 月经某市烟草专卖局（公司）同意批准成立，隶属市烟草专卖局（公司）管理。公司从 50 万元资产、两家卷烟连锁店起步，通过十年的艰苦创业，目前已拥有 32 家连锁店，建立了独特的卷烟零售网络。公司以"名店"的企业形象、"名牌"的社会声誉，通过"诚信"和"网络"两手并行的经营模式，以卷烟零售为主，兼营高档酒类、烟丝烟具、滋补品等其他副食品，在卷烟消费者中享有"金字招牌"的声誉，赢得了广大消费者的肯定。

公司以诚信务实的理念、快速直达的物流、规范文明的服务、清净温馨的环境，在竞争激烈的市场上，一枝独秀，确立了在卷烟行业零售主渠道的地位，为营造烟草行业零售市场有序竞争做出表率。公司导入 CIS，公司及连锁店实行统一的企业形象标志、统一的布局、统一的规范服务、统一的商品价格等"十大统一"。公司及连锁店全部实行电脑化管理，在国际互联网上建立了自己独立的域名网站，开通网上购烟服务，顺应网络经济的发展。

姜鹏先生，研究生学历，已来公司做了 5 年销售工作，现在有一定的销售工作经验。他的销售业绩不错，其敬业的工作态度也得到了大家的肯定。然而今年公司面临市场的激烈竞争，目前，姜鹏先生所在的部门结构重整，销售模式也发生了相应的改变，姜鹏先生突然觉得自己不适合工作的要求了。因为公司赋予了销售人员更多的权利，工作环境也更加复杂，性格比较内向的他发觉自己处理不了那么多不确定的事情。他的压力感越来越强，工作业绩也不太理想，姜鹏先生开始怀疑自己的性格不适合这份工作了。

（资料来源：合智情报工作网：http://www.hezhici.com）

二、案例分析

本案例涉及性格理论。人的性格差异受人的价值观、人生观、世界观影响。有好坏之分，体现一定的阶级性与道德性。性格表现了人们对现实和周围世界的态度，并显示在行为举止中。主要体现在对己、对人、对事物的态度上和所采取的言行上。性格结构分为四个方面：对现实的态度特征、意志特征、情绪特征和理智特征。性格差异就体现在这四类特征上。要观察了解一个人的性格，先从性格结构特征入手来把握并分析人的性格。人的性格并不是各种特征的简单叠加和堆砌，而是依照一定内容、秩序、规则有机的结合起来，构成一个动态系统。各种性格结构的组合千变万化，使性格表现千姿百态。性格是稳定而独特的，是发展变化的，是矛盾又统一的。

面临工作困难，将原因归结为性格不适，是否过于武断，或存在着一些逃避现实的原因？姜鹏先生的销售工作在前两年取得了不错的业绩，为什么在公司的一些制度和方法改变后，就变得不适了呢？经过分析发现，姜鹏先生职业危机的根本原因是在于面临公司变革，适应力不够。这是一种潜意识的对现实问题的逃避。那么，对更多的职业人来说，当面临职业发展问题时，同样不要轻易下结论，不要认为性格不适就放弃工作，要进一步挖掘深层次的原因。

在工作中，尽管我们每个人都会根据所处的环境和所打交道的人采取不同的行为方式，但人的性格是基本保持不变的。人的性格会让身边的人们预测到你的很多方面，这是人存在的依据。当然，性格也可能改变，特别是当你努力认识自己的潜能并试图开发它们的时候，但这个改变需要相当长的时间，是一个潜移默化的过程。所以，对现在职场人士，接受自己的性格，改变工作的现状，才是最切实际的做法。

要学会改变工作方式，这会收到意想不到的效果，而改变工作方式和改变性格没有直接的联系。对于姜先生来说，首先要肯定原先的工作成绩，并从中归纳出自己的成功要素的基本点，恰当地应用到新的工作模式中来；然后需要锻炼人际沟通能力，使自己尽快融入新的工作团队；再次要培养自己在管理方面的知识与才能，提升自己的职业竞争力。他沉稳内向的性格对于事业的进一步发展应该说是非常有利的。

经过深入的自我分析，发现自己的性格与职业的要求确实不匹配，那就需要及时地调整职业的选择和方向。必须及时地寻找到自己的发展方向并逐步培养职业竞争力。如果蹉跎时间，等到年纪已大，那时候重新发展已不切实际，性格与工作不适的矛盾就不能轻易地解决了。

所以，为了避免职业危机，尽早为自己做职业规划是关键的一步。了解自己的性格特征，从事适合你的工作，就会减少工作中遇到的挫折，并能享受工作给你带来的满足感。当发现自己的性格与工作不合，通过改变性格去适应工作，是人们一个美好意愿的表达，反映了职业人积极进取的工作态度。但是，只考虑改变性格去适应工作，只是对问题的粗浅看法，很难触及问题的本质。

性格若能与工作相匹配，工作中更能得心应手、轻松愉快、富有成就。反之则会不适应、困难重重，给个人的发展和组织造成影响。另外，若要想胜任工作，还需要更多专业的知识、技能、兴趣、价值观以及理念等因素加以支撑，因此先借助科学手段了解自己的性格类型，更有利于进行准确的职业定位。

三、思考·讨论·训练

1. 请对姜鹏先生的性格进行分析。

2. 面临工作困难，将原因归结为性格不适，是否过于武断，或存在着一些逃避现实的原因？

3. 姜鹏先生怎样才能适应工作的需要呢？

第四章　价值观与态度

要使别人喜欢你，首先你得改变对人的态度，把精神放得轻松一点，表情自然，笑容可掬，这样别人就会对你产生喜爱的感觉了。

——卡耐基

一个人的价值，应该看他贡献什么，而不应当看他取得什么。

——爱因斯坦

一、价值观

价值观是指一个人对周围的客观事物（包括人、事、物）的意义、重要性的总评价和总看法。这种对诸事物的看法和评价在心目中的主次、轻重的排列次序，就是价值观体系。价值观和价值观体系是决定人的行为的心理基础。

（一）价值观的分类

按照斯普兰格尔的分类，价值观可以分为理性价值观、审美价值观、政治性价值观、社会性价值观、经济性价值观和宗教性价值观。

按照格列夫斯的分类，价值观可以分为反应型、宗教式忠诚型、自我中心型、顺从型、权术型、社交中心型和存在主义型。

经营管理价值观。包括最大利润价值观、委托管理价值观和生活—质量价值观。

（二）价值观的形成与来源

人的价值观决定于世界观，是从其出生起，在家庭和社会中积累形成的。父母亲、老师、朋友、电视、无线电、报纸、书刊等都是形成价值观的来源。虽然个人的价值观和价值体系是随着生活的变迁而发生变化的，例如：幼年认为珍贵的东西，到老年却不喜爱了；可是有些基本的观念，往往是相对稳定的，它们对行为长期起着指导作用。这对企业管理十分重要，因为企业成员在参加企业之前都有各自的经历，都带了形形色色的价值观进入企业。企业往往需要通过了解他们的价值观，才能解释他们的行为，并作为对他们进行思想教育的依据。

（三）价值观的作用

价值观不仅影响个人行为，还影响群体行为和整个组织行为，进而还影响企业的经济效益。

在同一个客观条件下，对于同一个事物，由于人们的价值观不同，就会产生出不同的行为。在同一个企业中，有人注重工作成就，有人看重金钱报酬，也有人重视地位权力，这就是因为他们的价值观不同。同一个规章制度，如果两个人的价值观相反，那么他们将会采取完全相反的行为。认为这个规章制度是合理的，人就会认真贯彻执行；认为这个规章制度是不合理的人，就会拒绝执行。而这种截然相反的行为，将对组织目标的实现起着完全不同的作用。因此，为了获得好的经济效益，企业领导人在选择企业的目标时，就必须考虑到企业有关各种人员和群体的价值观。只有在平衡各方面价值观的基础上，才能选择出合理的组织目标。比如，消费者要求价廉物美，生产者要求增加盈利，职工要求增加工资和福利，政府部门要求企业能创造出更多的财政收入，即税和利。在选择企业目标时，我们就要兼顾各方面的利益，而不能只顾一头。

美国许多经营得好的公司的成功经验之一，就是有明确的价值观，有共同的信念，并严守这个信念。正如 IBM 公司的董事长兼总经理托马斯·沃森（小沃森）在他所著的《一个企业和它的信念》一书回顾他父亲老沃森创建公司几十年成功的历史时所指出的：

我坚定地认为，第一，任何组织要生存和取得成功，必须有一套健全的信念，作为该企业一切政策和行动的出发点；第二，公司成功的唯一最重要的因素是严守这一套信念；第三，一个企业在其生命过程中，为了适应不断改变的世界，必须准备改变自己的一切，但不能改变自己的信念。

在该公司价值观和信念中最核心的内容就是为顾客提供世界上任何公司都比不上的最佳的服务，以及对公司职工的尊重。也正是因为该公司始终严守这个信念，所以它在同行业的竞争中获得了最广大的市场。

在中国社会主义市场经济条件下，一个成功的企业经营管理者更必须十分重视人的价值观的变化以及其对经营管理和经济效益的影响作用。为此，一方面要使经营管理工作适应人们普遍存在的价值观，另一方面又要树立和培植新的价值观。新的价值观一旦为更多的人所接受，就会大大推动我们的企业经营管理工作和整个经济工作的发展。

二、态度

（一）态度的内涵

态度是指个体对社会事物所特有的心理倾向。包括判断、评价和行为倾向。它是心理学中一个重要的概念。态度由以下三种成分构成：

1. 认知成分。认知成分是指对态度对象的认识和理解。它是态度形成的基础。

2. 情感成分。情感成分是指对态度对象的情感体验，如喜欢、讨厌、羡慕、追求、支持、回避等。它是态度形成的核心。

3. 意向成分。意向成分是指对态度对象的反映倾向。它是态度的重要外部表现。

（二）态度的特性

1. 态度的社会性。态度并不是生来就有的，而是个体在后天的社会生活中通过学习而获取的。就态度本身的内容及其变化而言，充分体现了其所包含的社会特性。

2. 态度的两极性。态度的两极性是指人们对一个事物往往有两种极端对立的态度。如肯定—否定、赞成—反对，等等。当然，在态度的两极之间还有中间状态，但它往往是暂时的，经常会向两极发展。

3. 态度的间接性。态度的间接性是指态度只是行为的准备状态，虽然我们不能直接看到它，但态度毕竟与行为相联，因此，我们可以通过行为或意见推知态度，也可以从态度预测行为。

4. 态度的稳定性。态度是个体在社会实践中形成的，具有相对的稳定性。态度的形成过程需要相当一段时间，一旦形成会比较持久、稳固，会成为个人适应上的习惯性，可能形成一种刻板无弹性的态度，这种刻板的态度往往阻碍一个人去客观分析人或事物的个别差异（刻板印象），影响一个人的正确判断。

人具有许多态度，而且这些态度互相关联，互相制约，构成态度体系。

（三）态度的形成和改变

人的态度并不是生来就有的，而是后天学习得来的。态度的形成与改变有以下两种不同的情况：

其一，个人对某种对象本无所谓爱好或讨厌的不同态度，只是后来在家庭、学校或社会环境中直接或间接学习而得到体验，才对某人或某事产生了正向或负向的态度。比如，一个孩子对清洁工作没有任何态度，但是，当他在家庭或社会中受到一种把工作分为贵贱的传统观念的影响后，就会形成讨厌清洁工作的态度。

其二，个人对某种对象已经有了好恶的态度，后来经由直接或间接学习改变了原有的态度。如上面所说的那个孩子受到传统观念影响产生轻视清洁工作的态度，后来经受教育、学习，体验到工作没有高低贵贱之分，他就会改变原有的态度，由"低人一等"转变为"城市美容师"。

由此可见，态度的形成与改变是同一发展过程不同的两个方面。态度的形成强调某一态度的发生发展，而它的改变则强调由旧的态度改变为新的态度。二者相互联系，相互衔接。

制约态度的形成与改变有以下一些主客观因素：

1. 社会因素。是指社会上的各种事物，包括社会制度、社会群体、社会交往、道德规范、国家法律、社会舆论、风俗习惯。它们的存在和作用是强有力的，影响着人的态度的形成和改变。

2. 团体因素。团体是社会的缩影，社会因素往往通过团体起作用。包括信仰、目标、组织形式、规章制度、行为规范、成员与团体的关系等，也是一种强有力的客观因素。

3. 宣传因素。许多社会因素和团体因素往往又是通过宣传而起作用的。宣传因素是指在宣传过程中由宣传者的威信、宣传内容、宣传方式等结合成为一种客观的说服力，影响被宣传者的有关态度形成和改变。

4. 个性因素。主观的个性因素包含个性倾向性因素和个性心理特征因素。

以上这些因素都影响态度的形成和改变。

（四）态度转变的理论

1. 费斯廷格的认知失调理论。费斯廷格认为，一个人的两种认知元素直接的不一致，就是失调。认知失调的来源有决策行为和与自己的态度相矛盾的行动。而认知的失调，会逐渐地促使人们改变自己的态度。认知元素之间的关系分为协调、不协调和不相关。

在现实生活中，可以通过一些具体的方法来解除或减轻失调状态：一是改变某一认知元素，使其与其他元素趋于协调；二是增加新的认知元素，加强协调关系的认知系统。三是强调某一认知元素的重要性。

在企业管理中，可以通过以上三种方法来改变员工的某些态度，以达到他们认知的普遍协调。

2. 凯尔曼的态度变化阶段说。1961 年，凯尔曼提出了态度变化过程的三阶段说。这三个阶段是服从、同化和内化。现分述如下：

（1）服从阶段。这是从表面上转变自己的观点和态度的时期。也是态度转变的第一阶段。一般来说，这时人们会表现出一些顺从的行为，但这仅仅是受迫被动的。比如，刚进工厂的青工，因为考虑到奖励和惩罚的利益关系，才在行为上表现出服从的样子。

（2）同化阶段。这一阶段表现为不是被迫而是自愿接受他人的观点、信念、态度与行为，并使自己的态度与他人的态度相接近。同样，可用上面的例子，青工在组织和同志们的教育和帮助下，真正意识到作为一个社会主义的青年工人，应该自觉地遵守纪律，因而他会同其他职工一样，把遵守劳动纪律当做是一种信念和观点。显然，同化阶段已不同于服从阶段，它不是在外界压力下转变态度，而是自愿进行的。

（3）内化阶段。真正从内心深处相信并接受他人的观点，从而彻底地转变了自己的态度。在这一阶段，真正使一个人相信了新的观点和思想，从而把这些新的思想和观点纳入自己的价值体系之内，成为自己态度体系中一个有机组成部分。一个革命者接受了社会主义和共产主义的思想和信仰，这时就真正达到了内化阶段。无数革命先烈的思想成长历程都可以充分说明这一点。

3. 海德的平衡理论。海德认为，人们的认知系统中存在着使某些情感和评价之间趋向于一种压力，强调人际关系对认知平衡的影响。

借助 P—O—X 模型，可以推知人们的感情及其平衡关系中包括了八种状态。其中有四种是平衡结构，另外四种是不平衡结构。个体将尽可能少地改变情感关系以恢复平衡结构。在一定情景中，有许多解决不一致的途径。任何一种不平衡结构，都必须得到解决，以尽力维护其平衡。

在企业管理中，可以采取一定的措施来改变员工对某人或某些实施方案的态度，尽可能使员工的心理达到平衡，从而以积极的工作态度投入生产中，提高生产效率。

当然，除了上述三种态度改变理论外还有其他相关的理论，各有千秋，但总的目的都是通过一定的方法来影响别人，促使人们态度的改变。

三、工作满意度

（一）工作满意度的概念

工作满意度是指个人对他所从事的工作的一般态度。一个人的工作满意度水平高，对工作就可能持积极的态度；反之，则可能产生消极态度。当人们谈论员工的态度时，更多的是指工作满意度。工作满意感会严重影响员工的工作行为，如缺勤率、离职率和员工士气等。

（二）工作满意度的影响因素

1. 心理挑战性的工作。员工更喜欢能够为他们提供机会使用自己的技术和能力，能够为他们提供各种各样的任务及有一定的自由度，并能对他们工作的好坏提供反馈的工作。这些特点使得工作更富有挑战性。在中度挑战性的条件下，大多数员工会感到愉快和满足。

2. 公平的报酬。员工希望分配制度和晋升政策能让他们觉得公平、明确，并与他们的期望一致。当报酬公正地建立在工作要求、个人技能水平、社区工资标准基础之上时，就会导致对工作的满意。显然，不是每一个人都只为了钱而工作。但是，报酬与满意之间的联系关键不是一个人的绝对所得，而是对公平的感觉。同样，员工追求公平的晋升政策与实践。晋升为员工提供的是个人成长的机会，更多的责任和社会地位的提高。因此，如果员工觉得晋升政策是以公平和公正为基础的，他们更容易从工作中体验到满意感。

3. 支持性的工作环境。员工对工作环境的关心既是为了个人的舒适，也是为了更好地完成工作。调查和研究证明，员工希望工作的物理环境是安全舒适的，温度、灯光、噪声和其他环境因素不应太强或太弱。除此之外，大多数员工希望工作场所离家比较近、干净、设备比较现代化，有充足的工具和机械装备。

4. 融洽的同事关系。人们从事工作不仅仅为了挣钱和获得看得见的成就，对于大多数员工来说，工作还满足了他们社交的需要。所以，友好和支持性的同事会提高对工作的满意度。上司的行为也是一个决定满意度的主要因素。当员工的直接主管是善解人意、友好的，对好的绩效提供表扬，倾听员工的意见，对员工表现出个人兴趣时，员工的满意度会提高。

5. 人格与工作的高度匹配。员工的人格与职业的高度匹配将给个体带来更多的满意度。因为当人们的人格特性与所选择的职业一致时，他们会发现自己有合适的才能和能力来适应工作的要求，并且在这些工作中更有可能获得成功。同时，由于这些成功，他们更有可能从工作中获得较高的满意度。

（三）工作满意度的结果

工作满意度直接关系到工作绩效的高低。一般来说，积极的工作态度对工作的知觉、判断、学习、工作的忍耐力等能发挥积极的影响，因而能提高工作效率，取得较高的工作绩效。这表明积极的工作态度与生产率之间有着一致性的关系。但是，消极的工作态度，由于要取得很高的工作报酬，也可能引发积极的工作行为，取得良好的工作绩效。由于中介因素的影响，使得工作态度与生产率的关系十分复杂。

1. 工作满意度与工作绩效正向相关。一是工作满意度导致了工作绩效。20世纪30年代，梅奥进行的霍桑实验表明，小组产量的变化与实验中工作条件的变化没有简单的相关性，由此实验人员认为是工人的工作态度影响了产量。二是工作绩效导致工作满意度。1968年，波特和劳勒指出，良好绩效导致奖酬，良好的报酬导致了员工的高满意度。三是工作绩效与工作满意度之间互为因果。

2. 工作满意度与工作绩效不存在简单的相关。工作满意度与工作绩效存在正向相关的观点相对应，美国行为科学家布雷菲尔德和克洛克特在1955年经过实证研究得出，没有证据表明通常士气调查所测得的职工态度与工作绩效间存在任何简单的、可以觉察的关系。根据工作满意度高低、工作绩效高低进行排列组合，这样可以出现高满意度、高绩效；低满意度、低绩效；高满意度、低绩效；低满意度、高绩效。前两种关系与前面的工作满意度和工作绩效存在正向相关的道理是一样的。至于低满意度、高绩效或者高满意度、低绩效这两对关系的可能性是多样的。例如，在中国的珠江三角洲的劳动力密集型企业里，很多民工的满意度是极低的，如果从产量来衡量他们的绩效的话，他们的绩效是很优秀的。与之相对应，在一些官僚机构臃肿、受到产业保护的企业，职工对于企业高福利待遇、低工作压力是感到很满意的，但是，他们的工作效率低，工作产出少。不过，上述提到的两种情形都属于特殊情况，不具有普遍的代表意义。

（四）工作满意度的测量方法

1. 国外工作满意度测量方法。国外工作满意度测量方法：一是单一整体评估法。这种方法只要求被调查者回答对工作的总体感受。许多研究表明，这种方法比较简单明了，不过，这种方法因只有总体得分，虽然可以知道企业的相对满意度水平，但无法对企业存在的具体问题进行诊断，不利于管理者改进工作。二是工作要素总和评分法。这种方法将员工满意度划分为多个维度进行调查，通常是通过工作薪酬、晋升、管理、工作本身和公司群体的满意度等级评定，得出企业员工满意度的结果。相比而言，它比单一整体评估法操作起来复杂一些，但能获得更精确的评价和诊断结果，有利于企业管理者根据存在的问题，制定相应的对策，提高员工的满意度。

2. 国内工作满意度评估方法。国内工作满意度评估方法：一是访谈调查法。开放度很高，双向交流，直接、灵活，信息量大，准确性高，回答率高。但规模小、耗时多，标准化程度低。二是问卷调查法。标准化程度高，但问卷设计困难，调查分析周期长。如果不配合，不容易发现。三是观察记录法。是一种单向的有针对性获取信息的方法。优点是便捷、高效，缺点是信息的表象化含量高，受测量人员的主观影响大。

案例 4－1　惠普的价值观

一、案例介绍

惠普创立于 20 世纪 40 年代，由毕业于斯坦福大学的比尔·惠利特和戴夫·帕卡德筹资创办的，最早的产品是用于通信、勘探、医学和防务领域的声波振荡器。该公司已经在世界十大信息产业中仅次于 IBM 公司和富士通而名列第三。1999 年，《财富》杂志全球最大 500 家企业排行榜名列第 41 位，营业收入额 470.61 亿美元，利润 29.45 亿美元，资产额 336.73 亿美元。

惠普的企业宗旨和公司价值观。在 20 世纪 90 年代以前，惠普的企业宗旨是设计、制造、销售和支持高精密电子产品系统，以收集、计算、分析资料、提供信息、帮助决策、提高个人和企业的效能。90 年代后，第二任总裁 J. 杨提出，以上企业宗旨在电子时代还可以，但在信息时代需要加以修改。为此，惠普花费了 400 万美元求助于咨询公司，得到了现今企业宗旨：创造信息产品，以便加速人类知识的进步，并且从本质上改变个人和组织的效能，公司把它作为自己发展的"引擎"。

1939 年，美国斯坦福大学的比尔·惠利特和戴夫·帕卡德决定开创杰出的事业，由他们两人的姓联合命名的惠普公司初期生产的是产品价格低、性能好的声波振荡器。到 1942 年，员工仅有 60 人，1960 年销售额突破 6000 万美元，到 1997 年，销售额高达 428 亿美元，利润达 31 亿美元，在《财富》500强中排名第 47 位。企业由最初生产声波振荡器的小公司发展到以电脑打印机为主，包括电脑设备、电子仪器的多品种跨国公司。惠普公司在长达半个多世纪的经营中，强大的企业文化系统在促进企业业绩增长方面起到关键作用。

公司创立伊始，公司的创立者们就明确了其经营宗旨：瞄准技术与工程技术市场，生产出高品质的创新性电子仪器。在这一经营宗旨上，惠利特与帕卡德建立起了共同的价值观和经营理论，这一价值观与经营理论同时体现在他们聘用与选拔公司人才中，换言之，他们是按这一价值观标准来聘用和选拔公司人才的。他们对公司员工大力灌输企业宗旨和企业理念，使之成为惠普公司的核心价值观。惠普公司的价值观就是：企业发展资金以自筹为主，提倡改革与创新，强调集体协作精神。在这一核心价值观基础上，公司逐渐形成了具有自己鲜明特色的企业文化。这种被称为"惠普模式"的企业文化是一种更加注重顾客、股东、公司员工的利益要求，重视领导才能及其他各种惠普激发创造因素的文化系统，在这一文化系统中，惠普模式注重以真诚、公正的态度服务于消费者。在企业内部提倡人人平等与人人尊重。在实际工作中，提倡自我管理、自我控制与成果管理，提倡温和变革，不轻易解雇员工，也不盲目扩张规模，坚持宽松的、自由的办公环境，努力培育公开、透明、民主的工作作风。惠普的企业文化及其在此之上所采用的经营方式极大地刺激了公司的发展，有力促进了公司经营业绩增长。公司在 20 世纪 50~60 年代纯收入就增加了 107 倍，仅从 1957~1967 年公司股票市场价格就增加了 5.6 倍。投资回报率高达 15%。进入 90 年代，惠普公司重点发展计算机，时至今日，它已成为全球最大的电脑打印机制造商。随着公司规模的不断扩大，公司的企业文化培育出更为丰富的文化内涵。同时，随着社会经济的进步、市场环境的变化，惠普公司也在不断地变革着自身的文化体系，90 年代以来，企业新一代决策者们保留了原有文化体系那些被认为是惠普企业灵魂的核心价值观，并根据经济发展现状，废止了一些不合时宜的东西，加入新的内涵。约翰·科特认为："改革后形成的新型企业文化，其主流的确是对市场经营新环境的合理反馈。这种与新的市场环境的适应性显然是一种充分合理的适应性。因此，它也是一种比原有企业文化更高、更好的适应市场经营环境的企业文化。"

在这种"更高更好"的企业文化推动下，惠普在 20 世纪 90 年代又得到了空前发展。1992 年利润达 16 亿美元，1993 年达 20 亿美元，1994 年达到 25 亿美元，1995 年后，增长进一步加快，1997 年达到 31 亿美元。惠普公司提倡人人尊重与人人平等，注重对业绩的肯定，对员工表示出信任和依赖，倡导顾客至上的经营观，以向顾客提供优质且技术含量高的产品，有效地解决顾客的实际困难，极力为公司股东服务，这些准则和价值观为企业的发展奠定了坚实的基础。

（资料来源：李宏、杜学忠：《组织行为学》（MBA 精华读本），安徽人民出版社 2002 年版）

二、案例分析

企业价值观是指企业在追求经营成功过程中所推崇的基本信念和奉行的目标。从哲学上说，价值观是关于对象对主体有用性的一种观念。而企业价值观是企业全体或多数员工一致赞同的关于企业意义的终极判断。这里所说的价值是一种主观的、可选择的关系范畴。一事物是否具有价值，不仅取决于它对什么人有意义，而且还取决于谁在做判断。不同的人很可能做出完全不同的判断。如一个把创新作为本位价值的企业，当利润、效率与创新发生矛盾时，它会自然地选择后者，使利润、效率让位。同样，另一些企业可能认为企业的价值在于致富、企业的价值在于利润、企业的价值在于服务、企业的价值在于育人。

案例中，惠普企业文化值得我们深思，我们在惠普公司案例的分析中可以发现这样一个问题，那就是惠普公司的企业文化系统能在长达半个多世纪的公司经营中持续地发挥着促进公司业绩增长的作用。约翰·科特认为："惠普公司成功的根本原因在于建立了一整套强有力且策略适应的文化体系。这一体系使得公司长期经营业绩一直保持良好，它的短期经营业绩虽有波折也令人较为乐观。"可见，要使企业业绩持续增长，建立这样一种文化体系是必需的，即在这一体系中核心价值观必须是先进而有效的，这一体系应是一个开放而动态的，拥有能根据市场环境变化而适时调整的机制。这也许是惠普案例给我们的最大启示。

在惠普企业文化体系中，其核心价值观是相对稳定，先进而有效的。惠普公司财务部主任在评价公司核心价值观时认为，惠利特与帕卡德在很多年以前就将公司企业文化中存在的重要标准加以确定了。这些构成核心价值观的重要组成部分，并不是那种十分具体的、特定的目的，而是一种指明企业成功之道的经营理念，是一种不受时间局限的思想，它强调公司的盈利价值，注重满足顾客、公司股东及员工的需求，提倡以人为本、保持人与人及人与环境之间和谐的价值原则。这一核心价值观又被普遍灌输到公司每一个员工思想中，使惠普员工都自愿遵循这些原则。事实上，惠普公司的核心价值观一直被视为公司成功哲学的精髓，这种以创新精神与团队精神为价值取向的经营理念，在公司多年经营过程中保持较强的市场竞争力中发挥了相当重要的作用，同时，融于每位员工思想之中的为顾客服务的价值观也大大提高了惠普公司对市场经营环境的适应程度。但是，惠普的文化体系并不是一个僵化的体系，而是一个能适应变化，做出反应的开放的、动态的体系。惠普的决策者们认为，他们有必要将惠普企业文化中那些核心成分，那些较为稳定的成分与另一些不重要的、容易变化的成分加以区分。从公司发展的全部过程来看，多年来，公司中基本的核心价值观念是基本稳定的，植根于核心价值观基础之上的经营理念变化并不很大。变化最大、最明显的是具体的经营策略和某些经营方式。这些变化虽不是随意的、轻而易举的，但却是必需的。

惠普公司企业文化的适度变化有时候还是很明显的。约翰·科特把这种适度变化形容为"显而易见"。惠普公司原来的企业文化是一种强调从公司内部选拔人才的文化。在公司产业目标转移，进入计算机领域后，惠普公司逐渐改变了这种传统做法，鉴于要想在计算机这样高科技领域发展，必须有一批精通业务、熟悉顾客的经理人员，而从旧有领域里提拔上来的经理人员显然不能胜任工作。从公司外面聘用专业人才则成为有效途径。尽管从传统的内部提拔到从外聘用专业人才，公司的用人哲学发生了很大变化，但这一变化是适应市场环境变化的。惠普公司总裁约翰·杨认为，只要公司经营环境发生变化，公司企业文化的某些内容也会产生相应的变革，以保持与市场经营环境的适应。值得注意的是，惠普公司的这种开放和动态的文化体系及其拥有的因时制宜的机制与公司相对稳定的核心价值观并不矛盾；相反，核心价值观还是这种体系与机制赖以生存和发挥作用的保证与基石。惠普的高层经理们普遍认为，为保持与市场环境相适应所做的变革产生的根本原因正是公司企业文化核心价值，那些更稳定、更抽象的内容决定的。"这种价值观念、行为方式的内核促使人们重视公司构成的主要要素成分，关注引起改革的那些观点和领导才能。"当各个构成企业的要素发生变化时，核心价值观所倡导的尊重领导才能和创新思想就会做出反应，这是一种内在的、自愿的反应，这一反应要求企业改进经营策略或经营方式，以使企业与外部环境保持协调一致。

三、思考·讨论·训练

1. 企业的一切生产、经营和管理活动都是以企业的核心价值观作为基本准则吗？为什么？

2. 惠普的价值观有什么特点？它是如何形成的？

3. 惠普的成功之道是如何走出来的呢？是否应归功于惠普令世人称道的企业文化与企业价值观？

4. 惠普的成功，其企业文化发挥了至关重要的作用。那么，一个企业的文化是如何构建出来的呢？

案例4-2　中国移动的核心价值观

一、案例介绍

(一)缘起

在中华民族源远流长的文化长河中，"坤厚载物"的责任感，"健行不息"的自强心，一直是浸染在中国这片土地上最深层的人文精神，并成为中华民族上下五千年生生不息的源泉和强劲动力。

从中国移动人迈出勇敢而坚实的第一步开始，踏实勤勉地承担责任、矢志不渝地追求卓越，就成为他们永恒不移的两条精神主线，它贯穿于他们每一步脚踏实地的行迹——搭建无数基站、建成数万公里传输、打造精品网络、提供一流服务、塑造优质品牌……在中国移动点点滴滴的成长、发展、壮大的过程中打下深刻的烙印。透过历史的沉淀，珍惜并传承担当责任的胸怀和追求卓越的精神，是他们对过往岁月的致礼和历经光荣的继承。

在当今这个日行千里的世界，经济与技术的发展、社会结构与文化的嬗变，使得电信行业面临着竞争日益全球化、技术不断更新、消费市场需求日趋复杂等诸多挑战。拥有承担责任的胸襟和追求卓越的勇气，是时代对中国移动的要求，更是中国移动把握当前机遇，发挥竞争优势，持续保持领先的自主选择。这也同时意味着，在竞争更加激烈和多元的未来，中国移动必将一如既往地以"俯首甘为孺子牛"的坤厚无私为舵，以"直挂云帆济沧海"的豪迈进取为桨，去承载并实现中国移动基业长青、奉献社会、助力人类文明进步的梦想。从这种意义上说，"正德厚生 臻于至善"正是中国移动内在信仰与精神的最佳体现。

"正德厚生 臻于至善"的价值理念成于千年、相辅相生。"正德厚生 臻于至善"表达言简而意赅，寓意深远而旷达，既传承了中华悠久历史当中"身、国、天下"的深厚文化底蕴，凝聚着中华民族沉积的文明，又彰显了中国移动追求卓越、勇担责任的社会时代精神；既体现了中国移动的独有特质，反映了文化体系的特色核心内涵，又阐释了中国移动的远大信仰，表达了中国移动人的理想和胸襟，融合了中国移动人的现代发展理念，是他们胸中神圣责任感的承载和他们追求卓越情结的传述。

（二）内涵

"正德厚生 臻于至善"既体现了中国移动独有的特质，又阐释了中国移动历来的信仰。"正德厚生 臻于至善"就是要求我们以人为本，打造以"正身之德"承担责任的团队，就是要求我们成为以"厚民之生"兼济天下、承担社会责任的优秀企业公民，就是要求我们培养精益求精、不断进取的气质，锻造勇于挑战自我，敢于超越自我的精神。

正德厚生。"正德厚生"语出《尚书·大禹谟》："德惟善政，政在养民。水、火、金、木、土、谷惟修，正德、利用、厚生，惟和，九功惟叙，九叙惟歌"，是一种在中华大地上传承千年的人文精神，是一种以"责任"为核心要义的道德情操。

"德"是指对个体品性、修养、行为的要求和标准，"正德"是谓"正身之德"，是指人们的行为要符合道德要求，承担各自的责任和义务，表达了个体对自我的最高要求，充盈着人对自身严格的责任意识。

"生"是指社会民生，甚至一切生命，"厚生"则谓"厚民之生"，是指要尊重、关爱、厚待社会民生及一切生命体，体现的是一种关爱民生、兼济天下的济世情怀。

"正德"强调个体责任和对自我的约束，"厚生"强调社会责任和对社会的奉献。"正德厚生"集成了中国传统文化与中国移动现代的企业精神，从精神层面上体现了中国移动人渴望担负重任的自我定位和选择。

"正德厚生"是中国移动的行为责任规范。中国移动的员工要以"责任"为安身立命的根本。中国移动在全集团倡导承担责任的自觉意识，鼓励承担责任的自觉行为。中国移动将本着负责任的态度处理好自身与用户、政府、合作伙伴、竞争对手、供应商和员工等各利益相关者的关系。这是中国移动作为一个企业通过承担责任对自身价值的彰显。

"正德厚生"是中国移动的社会责任宣言。中国移动事业的发展，是建立在社会总体经济发展的基础上。中国移动将以高度社会责任感，关怀社会民生，关注民众福祉，做一个优秀企业公民，通过各种实际行动回报社会。中国移动将关注并尽力满足人与社会的合理愿望和切实需求，充分发挥企业优势，分享通信给人类带来的更为丰富便捷的高品质生活，使不断创新的科技成果为整个社会的和谐快速发展提供助力，展现了中国移动长远的眼光和笃实的志向。

臻于至善。"臻于至善"源自《大学》："大学之道，在明明德，在亲民，在止于至善"，是一种古已有之、奉行者甚众的事业理念，是一种以"卓越"为核心要义的境界追求。

"止"是"到达"的意思。"臻"也是"到达"的意思，同时，"臻"还有"不断趋向、不断接近"的意思，用"臻"取代"止"表达了一种不断进取、不断超越、永不停息的精神。"至善"，即最完善、完美的"理想境界"。"臻于至善"昭示的是一种永不止息、创新超越的"进取"心态，是一种对完善、完美的境界孜孜以求的崇高精神，宣示了中国移动争取成为公认的成功典范的自我定位。

"臻于至善"是一种状态，是一种不断完善、不断超越的状态。中国移动"臻于至善"的进程，是一个不断进取、上下求索、开拓创新、自我超越的持续提升过程，最终将引领中国移动成为其他企业学习和追赶的标杆。

"臻于至善"是一种境界，是一种按照事物内在标准力求达到极致的境界。追求至善至美是中国移动不断提升、不断发展、从做大走向做强的内在驱动。意味着中国移动将以无畏的精神追求完美和极致，不留恋于历史的辉煌，敢于直面未来的竞争，在更大的地域范畴，在无限的技术领域，在更长的时间维度，不断创造历史的辉煌和高度。

"臻于至善"是一种位势，是一种站位领先的气势。它宣示了中国移动在未来通信行业乃至全球产业界的自我定位，那就是要力争在全球企业中站位领先。通过不懈的努力，成为同业乃至所有企业公认的典范。

"正德厚生，臻于至善"是在中国移动发展历程中形成的特色文化的核心，是灵魂，它体现了中国移动"先天下之忧而忧，后天下之乐而乐"的宽阔胸襟和责任意识以及"天行健，君子以自强不息"的进取斗志和卓越精神。

（三）承诺

秉承"正德厚生，臻于至善"的信仰，中国移动以承担责任的胸怀、追求卓越的精神，通过实际行动向客户、股东、员工、合作伙伴、竞争对手、社会公众郑重承诺：

对客户的承诺：作为客户提供卓越品质的移动信息专家。中国移动以创造卓越品质的产品与服务为永恒目标，以客户导向为经营原则。未来用户需求的重心将由"通信产品"延伸到"信息服务"，这不仅意味着需求的领域得到拓展，更意味着需求的层次得到深化。中国移动将主动适应新需求、新竞争、新环境，以更加创新的思维、更加高效的流程，去开发更具吸引力的产品，提供更加优质的服务，及时、充分、持续地满足用户多样化、个性化、信息化需求，以"专家"的精神开创品质卓越的移动信息服务，为人类的生活、学习和工作助力添彩。

对投资者的承诺：做最具价值的创造者。中国移动自创始之日起，就坚持以诚信为本，高度尊重所有投资者的权益，以高度负责的精神对待投资者的委托，信息公正透明，遵纪守法，建立并遵循有效的治理结构。中国移动将努力实现资源的最优配置，创造和保持优良业绩，始终处于行业发展的领先地位，确保企业保值增值，回报投资者长远利益，通过增强股东的信心，赢得股东的信任。

对员工的承诺：成为员工实现人生价值的最佳舞台。没有满意的员工，就没有满意的客户；没有人心的凝聚，就没有企业的发展。中国移动始终坚持员工与企业共同成长的管理理念，以人为本的人文主义眼光，充分关注人的价值与差异，以尊重为人力资源管理的基点与核心，最大限度地理解、关爱、信任和提升员工，营造员工合适的发展空间，帮助员工实现自我价值，促进其发挥所长，为企业发展、为社会进步创造更大价值。

对合作伙伴的承诺：成为引领产业和谐发展的核心力量。现代产业竞争已经由企业之间的个体竞争转变为价值链之间的整体竞争，产业价值链的综合实力对企业的竞争优势起着关键作用。中国移动将建立互惠共赢的商务机制，与价值链各环节的广泛合作，建立紧密互动的沟通机制，巩固和发展产业共同体间健康和谐的伙伴关系，组建业界最为强大、牢固的产业联盟，以卓越的领导力和强烈的责任感推动"无限通信世界"的形成，引领、促进整个行业的健康持续发展。

对同业者的承诺：成为促进良性竞争、推动共同发展的主导运营商。中国移动充分尊重业内同行，遵守竞争规则。中国移动将同业者视为相互促进的产业伙伴，始终坚持公平、公正的原则，在电信法律法规和市场规则框架之下，与之展开积极、富有建设性的竞争。我们承诺，通过公平合理的竞争手段及公开透明的沟通解决机制，与同业者共同维护健康的市场秩序，促进市场规范，建立一个公正有序的行业生存和发展的空间，提升行业整体价值，实现同行间的相互促进与和谐发展。

对社会的承诺：做优秀企业公民。"企业公民"是构建社会主义和谐社会的重要组成部分，也是企业基业长青的必要条件。在寻求自我超越、获得辉煌成就的过程中，中国移动始终从全局着想，以促进社会全面、协调和持续的发展为企业行为的依据和目标。中国移动承诺始终争做品格健全、受人尊敬的优秀企业公民，在承担好基本商业责任、确保通信畅通的同时，积极承担社会责任，参与环保、教育等公益事业，以永不停息的事业追求改善人类生活质量，促进科技进步与文化繁荣，服务和谐社会。

（资料来源：中国移动通信网：http：//www.chinamobile.com）

二、案例分析

案例中涉及企业核心价值观的研究。企业的价值观是企业持久和最根本的信仰，是企业及其每一个成员共同的价值追求、价值评价标准和崇尚的精神。无论对于企业整体还是员工个体，价值观作为一把标尺，时刻衡量着我们自身的存在意义和行为方式。企业核心价值观就是企业在企业哲学的统率下，为追求愿景、实现使命而提炼出来并予以践行的指导企业上下形成共同行为模式的精神元素。

核心价值观作用的最集中体现便是当企业或者企业在企业运营过程中面临矛盾、处于两难选择时应当如何做的时候，这样做可以，那样做也可以，但必须有个决定，支持这个决定的便是核心价值观。欲理解那些获得成功的高速成长的当代企业，我们需要规划一个超越相对有限框架的哲学体系，它将促使企业内的所有个体树立起目标和战略意识，也包括确立必须能够指导他们集体行为的独特的价值观。企业核心价值观的标准：

（1）核心价值观要发自公司高层的内心并竭力倡导。核心价值观不是挂在墙上、锁在文件柜中的口号，它必须是公司高层真正想要倡导的、同时体现在行为上。我们经常发现一些企业的核心价值观中有"尊重人"的字眼，但是，内部管理制度与管理行为并没有体现出任何"尊重人"的行为，那么"尊重人"就不是他们的核心价值观，因为它没有被公司员工真正地接受、认同。

（2）核心价值观要为公司全体员工接受并认同。核心价值观是深藏在员工心中指导员工行为的一个准则，所以，核心价值观必须是被公司全体员工所接受并认同。它并不是反对企业提出新的、适应企业战略发展的新的价值观的口号。相反，核心价值观虽然保持一定的稳定性，但其客观依据环境发生变化后，也要做相应的调整。但是，不管是新倡导的，还是企业原来就有的，是否被员工认同是判断公司核心价值观的重要标准之一。

（3）核心价值观要基于企业传统积淀并与使命相一致。核心价值观不是去追求时尚，简单跟风、模仿，别的企业的核心价值观不一定就是自己公司的核心价值观。核心价值观一方面要来自于公司传统的沉淀。一个企业从其诞生的第一天起就开始了其核心价值观形成与发展的历程，所以说核心价值观是公司在产生、发展过程中自然形成并散落于公司的各个角落。在核心价值观提炼过程中，要善于广泛征求公司员工、历史"英雄人物"并结合关键事件仔细推敲。另一方面，核心价值观提炼必须考虑公司使命，要能使得价值观能够支持公司最为根本的存在目的。

中国移动的核心价值观"正德厚生　臻于至善"的本质与内涵。"正德厚生　臻于至善"，既体现了中国移动独有的特质，又阐释了中国移动历来的信仰。"正德厚生　臻于至善"，就是要求以人为本打造以"正身之德"承担责任的团队，要求成为以"厚民之生"兼济天下、承担社会责任的优秀企业公民，就是要求培养精益求精、不断进取的气质，锻造勇于挑战自我、敢于超越自我的精神。简言之，就是：发展个性，养成健全人格，勇于承担责任，懂得如何欣赏每一件臻于完美的东西，成为品位高雅的人。而其核心内涵正是"责任"和"卓越"。

三、思考·讨论·训练

1. 什么是企业核心价值观？企业的核心价值观要符合什么标准？
2. 中国移动的核心价值观"正德厚生　臻于至善"的本质与内涵是什么？
3. 中国企业为什么如此急迫地建立自己的核心价值观？您如何理解？
4. 这些价值观对组织发展有什么帮助？

案例 4-3 中年人的失落

一、案例介绍

俗话说，四十不惑。可是对 A 科长来说近来却是常常有很多困惑埋在心头，不知该如何面对，自己该如何处理。A 科长今年四十六岁，在这个国有大企业里已经有二十二年的工龄了，没有大起大落，一切按部就班。从实习生到科员再到副科长干了十年，副科长任六年，如今在科长任上又是近六年了。虽然算不上企业元老，却也是将青春奉献给了企业。A 科长本以为按资历可以向副厂长的职位作点想象，没想到上级的精神却是要年轻化、高学历，新提拔副厂级以上干部年龄不得超过四十五岁，学历不得低于本科。A 科长倒是正规本科毕业，倒霉就在于年龄问题。最后，经过考察，另一位年轻的拥有硕士文凭的五年工作经验的 B 同志被上级看中并得到提拔。

A 科长愤愤不平，认为自己无论从工作能力、工作经验都比 B 同志强，凭什么被他领导？

然而，A 科长没有想到的是，更倒霉的事情还在后头。上级的年轻化精神要贯彻到底，科室负责人似乎也要年轻化，A 科长甚至还听到谣言，说他的这个科长是肯定要被别人取代了。A 科长有些坐不住了，连夜去找厂长，没想到厂长也是含含糊糊，不做正面回答，只是说安心干好工作，厂里暂时不会调整人事，即使有调整也是微调。

A 科长越想越觉得不对劲——微调不就是冲我来的吗？A 科长想到自己上初中的小孩、在车间三班倒的老婆、在农村的老母亲；想到自己经常为工作加班加点，吃了晚饭还常到办公室里转悠；想到前几年有机会跳槽到外资企业而被自己放弃；A 科长困惑不解，事到如今我该怎么办？

A 科长开始经常不按时上班，经常出去很久也不回办公室，有时甚至不来办公室，只是打两个电话问问科里的情况。科员向他请示工作，他总是马马虎虎就行了。

科室工作真的开始马马虎虎了。

A 科长经常挂在嘴边的"我们厂……"没有了，经常说："他们……"科里的小年轻则更进一步，常说："管他们怎么怎么"，"关他们怎么怎么"。

（资料来源：泰德人力资源博客群，http://weboffice.taderhr.com/hrblog/）

二、案例分析

本案例涉及员工的组织认同感与工作态度的问题。

企业认同感和工作满意度是员工个人的特点与各种职务的特性，使他们在企业中形成的不同的看法、预期和经历，而这些看法、预期和经历又反过来影响员工与工作的关系。而所有这一切，最终都会影响员工的工作满意度和对企业的认同感。

组织认同感是指员工对企业各种目标的信任、赞同以及愿意为之奋斗的程度。组织认同感可分为情感认同、依存认同和规范认同三种类型。其中情感认同主要是指员工对企业的情感支持和参与程度的强弱；依存认同主要是指员工在感觉上认为留在企业的必要程度；规范认同主要是指员工对企业战略及其各种目标的责任感。

工作态度是指对工作所持有的评价与行为倾向。一个人要从事这种工作，而不从事那种工作，与对工作评价的高低有很大关系，这主要是与工作态度的认知因素相联系的。对于工作的行为倾向，表现为对工作的需要、动机、自觉性、责任感、积极性、目标导向性等，这主要是与工作态度的情感与意向因素相联系的。积极的工作态度对工作的知觉、判断、学习、工作的忍耐力等能发挥积极的影响，因而能提高工作效率，取得良好的工作绩效。

在本案例中，习惯于按部就班，稳步升职的 A 科长，面对社会的变化，面对旧的人事制度的改革和新的用人制度的出台，感到了茫然和沮丧，转而感到愤愤不平，这正是不断变革的社会和日趋激烈的人才竞争使得一部分员工对组织认同感产生动摇和怀疑的表现。经济环境的不稳定，行业的不景气以及公司裁员和并购等因素都会成为滋长员工焦虑情绪的原因，而这种焦虑严重地阻碍了员工和管理者对组织产生认同感。

面对这些状况，作为组织的高层管理者应该通过一些积极的工作方法来改善基层管理人员和员工的工作态度和提高他们的组织认同感：

（1）明确组织真诚关心员工的利益。如果组织能采取有效措施将组织的目标和利益与员工的个人目标和利益捆绑在一起，组织表现出对员工利益的关心，那么员工也会以同样真诚的工作态度和对组织高度的认同来回报组织。

（2）为员工创造更多的实现个人目标的机会。实现个人目标不一定只有通过升职这一种渠道，还可以通过提高员工专业技术水平、提高员工各项能力以适应社会等方式来实现。

（3）为员工的工作提供更多的自主权，提供更多的参与决策的机会。

（4）对员工要有及时和正确的反馈。及时发现和解决员工工作、生活和情绪上的各种问题，提供及时的帮助，有利于员工形成有益的工作态度。

（5）提高员工自身管理的才能。

三、思考·讨论·训练

1. A科长失落了什么？A科长的年龄是不是一个尴尬的问题？

2. 组织在机构改革中应注意哪些问题？

3. A科长应该以怎样的态度对待工作？

4. 该厂出现问题的主要原因何在？应从哪些方面着手改进？

案例 4-4　海洋公司

一、案例介绍

海洋公司是一家电器企业，初期经营规模较小，有40名工人。由张鹏管理整个工厂，帮助他管理的还有3名主管。年销售额200万元左右。今年，企业在博览会上买断一种新型产品的专利权，通过消化、吸收和改进，将专利转化成了新产品，新产品推上市场后备受青睐。由于新产品适应当时市场的要求，企业的业务不断扩大，产品已遍及全国，高利润自然吸引许多竞争对手介入这个市场。

在此期间，企业对经营体制进行了改革，也实行了人事管理制度的改革。厂长张鹏在任用一名车间主任时，心中产生了矛盾冲突。他明知两个候选人张明与王硕相比，张明无论是管理水平还是业务能力都较王硕好，但从感情上讲，由于过去张明在工作中，心直口快，不讲情面，甚至有一次还让他下不来台。他又倾向于任命王硕。

（资料来源：北京邮电大学高等函授教育网：http://www.8wen.com）

二、案例分析

本案例涉及态度理论中对员工评价的态度问题。态度是个体对特定对象以一定方式做出反应时所持的评价性的、较稳定的内部心理倾向。态度的转变有两个方向，一是方向的转变，另一为强度的转变。比如，对某一事物原来是消极的，后来变得积极了，这是方向的变化。原来对某事物有犹豫不决的态度，后来变得坚定不移地赞同，这就是强度的变化。当然，方向与强度有关，从一个极端转变到另一个极端，既是方向的转变，又是强度的变化。

态度包括认知、情感、意向三种成分。认知成分是指个体对某种事物的评价；情感成分是指个体对某种事物所产生的肯定或否定的情绪体验；意向成分是指个体对某种事物的反应倾向。由上可知，主体对态度对象有一定认知的同时，也就产生了一定的情感体验，很自然地对态度对象表现出一定的行为倾向。

以上三种成分之间是既互相区别，又互相联系的，其中认知是态度的基础，情感是态度的核心，反应倾向是态度的外观。通常情况下，三种成分是协调一致的，形成一种影响人从事某种活动的心理动力。比如，一个人对老年人的态度，如果他认为老年人是经验丰富的（认知），就会有好感（这是态度的情感成分），对老年人会产生尊敬与请教的意向。再如，一个人对工作的重要意义认知非常清楚，则情感上非常热爱他所做的工作，那么他对工作产生专心一致、认真负责，甚至废寝忘食的意向。这是三种成分协调一致的情况。

然而，态度的三种成分有时也会不协调甚至是矛盾的。例如，案例中厂长在任用一名车间主任时，心中产生了矛盾冲突。他明知两个候选人张明与王硕相比，张明无论是管理水平还是业务能力都较王硕好，但从感情上讲，他又倾向于任命王硕。对张明在思想感情上却转不过弯来，仍与张明保持感情上的距离，显然，情感成分的转变落后于认知，行为倾向也落后认知，表现在为用人上，行动迟缓，一拖再拖。这三种成分情感是关键。常听到"这件事理智上的我明白应如何处理，但在感情上却转不过弯来。"就是这个道理。道理明白，不等于态度转变。认知易，情感难，而意向成分主要据认知与情感而生产。只要认知清楚、情感增加，去行动的思想准备会随之产生。

从案例中可以了解到，态度对个体行为的影响很大。态度是属于个体的指导和动力系统，对人的行为有很直接、很重要的影响。态度影响行为效果和工作效率。态度决定一切，所有的改变都是从态度改变开始的。

二、思考·讨论·训练

1. 试用态度的协调原理解释该厂厂长的产生矛盾心理的原因。

2. 该厂厂长为什么想不通？依据态度不协调理论，您怎样帮他想通？

3. 就您看来，还有什么更好的办法解决该厂厂长的问题吗？

4. 这个案例对您有哪些启示？

案例 4 - 5　三联软件公司

一、案例介绍

在过去几年里，其他产业很少像网络相关产业那样一直处于混乱状态。以得州奥斯汀为基地的三联软件公司是这一产业中的领头羊之一。该公司于1989 年成立，它编制软件以帮助企业解决电子商务问题，如物流管理、客户服务、关系管理和数据整合。它拥有 1500 名员工，并为很多著名客户提供服务，包括福特、联邦快递、陆之端、嘉信理财以及摩托罗拉等公司。

乔·莱曼特是三联软件公司的总裁兼首席执行官，他致力于招募并留住那些能在混乱的环境中发挥才干的员工以及那些愿意进行冒险、不怕长时间工作的人。莱曼特为公司制定的战略方针是，在已有经验的基础上，继续保持创业时期的高度热情和冲动。这项战略中的一个重要组成部分是，不断招募"那些最好的人员"——那些毕业于最好的大学和商学院的学生，或是那些来自最好的企业中最聪明和最活跃的员工。通过雇用这些最出色的员工，并从工作第一天起就请他们承担大量的责任，使得三联软件公司有充足的资源应对竞争的挑战，能够保持创业精神长久不衰，能够实现它的目标——成为充满活力和影响力的公司。

通过招聘面试后的新员工被请到奥斯汀共进晚餐，进行公司文化和娱乐的旅行，并得到极有竞争力的薪水。尔后，这些新成员要经历"新兵训练营"的生活——在三联大学接受高强度的培训项目。培训课程由莱曼特及公司其他老员工主持，第一周要学习程序语言、产品规划和市场营销等内容。课程从早上 8 点开始，而且在第一个月里至少要到午夜才结束。从第二周开始，新成员分成小型工作团队，给他们 3 周时间完成项目。可供选择的项目范围很广，可以是加快某种现有产品的运作速度，也可以是根据设计思想创造一种新产品。新员工在该项目上取得的成绩将影响他们能否被最终留用，还影响他们在"新兵训练营"结束时能否得到去拉斯韦加斯旅行的奖励。

三联公司引入"新兵训练营"的设计思想，是为了灌输公司的价值观并塑造新员工的期望。新员工被告知仅有努力是不够的。莱曼特在一次讨论团队项目的演讲中，给新成员看了一张胶片并且不客气地说："尝试不会得到奖励。"他直截了当地指出："如果你设定了一个困难的目标却没有达到它，那和输有什么区别呢?"这是每一个新成员必须面对的残酷现实。当然,如果新成员通过了培训,那么其后在三联的生活可以说非常有意义和令人满意。

公司气氛是工作和娱乐相结合。三联公司让员工享有责任和资源,并帮助员工实现最高目标。三联的企业文化鼓励员工最充分地展示自己的热情、精力和承诺,而且企业根据他们的绩效进行奖励。公司福利旨在保持员工的积极性和兴奋感,它提供各种福利项目,如设备齐全的灶具、公司组织的旅行、当地体育馆的打折卡、在两个奥斯汀湖上享用公司的划艇、完整的医疗及牙科保险、人寿保险、上门家政服务以照顾家庭事务,等等。

(资料来源:孙健敏、李原:《组织行为学》,复旦大学出版社 2005 年版)

二、案例分析

案例中涉及企业管理中有关态度的问题。首先,很多企业管理者都是先讲员工对企业的态度。其实,员工的工作态度最少可以从两个方面说:态度不仅仅是一种工作的态度,而且也不仅仅是对事而言,还包括:一是员工对企业的认同感,他会这样想:这个企业值不值得我去尽全力?(这是愿意不愿意尽全力的问题)还是拿多少钱做多少事(出该出的力而已);二是企业也有一个对员工的态度的问题。

企业是如何看待员工的?态度是双向的,同时,既是一种做事的取向,也是一种观念的认同、利益的比较、文化的认同。对老板或管理者来说,大多是"态度决定一切"!但对员工而言,他的态度也是取决于企业对他的态度。所以,企业也不能仅仅站在企业的角度讲员工要有好的态度,企业主、管理者同时也要想想,该用什么态度去对待你的员工。所以,从本质讲,态度既是对工作、生活的一种反映个人内心的表现、价值取向,同时也是一种观念、一种文化。

我们现在更多的是看到企业对员工,或者上级对下级的态度,说的更多的是一种是否敬业的精神,其实,从来要求与被要求都是双向的,只是双方掌握的资源与社会地位不同,站的角度不同,对态度观念的取舍和着重点就不同了!

(1)对三联公司员工工作满意度的预测。预测结果是员工的工作满意度很高,因为对于影响工作满意度的几个因素,三联公司都做得很全面。比如,公司为员工提供了富有挑战性的工作;提供了有竞争力的薪水;提供了各项福利项目等。

(2)众多网络公司的瓦解对三联公司的员工可能带来工作环境的压力,使员工对自己的工作失去积极态度。不再像以前那样充满热情,影响了员工对工作的满意度。

（3）塑造员工的积极态度。管理者主要是提高员工的工作满意度，其方法有：一是为员工提供具有挑战性的工作。二是为员工提供公平的报酬。三是为员工提供支持性的工作条件。四是为员工提供支持性的同事关系。

三、思考·讨论·训练

1. 设计一份该企业的管理者可以使用的员工态度调查问卷。请记住：您应对态度问卷进行调整，以适应三联公司。

2. 您能对三联公司员工的工作满意度进行预测吗？工作满意度是否影响到工作结果？

3. 在众多网络公司瓦解时对三联公司的员工可能有何影响？企业管理者应如何来塑造员工积极的工作态度？

第五章　激励理论

方法很重要，技巧也很重要，但是激励却更重要。

——本杰明·N.卡多佐

如果我曾经或多或少地激励了一些人的努力，我们的工作，曾经或多或少地扩展了人类的理解范围，因而给这个世界增添了一分欢乐，那我也就感到满足了。

——爱迪生

一、激励的概述

（一）激励的含义

激励是指激发人的行为动机的心理过程，是一个不断朝着期望的目标前进的循环的动态过程。简言之，就是在工作中调动人的积极性的过程。激励是对人的一种刺激，是促进和改变人的行为的一种有效手段。激励的过程就是管理者引导并促进工作群体或个人产生有利于管理目标行为的过程。每一个人都需要激励，在一般情况下，激励表现为外界所施加的推动力或吸引力，转化为自身的动力，使得组织的目标变为个人的行为目标。这可以从以下三个方面来理解激励这一概念。

1. 激励是一个过程。人的很多行为都是在某种动机的推动下完成的。对人行为的激励，实质上就是通过采用能满足人需要的诱因条件，引起行为动机，从而推动人采取相应的行为，以实现目标，然后再根据人新的需要设置诱因，如此循环往复。

2. 激励过程受内外因素的制约。各种管理措施，只有与被激励者的需要、理想、价值观和责任感等内在的因素相吻合，才能产生较强的合力，从而激发和强化工作动机，否则不会产生激励作用。

3. 激励具有时效性。每一种激励手段的作用都有一定的时间限度，超过这个时限就会失效。因此，激励不能一劳永逸，需要持续进行。

（二）激励的本质

激励的本质是双赢，就是让激励的主体（企业管理者）和激励对象（员工）能实现双赢，这种激励才是比较有效的。

1. 激励是组织的需要。因为一个组织要想发展，必须满足以下三项行为要求：一是不仅要吸引人们加入组织，而且要使他们留在组织里；二是在分工与合作的前提下，员工必须完成本职工作任务；三是员工在工作中应该表现出创造性和革新精神。正激励能有效地在这三项行为中起到润滑剂的作用，从而帮助组织发展。

2. 激励是管理者的需要。管理者在平常的工作过程中，总是有意无意地打击了员工的工作热情，因此，激励对于管理者来说也是必不可少的一门学问。当然，真正能激励员工的不是主管，而是员工本身，组织和各级主管只能给员工提供一个自我激励的环境。

3. 激励是个人的需要。满足不了员工个人的需求，就不会有激励作用。所以个人的需求要不断地去满足。

（三）激励的过程

激励是一个非常复杂的过程，它从个人的需要出发，引起欲望并使内心紧张（未得到满足的欲求），然后引起实现目标的行为，最后在通过努力后使欲望达到满足。激励过程如图 5 – 1 所示。

图 5 – 1　激励过程示意图

1. 需要。激励的实质就是通过影响人的需要或动机达到引导人的行为的目的，它实际上是一种对人的行为的强化过程。研究激励，先要了解人的需要。需要是人的一种主观体验，是人们在社会生活中对某种目标的渴求和欲望，是人们行为积极性的源泉。人的需要一旦被人们所意识，它就会以动机的形式表现出来，从而驱使人们朝着一定的方向努力，以达到自身的满足。需要越强烈，它的推动力就越来越强。人的需要有三个方面：一是生理状态的变化引起的需要，如饥饿时对食物的需要；二是外部因素影响诱发的需要，如对某种新款商品的需要；三是心理活动引起的需要，如对事业的追求等。

2. 动机。动机是建立在需要的基础上的。当人们有了某种需要而又未能满足时，心理上便会产生一种紧张和不安，这种紧张和不安就成为一种内在的驱动力，促使个体采取某种行动。从某种意义上说，需要和动机没有严格的区别。需要体现一种主观感受，动机则是内心活动。实际上一个人会同时具有许多种动机，动机之间不仅有强弱之分，而且会有矛盾，一般来说，只有最强烈的动机才可以引发行为，这种动机称为优势动机。

3. 行为。行为就是人的活动，是指人或动物表现的和生理、心理活动紧密相连的外显运动、动作或活动。行为由一连串的动作组成，基本单元是动作。

人们在动机的推动下，向目标前进，目标达到后，需要得到满足，紧张和不安的心理状态就会消除。随后，又会产生新的需要，引起新的动机和行为。这是一个循环往复、连续不断的过程。

二、动机

（一）动机的概念

动机是为实现一定目的而行动的原因。动机是个体的内在过程，行为是这种内在过程的表现。人从事任何活动都有一定的原因，这个原因就是人的行为动机，动机可以是有意识的，也可能是无意识的。它能产生一股动力，引起人们的行动，维持这种行动朝向一定目标，并且能强化人的行动，因此在国外也被称为驱动力。

（二）动机产生的条件

1. 内在条件。内在条件就是需要，动机是在需要的基础上产生的，离开需要的动机是不存在的。而且只有需要的愿望很强烈、满足需要的对象存在时，才能引起动机。例如，求职需要学历，而且学历越高，求职的难度就越小些。所以，为了能找到合适的工作，人们就需要一定层次的学历，这种需要就会引起人们再学习、再深造的动机。

2. 外在条件。外在条件就是能够引起个体动机并满足个体需要的外在刺激，称为诱因。例如，饥饿的人，食物是诱因；对于应届高中毕业生来说，考上名牌大学是诱因；对要求进步的学生来说，学校的奖励和老师的表扬是诱因。诱因可能是物质的，也可能是精神的。

个体的内在条件（需要）和外在条件（诱因）是产生动机的主要因素。在个体强烈需要又有诱因的条件下，就能引起个体强烈的动机，并且决定他的行为。

（三）动机的功能

1. 引发和始动性功能。没有动机，就不可能有行动，动机是人的行动动力。如人们为了使居住条件得以改善，就会产生装修居室的行动；中学生为了政治上的进步，就得写入团申请书，就得在行动上严格要求自己。

2. 方向和目标性功能。个性所产生的动机都是有一定的方向和目的，他的行动总是按照这样的方向和目标去实现的。例如，在班级卫生评比中，某班的卫生委员想使本班在全年级评第一，这个"第一"就是方向，就是目标，为了实现这个目标，他就得以身作则，带领全班同学认真打扫教室。

3. 强化和激励性功能。个性的动机对其行动还起着维持、强化和激励的作用，以使其最终达到目标。动机产生目标，目标总是促使、激励人们不断地进取，获得成功。一般来说，动机越明显、越强烈，这种强化和激励性功能也就越大。举例来说，对一些初中学生来说，认为中考至关重要，成绩好会上重点高中，成绩不好只能上一般高中，而上重点高中又是将来上大学的必备条件。这种动机及目标会激励他们、强化他们不断努力，提高自己的学习水平。

一个人一旦产生一种动机，就会努力去实现由动机指引的目标。然而，在实现目标的活动中，常常会因主客观条件的限制而受到阻碍，使个体心中产生挫折和冲突。这种情况的出现既有内在原因，也有外在原因。内在原因可能是由于自己的生理条件、能力不适应；外在原因可能是环境因素、经济因素、人际关系因素不利。在这种情况下，一是要考虑自己的动机和目标是否切合实际、切实可行。如果通过自己的努力达不到的要适当调整；如果通过自己努力，甚至艰苦、长期努力能够达到，但困难不少、不利条件也不少，就需要不怕挫折、不怕暂时的失败，要一往无前，刻苦忍耐，直到成功。

三、激励理论

（一）内容型激励理论

1. 马斯洛需要层次理论。马斯洛认为，人的各种需要可归纳为五大类，按照其重要性和发生的先后次序可排列成一个需要层次，人的行为过程就是需要由低层次到高层次逐步满足的过程。

生理需要是人的第一层次需要，是指能满足个体生存所必需的一切需要，如吃、穿、住、行、性，等等。

安全需要是人的第二层次需要，是指能满足个体免于身体与心理危害恐惧的一切需要，如收入稳定、强大的治安力量、福利条件好、法制健全，等等。

社交需要是人的第三层次需要，是指能满足个体与他人交往的一切需要，如友谊、爱情、归属感，等等。

尊重需要是人的第四层次需要，是指能满足他人对自己的认可及自己对自己认可的一切需要，如名誉、地位、尊严、自信、自尊、自豪，等等。

自我实现需要是人最高层次需要，是指满足个体把各种潜能都发挥出来的一种需要，如不断的追求事业成功、使技术精益求精，等等。

其中底部的三种需要可称为缺乏型需要，只有在满足了这些需要个体才能感到基本上舒适。顶部的两种需要可称之为成长型需要，因为它们主要是为了个体的成长与发展。

马斯洛认为各层次需要之间有以下一些关系：

一般来说，这五种需要像阶梯一样，从低到高。低一层次的需要获得满足后，就会向高一层次的需要发展。

这五种需要不是每个人都能满足的，越是靠近顶部的成长型需要，满足的百分比越少。

同一时期，个体可能同时存在多种需要，因为人的行为往往是受多种需要支配的，每一个时期总有一种需要占支配地位。马斯洛的需要层次如下图 5 - 2 所示。

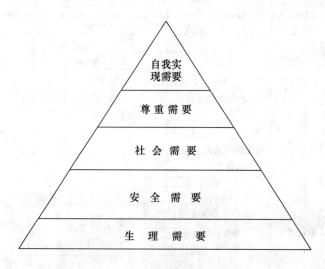

图 5 - 2　马斯洛需要层次图

2. 赫茨伯格双因素理论。双因素理论也称激励—保健因素理论。按照赫茨伯格的双因素理论，属于激励因素的有成就、赏识、工作本身、责任、进步等；属于保健因素的有公司的政策和管理、监督、工资、同事关系、工作条件等。但是，这两类因素有若干重叠。例如，赏识属于激励因素，基本上起积极作用；但当没有受到赏识时，又可起消极作用。

保健因素，是指它的满足对员工产生的效果，类似于卫生保健对身体健康所起的作用一样。卫生保健不能直接提高健康水平，但有预防疾病的作用。同样的，保健因素不能直接起激励员工的作用，但能防止员工产生不满情绪。当保健因素改善后，员工的不满情绪会消除，但并不会导致积极的后果，而只是处于一种既非满意又非不满意的中性状态。只有激励因素才能产生使员工满意的积极效果。

激励因素基本上都是属于工作本身或工作内容的，保健因素基本上都是属于工作环境或工作关系的。

赫茨伯格还认为，提高工作效率的关键不在于使工作合理化，而在于使工作丰富化，以便有效地利用人力资源。他不主张用工作扩大化这个词，认为工作扩大化只是把工作的范围设计得更大些，经验证明，它并不能取得成功。只有工作丰富化才能为员工的心理成长提供机会。赫茨伯格双因素模式如图 5 –3 所示。

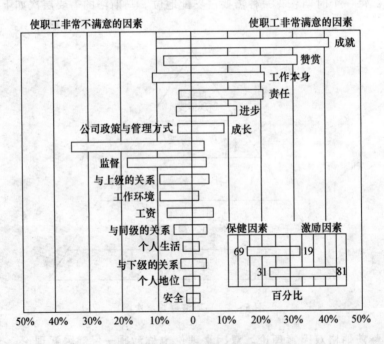

图 5 – 3   赫茨伯格双因素模式图

3. 奥德弗 ERG 理论。奥德弗认为，有三种核心的需要：生存、关系和成长，被称为 ERG 理论。

生存需要涉及满足人基本的物质需要，包括马斯洛理论中的生理与安全需要；关系需要是维持重要的人际关系的需要，与马斯洛的社交需要和尊重需要的外在部分相对应。成长需要是个人发展的内部需要，包括马斯洛需要层次理论的自尊需要和自我实现的一些特征。

其理论与马斯洛理论不同的在于：一是 ERG 理论证实，多种需要可以同时存在；二是如果高层次需要得不到满足，那么，满足低层次需要的愿望会更强烈；三是不必在低层次需要获得满足后才进入高层次的需要。教育、家庭背景和文化环境可以改变个体拥有需要的重要性或驱动力量，不同文化中的人对需要种类的排序是不一样的，如西班牙人和日本人把社会需要放在生理需要之前。奥德弗 ERG 模式如图 5 - 4 所示。

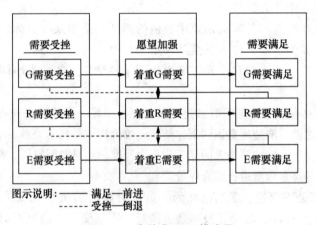

图示说明：—— 满足—前进
　　　　　------ 受挫—倒退

图 5 - 4　奥德弗 ERG 模式图

4. 麦克利兰成就需要理论。麦克利兰把人的高层次需要归纳为对权力、亲和（友谊）和成就的需要。他对这三种需要，特别是成就需要做了深入的研究。所谓成就需要，是指追求卓越，实现目标和寻求成功的驱动力。成就需要高的人往往具有较强的责任感，倾向于挑战性的工作和乐于看到自己的工作绩效和评价等特点。所谓权力需要，是指试图影响别人顺从自己的愿望。权力需要强的人喜欢"发号施令"，倾向于驾驭别人。提供权力对这种人有激励作用。所谓亲和需要，是指寻求与别人建立友善且亲近的人际关系的欲望。在工作群体中建立融洽的气氛对这种人有激励作用。

不同的人三种需要的强度是不一样的。在对员工实施激励时需要考虑这三种需要的强烈程度，以便提供能够满足这些需要的激励措施。

（二）过程型激励理论

1. 洛克目标设置理论。洛克认为，目标设置是管理领域中最有效的激励方法之一，员工的绩效目标是工作行为的最直接的推动力。人们追求目标是为了满足自己的情绪和愿望。目标会使人的行为具有方向性，引导人的行为去达到某种结果，而不是其他的结果。

他认为，目标设置要遵循以下原则：一是目标应当具体。用具体到每小时、每天、每周的任务指标来代替"好好干"的口号。二是目标应当难度适中。自我效能感影响难度的大小，自我效能感是指一个人对他能胜任一项工作的信心。三是目标应当被个人所接受。四是必须对达到目标的进程有及时客观的反馈信息。五是个人参与设置目标要比别人为他设置目标更为有效。

2. 弗鲁姆期望理论。弗鲁姆认为，激励 = 效价 × 期望。他提出了效价、工具性和期望三个核心的概念。

效价，是指个人对某种结果效用价值的判断，是指某种目标、某种结果对于满足个人需要的价值，或者说是某种结果对个人的吸引力。

期望，是指一个人对自己通过努力达到某种结果可能性大小即概率的主观估计。

这一理论具有广泛的应用前景，但它也存在不足。具体表现在：一是人们很难在做每件事之前，清楚地意识到工作结果、效价这一系列的关系。二是组织给予个人的奖励往往不一定按照个人的绩效和努力程度，而是按照资历、学历、技能水平、工作难度等许多因素进行综合评价。

3. 亚当斯公平理论。亚当斯认为，员工对收入的满足程度是一个社会比较过程。一个人对自己的工资报酬是否满意，不仅受收入的绝对值的影响，也受相对值的影响。每个人总会把自己付出的劳动和所得的报酬与他人做比较，也同个人的历史收入做比较。如果个人比率（报酬/贡献）与他人比率相等，他就会认为公平、合理，从而心情舒畅，努力工作。否则，就会感到不公平而降低工作积极性。个人历史的比较也会产生同样心理。

当人们比较后感到不公平时，往往会有如下表现：一是在认识上改变对自己具备的条件（包括努力、能力、教育程度、年龄等，即"投入"）与取得报酬（即"产出"）的评价。例如，改变对自己的能力估计，由过高到适当。二是改变对别人的评估。例如，由于对别人水平估计过低，故那人收入偏高。现在提高对该人水平估计，再与自己相比，会不觉得不公平。三是采取行动，改变自己的（报酬/贡献），如找一个收入更高的工作；或消极怠工，减少贡献。四是另选比较对象。比上不足，比下有余。取得主观上公平感使心理平衡。五是采取行动，改变他人的（报酬/贡献）。如向上级申诉理由，或要求与他人比高低。六是其他表现。如发牢骚，泄怨气，制造人际矛盾等。

不公平感的产生，大都是人们由于认为自己报酬过低。不公平感易在人心理上造成不良影响，挫伤人的积极性。

总之，亚当斯的公平理论对我们很有借鉴价值。因为公平感是普遍存在的一种心理现象，它不仅表现在工资收入比较上，在待遇、受尊重、奖励、表扬、晋级、态度等方面的比较时，人们都可以产生公平感或不公平感。所以，我们一方面应当通过宣传教育工作，设法改变引起人们不公平感的现实（纠正不正之风等）；另一方面，要引导人们尽可能客观地进行人际比较，正确地评价他人，用正确观点看待社会主义初级阶段中必要的或暂时的差别。

（三）行为改造型激励理论

1. 斯金纳强化理论。斯金纳认为，人的行为是对其所获刺激的一种反应。如果刺激对他有利，他的行为就有可能重复出现；如果刺激对他不利，他的行为就可能减弱，甚至消失。因此，管理人员就可以通过强化的手段，营造一种有利于组织目标实现的环境和氛围，以使组织成员的行为符合组织的目标。强化的具体方式有：①正强化又称积极强化。当人们采取某种行为时，能从他人那里得到某种令其感到愉快的结果，这种结果反过来又成为推进人们趋向或重复此种行为的力量。②惩罚。事后是用批评、降职、罚款等带有强制性、威胁性的结果，来创造一种令人不愉快乃至痛苦的环境，从而消除这种行为发生的可能性。③负强化又称消极强化。它是指通过某种不符合要求的行为所引起的不愉快的后果，对该行为予以否定。若员工能按所要求的方式行动，就可减少或消除令人不愉快的处境，从而也增大了员工符合要求的行为重复出现的可能性。④消退又称衰减。它是指对原先可接受的某种行为强化的撤销。由于在一定时间内不予强化，此行为将自然下降并逐渐消退。

强化理论的实际应用：根据人的不同需要，采用不同的强化物，信息反馈要及时，正负强化相结合，正负强化都要实事求是。

2. 挫折理论。挫折是指人类个体在从事有目的的活动过程中，指向目标的行为遇到障碍或干扰，致使其动机不能实现，需要无法满足时所产生的情绪状态。挫折理论主要揭示人的动机行为受阻而未能满足需要时的心理状态，并由此而导致的行为表现，力求采取措施将消极性行为转化为积极性、建设性行为。

在企业管理活动中，员工受到挫折后，所产生的不良情绪状态及相伴随的消极性行为，不仅对员工的身心健康不利，而且也会影响企业的安全生产，甚至易于导致事故的发生。因此，应该重视管理中员工的挫折问题，采取措施防止挫折心理给员工本人和企业安全生产带来的不利影响。对此，可以采取的措施包括：帮助员工用积极的行为适应挫折，如合理调整无法实现的行动目标；

改变员工对挫折情境的认识和估价，以减轻挫折感；通过培训提高员工工作能力和技术水平，增加个人目标实现的可能性，减少挫折的主观因素；改变或消除易于引起员工挫折的工作环境，如改进工作中的人际关系、实行民主管理、合理安排工作和岗位、改善劳动条件等，以减少挫折的客观因素；开展心理保健和咨询，消除或减弱挫折心理的压力。

（四）激励的综合模型

1. 波特和劳勒的激励模型。在波特和劳勒看来，人们通过一定的努力来达到一定的工作绩效，不同的绩效决定不同的报酬和奖励，并且给员工带来不同的满意程度。他们所建立的波特—劳勒模型就是对激励、满意和绩效三者的一种综合理解。实现激励目标，取决于以下因素：努力、奖酬的价值、感知的努力与获得奖酬（外在奖酬）的关系、绩效、完成任务所需要的能力和品质、对任务的认识程度、奖酬、感知到的公平奖酬、满意。

2. 波特—劳勒模型对管理者的启示。第一，管理者应该采取一定的方法来了解员工对奖酬效价的评价，对不同的员工采取不同的奖酬发放方式，并且根据员工奖酬效价的改变而变动奖酬的内容，做到有的放矢。第二，管理者应该针对员工的实际情况对员工所应该达到的绩效确定大致的衡量标准。第三，管理者应该把自己希望得到的绩效水平与员工所得到的奖酬结合起来，以最大限度地让激励作用得以发挥。第四，管理者要善于从全局的观点来引导员工的行为，对期望的行为与组织中其他因素的冲突问题及时进行了解和解决，以便产生较高的激励作用。

激励的综合模型如图 5-5 所示。

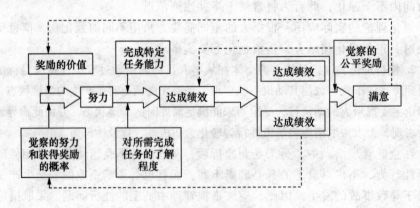

图 5-5　激励的综合模型图

案例 5 – 1 林肯电气公司

一、案例介绍

林肯电气公司总部设在克利夫兰，年销售额为 44 亿美元，拥有 2400 名员工，并且形成了一套独特的激励员工的方法。该公司 90% 的销售额来自生产弧焊设备和辅助材料。

林肯电气公司的生产员工按件计酬，他们没有最低小时工资。员工为公司工作两年后，便可以分享年终奖金。该公司的奖金制度有一整套计算公式，全面考虑了公司的毛利润以及员工的生产率与业绩，可以说是美国制造业中对员工最有利的奖金制度。在过去的五六年中，平均奖金额是基本工资的 95%，该公司中相当一部分员工的年收入超过 10 万美元。近几年经济发展迅速，员工年均收入为 44000 美元左右，远远超过制造业员工年收入 17000 美元的平均水平。公司从 1958 年开始一直推行职业保障政策，从那时起，公司没有辞退过一名员工。当然，作为对此政策的回报，员工也相应做到以下几点：在经济萧条时，他们必须接受减少工作时间的决定；而且要接受工作调换的决定，有时不得不调至报酬更低的岗位上。

林肯电气公司极具成本和生产率意识，如果员工生产出一个不合标准的部件，除非这个部件修改至符合标准，否则这件产品就不能计入该员工的工资中。严格的计件工资制度和高度竞争性的绩效评估系统，形成了一种很有压力的氛围，有些员工还产生了一定的焦虑感，但这种压力有利于生产率的提高。该公司的一位管理者估计，与国内竞争对手相比，林肯公司的总体生产率是他们的两倍。自 20 世纪 30 年代经济大萧条以后，公司年年获利丰厚，没有缺过一次分红。该公司还是美国工业界中工人流动率最低的公司之一。该公司的两个分厂曾被《幸福》杂志评为"全美十佳管理企业"。

（资料来源：王凤彬、朱克强：《管理学教学案例精选》，复旦大学出版社 2003 年版）

二、案例分析

案例中林肯电气公司在激励员工工作积极性方面主要运用了激励理论。具体有以下几种：

（1）公平理论。表现在生产工人工资采取按件计酬，这种做法一方面将所得与所付出充分联系起来，意味着大家报酬的取得和多少完全看个人的生产量，而与所占据的职位无关；另一方面也体现出产量与质量进行挂钩，确保高产量同时实现高质量，否则员工的奖金会受到影响，无疑这也是一种公平。

（2）期望理论。大多数员工进入公司后都期望有相当的工作报酬、丰厚的奖金和较好的职业保障。毫无疑问，林肯公司提供给员工的正是员工所期望的那些东西，它们是那么地富有吸引力，而且员工加以努力都能实实在在地得到。

（3）目标设定理论。从员工来讲，按件计酬给员工自身确定目标带来了便利，它不是"大锅饭"，限制个人能动性和积极性的发挥。从公司来讲，公司给员工明确的目标是分享年终奖金和稳定的职业保障，当然，这也要求员工连续工作两年以上并以不离开公司为前提。

（4）激励—保健理论。其中保健因素以用来消除员工的不满意因素，经济萧条与不景气一般意味着公司要裁减员工，而林肯公司的管理者们都不因此辞退任何员工，这种方式自然使员工具有职业安全感和社会归属感，从而更激励他们加倍努力工作。

从理论上讲，当公司激励员工的方式行之有效时，对于员工极具吸引力，而且员工付出适度的劳动能够达成一定的目标、取得相应的效果时，那么激励就是成功的、有效的。实际上，员工也都是些普通大众，更多的注意力放在自己的所得与所付出之比是否相称，同身边人比是否公平，而无论是公司设定的分享、年终奖金或职业保障政策，还是取消最低小时工资的按件计酬制，对大多数员工都称得上公平，且大家付出一定的努力都能得到实现。所以，长期以来，林肯公司能有效地激励员工工作。该公司的激励方式有：

（1）物质性激励。公司的奖金制度有一整套计算公式，全面考虑了公司的毛利润以及员工的生产率与业绩。通过满足个人利益的需求来激发人们的积极性与创造性。激励要点：一是只对成绩突出者予以奖赏，如果见者有份，既助长了落后者的懒惰，又伤害了优秀者的努力动机，从而失去了激励意义。二是重奖重罚。对于克服重重困难方才取得成功者，"赏如山"；对于玩忽职守，造成重大责任损失者，要"罚如溪"。

（2）精神性激励。公司一直推行职业保障政策，从那时起，公司没有辞退过一名员工，而且要接受工作调换的决定。精神激励就是调解和满足员工的精神需求，激发员工的工作热情，提高员工的工作积极性，为实现企业目标努力工作。不要仅局限于口头上的认可，而要通过奖状、奖杯、证书等一些物品使职工更持久地将荣誉铭记在心中，即使激情随时间已经淡化，只要一看到这些物品，员工就会产生受奖时的激情。要为推进公司改革发展提供坚实的人才支撑，有必要给员工以精神激励。

（3）责任性激励。林肯电气公司极具成本和生产率意识，如果工人生产出一个不合标准的部件，除非这个部件修改至符合标准，否则这件产品就不能计入该工人的工资中。从责任上激励每一位员工，创造一种竞争与奉献的氛围，可强化每一位员工的角色意识和对公司工作职责的认识。企业中的每一个工作目标都是具体的，分解到每一个岗位、每一个责任人的责任也都是具体的。以增添责任人履行责任的自信，从而鼓足工作的勇气。同时，还应向下属交代清楚实现不了工作目标所要承担的责任和追究的形式，给责任人必要的压力，从而焕发出高昂的责任热情。

有效的激励要求管理者掌握好奖励的时机和频率。奖励的时机会直接影响激励的效果，而奖励的频率过高或过低都会削弱激励的作用。

三、思考·讨论·训练

1. 您认为林肯电气公司使用了何种激励理论来激励员工？
2. 为什么林肯电气公司的方法能够有效地激励员工的工作？
3. 您认为该公司可以采用的激励方式有哪些？
4. 您认为这种激励系统可能会给管理带来什么？

案例 5-2　微软的员工

一、案例介绍

微软公司由美国人比尔·盖茨和保罗·艾伦始创于 1975 年，正式组建于 1981 年 6 月，总部位于美国的雷德蒙。微软在全球拥有 5 万多名员工，在 60 个国家和地区设有分公司。作为全球最大的软件公司，微软公司一直是新技术变革的领导者。

微软公司为各种计算机安装设备驱动程序提供一系列的软件产品的开发、制造、授权和支持。微软公司的软件产品包括基于服务器、个人电脑和智能设备的可升级操作系统；客户端和服务器环境下的服务器应用软件；信息工具应用软件；商业解决方案应用软件及软件开发工具。微软提供咨询服务和产品支持服务，并培训和授权系统整合及开发人员。微软提供 Windows 平台、服务器和工具，通过商业解决方案，帮助企业提高其整体竞争力，开发新的数字化家用技术和娱乐方式，促进移动计算和嵌入式装置的发展。微软公司还销售XBOX 游戏、游戏控制台及外围设备。微软的在线业务包括 MSN 互联网产品和服务。微软公司的 7 类主要产品是：客户端、服务器平台、信息工具、商业解决方案、MSN、移动应用系统及嵌入式设备和家庭消费及娱乐。

公司中软件开发工作的实际状况是：整天是枯燥乏味的工作，偶尔还会有沉闷的几个小时。你基本上把时间耗费在孤立的办公室中编写程序，或者以会议的方式寻找或评价程序中成千上万个缺陷或潜在的缺陷。但是，微软公司在发现并留住软件程序员方面毫无困难。他们程序员的工作时间长的令人恐怖，而且为了实现产品的目标而达到近乎痴迷的地步。

微软的新员工从上班的第一天开始，就知道自己很特殊而且他们的雇主也很特殊。新雇员都有一个共同特点——他们都是绝顶聪明之人。公司以此为自豪，它对所有应聘者进行极度令人疲惫的"连环面试"，在此过程中，求职者要面对未来同事提出的各种脑筋急转弯问题，以考查他们的思维水平。只有那些最优秀和最聪明的幸存者才有资格成为雇员。公司之所以这样做，是因为它真的相信微软公司是特殊的。例如，它能够高度宽容不合规范的行为。你会相信一个软件测试员每天穿着维多利亚时代的奢华裙子来上班吗？但是，有一种更深层的信念把每个微软人联系在一起：天降大任于这个公司来改变世界！每个程序员所做出的最不重要的决策，也极具重要性，因为它会影响到 5000 万人所使用的新版本。

微软员工的工作时间长是出了名的。一位程序经理说："在我的第一个 5年工作时间里，我的形象就是人们对于微软的刻板形象。维持我生存的是咖啡因、自动售卖机里的汉堡包、免费啤酒和每天 20 个小时的工作……我没有其他生活……我把这幢大楼以外的所有东西都视为邪恶。"现在，情况有了一些变化，虽然在这里依然有很多人每周工作 80 小时，但更普遍的情况是工作60～70 小时，甚至有些人仅仅工作 40 个小时。

如果不提公司为员工提供的十分赚钱的员工优先认股方案，对于微软员工生活的讨论就不够全面。微软比美国历史上任何一家公司都更快地制造出数以万计的百万富翁员工——20 世纪 90 年代末时已超过 1 万人。尽管公司显然不仅是一个获得财富的地方，不过经营人员还是看到了金钱的作用。一位前任经理声称，人力资源部实际上就是靠公司的股票价格来维持员工满意度的。"当股票升值时，人力资源部就可以高枕无忧，而且每个人都会说自己很快乐。但股票下跌时，我们会给员工安抚，而他们会告诉我们这样的安抚太残酷了。"

在 20 世纪 90 年代，微软股票每几个月就会翻一番，而且每年都会如大家所愿进行配股。员工不仅参与到微软改变世界的大任当中，他们还会在这一过程中致富。

微软公司的人格化管理。特别是其中无等级的安排让许多其他公司的员工欣赏。平等的办公室。只要是微软公司的职工，都有自己的办公室或房间。每个办公室都是相对隔开的，有自己的门和可以眺望外面的窗户；每个办公室的面积大小都差不多，即使董事长比尔·盖茨的办公室也比别人大不了多少。对自己的办公室，每个人享有绝对的自主权，可以自己装饰和布置，任何人都无权干涉。至于办公室的位置也不是上面硬性安排的，而是由职工自己挑选的，如果某一办公室有几个人选择，可通过抽签决定。另外，如果谁对第一次选择不满意，可以下次再选，直到满意为止。公司为充分尊重每个人的隐私权，每个办公室都安装了可随手关闭的门。微软公司的这种做法与其他公司不同，它使员工们感到很有意思，而且工作起来心情舒畅。

无等级划分的停车场。在微软公司，各办公楼前都有停车场，这些停车场是没什么等级划分的，不管是比尔·盖茨还是一般员工，谁先来谁就先选择地方停车，没有职位高低之分。即使如此，比尔·盖茨也从未因找不到停车的地方而苦恼过，因为每天他比任何人来得都早。

没有时钟的办公大楼也是微软公司与众不同的一个特点。微软西雅图市总部办公大楼是用简易的方法建造的，主要材料是玻璃和钢材。办公大楼的地面上铺着地毯，房顶上散发着柔和的灯光，但让人奇怪的是整座办公大楼内看不到一个钟表，大家凭良心上下班，加班多少也是自愿的。美国西雅图市的天气是阴多晴少。只要一出太阳且风和日丽，员工们可自由自在地在外面散心。

办公楼内到处可见高脚凳。微软公司除为员工免费提供各种饮料之外，在公司内部，可用于办公的高脚凳到处可见，其目的在于方便公司员工不拘形式地在任何地点办公。当然，这种考虑也离不开软件产品开发行业的生产特点。

微软公司就是靠别出心裁的人格化管理，吸引了一大批富有创造力的人才到微软公司工作，并通过营造独特的文化氛围，使这些人才心甘情愿地留在微软。

（资料来源：电子科技大学网：http：//218.6.168.52）

二、案例分析

管理离不开激励，不管是下属、自己还是上司，包括客户和供应商，只要是有人的地方，都需要使用管理的手段。激励，我们习惯上用得最多的，当然是对下属的激励，实际上，它的运用范围，远比你我想象的要广，所有与你产生联系的人，你都可以激励。一个好的管理人员，应该努力成为一个好的激励者，否则，你只能算是一个管家。有效的激励，不仅个人需要，团队同样需要。从案例分析中可以看出，微软激励主要有两个方面：第一是氛围。第二是承认你的价值。

（1）激励氛围。微软从比尔·盖茨的小公司开始创造这种努力工作的氛围，后来的人也继续把这个氛围保持下去。微软现在有这样一个大环境，新来的员工什么都不用想就知道努力工作。集体荣誉感是员工积极性和工作效率的源泉，而且与较高的管理效率密切相关。集体荣誉感给有所贡献的员工带来快乐，让员工具有归属感。集体荣誉感让员工看轻眼前的利益，但是看重未来的利益，比如，股票期权就是将员工的报酬需求与公司的发展和成功有效结合的最有效方式。微软也没有着装规定，允许你像在家一样穿着，只要你觉得舒服、节约时间、工作有效率，因为体现价值的是你的工作，而不是你的衣着，等等。微软的管理又一次使员工专注于工作，在大多数情况下，也没有工作小时数的设定，相信员工会选择最有效率的时段工作。事实上，大部分员工工作10小时以上。在不同的工作场所提供不同风格的自助餐厅，大家一起用餐而不至于思路中断。

（2）承认你的价值。微软的价值观是看贡献，不是看职位。因为有了这套机制，所以它可以使那些从事技术的人有更多的激情来做技术工作。事实上，微软所做的一切，都是为了提高员工的劳动生产率，让员工更关注工作的内容和进度；因为改善员工工作环境的人性化关怀，而获得了实质上的功利性的最大工作产出。如果你是一名程序员，一定愿意在微软工作。原因是微软公司的激励政策吸引你。比如，公司重视每个程序员的决策；公司为员工提供优先认股方案，以此来制造出更多的百万富翁和平等的办公室，无等级划分的停车场等。

作为一名大学生，能够体会到微软给人的吸引力。之所以大家愿意去微软工作，不外乎两个方面的原因：一方面是高的薪水，作为跨国公司中的巨无霸，微软给员工的待遇也是极好的；另一方面是自我价值的肯定，能够被微软录用，本身就是自我价值的一种肯定，同时在微软的工作是能够改变5000万人生活的工作，极具挑战性。但是，也有越来越多的人不愿意去微软工作，原因只有一个：工作强度极大。随着社会的发展，人们的生活越来越富足，同时服务业等第三产业的迅速发展给人们提供了更多的休闲娱乐方式。因此，随着人们生活方式的改变，微软的激励手段也应该有适当的调整。

三、思考·讨论·训练

1. 如果您是一名程序员，您是否愿意在微软工作？为什么？

2. 试用激励理论谈谈微软公司激励员工的方式有什么特点和成功的经验呢？

3. 随着人们生活方式的改变，微软的激励手段应该如何调整？

4. 您从该案例得到了什么启示？

案例 5 - 3　我们愿意加班

一、案例介绍

卢小姐在荷兰银行单证部工作，这是银行最繁忙的一个部门，主要从事信用证通知、议付、审单、结汇、开证等烦琐而又单一的工作。虽然分工很细，但业务量很大，每月 1500 万美元的交易额却只有 7 个人（包括卢小姐）在做，每天案头总是堆满了文件，而做不完的往往得加班 1~2 小时，因此到了星期五，没有人再愿意加班，而是想尽早回家过周末，虽然加班费是平时的两倍。但星期五恰是银行最忙碌的一天，有些事如不在星期五做完，就必须过两个休息日，这样在时间上就耽误了，也影响了银行的声誉。因此，副行长邓先生自然希望员工能自愿留下来加班，把事情做完。有一次星期五，需要结汇的单子并不多，所以员工们想下班后留下来干完，免得星期一案头又堆起一座小山，邓先生看见了，马上盛情邀请加班的员工在附近一家饭店共进晚餐。在席上，他先是对员工的加班行为进行表扬，同时希望员工们能继续下去，当然员工们都欣然同意。在以后的几个星期内，员工们在星期五都自愿留下来加班，而邓先生也每两星期请员工们吃饭，这样过了一个月，员工对此开始厌倦，并戏称邓先生的请客吃饭是"鸿门宴"。邓及时得到了这一反馈，并签发了一项新规定，凡星期五加班的，加班费按正常时间的四倍计，累计加班时间满 20 小时的可休假一天。事实证明，该规定非常有效。现在，员工们都愿意在星期五加班了。

（资料来源：义乌工商学院管理学基础精品课程网：http://www.ywu.cn）

二、案例分析

案例中副行长邓先生应进一步了解员工的主导需求。根据动机对行为作用的大小和重要性，可以将动机分为主导性动机和辅助性动机。主导性动机是个体最重要、最强烈的、对行为影响最大的动机。辅助性动机是强度相对较弱、处于相对次要地位的动机。人的行为实际上是由不同重要性的动机构成的动机系统决定。在这个动机系统中，主导性动机可以抑制那些与其目标不一致的动机，对个体的行为起决定性作用；辅助性动机则起辅助作用。当主导性动机和辅助性动机之间的关系比较一致时，活动动力会加强；如果彼此冲突，活动动力会减弱。

精神激励与物质激励相结合。已经满足的需求不再起激励作用。管理者在对员工进行激励时，必须遵循物质激励与精神激励相结合的原则。一般来说，在人的需要中，生理需要和安全需要是物质需要，通过物质资源可以满足。而社交需要、尊重需要、自我实现需要则不能仅依靠物质资源来满足，它们包含着更深层次的精神需要的内容。没有物质需要的满足作为基础，精神需要就无从说起；但有了物质需要的满足，精神需要却不一定能够满足。在管理工作中，更多的时候精神激励比物质激励更为重要。

由于员工所做的加班工作是额外的工作，应该奖励而不是惩罚。领导巧妙运用奖励的方式，选择恰当的奖励方式比增加奖金的数量更能调动职工的积极性。科学的奖励方式应该符合以下几项原则：

（1）具体性。表扬他人最好是就事论事，哪件事做得好，什么地方值得赞扬，说得具体，见微知著，才能使受夸奖者高兴，便于引起感情的共鸣。

（2）及时性。员工某项工作做得好，老板应及时夸奖，如果拖延数周，时过境迁，迟到的表扬已失去了原有的味道，再也不会令人兴奋与激动，夸奖就失去了意义。

（3）经常性。定期的奖励往往会失去作用，因为人们可对它做出预测。不可预期的间歇性的奖励效果会更佳，人们为了经常得到奖励，会时时努力工作。

（4）关心性。纯物质刺激，其作用终难持久，而当管理者用宝贵时间关心下属，它应成为强有力的手段，关心比奖励本身更为重要，这也就是常说的更有"人情味"。

（5）公开性。奖励是否公平，旁观者清。人们通常认为，人人都有机会得的奖励是公平的。如果仅有少数人能得到，则不公平。

（6）合理性。论功行赏，功大奖高，功小奖低，有大贡献的给予重奖，这样能鼓励人们尽力做出更大的贡献。如果奖励不当，小功大奖，大功小奖，倒不如不奖。

（7）广泛性。获重奖的人毕竟是少数，大部分认为自己应该得到而没有得到的人会感到丧气。小规模的象征性的奖励是积极的庆功表彰目标，不应该成为争执的焦点，所以应尽可能地扩大奖励范围。

（8）多样性。由于不同员工的需求不同，相同的激励措施起到的激励效果也不尽相同。即便是同一位员工，在不同的时间或环境下，也会有不同的需求。由于激励取决于内因，是员工的主观感受，所以，激励要因人而异。

总之，要深入地了解员工的实际需求，有针对性地进行奖励，使奖励的效能达到最大化。

三、思考·讨论·训练

1. 请用激励理论分析，为什么员工对周五加班从愿意到厌倦，又到愿意？
2. 如果采用惩罚策略，是否也能起作用？为什么？
3. 采取什么措施解决存在的问题？
4. 试探讨荷兰银行单证部激励措施有什么特点和优势？

案例 5-4 揭榜的积极性有多高

一、案例介绍

厂里正式张榜招贤，宣布谁能解决三车间工艺上那个老大难的技术问题，就发给奖金 8000 元，绝不食言云云。小吴看了，在心里捉摸开了：这问题正巧是他在大学里写毕业论文时选的题目，来厂后自己对它又很感兴趣，私下收集了一些数据，查过一些参考文献，对解决它有了一些朦胧的设想。当然把握并不太大，别人已干了好几年没解决，人家就是"废物"？所以只能说有一半把握吧！可是，就算我解决了又怎么样呢？不错，既然出了告示，这 8000 元奖金大概跑不了，可是自己并不缺钱用，不稀罕这奖金。当然，解决了它是对国家建设的一个贡献，但跟他的抱负比，只能算小事一件罢了。去钻研这问题，要费一番脑筋，倒是有点吸引力的，还能接受锻炼、长知识。不过，估计这方面的收获也不会太大……对了，最要紧的是这事的成功与否，对他跟组里同事的关系会有什么影响，对这一点小吴是十分关心的。啊呀，真要搞成了，那人家会不会说我"好出风头"、"财迷心窍"？坏了，多半会有人妒忌我、讥讽我、暗自给我一下子，那就得不偿失了。不过，我真攻下了这一关，全厂闻名，广播站也会报道。但这又有啥了不起呢？切不可图虚名而招实祸呵！何况，若失败了，多么丢脸，人家会笑话我"不自量力"的……他反复推敲斟酌，拿不定主意：去揭榜，还是不揭？

现在根据他这一番考虑，用期望论模型的术语和概念来加以表达，归纳在表 5 - 6 中。

表 5 - 6　　　　　　　　**用期望论模型来表达小吴是否揭榜情况表**

奖酬（R）	取值范围	给国家建设做贡献	工作本身兴趣与挑战	荣誉	与同事关系	奖金
绩效期望（E_1）	0～1			0.5		
奖酬期望（E_{2i}）	-1～+1	0.2	0.3	0.5	-0.8	1
奖酬效价（V_i）	0～1	0.8	0.5	0.2	1	0.2

（资料来源：余凯成：《燃起人们胸中热情之火》，企业管理出版社 1989 年版）

二、案例分析

应用期望理论来分析，人总是渴求满足一定的需要并设法达到一定的目标。这个目标在尚未实现时，表现为一种期望，这时目标反过来对个人的动机又是一种激发的力量，而这个激发力量的大小，取决于目标价值（效价）和期望概率（期望值）的乘积。用公式表示就是：$M = \sum V \times E$。M 表示激发力量，是指调动一个人的积极性，激发人内部潜力的强度。V 表示目标价值（效价），这是一个心理学概念，是指达到目标对于满足他个人需要的价值。同一目标，由于各个人所处的环境不同、需求不同，其需要的目标价值也就不同。同一个目标对每一个人可能有三种效价：正、零、负。效价越高，激励力量就越大。E 是期望值，是人们根据过去经验判断自己达到某种目标的可能性大小，即能够达到目标的概率。目标价值大小直接反映人的需要动机强弱，期望概率反映人实现需要和动机的信心强弱。这个公式说明：假如一个人把某种目标的价值看得很大，估计能实现的概率也很高，那么这个目标激发动机的力量就强烈。

怎样使激发力量达到最好值，弗鲁姆提出了人的期望模式：

个人努力→个人成绩（绩效）→组织奖励（报酬）→个人需要

在这个期望模式中的四个因素，需要兼顾三个方面的关系。一是努力和绩效的关系。这两者的关系取决于个体对目标的期望值。期望值又取决于目标是否适合个人的认识、态度、信仰等个性倾向及个人的社会地位，别人对他的期望等社会因素。即由目标本身和个人的主客观条件决定。二是绩效与奖励的关系。人们总是期望在达到预期成绩后，能够得到适当的合理奖励，如奖金、晋升、提级、表扬等。组织的目标，如果没有相应的有效的物质和精神奖励来强化，时间一长，积极性就会消失。三是奖励和个人需要的关系。奖励什么要适合各种人的不同需要，要考虑效价。要采取多种形式的奖励，满足各种需要，最大限度地挖掘人的潜力，最有效地提高工作效率。本案例小吴揭榜的积极性有多高？

$$M = E_1 \times \sum_{i=1}^{5} E_{2i} V_i = 0.5 \ [0.2 \times 0.8 + 0.3 \times 0.5 + 0.5 \times 0.2 + (-0.8 \times 1)$$
$$+ 1 \times 0.2] = -0.095$$

一番计较的结果，激励水平是一个负值，说明小吴不会主动去接这课题。原因主要是，他太重视跟同事的关系，又估计干成之后多半（八成）会把他所珍视的同事关系搞坏。为什么 E_1 取值范围未包括负值在内？因为估计即使难题没解决，也不至于造成事故或损失，所以不会出现负值。管理者在应用期望理论要注意以下几个方面：

（1）确定适宜的目标。所设立的目标既要有一定的挑战性，又要让人觉得有实现的可能性，经过努力能够达到。另外，要正确处理目标权变性和稳定性的关系，即出现了新情况后，要进行分析，有必要时应对不合理的目标进行必要的调整。注意不要轻易频繁调整，以免降低目标的效价和期望值。

（2）提高员工的期望值。根据期望理论，人们对自己的行动能否导致工作绩效和最终实现目标的期望值越大，他们所受的激励水平就越高。因此，管理人员可以通过指点、指导和培训的办法，明确提高下级对通过努力实现预期目标的期望，以充分调动他们的积极性。

（3）正确认识报酬在员工心中的效价。人们对其从工作中得到的报酬的评价（效价）是不同的，有的人重视薪金，有的人更重视挑战性工作。因此，管理者应重视使组织的特定报酬同员工的需要相符合。

（4）增强工作绩效与所得报酬之间的关联性。关联性强意味着员工的高工作绩效将导致报酬的提高，因此完成工作任务在员工心中的效价将会提高，进而提高其激励水平。为此，一是要明确什么工作给予什么奖酬；二是要使员工认识到这种奖酬与工作绩效有联系；三是要使员工相信只要努力工作，绩效就能提高。

三、思考·讨论·训练

1. 小吴为什么会有那么多顾虑？

2. 用心理防御机制解释小吴这种既想干又不敢干的心理。这种情况对他的心理会产生什么影响？

3. 您认为公司张榜招贤方式有什么优点和缺陷？

4. 请用期望理论分析，应从哪些方面着手改进？

案例 5 - 5　世界航空公司

一、案例介绍

世界航空公司成立于 1937 年。1977 年，该航空公司成为加拿大国家政府直接管辖的国有公司。从 1989 年 7 月开始，它实行了完全私有化。通过国内连接伙伴公司，该国家和美国的 54 个地区和目的港被连接到世界航空公司航线网中。世界航空公司与其地区航空公司一起，提供到 120 多个目的港的服务，包括北美的 90 多个，欧洲 8 个，加勒比和亚洲的 11 个点。1995 年美加签署开放天空协定，同年 2 月一项新的世界航空运输政策出台。该航空公司的运营扩展到一些经选择的跨边境、国际和国内市场。1995 年，世界航空公司在 20 条航线（主要是至美国的航线）开始提供服务，将到美国的 12 条包机航线转变为提供定期航班，并增加了 20 架喷气飞机。世界航空公司是一家上市公司。子公司有加拿大航空连接公司、联盟航空公司、安大略航空公司、诺瓦航空公司和加利略国际航空公司。联盟公司包括新西兰航空公司、全日空、英国米德兰航空公司、国泰航空公司、芬兰航空公司、大韩航空公司、汉莎航空公司、北欧航空公司、泰国国际航空公司、联合航空公司和牙买加航空公司。

2003 年 4 月 2 日，世界航空公司提出破产保护申请以使该公司能在解决财政困难的同时继续维持运营。在向法院提交的破产保护申请书中说，公司目前已筹集了约 7 亿美元的资金，以维持公司的运营。地方法院已接受了该公司的破产保护申请，并允许该公司在 5 月 31 日前继续负债运营。世界航空公司是该国最大的航空公司，受美国"9·11"事件的影响，该公司亏损日益严重，目前已举债 86 亿美元。由于近来伊拉克战事等原因，该公司目前每天亏损约 260 万美元。

世界航空公司经营状况不佳，其总裁在 1996 年曾试图说服在工会的机械工程师们接受降低工资和福利 15% 的比例，这样公司当年就能节省 2.5 亿美元的支出，对公司今后的发展十分有利。但在谈判时，工会成员列举了公司存在的许多问题，向总裁发起进攻。

该公司有 45 位副总裁、总裁及其家属乘坐一等机舱收费吗？不收。既然公司目前经营状况不佳，为什么总裁最近又加薪 11%？总裁回答说，他拿 35 万美元的年薪是因为他付出了大量艰苦的劳动。为什么公司最近向一个已经离开公司的前董事发放无息贷款？工会成员认为，在资方享受奢侈生活的同时，却让他们减薪，这未免太不公平。

（资料来源：http：//www.wzcdc.com/files/管理心理学）

二、案例分析

本案例主要是需要解决工资报酬分配的合理性、公平性及对员工产生积极性的影响问题。我们可以用公平理论来进行分析。公平理论认为，个人会把自己的所得和付出与别人相比，把自己现在的所得和付出与过去相比。比较的结果，如果公平，就会给人带来满意情绪；如果不公平，就会导致个人产生以某种行为改变目前状况的欲望。在本案例中，工会会员反对降低工资，是因为他们对自己的所得和付出与公司管理人员进行对比，他们认为，公司总裁及其家属可以免费乘坐一等机舱；总裁近来又加薪 11%，但公司经营状况却在恶化。在这种情况下要求工人减薪，十分不公平，因为工人的所得和付出之比在下降，而管理人员的所得和付出之比却在上升。另一方面，从公司向一个已离开公司的前董事发放无息贷款这一事例看，公司确实存在管理不善的问题，工会成员认为，由于管理人员水平低下，却让工人减薪，这是不公平的。

总裁要想使员工工作接受减薪，而且在减薪后还努力工作，应从以下几方面入手：降低管理人员的薪水，在此基础上再降低工人薪水；向员工做出承诺：改变公司管理不善的局面，提高公司的管理水平，降低因管理不善而带来的浪费及高成本；取消公司总裁及其家属可以免费乘坐一等机舱的制度，管理人员带头节约，降低管理成本。公平理论的应用应注意以下几个方面：

（1）正确诱导，改变认知。公平与不公平均来源于个人的感受，易受个人偏见的影响。人都有一种"看人挑担不吃力"的心理，易过高估价自己的成绩和别人的收入，过低估计别人的绩效和自己的收入。因此，管理者要及时体察员工的不公平心理，并认真分析、诱导，教育员工正确认识自己和他人。同时，以大局为重，多比贡献大小，少比报酬多少，克服追求绝对公平、斤斤计较得失的思想。

（2）各有依据，适当分配。公平是主观的，在分配过程中，存在若干种分配律，比如，贡献律、需要律（又称社会责任律）和平均律。不同的人希望采用的分配律并不相同，一些人认为公平的，另外一些人可能觉得并不公平。每一个分配律，都各有其一定的影响范围和市场。

（3）科学考评，合理奖励。人人都有一种寻求公平的需要。合理的奖酬是以公正科学的考核评价为基础的。纵观有些组织出现的不公平现象，主要还是由于缺乏科学的评价标准和管理制度。因此，建立健全科学的考评机制，加强科学化管理，是消除不公平现象的重要途径。

公平理论为认识员工的激励问题提供了又一思路，要求我们在进行激励时要注重公平问题，要尽可能公平地对待员工并且让员工感受到这种公平。在实际工作中，当激励效果不是很理想时，除了分析激励手段、激励方法之外，还要分析在激励过程中是否注意了公平问题，特别是组织中高层人员与中低层人员的激励公平的问题，相互之间的差距不能过大，否则就有可能适得其反而违背激励本来的目的。

在案例中，人们对分配方式的选择，主要取决于所要达到的目标和现存条件等因素。每种分配律都有适用的条件，应适当根据企业员工具体情况选取。

三、思考·讨论·训练

1. 试用公平理论分析，成功的管理者应该如何激励员工呢？
2. 假如确实有必要降低人工成本，总裁应该如何使公司员工不仅能够接受减薪，而且在减薪后还继续努力工作？
3. 公平理论的应用应注意什么？为什么？
4. 鉴于公司的现状，您认为管理者应如何改进激励方式？

案例 5 - 6　海尔的崛起

一、案例介绍

2005 年，海尔集团在转变发展观念、创新发展模式、提高发展质量，舍弃大量竞争力不高的订单的情况下，全年预计实现全球营业额 1039 亿元，同比净增 30 亿元，其中海尔品牌产品的出口和海外生产产品销售预计达 28 亿美元，同比增长 40%。实现从高速度增长到高质量增长的转变。2005 年海尔实现利税约 36 亿元，创业 21 年来，累计为国家上缴税收 160 多亿元。同年 8 月 31 日，英国《金融时报》评选 "中国十大世界级品牌"，海尔荣登榜首。国家质检总局首次评选三个 "中国世界名牌"，海尔冰箱、洗衣机双双入选。据权威评估，海尔自主品牌价值高达 702 亿元，连续四年蝉联中国最有价值品牌榜首。在 2005 年世界品牌 500 强的排名中，海尔排在第 89 位，海尔已经成为"中国造"的一面旗帜。人们惊叹之余，不免要思索海尔是如何从一个严重亏损的小型国有企业走向成功和辉煌的呢？让我们沿着海尔成长的轨迹，看看其成长历程吧。

（一）艰难的起步（1983～1988 年）

1984 年是海尔集团创业史的开端。海尔集团前身是由两个小厂合并而成的青岛电器总厂，由于技术落后、管理不善、人员素质差，企业举步维艰，1984 年亏损达 147 万元。新任厂长张瑞敏受命于危难之际，在大量市场调查基础上，他们选择冰箱为突破口，试图通过引进技术转产电冰箱来谋求一条生路，通过对 32 个国外厂家进行比较，该厂决定采用德国利勃海尔公司的先进技术，并签订了技术引进合同。同年 10 月，青岛电冰箱厂被确认为中国最后一个电冰箱定点生产厂，由此拉开了海尔集团创业的序幕。

当时，国内已有 40 多家冰箱生产定点厂，其中有不少产品冠以"部优"，具备一定的市场竞争力，且进口冰箱已充斥市场。经过市场分析，该厂发现，尽管市场上冰箱产品繁多，但尚未形成中国的名牌冰箱，名牌几乎还只是洋货的代名词，若本厂能够率先创出名牌产品，必将立于市场不败之地。因此，他们提出了"要么不干，要干就要争名牌"的口号，确立了创名牌冰箱的企业发展战略。

名牌战略的核心是高质量。海尔理解全面质量管理的精髓是：改变质量的价值观。当时，中国企业还是将产品分成一等品、二等品、三等品及等外品，只要能用就可以。张瑞敏等人认为，如果不抛弃这种质量分级概念，让带有缺陷的产品出厂，本厂所有产品都将失去生命力。于是明确提出"有缺陷的产品就等于废品"的新观念。改变企业面貌和方向的最难点是人的观念问题。1985 年 4 月，张瑞敏主持了一个劣质产品展示会，展品是本厂新近生产的 76 台电冰箱，全厂职工轮流参观 7 天，最后由这些不合格产品的直接责任人当众砸毁，尽管这些冰箱完全可以分级出厂，尽管这些冰箱等价于全厂职工 3 个月的工资。正是这个"砸冰箱事件"砸出了全厂员工的质量意识、名牌意识。在企业走上正轨、蒸蒸日上时，海尔又提出了"创中国冰箱名牌"、"无私奉献、追求卓越"的企业精神。

高质量还得靠高水准的管理。该厂为尽快改变管理的混乱状态，出台了管理措施《十三条》。随着工厂走向正规，该厂逐步从德国厂方学到了科学管理方式。1985 年重点抓基层管理，实施 4 年后，企业管理逐渐由无序走向有效。随着 1985 年推出亚洲第一代四星级电冰箱"青岛利勃海尔"，1988 年摘取了中国冰箱史上首枚金牌，并入围全国 500 家最大工业企业。

（二）蓄势腾飞（1988～1992 年）

1988 年是电冰箱最紧俏的年份，许多厂家把眼光全放在扩产上，质量不再成为热点，更谈不上售后服务。海尔则不然，它既不放松质量，又重点抓了服务。到 1989 年其相对优势显示出来了，与上一年的抢购风潮相比，这一年消费者持币待购，各类商品供过于求，市场萧条前所未有，降价之风此起彼伏。身处此等险境，张瑞敏突然决定将本厂所有产品提价 10% 出厂。他的分析是：消费者持币待购的实质是市场上缺乏高质量的产品，提价销售，恰是显示"海尔"品质的良策。果然，半个月后，其销售部已是车水马龙。

在国内市场尝到高质量的甜头后，海尔开始冲击国际市场。20 世纪 80 年代末、90 年代初，国家制定了优惠政策以资鼓励，中国出口创汇风盛行；很多企业不顾获利与否，倾销原料及半成品，低价换汇。海尔却冷静地坚守名牌战略，其出口导向不是创汇，而是创牌，采取"先难后易"策略，制定了先进入发达国家和地区市场，创出名牌后，再进入发展中国家和地区市场。海尔这一举措成功了。自 1990 年开始，其冰箱先后进入美、德、法等国市场。

冰箱得到市场承认，自然是得益于其日渐完善的质量管理体系以及不断的新产品开发。从 1988～1990 年，企业整体素质迅速提高，1990 年晋升为国家一级企业，并获中国电器唯一驰名商标，且通过美国 UL 认证。1991 年海尔集团公司正式成立，随着产量的稳步增加，海尔更注重正确处理规模扩张与质量控制的关系，除了现有质量保证体系外，还强化对过程的控制，进而达到对结果的控制。正是基于这样一种思路，产生了"日日清"及海尔特色的 OEC 管理模式，"竞争上岗、三工轮换"的科学用工制度，"计效联酬"的分配制度等一系列有效的管理手段及体系。

OEC 是 Overal Every Control and Clear（全面逐项控制和清理）的缩写。其含义是全方位地对每人、每天所做的每件事进行控制和清理。每位员工按"日事日毕，日清日高"的标准检查自己，使每项工作每天都有新的提高，从而推动整个企业按照既定目标向上爬动。海尔的 OEC 管理模式，由全方位目标系统、日清控制系统和有效激励系统三方面构成，它立足于海尔的三项制度改革，使海尔的各项制度相互衔接，构成一个有机的统一体，囊括了企业管理的诸项要素：目标、责任、考核、奖惩、监督、分配、晋升等。这是一种以人为本的管理，旨在调动职工积极性，开发其智慧，发挥其创造力。这是企业自我约束、自我发展、良性循环的精细化管理方法，达到了企业管理的一种高境界，是海尔文化的核心内容。

在责权划分上，海尔提出了著名的 80/20 原则，即管理人员和员工责任分配的"80/20 原则"，它是指企业里发生的任何一件过错、失误，管理者都要承担 80% 的责任，而具体操作者承担 20% 的责任。海尔认为，优秀的工作是由优秀的员工做出来的，优秀的员工是由优秀的干部带出来的。在海尔，只能说领导层素质差，不能说普通员工的素质差。因为如果说员工的素质差，那领导层起什么作用呢？所以，张瑞敏有一句至理名言：部下的素质低，不是你的责任，但不能提高部下的素质，就是你的责任。

在海尔看来，企业不缺人才，最缺的是出人才的机制。因为人人都是人才，关键是看你能不能将每个人所具备的最优秀的品质和潜能充分发挥出来。为此，海尔变相马为赛马，提出了著名的赛马机制。赛马机制实质上就是出人才的机制，即赛马场上挑骏马。这种赛马机制强调赛马而非相马。海尔的具体做法是：每个月都搞一次"大选"，所有岗位都面向外界实行公开竞聘。每个月人力资源中心将空岗情况和招聘条件公布于众，每个人都可以上台打擂。经严格的实际考核、笔试和面试，使每个人都有机会找到最大地限度地发挥自己特长、实现自身价值的位置。正如张瑞敏所言："你能翻多大的跟头，我就给你搭多大的舞台。"

这一机制最初体现在公司内部实行的"三工转换制度"，即将员工分成试用员工、合格员工和优秀员工，三种员工实行动态转化。通过科学的赛马规则，进行严格的工作绩效考核，使所有员工在动态的竞争中提升、降级、取胜、淘汰。对于努力者，试用员工可以转为合格员工乃至优秀员工；对于不努力者，就会由优秀员工转为合格员工或试用员工。对在岗干部实行"在位要受控，升迁靠竞争，届满要轮岗，末位要淘汰"，打破年龄、资历、干部、工人界线，将一流的人才选拔到管理岗位上去，对科研人员推行预期招标，取消基本工资和档案工资，只领取项目承包费，收入上不封顶，下不保底。

（三）创造辉煌（1992~1996 年）

1992 年邓小平同志南方谈话的发表，使中国的经济改革进入了一个新的发展时期，这对海尔的发展也是一个大好时机，海尔人迅速做出反应，筹建海尔工业园。1992 年 11 月开工建园，1995 年年底完成其投资 16 亿元的一期工程。海尔园占地 700 多亩，是中国最大的成片开发的电器生产基地。它的建设适应了集团内各企业急需调整产品结构、扩大生产规模之需要。园内项目投资原则是"三高一名"，即高科技、高创汇、高附加值、走名牌战略之路。1996 年，海尔园的销售收入达到了 32.7 亿元，占当年集团总收入的 53.1%。

调整产品结构、扩大生产规模的另一途径是企业兼并。从 1988~1997 年十年中，海尔先后兼并了亏损总额 5.5 亿元的 13 个企业，盘活资产 14.2 亿元，接收员工万余名，兼并企业成活率达 100%。主要的兼并事件有：1995 年 7 月兼并青岛红星电器公司，1995 年 12 月对武汉希岛冷柜公司控股 60%，兼并红星电器公司使海尔洗衣机产量从 30 万台猛增至 100 多万台。

海尔扩张的方法是专吃"休克鱼"。所谓"休克鱼"是张瑞敏对硬件条件很好，但因思想、观念滞后而停滞不前的企业的形象比喻。"休克鱼"有潜在活力，一旦激活具有较为显著的市场效益。这是海尔选择扩张对象的理论依据，也是海尔扩张成功的前提。海尔扩张的策略不采用注入资金盘活有形资产，而是通过自身优势的拉动、辐射、海尔文化的渗透、海尔品牌的输入，以无形资产盘活有形资产，使"休克鱼"条条激活，走出了一条成功的规模扩张之路。

海尔扩张的组织模式不是采用火车头挂车厢的单动力牵引模式，而是创造"联合舰队"的模式。1993 年 2 月，海尔进行了以权力分散化为中心的组织结构改革，将成熟化的 OEC 管理模式运用于各个企业，既要服从整体（旗舰）的指挥，又要发挥独立应战的能力，这一组织模式使每增加一个成员，产生的是 $1+1>2$ 的效果，海尔"总体一定要大于局部之和"的扩张原则，体现了"做大是为了求强"的宗旨，把集团纵向式的组织结构改成扁平式的组织结构。

（四）二次创业（始于 1996 年）

1995 年，海尔集团兼并重组，具有了相当规模，各种认证、奖项接踵而至，企业管理取得突出成果，但海尔不是"躺"在名誉上，安于现状，而是清醒地认识到来自市场的危机，敏感地意识到国内市场国际化是不可避免的大趋势，海尔主动出击，提出了"二次创业"的思路。在国内家电厂家惊呼跨国公司瓜分中国市场，甚至"八国联军"（八个外国品牌）将海尔当成重点研究对象并扬言三年打败海尔总部，在这种"与狼共舞"的局面下，初具"与狼争雄"实力的海尔便大胆提出"创世界名牌"，进入世界 500 强的宏伟目标。同时实施国际化的"三个 1/3"战略，即国内生产国内销售 1/3，国内生产国外销售 1/3，国外生产国外销售 1/3，其奋斗目标就是创国际名牌。同时，由于员工素质不断提高，成员结构发生变化，企业的任务发生变化，海尔适应新形势，把"无私奉献，追求卓越"的企业精神，改成"敬业报国，追求卓越"的企业精神；在集团总部 12 楼，企业文化展览墙的序言里这样写道："我们怀有一个梦想，中国应有自己的世界名牌，龙的民族应有龙的脊梁。我们怀有一个梦想，海尔要创出中国的世界名牌，让炎黄子孙在世界挺起胸膛。"

海尔在大跨步前进，海尔的观念也在不断创新，但每一次，海尔都能进行制度文化、物质文化的系统整合，保持动态平衡。目前海尔已初具"大名牌、大市场、大科研、资本和企业文化统一"的整体思路和氛围，出现在海尔的面前的将是更加宽广的世界！

（资料来源：余敬、刁凤琴：《管理学案例精析》，中国地质大学出版社2006年版）

二、案例分析

从上述案例中，我们看到了海尔集团的激励机制。主要是企业的用人机制和激励机制的完善。

（1）海尔的"斜坡球理论"。海尔集团从斜坡上流动的小球这一极普通的生活现象中，悟出了企业人才发展的规律——斜坡球发展理论。根据斜坡球发展理念，海尔的用人机制是"人人是人才，赛马不相马"。相马是将命运交给别人，而赛马则是将命运掌握在自己手中。具体来说，斜坡球理论表现在以下几个方面："三工"并存，动态转换。"三工"即优秀工人、合格工人和试用员工。海尔用工改革的思路是，干得好可以成为优秀工人；干得不好，可随时转为合格工人或试用人员。这种做法有效地解决了"铁饭碗"问题，使企业不断激发出新的活力。

（2）海尔OEC管理。在海尔集团，有一个坚持了十多年的工作准则，即每一位员工每天都要根据"当天的工作当天完成，今天的工作一定要比昨天提高"的思想，不断地找出工作中的不足与失误，总结经验教训，以便日后更好地工作。这就是"日清工作法"，即"日事日清，日清日高"。"日清工作法"是海尔集团奉行的最重要的员工行为准则，是海尔集团传授给每一位新员工的第一个理念。它强化的是每一位员工想尽办法去完成每天的工作目标、落实自己的责任，而不是为没有完成工作去寻找借口，或者是得过且过。它体现的是一种完美的执行能力，一种负责敬业的精神，一种追求卓越的态度。其核心是敬业、责任和追求卓越。这一理念是提升企业执行力、倍增企业效率的最重要的准则。

（3）良好的员工激励制度。企业首先是人的集合体，企业经营的各种要素是在主动参与经营的人的利用下才发挥作用的；企业管理既是对人的管理，也是通过人的管理。因此，只有使参与企业活动的人始终保持旺盛的士气、高昂的热情，企业经营才能实现较好的效绩。激励制度正是基于这样的考虑，在企业运行过程中发挥作用。海尔集团的用人理念："人人是人才，赛马不相马；你能够翻多大跟头，给你搭建多大舞台。"根据需要层次理论，人们的需要由低级到高级分别为生理需要、安全需要、社交需要、尊重需要、自我实现需要。海尔的用人理念体现了对员工的尊重和促使其自我价值的实现。可以说是从较高的层次实现员工的需要。这种激励是与效绩息息相关的。

（4）80/20原则揭示了责权对等的原则。讲的是关键的少数制约着次要的多数：管理人员是少数，但是关键的；员工是多数，但从管理角度上说，却是从属地位的。假如一个员工出了问题，他会受到处罚，但同时他的上一级主管领导也应该受到相应的处罚。董事长张瑞敏对公司中层领导讲过这样一句话："部下的素质低，不是你的责任；但是，不能提高部下的素质，就是你的责任。"在海尔集团，各管理层干部一致认为，作为领导，没有抓好员工，就不能抱怨员工的素质低。如果领导没有制定一套提高员工素质的培训机制和激励机制，那么，素质低的员工永远不会自发地提高，素质高的员工也会因为没有激励的氛围而渐渐变得素质低。如今，"只有落后的干部，没有落后的群众"这句话，在海尔已经成为经典。

（5）海尔重视精神激励。在实际管理过程中，激励员工应该注意几个方面的问题：一是了解员工的需要是一切激励措施的前提。不同类型的员工，其主导性的需要是不一样的。一般来说，高技术人才大多是成就和成长需要占主导地位。对不同层次的需要，企业提供不同的满足方式，对成就和成长需要占主导地位的人，要从提供培训和发展机会入手，而对于尊重需要，则要提供认可、赞赏等满足方式。二是为员工设立明确的可达到的目标，将目标管理落到实处。员工应该明确地被告知，企业对他的期望是什么，他将怎样才能获得成功，什么样的情况下，他会受到奖励，什么样的情况下，他会受到批评和处罚，他应该向什么方向发展才符合企业的需要。三是将绩效与工资、报酬联系起来，并确保报酬公平合理，对外具有竞争力。定期对员工的绩效进行考评，考评标准公开，让每个员工都知道自己好在哪里、不足在哪里。引导员工向更高层次的需求发展，重视精神奖励的作用，海尔集团的经验值得借鉴。

三、思考·讨论·训练

1. 从海尔砸冰箱事件中，您认为这种质量控制应属于事前、事中或事后哪一类控制？为什么？

2. 80/20原则揭示了什么管理原则？

3. 海尔的赛马机制与传统的相马机制有何不同？赛马机制蕴涵着怎样的管理思想，请用激励理论进行分析。

4. 海尔集团公司成功的管理经验有哪些？它对国有企业改革发展有何借鉴意义？

第六章　群体行为

学会集体工作的艺术。在今天的科学中，只有集体的努力才会有真正的成就。如果你一个人工作，即使你有非凡的能力，你也不能在科学上做出巨大的发现，而你的同事将始终是你的思想的扩音器和放大器，正如你自己——集体中的一员——也是别人的思想的扩音器和放大器一样。

——泽林斯基

企业的成功靠团队，而不是靠个人。

——罗伯特·凯利

一、群体及其类型

（一）群体的定义

群体是指为了实现某个特定的目标，由两个或更多的相互影响、相互作用、相互依赖的个体组成的人群集合体。组织、群体和个体是不可分割的整体。群体介于组织与个人之间。作为群体的一个显著标志是群体内成员在心理上是否有一定的联系，是否有共同的需要和共同的目标。

人们加入群体是要完成某项任务或是要满足自己的社会需要。当然，这两个原因不是截然分开的。具体来说，人们在群体中可以获得以下需要的满足：

（1）安全需要。群体可以为个人提供安全感。作为一个大型组织的成员可能会产生不安全感的焦虑，但归属于一个小群体则可以减轻这种恐惧。

（2）情感需要。群体可以满足个人的友谊和情感需要。被他人所接纳是一种重要的社会需要，它可以增强个体的自信心。

（3）尊重和认同的需要。群体给个人提供了称赞和认可的机会，使他们感到自己的重要性。

（4）完成任务的需要。群体产生的主要原因是为了完成任务。有许多工作必须协同努力才能完成。

（二）群体的类型

1. 大型群体与小型群体。凡是群体成员之间有直接的、个人间的、面对面的接触和联系的群体，就是小型群体；大型群体，是指成员之间以间接的方式（通过群体的目标、各层组织机构等）联系在一起的群体。

2. 正式群体和非正式群体。正式群体是由组织结构确定的、职务分配很明确的群体。①命令型群体。由组织结构规定，由直接向某个主管人员报告工作的下属组成。②任务型群体。是指为完成一项工作任务而在一起工作的人所组成的群体；非正式群体是没有正式结构，也不是由组织确定，以个人之间的好感、喜爱或共同兴趣为基础而构成的群体。①利益型群体。为了实现一个共同关心的目标而组成的群体。②友谊型群体。基于成员的共同特点而形成的群体。

正式群体与非正式群体的区别如表 6 - 1 所示。

表 6 - 1   正式群体与非正式群体的区别表

类型	组成因素	特性
正式群体	依正式程序而组成	结构单一性
		具有一定结构形式
	以正式结构为本，而产生心理认同	领导者常具有主管身份
		主要目标为达成工作任务
非正式群体	依人员自然交往而形成	结构具有重叠性
		不具有一定结构形式
	由心灵组合为本，而产生无形结构	领导者不一定为主管
		主要目标为满足成员需求

3. 开放群体和封闭群体。根据群体的开放程度原则，可以把群体划分为开放群体和封闭群体。开放群体经常更换成员，成员来去自由，封闭群体成员比较稳定。另外，封闭群体成员等级关系严明，而开放群体中成员的地位和权利不稳定。开放群体由于人员不稳定，所以不适合于长期的任务，但也有其好处，例如，因经常输入"新鲜血液"而可以吸收新思想和人才，他们对周围环境的适应性也比较强。以上两种类型的群体适合于不同类型的活动。例如，对于长期规划，封闭群体更有效；对于发展新思想和新产品，开放群体更有效。

4. 假设群体和实际群体。假设群体或统计群体是指实际上并不存在，只是为了研究和分析的需要而划分出来的群体；实际群体是指实际存在的群体，这类群体成员之间有实际的直接或间接联系。

（三）群体的作用

1. 群体对组织的作用。群体是保证组织目标得以实现的中坚力量；群体是推动组织发展的源动力；群体是组织职能部门相互联系的纽带；群体是解决组织问题的一种有效办法；群体能够推动复杂决策的完成；群体是促使成员社会化或对其进行培训的媒介；群体是组织社会形象的传播工具。

2. 群体对个体的作用。群体是满足成员个体需要的基本手段；群体是人们产生、加强和巩固认同感以维护自尊的基本手段；群体是确立和检验社会现实的基本手段；群体是减弱人们不安、焦虑和软弱感的基本手段；群体是其成员用来解决问题，完成任务的一种途径。

（四）群体的发展阶段

第一阶段：形成。其特点是群体的目的、结构、领导都不确定。群体成员各自摸索群体可以接受的行为规范。当群体成员开始把自己看作是群体的一员时，这个阶段就结束了。

第二阶段：震荡。即群体内部冲突阶段。群体成员接受了群体的存在，但对群体加给他们的约束仍然予以抵制。而且，对谁可以控制这个群体还存在争执。这个阶段结束时，群体的领导层次就相对明确了。

第三阶段：规范化。在这个阶段中，群体内部成员之间开始形成亲密的关系，群体表现出一定的凝聚力。这时会产生强烈的群体身份感和友谊关系，当群体结构稳定下来，群体对于什么是正确的成员行为达成共识时，这个阶段就结束了。

第四阶段：执行任务。在这个阶段中，群体结构已经开始充分地发挥作用，并已被群体成员完全接受。群体成员的注意力已经从试图相互认识和理解转移到完成手头的任务。

第五阶段：中止阶段。对于长期性的工作群体而言，执行任务阶段是最后一个发展阶段，而对暂时性的委员会、团队、任务小组等工作群体而言，因为这类群体要完成的任务是有限的，因此，还有一个中止阶段。在这个阶段中，群体开始准备解散，高绩效不再是压倒一切的首要任务，注意力放到了群体的收尾工作。群体成员的反应差异很大，有的很乐观，沉浸于群体的成就中；有的则很悲观，惋惜在共同的工作群体中建立起的友谊关系，不能再像以前那样继续下去。

对五阶段模型的解释有这样的假设：随着群体从第一阶段发展到第四阶段，群体会变得越来越有效。虽然这种假设在一般意义上可能是成立的，但使群体有效的因素远比这个模型所涉及的因素来得复杂。在某些条件下，高水平的冲突可能会导致较高的群体绩效。所以，我们也可能发现这样的情况：群体在第二阶段的绩效超过了第三阶段和第四阶段。同样，群体并不总是明确地从一个阶段发展到下一个阶段。事实上，有时几个阶段同时进行，比如，震荡和执行任务就可能同时发生。群体甚至可能回归到前一个阶段。因此，即使是这个模型最强烈的支持者也没有假设所有的群体都严格地按照五阶段发展或者四阶段总是最可取的。

二、群体的规范

(一) 群体的规模

群体规模即组成一个群体的人数多少。工作群体规模应视群体任务的性质而定。任何工作群体都应有其最佳人数，也应有其上限和下限。

美国心理学家詹姆斯认为，小群体的最佳人数为 2～7 人。有些学者认为，小群体的下限应为 3 人；多数学者认为，小群体的上限以 7 人为最佳，但也有人主张 20 人、30 人甚至 40 人。群体的规模并不是越大越好，一些学者研究了不适当的扩大群体规模可能产生的问题：随着群体规模的增大，群体资源的总量也增加，但这些资源不一定都是有用的资源，如群体间的不同点也增多，因而成员各自的特长难以发挥；随着群体人数增多，成员参加活动的和得到奖励的机会减少；群体人数越多，就越需要做大量的组织工作，以协调成员的活动；随着群体人数增多，群体成员之间的冲突也会增多；群体成员人数越多，成员之间彼此了解的程度就会越低。

(二) 群体中的角色

每一成员在群体中都表现出自己特定的行为模式，我们称之为角色。几乎在任何群体中，都可以看到成员有三种典型的角色表现，这就是自我中心角色、任务角色和维护角色。这些不同的角色对群体绩效会产生不同的影响。群体角色构成的群体类型模型图 6-1 所示。

图 6-1 群体角色构成的群体类型模型图

1. 自我中心角色。自我中心角色是成员处处为自己着想，只关心自己。这类人包括：①阻碍者。是指那些总是在群体通往目标的道路上设置障碍的人。②寻求认可者。是指那些努力表现个人的成绩，以引起群体注意的人。③支配者。这类人试图驾驭别人，操纵所有事务，也不顾对群体有什么影响。④逃避者。这类人对群体漠不关心，似乎自己与群体毫无关系，不做贡献，等等。研究表明，这些角色表现对群体绩效带来消极作用，造成绩效下降。

2. 任务角色。任务角色的表现有：①建议者。是指那些给群体提建议、出谋划策的人。②信息加工者。是指为群体搜集有用信息的人。③总结者。是指为群体整理、综合有关信息，为群体目标服务的人。④评价者。是帮助群体检验有关方案、筛选最佳决策的人。

3. 维护角色。维护角色的表现有：①鼓励者。热心赞赏他人对群体的贡献。②协调者。解决群体内冲突。③折中者。协调不同意见，帮助群体成员制定大家都能接受的中庸决策。④监督者。保证每人都有发表意见的机会，鼓动寡言的人，而压制支配者。

任务角色和维护角色都起积极作用。每一个群体不仅要完成任务，而且要始终维持自己的整体。成员的任务角色和维护角色的作用正是为达到这两个目的。研究发现，在任务角色、维护角色和群体绩效之间呈正比关系。

（三）群体规范

群体规范主要是指为了保证目标的实现，每个群体成员都必须严格遵守的思想、信念和行为的准则。

1. 群体规范的作用。群体规范的基本作用是对成员具有比较和评价的作用，它可以为成员提供认知标准和行为准则，用以调节、制约成员的思想和行为，使他们保持一致，群体规范还可以作为成员们彼此认同的依据。但是，群体规范并不是对成员的一言一行都加以约束，而是规定了成员的思想行为的可接受和不可接受的范围。群体规范因群体存在的正式性和非正式性，以及有无明文规定和监督、处罚，而分为正式的规范和非正式的规范。

群体规范是指群体内部所确立的、为群体成员所共同意识到的并必须共同遵守的行为准则。每个群体都有自己独特的行为规范，无论是正式的或是非正式的，成文的或不成文的，都同样有约束和指导其成员的效力。群体存在的一个重要基础是它的一致性，这表现为群体成员在行为上、观点上的协调统一。而群体就是通过群体规范这一重要手段来维护这种协调统一的。群体规范并不是事无巨细地对每个群体成员的一举一动进行约束和限制，而是对群体成员可能影响到群体利益和群体荣誉的主要言行所规定的容忍范围和促使群体成员行为发展趋向的准则。

2. 群体规范的类型。群体规范，按对象划分，可分为正式群体的规范和非正式群体的规范；按规范的存在形式划分，可分为成文的准则规范和不成文的意识规范等。正式群体的规范，往往以成文的规章制度形式出现，并且辅有明确的奖罚标准作为调节控制群体成员行为的基础。为保证这种规范的落实，除施加群体压力之外，还应辅以经济的、行政的方法进行督促。例如，企业中的基本单位——班组，为保障自身群体的统一协调性，就必须制定成文的规章准则，来约束班组中每一个成员的行为。

3. 群体规范的形成。正式群体规范的形成一般分为三个阶段：

（1）认识争论阶段。围绕即将形成的规范条款，群体中的每个成员各抒己见，发表自己的评价和意见，甚至出现激烈的争论，彼此充分交换认识，相互启发和影响。

（2）趋同阶段。经过第一阶段的争论和意见综合，形成了一种代表多数群体成员意志和利害关系并占主导地位的折中意见。

（3）接纳阶段。趋同阶段形成的占主导地位的意见，经过更多群体成员的认可和完善，就形成了正式的群体规范。

非正式群体规范的形成更复杂一些。其规范的形成有一些是依据上述步骤形成的，但更多的是受到历史的、群体首领的、习惯的、群体目的和社会因素的影响，同时也在很大程度上受到模仿、暗示、顺从等心理因素的制约。

4. 影响群体规范形成的主要心理因素。美国心理学家谢里夫利用人的视差错误做了一个实验。充分证明，群体规范的形成会受到心理因素的影响。这个实验是在一个封闭的、无任何参照背景的暗室里进行的。被试者逐一地被单独安排坐在暗室里，在他的前方布置一个光点，测试者告诉被测者光点在移动（而实际上光点并未移动），几分钟后，光点熄灭，实验结束。这时，测试者要求被试者独立地判断光点移动的方向和距离。结果每个被测者都认可了光点在移动，并且建立了各自的反应模式，结论却大相径庭。实际上，这些被试者都犯了心理学中典型的视觉错误。在单独实验结束后，让被试者成群地再次进入暗室一同重复以上实验，在此期间大家可以自由地谈出自己的判断，互相交流讨论。反复进行几次这种共同的实验，最后发觉大家对光点移动的方向和距离的判断趋向高度的一致。显然，群体趋同的判断代替了每个人的反应模式，并形成了群体规范，这个规范的形成受到了模仿、暗示和从众等心理机制的影响。此后，再进行个体实验和单独判断时，再也没有人恢复从前的判断反应模式，也未建立新的模式，而是保持了群体共同形成的那个模式。这表明群体成员受到了群体规范有形、无形的压力，约束了个体行为和认识。

谢里夫的实验发现了影响群体规范形成的几个主要心理因素：

（1）模仿。是指人们自觉或不自觉地选择一个参照榜样，在意识上接受、言行上临摹该参照榜样的思维与言行方式。个体在心理和生理不成熟的阶段尤其容易产生模仿。在群体中，模仿以不同的方式影响着群体成员的关系。同时模仿也是社会生活中普遍存在的一种现象，如服装、发式的流行，等等。

（2）暗示。是指个体无意识地受到他人对某件事物的态度、评价和行为趋向方面意见的影响。暗示是非强迫性的，个体不自觉地按照思维规律所接受。它往往能潜移默化地影响个体的态度和行为的改变。

（3）顺从。是指个体有意识地接受了他人的意见、态度、评价和行为趋向，并自觉地改变自己相应的意见、态度、评价和行为趋向。

综上所述，群体存在的重要条件之一是它的一致性和协同性，具体表现在全体成员在行为、情绪和态度上的协调统一，并进而产生一种"类化过程"，由此使群体成员受到暗示，产生相互模仿，表现出顺从，在此基础上才形成了群体规范。

三、群体凝聚力

（一）群体凝聚力的概念

群体凝聚力是指群体成员相互之间吸引并愿意留在群体中的程度。群体凝聚力是衡量一个群体有效性的重要指标。

群体凝聚力的高低，受到许多因素的影响，主要的因素有以下几种：一是态度与目标的一致性；二是外部的威胁；三是群体规模；四是群体内部的奖励方式；五是班组的组合；六是与外界的隔离；七是群体的绩效；八是群体的领导作风。

（二）群体凝聚力与生产率

关于群体凝聚力和生产率之间关系的研究得出了矛盾的结果。有些研究发现，凝聚力高，生产率也高。而另一些研究则发现，凝聚力高的群体生产率还不如低凝聚力的群体。还有些研究报告表明，在生产率和群体凝聚力之间没有关系。决定凝聚力对生产率影响的主要因素是群体的目标与组织目标是否一致。如果二者相一致，则高凝聚力群体会做出高绩效；如果二者不相一致，则凝聚力高的群体会做出低绩效。总的来说，高凝聚力群体比低凝聚力群体更倾向于维护它们的目标。社会心理学家沙赫特的重要实验，对于我们理解和分析内聚力与生产率的关系是比较有启发意义的。

沙赫特的实验和其他一些研究都证明，群体凝聚力越高，其成员就越遵循群体的规范和目标。因此，如果群体倾向于努力工作、争取高产，那么，具有高凝聚力的群体其生产率就更高。要是凝聚力很高，群体却倾向于限制更多地生产，那么就只会大大降低生产率。可见，群体规范是决定群体凝聚力与生产率关系的重要因素之一。沙赫特的实验凝聚力与生产率的关系如图6-2所示。

这些实验和研究也告诉我们，对群体的教育与引导是关键的一环，而不能只加强成员之间的感情来提高凝聚力。管理者必须在提高群体凝聚力的同时，加强对群体成员的思想教育和指导，克服群体中可能出现的消极因素，这样才能使群体凝聚力成为提高生产率的动力。

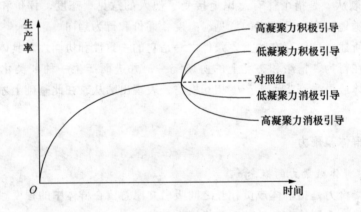

图6-2   沙赫特实验凝聚力与生产率的关系图

四、团队管理

（一）团队的概念

1. 团队的内涵。团队是一个由少数成员组成的小组，小组成员具备相辅相成的技术或技能，有共同的目标，有共同的评估和做事的方法，他们共同承担最终的结果和责任。在团队定义中有以下几个要素：

（1）少数成员。一般指2～25人，最好在8～12人之间。

（2）相辅相成的技能。每一个队员应带来不同的技术或技能，他们或是功能部门的专家，或是技术性较强的员工等，有能力解决问题和做出决策，每个队员有与别人沟通的技能，他们能冒一些风险，可以提出有建设性的建议和批评，能听取不同队员的意见。

（3）有共同的目标、共同的评估，共同承担责任，整个团队有共同做事的方法，如共同的时间表、一些共同的活动等。

2. 团队精神的内涵。团队精神是指团队的成员为了团队的利益和目标而相互协作、尽心尽力的意愿和作风。

团队精神包含以下三个层面的内容：

（1）团队的凝聚力。团队的凝聚力是针对团队和成员之间的关系而言的。团队精神表现为团队成员强烈的归属感和一体性，每个团队成员都能强烈感受到自己是团队中的一分子，把个人工作和团队目标联系在一起，对团队表现出一种忠诚，对团队的业绩表现出一种荣誉感，对团队的成功表现出一种骄傲，对团队的困境表现出一种忧虑。当个人目标和团队目标一致的时候，凝聚力才能更深刻地体现出来。

（2）团队的合作的意识。团队的合作意识是指团队和团队成员表现为协作和共为一体的特点。团队成员间相互依存、同舟共济，互敬互重、礼貌谦逊；他们彼此宽容，尊重个性的差异；彼此间是一种信任的关系，待人真诚、遵守承诺；相互帮助、互相关怀，大家彼此共同提高；利益和成就共享。良好的合作氛围是高绩效团队的基础，没有合作就谈不上好的业绩。

（3）团队士气的高昂。这一点是从团队成员对团队事务的态度体现出来，表现为团队成员对团队事务的尽心尽力及全方位的投入。

3. 团队与群体的区别。团队和群体经常容易被混为一谈，但它们之间有根本性的区别：

（1）在领导方面，作为群体应该有明确的领导人；团队可能就不一样，尤其团队发展到成熟阶段，成员共享决策权。

（2）在目标方面，群体的目标必须跟组织保持一致；团队中除了这点之外，还可以产生自己的目标。

（3）在协作方面，协作性是群体和团队最根本的差异，群体的协作性可能是中等程度的，有时成员还有些消极，有些对立；而团队中有一种齐心协力的气氛。

（4）在责任方面，群体的领导者要负很大责任，而团队中除了领导者要负责之外，每一个团队的成员也要负责，甚至要一起相互作用，共同负责。

（5）在技能方面，群体成员的技能可能是不同的，也可能是相同的，而团队成员的技能是相互补充的，把不同知识、技能和经验的人综合在一起，形成角色互补，从而达到整个团队的有效组合。

（6）在结果方面，群体的绩效是每一个个体的绩效相加之和；而团队的结果或绩效是由大家共同合作完成的产品。团队和群体的比较如图6-3所示。

图 6 - 3 团队和群体的比较图

（二）团队的类型

1. 按照团队存在的目的和形态进行分类。一般分为以下几类：

（1）问题解决型团队。由同一部门的 5～12 人组成，定期讨论提高产品质量、生产率等问题，只有建议权，如质量圈。

（2）自我管理型团队。是与传统的工作群体相对的一种群体形式。由 10～15 人组成，承担以前自己上司的责任，如工作任务分配、控制工作节奏、绩效评估。优势是提高员工的工作满意度。缺点是缺勤率和流动率偏高。

（3）跨职能团队。同一等级，由不同部门的员工组成，为完成一项特定的任务。常用于新产品开发中。优点是资源互补，激发新观点，集体竞争。缺点是在成员之间建立信任，合作需要时间。

2. 按照团队在组织中发挥的功能进行分类。一般分为生产或服务团队、行动或磋商团队、计划或发展团队和建议或参与团队。四种团队类型比较如表 6 - 2 所示。

表 6 - 2   **四种团队类型比较表**

团队类型	成员差别度	一体化程度	工作周期	典型产出
生产或服务团队	低	高	重复性的或持久性的工作	制造、加工、零售、顾客服务、修理
行动或磋商团队	高	高	短期行动事件，往往在新的情况下才能重复进行	竞赛、探险、医疗手术、特殊人物
计划或发展团队	高	低	可变的，整个团队的寿命只有一个周期	计划、设计、调查、形成原始模拟
建议或参与团队	低	低	可变的，或长或短	决策、选择、建议、推荐

（三）群体向团队的过渡

从群体发展到真正的团队需要一个过程，需要一定的时间磨炼。这个过程分为以下几个阶段：

第一阶段，由群体发展到所谓的伪团队，也就是我们所说的假团队。

第二阶段，由假团队发展到潜在的团队，这时已经具备了团队的雏形。

第三阶段，由潜在的团队发展为一个真正的团队，它具备了团队的一些基本特征。真正的团队距离高绩效的团队还比较遥远。

群体向团队的过渡如图6-4所示。

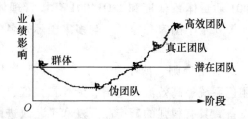

图6-4 群体向团队的过渡图

（四）团队建设的方法

1. 人际关系法。来自心理学家罗杰斯和伯恩，其目的是保证团队成员可以在一种诚实的个人层次上进行交往。人际法强调团队工作中的人际特征。认为如果人们相互之间能足够了解，将会在一起有效地工作。

2. 角色定义法。从各种角色分类和群体过程中抽象出来，使个人对于他们经常讨论的贡献方式有所了解，并明白哪一种贡献可能被团队遗漏。明确每个人对自己的期待、整个团队的规范以及不同成员所分担的责任，运用团队每个人的角色作为起点，这种方法在临时成立一个项目小组，如大项目攻关，或制定一项规范时应用。

3. 价值观法。团队要形成明确的价值观，要得到全体成员的共同承认，并因此能够以一种一贯的、合作的方式指导并影响个人的行为。价值观法是要发展团队成员间的相互理解，但重点是成员对其正在做的事的整体立场以及他们所采取的价值观。

4. 任务导向法。强调的是团队为了有效地完成自己的任务而需要发展或积累技能或资源。人际关系、建立共同目标和团队价值观是有效地完成任务所必需的工具。这一方法强调团队的任务以及每个成员能够对任务的完成所做贡献的独特方式。

案例 6 – 1　志成化学有限公司

一、案例介绍

志成化学有限公司创建于 1989 年，总投资两亿多元，是辽宁省首批诚信示范企业之一、辽宁省第一批清洁生产企业，现拥有染料、农药和医药三大产业，企业通过 ISO9001 质量体系认证和 ISO14001 环境管理体系认证，产品远销亚洲、欧洲、美洲等几十个国家和地区，与多家国际知名公司建立了良好的合作关系。

公司拥有一批由高级工程师、博士和硕士等专业技术人员组成的科技队伍，配备包括电脑测色系统、高效液相色谱、紫外扫描仪、气相色谱等先进的测试、分析仪器和设备，具有很强的新产品开发和工艺改进能力。

林玉东是公司流程设计中心主任，手下有 10 名工程师，均系男性。多年来，小组成员之间关系良好。随着工作任务的增加，林玉东招聘了一名刚刚获得某名牌大学工学硕士学位的谢娜，加入一个旨在提高设备运行效率的项目小组。该项目小组开始只有 3 人，由戴力任组长。

作为一名新成员，谢娜非常喜欢这项具有挑战性的工作，因为工作中能够用到不少专长。她工作十分认真，对其他项目小组的成员非常友好，但在业余时间，她从不和同事闲聊。由于工作主动，谢娜总是率先完成自己分担的那份任务，而且还经常帮助其他同事。

五个月后，戴力找到林玉东一起讨论项目小组的问题。戴力汇报说："谢娜骄傲自大，好像什么都懂。对人不友好，大家都不愿意和她一起工作。"林玉东回答说："据我所知，谢娜是位优秀的工程师，成绩很突出。大家对她的印象这么不好，这怎么可能呢？这几天我找她谈谈。"

一周后，林玉东找谢娜谈话，说："谢娜，自从你来到流程设计中心，工作很勤奋，能力很出众，我非常赞赏。但是，听说你和同事的关系处理得不好，怎么回事？"谢娜大吃一惊，回答说："没有啊！"林玉东提醒道："具体一点，就是有些同事说你骄傲自满，好像无所不能，而且常常对他人的工作指手画脚。"谢娜反驳道："我从来没有公开批评过其他同事。而且，每当我完成自己的任务后，还常常帮助他们。"林玉东问："为什么别人对你的意见那么大呢？"谢娜感到愤愤不平，说："那几位同事根本没有尽全力工作，他们更热衷于足球、音乐、酒吧。还有，他们从未把我当做一名称职的工程师，仅仅把我看作是一名闯入他们专业领域的女性。"林玉东说："工程师的考评与激励属于管理工作，你的职责是做好本职工作。关于性别，公司招聘你只是由于你的能力、知识符合条件，好好干，把管理问题留给我。"

（资料来源：电子科技大学组织行为学精品课程网站：http：//218.6.168.52）

二、案例分析

案例涉及群体动力理论。群体动力就是群体中的各种力量对个体的作用力和影响力。群体动力理论最早由德国心理学家勒温于20世纪40年代开创。他从物理学中的力场概念来说明群体成员之间各种力量相互依存、相互作用的关系以及群体中的个人行为。他认为，人的行为决定于内在需要与周围环境的相互作用，并提出了以下著名公式：

$$B = f(P \times E)$$

式中：B 表示个人当前行为的方向和强度；P 表示个人的内部动力和内部特征；E 表示个人当时所处的可感知到的环境力量。

上式说明，群体中个人行为的方向和强度取决于个人现存需要的紧张程度（即内部动力）和群体环境力量的相互作用关系。

群体动力是指群体成员之间的互动过程，实际工作中应该采取的措施有：

（1）上级与下级的沟通。管理者在布置工作和任务时要清晰，使接受者都能够明确目的。在必要的情况下，管理者还要给接受任务者提供必要的手段，确保工作能够高效率地实现既定目标，在此沟通过程中的互动最为重要。需要注意的问题是，管理者要区分不同的对象，采用不同的沟通方式，有的员工非常善于领会意图也具有很强的工作能力，对这样的员工，管理者不需要进行很详细的工作交代，要拿出多数时间倾听他们的设想，并对他们提出的建议、困难等给以答复，提高他们的主动性和自信心，以提高工作效率；对于领悟能力和实践能力不强的员工，管理者不能简单行事，把一件事情简单交代之后置之不理，期待预期结果的出现，这样往往事与愿违。对这样的员工要多传递自己的想法，注重他们的执行能力，而不能过多地期望他们能够提出更多更好的建议。

（2）同级之间的沟通。通常情况下，同级之间针对工作问题进行沟通有一定的困难，由于沟通事件的本身并不是完全对等的，因此沟通的结果势必造成沟通双方产生一定的服从或服务关系，往往是提出问题的人处于主动位置。在这种情况下，双方要尽量从对方的角度考虑问题，在提出问题的同时，为对方可能导致的困难提出解决意见甚至提供一定的帮助，使工作能够顺利完成。问题提出者要主动放下架子，以商量的口吻与对方沟通，并尽量多听取对方的反馈意见，了解对方的困难，切不可采用强迫的口吻和手段，那样往往把事情办坏。我们的目的是更快更好地完成工作而不是探讨责任的归属问题。另外，沟通双方要从组织整体的角度考虑问题，在确保整体利益的前提下，探讨沟通事件的处理方法，切莫把对事情的处理与对人的好恶结合起来。

林玉东在工作中，一是应该单独跟小组的组员谈话，了解各个组员心中的误会程度究竟有多深，并设法纠正这些失实的印象，缓解谢娜与其他组员之间的紧张关系。二是像谢娜这种独立的行事方式使其未必能够很好地融入到其他组员的氛围。解决这个问题的关键就是让戴力能合理地分配各个成员的工作角色与任务，并促进组员在工作上必要的沟通，使他们在工作上达成共识。

三、思考·讨论·训练

1. 项目小组表现出哪些群体动力方面的特征？
2. 您认为林玉东应该如何处理项目小组出现的问题？
3. 项目小组中应该采取什么沟通措施呢？

案例 6-2　索娅公司的生产管理部

一、案例介绍

索娅公司生产管理部经理郑胜甫这几天心情想好却好不起来。郑经理所在的是一家合资的日用消费品生产制造企业，这家企业近几年发展迅速，销售额平均每年都有10%以上的增长。虽然近两年竞争越来越激烈，但是由于公司在前几年打下了扎实的管理基础，公司仍能继续保持平稳发展的势头。

但最近郑胜甫越来越感到本部门的创新氛围大不如前。现在部门成员对本职工作都非常熟悉，工作完成情况较好，但就是感到他们都有一种不思进取的态度。另外，部门成员对待其他部门的态度看法也与以前不同，平时言谈中总是流露出不满情绪，诸如某某部门的人员如何如何"没有理念"啊，"没有思路"啊，自满懈怠的情绪在部门成员间平时的交谈中表露无遗。郑胜甫感到一种可怕的东西在笼罩并渐渐吞噬着自己的团队。他觉得现在到了该好好想想本部门问题的时候了。

　　郑经理于五年前进入此公司并在生产管理部门担任部门负责人，生产管理部共有四位员工，他们是当时进入公司刚满一年的王均先生、赵婕小姐和进入公司三年的段拥炬先生与冯传敏小姐。

　　在进入生产管理部两星期后，经过观察，郑经理发现王均做事有条理，交给他做的事总能有计划地完成，但缺点是在工作中主动性不够；赵婕天性活泼开朗，经常在工作中会提出一些新点子，但是做事欠缺条理性，老是丢东落西的。段拥炬先生从公司刚成立就已在此部门工作，经验丰富，而且工作积极主动。冯传敏与段拥炬同为公司资深员工，工作经验丰富，且人脉活络、人缘很好，在公司各个部门都有朋友。

　　在四年前公司 ERP 系统成功上线后，经过业务流程重组，郑胜甫负责的生产管理部门主要包括以下这些工作职责：一是制订生产计划；二是组织编制并落实公司年度和月度生产计划；三是掌握生产进度；四是制订采购计划；五是制订分销资源计划。

　　郑胜甫利用业务流程重组的机会，将手下四位员工的工作职责进行了重新划分，经验丰富的段拥炬被安排负责制订生产计划与产能计划，同样经验丰富的冯传敏负责制订分销资源计划。王均负责安排日常生产排程，赵婕负责制订采购计划。

　　由于公司实行了目标管理，每个员工都要参与制订每个人各自的工作目标，所以大家都清楚知道个人及上级的工作目标，郑胜甫为生产管理部制订的目标是生产计划达成率为90%以上；原辅料、半成品、成品的库存控制在4000万元人民币以下；客户订单的交货期为5个工作日以下。

　　此目标又分解到部门其他四位员工，如赵婕负责采购计划，她的目标是原料库存在2500万元人民币以下，缺料率在2%以下，主要原料缺料率为零。由于每个人都有落实到自身的具体数字目标，都可衡量，且 ERP 系统保证了所有数据都可随时提供，绩效反馈有效，公司的激励制度也得以有效实施。

　　公司各方都对这个部门的工作满意度较高。由于本部门工作的完成要有其他部门的配合，所有工作都需要与人沟通才能完成，如要完成生产计划，不仅要与本部门生产排程、采购计划、分销计划充分沟通，还需要与市场部、财务部、研发部、技术部、工程部等部门进行有效的沟通。所以，郑胜甫在部门内一直强调沟通的重要性，并积极提倡协同配合，使大家明确了自己的工作都需要部门内其他人员的帮助才能完成。大家逐渐地形成了互相信任、互相帮助、开诚布公的氛围。

　　郑胜甫要求各成员将各自的具体工作细节写成流程，给部门内所有人员参考，相互学习后，部门内所有人都具备了单独完成各项工作的能力。

过去，在郑胜甫的倡导下，部门中一直活跃着创新观念，如"鼓励提出不同意见"、"不能提出改进意见，就不要反对别人的观点"、"不提出改进意见，就完全按别人意见做"等小口号都是他们总结出来的。

经过这几年的成长，生产管理部已成为一个工作绩效高、学习能力强、工作满意度高、内部凝聚力强的团队，部门内的成员都以在这个团队中工作为荣。然而，当前在这个团队中出现了诸如篇头提及的一些不和谐的现象，下一步郑胜甫该怎么办？

（资料来源：中国营销传播网：http://www.emkt.com.cn）

二、案例分析

在本案例中，我们非常高兴地看到郑先生作为一个团队的领袖，成功地带领了他的生产管理部，形成了一种高绩效的良好工作态势。从团队的定义上来说，团队是指由少量的人组成，这些人具有互补的技能，对一个共同目的、绩效目标及方法做出承诺并彼此负责。优秀的团队应当至少具备四个特征：

（1）相互依赖与协同。团队中每个成员都必须依靠他人来获得信息、资源以及支持，每个人都依靠与其他人合作才能完成预定的工作目标。

（2）角色定位与责任分担。每个团队成员在团队中都担当不同的角色，承担相应的责任，充分发挥各自的作用。

（3）信息沟通与知识共享。团队是典型的信息共享与知识和经验共享的平台。每个成员必须通过分享信息和资源来协调他们的各项活动，每个成员都有责任以一种适宜的方式向其他成员提供信息，传授经验。

（4）自我管理与授权。每个团队成员在团队工作中既要承担相应的责任，同时也享有相应的管理自己的工作和内部流程的自主权。团队的管理特点是既要依靠制度与业务流程来实现团队的有效运作，又要充分授权，以发挥每个成员的主动性与创造性，实现由他律管理向自律管理的转化。

郑先生能够利用及创造适合团队形成的环境与氛围，并积极投入团队建设中去，培养了员工与他人合作、共享信息、包容个人差异，成功塑造了一个高绩效的工作团队。

高绩效团队的价值。一是使得部门各成员都积极参与本部门的工作、使工作变得有趣，提高了工作满意度。二是在工作中产生了正向协同作用，提高了部门的工作效率。三是在成员间互相学习、互相帮助，满足了他们归属、合群的需要。四是在成员间需要加强相互交流，在这个互相依赖的环境中，提高了彼此的沟通能力。五是成员的相互学习促进了他们各项工作技能的提高。六是通过彼此的学习使他们都能胜任工作，增加了公司的灵活性。

目前，郑先生的团队会出现的问题是因为，由于成员彼此间相互学习、沟通充分，大家都相信能了解彼此，这就遭受了群体思维的压制，熟悉滋生了冷漠，内部凝聚力的增强，外部创新的观念较难进入，成功导致了自满、保守、封闭的态度。

要克服这种现象，首先要使大家明白现在这种情况是团队成熟的一个自然的问题，所有成熟团队都会经历这个阶段。其次进行再次培训，培养成员具备更强的解决问题、人际、技术能力。最后不断提高团队的整体工作目标，同时要将不断改善作为团队的发展目标，使他们不断学习、不断合作，继续发展。

三、思考·讨论·训练

1. 请分析郑先生是如何将生产管理部塑造成高绩效团队的。
2. 目前郑先生所领导的团队为什么会出现问题？
3. 如果你是郑先生，你会如何克服目前团队中所遇到的不和谐的现象？
4. 郑先生下一步该如何办？

案例 6-3　宁顿公司

一、案例介绍

杰克兄弟的名字对于许多成年人来说没有任何意义。但是，最近一次针对美国在校学生的民意测验结果表明，学生对杰克兄弟的熟悉程度甚于米老鼠。宁顿公司售出的 4000 多万张超级杰克兄弟的软件，成为长期最畅销的计算机游戏系列。这并不表明竞争对手对此无动于衷，有些对手推出了极富竞争力的产品。例如，国际电器公司设计出优于宁顿公司所推出的偶像产品，因此似乎它才应该是赢家。然而不幸的是，那么多的年轻人着迷于宁顿公司的产品，国际电器公司只能有不足 10% 的美国市场。

宁顿公司如何占领了电视游戏市场？其成功秘诀就是在员工以及签约商中产生高度凝聚力，并获得了高生产率与高利润的回报。在宁顿公司的研究开发中心，一群群不修边幅的年轻工程师们聚集在电视机前，反复试验、操作电视游戏软件。有时，研究开发中心主任将其 200 名员工分成竞争小组，相互比赛。结果，工程师们学到了更多的诸如游戏是如何运行的、什么是有效的、什么需要改进等方面的知识。他们热爱自己的工作，那些不愿意因下班而中断工作回家的员工们得到的加班费相当多。

　　然而，宁顿公司并未将电视游戏的开发工作仅仅局限于自己的研究开发中心的人员。90%的游戏来源于外面的签约商，他们承担着开发与营销新产品的风险。如果一个游戏被认定为值得加进宁顿公司的产品线中，开发商要支付费用给宁顿公司，以生产游戏软件，开发商还承担营销与广告费用，并同意不将该游戏提供其他公司生产。反过来，开发商在每一新项目中会得到一笔专利权税。四年前，纳卡姆开发的"龙之间"销售了1000多万份。今天的纳卡姆已是百万富翁，他自己的公司与宁顿公司合作密切。他仅仅是被称为"一群自我实现的百万富翁"中的一位。与宁顿公司一样，纳卡姆知道为了保持高凝聚力，应如何对待他的员工。最近，他带着自己的20名员工到夏威夷度假。

　　宁顿公司发现开发这些游戏如此地激动人心，以致员工都投身于工作之中，未来的计划更是令人激动的挑战。公司目前正致力于开发出更多的针对成年人的游戏，并推出新一代游戏机，它比现在的游戏机能够制做出更多的电视形象；还试图开展全国性的联赛，客户能够在自家起居室中通过将宁顿产品和电视机、电话线连接来参加比赛。但是，公司并不准备放弃青年人的市场。宁顿公司近期向某理工学院支付300万美元用以研究孩子们是如何学习的。显而易见，公司希望客户与开发商和签约商一样为电视游戏而着迷。

　　（资料来源：胡宇辰、叶清、庄凯编著：《组织行为学》，经济管理出版社2002年版）

　　二、案例分析

　　案例中，宁顿公司发现开发的游戏如此地激动人心，涉及凝聚力理论。凝聚力是指群体对成员的吸引力，成员对群体的向心力以及成员之间的相互吸引。也有人把凝聚力定义为：群体使成员积极从事群体活动，拒绝离开的吸引力。群体的凝聚力不仅是维持群体存在的必要条件，而且对群体潜能的发挥有重要作用。一个群体如果失去了凝聚力，就不可能完成组织赋予的任务，本身也就失去了存在的条件。

　　（1）成员的相容性。群体成员的相容性即企业成员的相互接纳程度，表现为各群体成员的同质性与互补性。企业成员之间的爱好、兴趣、目标、信念等具有同质性，而性格、知识则具有互补性。同质性的多少与互补性的大小，关系到企业凝聚力的强弱。

　　（2）成员的需要。根据马斯洛的需要层次理论，人的需要从低级到高级分五层，分别为生理需要、安全需要、社交需要、尊重需要和自我实现需要。需要的层次具有很强的发展性。在一般情况下，只有低层次需要得到满足后，才会产生高层次需要。假如要让一个薪水很少的人经常参加娱乐活动，一般很难，他往往把更多的精力放在如何多挣钱上，以首先满足自己的生理需要。在五个层次的需要中，社交需要也叫归属需要，是建立在生理需要和安全需要基础之上的，只有当社交需要得到满足后，才会进一步产生尊重需要和自我实现需要。从这一点上来说，企业的凝聚力与企业成员的五层需要均有关联。

（3）领导方式。领导是企业的核心。如果一个企业的领导层内部不团结，势必会影响到企业成员。而一个精诚团结、能广开言路、善于听取各种意见的领导群体会对企业成员起到示范作用，有助于企业成员的内部团结，形成一种良好的企业氛围，进而增强企业的凝聚力。

（4）规范。企业规范是企业每个成员必须遵循的行为准则，是一系列的统一成员行为观念的标准体系。企业规范包括成文的和不成文的，成文的如企业内部各种规章制度，不成文的如约定俗成的企业成员的思想观念等。企业规范是维系企业行为的无形力量，是评价企业成员行为的尺度。企业成员严格遵循企业规范，将会受到表扬、鼓励；反之，则会受到来自其他成员的压力和批评，迫使他重新回到企业规范上来。否则，就会受到企业规范的惩罚。因此，企业规范是形成企业凝聚力的动力，它能够理顺每个成员的个体目标，使之与企业目标一致。如果缺乏企业规范或有规不依，则企业的凝聚力就难以形成。

（5）环境。如今世界是一个快速变化的世界，科学技术日新月异，企业要想获得发展，必须紧跟时代潮流，否则就会被淘汰。面对时代的压力，多数企业成员都会有一种紧迫感，都会自觉或不自觉地团结起来，以适应环境的变化，自然而然地形成一种凝聚力。外界环境变化了，企业凝聚力也会随之变化。企业领导只有善于利用外部环境，才能使企业凝聚力长久不衰，不断增强。

宁顿公司成功的秘诀在于群体凝聚力强。凝聚力强首先是因为公司员工对公司以及群体目标与前景的认同、向往；其次是员工对工作的热爱与投入；再次是相互竞争的措施；最后还有激励系统。很强的群体凝聚力一旦与群体和个人的目标、任务、追求一致，将产生巨大能量，带来组织与群体的高绩效，这是宁顿公司群体管理对人们的启示。

三、思考·讨论·训练

1. 宁顿公司如何在其研究开发中心员工中激发起高度的凝聚力？

2. 影响群体凝聚力的因素是什么？

3. 凝聚力高群体效率也高吗？为什么？本案例对企业管理的成功还有哪些启发？

案例6-4　办公室里来的年轻人

一、案例介绍

小张2002年毕业于某重点大学行政管理专业。在校期间品学兼优，多次获得奖学金、"三好"学生、优秀团员，并于2001年光荣加入中国共产党。2002年，小张参加了某市公务员考试，顺利通过，被该市政府法制办录用。

进入了公务员系统，小张认为从此有了稳定的收入，而且自己的所学又能派上用场，感到很高兴，并且暗自下定决心：要好好地做出一番事业。于是，每天小张早早地来到办公室，扫地打水，上班期间更是积极主动地承担各种工作任务，回家还钻研办公室业务。

法制办公室是一个有五个人的科室，包括主任甲，副主任乙，三位年纪较长的办事员A、B、C。几位老同志听说办公室要来这么一个年轻人，顾虑重重，他们认为现在的大学生从小娇惯，自命甚高，很难相处，而且业务又不熟，还需要他们手把手地教，来了他无异于来了一个累赘。令他们没有想到的是，这个年轻人热情开朗，待人谦虚，很容易相处。更重要的是，小张有行政学专业背景，再加上聪明好学，很快就熟悉了业务，成为法制办工作的一把好手。而且小张很勤快，承担了办公室大量工作，让几位老同志一下子减轻了许多压力。几位老同志渐渐喜欢上了这个年轻人，主任、副主任也经常在办公室会议上表扬小张。

可是，聪明的小张发现，随着主任表扬的次数增多，几位老同志对自己越来越冷淡。有一次，忙着赶材料，B居然冷冷地对他说："就你积极！"小张一时间丈二和尚摸不着头脑。一年很快就过去了，小张顺利转正。

市政府办公室年终考核的时候认为，法制办工作能按量优质提前完成，被评为"优秀科室"。并且在制订下一年度（2004年）计划时，又增加了法制办的工作量。法制办的几位老同志本来因为小张的到来轻松了许多，这下子又忙起来。而且他们发现，虽然繁忙依旧，但是"名"却给夺走了，每次得到表扬的总是小张。小张更加被排斥了。随着2004年小张被评为法制办第一季度先进个人，A、B、C对小张的反感达到了顶点。从此，几位老同志再也不邀请小张参加任何一次集体活动，还在背后称小张是"工作狂"、"神经病"、"都这么大了还不谈恋爱，是不是身体有毛病"。话传到小张耳朵里，小张很伤心，"我这么拼命干不也是为办公室吗？要不是我，去年办公室能评上先进科室？怎么招来这么多怨恨？"他一直都不能理解。有一次，小张把自己的遭遇同另外一个部门的老王讲了。老王叹了口气，"枪打出头鸟，你还年轻，要学的还很多啊！"小张恍然大悟，正是自己的积极破坏了办公室原有的某些东西，让几位老同志倍感压力，才招来如今的境遇。

从此，小张学"乖"了，主任不布置的任务，再也不过问了；一天能干完的事情至少要拖上两天甚至三天。办公室又恢复了平静与和谐，先进个人大家开始轮流坐庄，几位老同志见到小张的时候又客气起来了，集体活动也乐意邀请上他。小张觉得，这样很轻闲，与大家的关系也好多了，心理压力骤减，生活也重新有了快乐。

（资料来源：天涯社区——全球华人网：http：//www.tianya.cn）

二、案例分析

这是一个典型的非正式群体规范对正式群体绩效产生消极影响的案例。非正式群体是人们在活动中自发形成的，未经任何权力机构承认或批准而形成的群体。非正式群体的存在是基于人们社会交往的需要。在正式群体中，由于人们社会交往的特殊需要，依照好恶感，心理相容与不相容等情感性关系，就会出现非正式群体。法制办公室里的三个办事员A、B、C基于共同的职位和心理已经结成了一个非正式的群体，他们的通行规则是干活拖拉，好处共享，而小张刚刚来到这里，工作积极，严重违反了这一非正式群体的组织规范，招来人际上的紧张。最后迫于压力，小张不得不屈从这个不成文的规范。小张的屈从为自己创造了一个相对和谐的人际关系氛围，但却使法制办公室的工作绩效的提高成为泡影。

作为领导者，非正式群体应该正视它，而不能忽视它。具体对策如下：

（1）合理利用非正式群体为实现单位（班组）目标服务。在实现单位的奋斗目标时，单位领导同样可以利用员工中的非正式群体的某些特点，达到正式群体所不能做到的事情。一是利用非正式群体成员之间情感密切的特点，引导他们取长补短，互帮互学，提高工作积极性和守纪的自觉性。二是利用非正式群体之间互相信任，说话投机，有共同语言的特点，引导他们开展批评和自我批评，克服缺点，发扬优点，不断提高思想水平和工作能力。三是利用非正式群体信息沟通快的特点，可及时收集员工对工作单位的工作意见和要求，使领导做到心中有数。四是利用非正式群体的凝聚力强、能较好地满足成员的社交归属等心理要求的特点，可以有组织地把单位某些群体工作，如帮助困难员工、单位保卫工作、社会工作等由他们去做，这对于解决员工的特殊疑难问题，促进单位的内部安定团结，具有很大作用。五是利用非正式群体内部压力大、成员从众行为标准化倾向性强的特点，在分配工作、劳动任务时，只要有可能，标准可以适当提高，难度可以适当加大，以提高学习和劳动效率，克服工作和劳动中的困难，有利于工作和劳动任务的完成。六是利用非正式群体中自然形成的"领袖人物"具有说话灵、威信高、能力较强、影响力大的特点，在情况允许的条件下，信任他、依靠他，授予其相应的权力，从而把整个群体纳入单位正式组织目标的轨道。

（2）分别对待不同类型的非正式群体。一是对积极型的非正式群体，应该支持保护。对积极型的非正式群体的支持、肯定，往往不会亚于正式群体带来的作用。二是对消极型的非正式群体，应当积极引导。对待消极型的非正式群体，不宜简单斥责，随便扣"帽"，而要持慎重态度，积极引导，以改变其消极行为。三是针对比较典型的消极型的非正式群体，应当积极进行改造。四是对于中间型的非正式群体，应当施加影响力，使其向积极型转变。

（3）注重非正式群体中的核心人物。不难发现，员工中的非正式群体，都有一个或几个核心人物，他们的意志和行为对非正式群体的目标规范均有决定性影响。因此，做好这些人的工作，往往会影响一批人，从而使正式组织结构尽可能地接近非正式组织结构，以保证最大限度地调动其成员的积极性。

（4）合理组织正式群体，形成淡化非正式群体的氛围。作为单位的领导者应该懂得一个浅显的道理：如果每一个员工在单位里感到非常温暖，那么另行组织或参加非正式群体的可能性就大大减少了。为此，单位领导在组织单位的正式群体时，要努力地最大限度地符合员工的志向、爱好、能力的现实状况，使每个人在工作、学习的相互关系中都能得到最大限度的满足，这样就能逐渐形成淡化非正式群体的氛围。

三、思考·讨论·训练

1. 法制办公室里的三个办事员基于共同的职位和心理结成的是非正式群体吗？

2. 非正式群体有什么积极性与消极性的作用？

3. 如何对非正式群体加以引导和管理？

案例 6-5 转变团队领导的管理方式

一、案例介绍

老刘是一家大型房地产开发企业的设计部总经理,公司总裁刚刚组织召开了一个新项目论证会议。会议一结束,老刘拿着一大叠文件匆匆忙忙地跑回自己的办公室,一边仔细地对阅读文件,一边拿着笔在笔记本上写着;过了一会儿,老刘又拿着文件和笔记本冲出办公室。

老刘快速地走进小李的办公室,小李正在忙着另一个项目的设计,这个项目非常急迫,以至于小李有好几个星期都没有休息了,到现在整个设计任务才进行到一半。老刘走近小李,把文件往小李的桌子上一放,打开笔记本,就讲开了,一讲完,小李刚想说点什么。老刘挥挥手,就收起资料往外走,而且,一边走还一边叮嘱小李要放下手上所有的事情,抓紧时间做现在安排的工作;然后,老刘旋风般地走下楼,进入小林的办公室,同样对小林讲了一遍,留下一脸茫然而无奈的小林。在回办公室的途中,差点撞上小金——设计部不久前招进来的硕士;老刘并没有注意到这位下属,走进办公室后,看看手表,该到参加另一个项目预算会了。

老刘布置好工作以后,很高兴地参加会议去了。设计室的团队成员可议论开了,他们抱怨手上的工作还没有完成,如何安排事情的优先顺序,其他团队成员为什么不参与进来,新的工作任务如何协调,等等。

(资料来源:成功励志网:http://www.rs66.com)

二、案例分析

团队建设首先要有一个高效率的领导团队。高效率团队的标志主要表现在两个方面:一是正确决策,二是强有力的执行能力。能够做到这两点的领导团队,往往都有一个核心人物,这个核心人物在较大的股份制企业里就是董事长,在独资企业里就是总经理。其所以能够成为核心人物,一般都比较稳重,能够将领导班子团结起来。这里说的团结并不等于一团和气,而是说能够通过协商将正确的意见集中起来,成为领导团队的意志。有了正确的决策还要能够执行,否则决策意图就难以实现。作为企业整体实际上是一个系统性很强的活的有机体。要想在高效率的基础上取得高利润,整个企业就应当上下互动;领导团队的正确决策能够成为全体员工的行动指南，而基层员工的行为又能及时地反馈到领导班子中，成为决定或调整策略的依据。作为企业最终经营成果即利润的创造，是全体员工相互协作，共同努力的结果，建设一个包括全体员工在内的高效率的企业大团队，是任何企业都必须予以关注的。

老刘可能自己感觉良好，认为自己在进行分工，并与团队成员进行了沟通，而且授予他们权力，并交代了事情的紧迫性，事情应该有条不紊地进行。案例中，老刘就没有察觉到自己对团队管理方式的不当，而且自我感觉还不错。

老刘正确的管理方式，应在开完新项目论证会以后，不是急急忙忙地去找各位团队成员单独对话，而是分析一下现有团队成员的能力，再将要开展的工作理出一份任务清单，并优先排序，再按照团队角色进行工作安排后，召集各个团队成员一起开会；在会上，老刘交代一下新任务的背景以及对公司的重要性，明确新任务在团队工作任务中更重要。接下来让团队成员把自己对新任务的理解以及相应的困惑提出来，并给予成员清楚的解释：能够理解那种必须打断正常工作给成员带来的不便。需要团队成员的支持，并说明如果团队成员能够尽快完成这个新项目任务，就能很快回到手上的工作中去。

然后，老刘将工作任务分解说明，分发给各个团队成员，并在会上予以说明和加以确认。接着与团队成员一起进行新工作任务的讨论，协调各个成员之间的工作的配合，进度安排等事宜；对团队成员间的工作接口加以说明，鼓励团队成员进行沟通，针对工作任务的阶段性关键之处随时保持核对。明确告诉团队成员配合项目任务的工作会议在何时、何地召开，出现问题如何进行处理等。这样，当老刘离开后可能是另一番景象。

从这个案例中我们看出，作为团队领导，应改变传统的管理方式，才能更有效地开展团队工作，以达到团队协同效应。具体可以从以下几个方面着手：

（1）让团队成员充分理解工作任务或目标。只有团队成员对工作目标有了清楚、共同的认识，才能在成员心中树立成就感，也才能增加实施过程的紧迫感。我们知道，"个人因有了目标改善了整个生存状况，因为它赋予个人从事工作更多的意义"，同样，达成共识的团队目标，也能赋予成员克服障碍、激发能量的动力。

（2）在团队中鼓励共担责任。要鼓励团队成员共担责任，团队领导应帮助团队成员之间共享信息，以建立一种鼓励信息共享的氛围；让团队成员知道团队任务进展状况，以及如何配合整个任务的完成；在团队中提供成员之间的交叉培训，使每个成员都清楚认识到自己并不知道所有的答案，确保有关信息的传递。

（3）在团队中建立相互信任关系。信任是团队发挥协同作用的基础，建立信任管理应从两方面进行。一是在团队中授权，要敢于给团队成员赋予新的工作，给予团队成员行动的自由，鼓励成员创新性地解决问题。而不是什么事情都认为自己很能而事必躬亲。二是在团队中建立充分的沟通渠道，即鼓励成员就问题、现状等进行充分沟通，激发思维的碰撞；创造一种公平、平等的沟通环境；公开、以问题为导向的沟通方式，积极正面、共鸣的沟通氛围。

三、思考·讨论·训练

1. 请分析老刘是如何塑造工作团队的。
2. 您能从老刘的经验得到什么启示？
3. 老刘下一步该如何办？

案例 6-6　斯德恩斯公司的虚拟团队

一、案例介绍

斯德恩斯公司是美国的一家税务会计公司，主要为个人提供税务服务。公司的优质服务建立在优质建议和出色服务上。得到这些声誉的关键，在于公司拥有不断更新的电脑资料和分析工具，员工们都是运用这个工具为客户提供咨询的。而编写这些程序的几个人都受过相当专业的培训。他们编写的程序技术含量很高，无论是涉及的税务法律内容，还是使用的编程语言。

完成这项工作需要高超的编程技能，以及对法律的透彻理解。它要求人们迅速整合新的法律内容并对已有法律做出解释，然后准确无误地把它们编入已有规则和分析工具中。

这些程序的编写由4名分布在大波士顿地区的成员组成的虚拟团队完成。4个人都在家里工作，相互之间以及与公司的联系通过电子邮件、电话和会议软件进行。所有程序员之间正式的现场会议一年之中只有几次，不过，他们有时会在工作之余进行非正式的见面。以下是4个人的背景材料：

汤姆·安德鲁是一名税务律师，缅因州大学毕业，曾是学校棒球队队员，单身，35岁。汤姆从事该项目工作已经6年，是小组里工作时间最长的成员。除了编写程序外，他主要担任与公司的联络工作，还负责对新成员进行培训。

汤姆在南新罕布什尔自己的农场中工作，业余时间，他喜欢打猎和钓鱼。

克兰是一名税务会计师，毕业于麻省理工大学计算机系，32 岁，已婚，有两个孩子，分别为 4 岁和 6 岁。他的太太在波士顿的一家法律公司全职工作。克兰在业余时间喜欢骑车和钓鱼。

玛吉·戴克特是一名税务律师，毕业于宾州大学，38 岁，已婚，有两个孩子，分别是 8 岁和 10 岁。她的先生在当地一家国防部指定公司做电子工程师。玛吉的爱好是高尔夫和冲浪。

迈根·哈里斯是一名税务会计，毕业于印第安纳大学，26 岁，单身。她最近搬来波士顿，并在贝克湾（Back Bay）区域附近的公寓中办公。

4 个人每天大量交换邮件。事实上，对他们来说，为了登录和查询邮件而不见客人或家人是很正常的事。他们的邮件中除了与工作相关的内容之外，经常还有一些有趣的事情。有时，如果工作的最后期限临近，而玛吉的孩子却生病在家，那么其他人会帮助她完成工作。汤姆偶尔也会邀请其他成员来自己的农场；玛吉和克兰好几次带着自己的家人共进晚餐。差不多每月一次，小组中的所有人会在一起共进午餐。

在薪水方面，与公司的惯例一样，每个人需要单独而且秘密地和管理层谈判。尽管在工作日每个人都会受到定期检查，但他们在受雇时就被告知，他们可以在任何自己想工作的时间里工作。显然，工作弹性是这些人工作的优势。当 4 个人聚在一起时，他们常常开那些绑在办公室里的管理者和员工的玩笑，他们把那些定点上班的人称为"面部计时器"，而把自己称为"自由代理人"。

因被要求对程序做出较大改动，他们开发了一种名为"MACROS"的编程工具以帮助自己更有效率地工作。这个工具可以极大地提高程序编写速度，尤其是克兰，他非常喜欢使用 MACROS。例如，在最近一个项目中，他非常着迷于使用这一工具来节约时间。一周之后，他交给公司编程以及编程记录。克兰向汤姆夸耀说，他编写了一个新版的 MACROS，并且使他在一周里节省了 8 个工作时。汤姆对此半信半疑，但在试过之后，他发现确实节省了很多时间。

斯德恩斯公司有一个员工建议方案，对那些可以节省公司资金的革新建议进行奖励。公司会将革新项目在 3 个月内为公司产生效益的 5% 作为给每个提出建议的员工的收入提成。公司还有一个利润分成计划。但汤姆和克兰都觉得从公司奖励中得到的那笔钱太少了，还不够抵消他们使用这一新的编程工具所赢得的时间呢！他们希望把时间用于休闲或就工作进行咨询。他们还担心，如果管理层了解了这项革新后会对他们的小组不利；说不定会让 3 个人来完成 4

个人的工作，这就意味着其中 1 个人会失去工作。所以，他们并没有把这项革新告诉管理层。

尽管汤姆和克兰没有与管理层分享这个革新方案，但他们知道马上要进入紧张的工作季节，而且小组中的所有人都会承受很大的工作压力。他们决定告诉小组内其他人这一工具，但要求他们保密。

一天午餐后，小组共同确定了一个生产水平，这样不至于引起管理层的怀疑。几个月过去了，他们利用更多的时间来改进工作质量。另外，他们现在可以将更多的时间花在自己的个人兴趣上。

戴夫·里根是该工作群体的管理者，在这项革新实施的几周后看到了它的效果。他很奇怪，为什么团队的工作时间有所减少，但工作质量却提高了？当他看到玛吉给克兰的一封邮件，感谢他给她带来了更多的时间以及他的"聪明头脑"时，他有点明白了。他不想让小组成员感到尴尬，于是暗示汤姆他希望知道所发生的事情，但是他什么也没得到。他没有向自己的上司报告这一情况，因为这个团队无论是在质量还是生产率方面都很不错，他没有必要进一步深究。

但戴夫不久听说克兰向公司中另一个虚拟团队的成员夸耀自己的技巧。突然之间，情况变得有些失控了。戴夫决定请克兰共进午餐。吃饭时，戴夫请克兰解释一下所发生的事。克兰只是告诉他有了一些革新做法，但他坚持指出团队决定要保守秘密。

戴夫知道，自己的老板很快也会听说这件事，而且会询问他。

（资料来源：电子科技大学组织行为学精品课程网站：http：//218.6.168.52）

二、案例分析

虚拟团队是一个包含多重文化、需要相互信任才能获得成功的组织。因为虚拟团队的成员可能散居世界各地，并可能来自不同的国家、种族和组织，每一个成员都有自己独特的文化背景、价值观念和行为方式，所以文化差异问题尤其突出，这将会从不同的侧面影响组织目标的顺利实现。这就要求虚拟团队的组建和维系必须充分了解和尊重各成员的文化差异，在相互沟通、理解、协调的基础上求同存异，努力形成一个共同认可的目标一致的联盟文化，从而消除成员之间的习惯性防卫心理和行为，建立良好的信任合作关系。虚拟团队管理的核心问题就是信任的建立和维系。

在对虚拟团队进行管理的过程中建立和发展信任是至关重要的，正如质量管理运动的先驱爱德华·戴明博士所说："一个系统要想实现效率最大化，信任是必不可少的。如果没有信任，人员、团队、部门以及分公司之间就不可能合作。如果没有信任，每个成员都将致力于保护自己的眼前利益，这将会对自身以及整个系统造成长期的损害。"但是，光有信任仍不足以突破重围，因为组建虚拟团队的真正目的并不是建立信任，而是获得附加价值，因此，虚拟团队的组建能为各方面创造价值就变得非常重要。案例中把公司看成工作团队，原因是其符合工作团队的性质：

（1）工作团队具有集体效应，能够通过成员的共同努力产生积极的协同作用。在本例中该团队的四名员工努力工作很好地完成了公司交予的任务，这就是该团队的集体效应。

（2）工作团队中个人责任就是团队的共同责任。在案例中这四名员工每个人的责任是完成其共同责任的基础，全体成员个人责任的完成就代表着共同责任的完成。

（3）工作团队的技术人员的技能是相互补充的。在案例中的四名员工：两名是税务会计师、两名是税务律师（其中一个税务律师的责任是编程）。由此可知，此团队的技能也是相互补充的。

在本例中，作为领导者的戴夫·里根在没有经过同意的情况下，私自察看了其下属的邮件，这属于道德上的问题，这种做法不够道德，侵犯了员工的隐私。

戴夫不是一个有效的团队领导者。他违背了一个有效领导者的道德素质要求。戴夫应改进自己的领导方式，与员工加强沟通。因为，无论对虚拟团队的领导人还是虚拟团队的成员来说，这都是影响信任感最重要的变量。信息的共享，公开、诚实的办公环境对消除公司的闲言碎语、化解不恰当的分歧以及抑制公司内部的阴谋诡计大有裨益。任何一个人，无论是虚拟团队的领导人还是虚拟团队的成员，都不可避免地会犯错误。那么，在错误发生之后应该怎么办呢？最好的方法是开诚布公地承认自己的错误，而不是佯装不知，掩盖过去。掩盖可能是信任最大的敌人。

三、思考·讨论·训练

1. 为什么这一群体是个工作团队？
2. 在这个例子中有人做得不够道德吗？
3. 在这个工作团队中，有哪些特点？
4. 戴夫是一个有效的团队领导者吗？请阐明您的立场。
5. 戴夫现在应该怎么做？

第七章 人际关系

人际关系是成功的最重要的因素。一个人事业的成功，只有15％是由于他的专业技术，另外的85％要靠人际关系、处世技巧。喜欢别人，又能让别人喜欢，才是世界上最成功的人。

——卡耐基

成功的第一要素是懂得如何搞好人际关系。

——富兰克林

一、人际关系的概念

（一）人际关系的概念

所谓人际关系，从字面上说，是人与人之间的关系。它是组织环境中人与人之间的交往和联系。它包括心理关系和行为关系。是一群相互认同、情感相互包容、行为相互近似的人与人之间联结成的关系。

（二）人际关系的原则

1. 平等原则。平等是建立人际关系的前提，人际交往作为人们之间的心理沟通，是主动的、相互的、有来有往的。人都有友爱和受人尊敬的需要，都希望得到别人的平等对待。人的这种需要，就是平等的需要。

2. 相容原则。相容是指建立人际关系中的心理相容，即指人与人之间的融洽关系，与人相处时的容纳、包涵、宽容及忍让。要做到心理相容，应注意增加交往频率，寻找共同点，谦虚和宽容。为人处世要心胸开阔，宽以待人。要体谅他人，遇事多为别人着想，即使别人犯了错误，或冒犯了自己，也不要斤斤计较，以免因小失大，伤害相互之间的感情。只要干事业，团结有力，做出一些让步是值得的。

3. 互利原则。建立良好的人际关系离不开互助互利。这表现为人际关系的相互依存，通过对物质、能量、精神、感情的交换而使各自的需要得到满足。

4. 信用原则。信用是指一个人诚实，不欺骗，遵守诺言，从而取得他人的信任。人离不开交往，交往离不开信用。要做到说话算数，不轻许诺言；与人交往时要热情友好，以诚相待，不卑不亢，端庄而不过于矜持，谦逊而不矫饰作伪，要充分显示自己的自信心。

5. 尊重原则。尽管由于主、客观因素的影响，人与人在气质、性格、能力、知识等方面存在差异，但在人格上是平等的。只有尊重自己和尊重他人，才能保持人际交往各方的平等地位。

上述这些人际交往的基本原则，是处理人际关系不可分割的几个方面。运用和掌握这些原则，是处理好人际关系的基本条件。

（三）人际关系的重要性

1. 人际关系影响群体的凝聚力和工作效率。内聚力是群体工作效率得以发挥的前提，而良好的人际关系则是群体内的基础。一个单位的人际关系的好坏，直接影响员工工作积极性和办事效率。如果群体人际关系良好，成员之间感情融洽，那么，群体士气提高，内聚力就能提高；反之，如果一个群体人际关系差，关系紧张，则会削弱群体内聚力，降低工作效率。

2. 人际关系影响员工的心理健康。人际关系紧张可能导致心身疾病，对不同的人际关系，需要不同的心理适应。我国著名的医学心理学家丁瓒教授曾指出，人类的心理适应，最重要的是对人际关系的适应。对人际关系适应不良，就会引起身心疾病，如常见病，神经衰弱、高血压、心脏病、胃溃疡等疾病。原始人主要是与自然搏斗，人际关系简单，所以心理疾病很少，而在人际关系十分复杂的文明社会里，精神疾病就成为引人注意的问题。

3. 人际关系影响员工的自我发展和自我完善。人是社会化的动物，个体在自我发展过程中，既受到外部自然环境的影响，又受到人与人之间相互交往关系的影响，研究表明，良好的人际关系常常会导致一种社会助长作用。一个人单独工作，不如一群人聚在一起工作效率高。如果群体内建立了良好的人际关系，那么，便可以鼓励员工互帮互学，相互促进，增强员工之间的行为模仿和相互竞争的动机，加速员工的自我发展和自我完善。

二、人际关系的特点及倾向性

（一）现代人际关系的特点

1. 互益性。互益性是指交往的双方都可在精神上或物质上有所收益，满足心理需要。

2. 广阔性。广阔性是指人际交往的视野开阔、人员广泛、范围宽广。现代人重视信息，目光远大，不拘一格广交朋友，愿意与社会上各种职业、各个层次的人交往，以广泛汇集各方信息。

3. 短暂性。短暂性是指人际交往的对象变化频率高，人际关系的流动性大。

4. 坦诚性。交际活动能否顺利进行，关键在于双方能否大胆地、诚恳地发表自己的意见。现代青年人没有旧框框，没有旧格局，大多畅所欲言，表现出热情、大胆的风格。

5. 效能性。现代人珍惜时间，讲求办事效率，在与人交往中，总是从一定的目的出发去参加特定的交际活动，十分注重交际的功效。开门见山，切入主题。

（二）人际关系的建立与发展

良好的人际关系，是生活在社会中的每个人保持身心健康、开发内在潜力的基本需求。如美国卡内基大学所做一万名人才成功案例分析的研究结果显示，在诸成功因素中，良好的人际关系占据85%，而人才的智慧、专门技术等仅占15%。

良好人际关系的建立与发展，一般需要经历以下由浅入深的4个阶段。

1. 定向选择阶段。此阶段包括个体对交往对象的注意、认同和初步沟通等多种形式的心理活动。在大千世界里，人们不可能与每个有过交往的人都建立良好的人际关系，必须按照自身原则选择与其建立良好心理关系的对象，如有人交友选择"门当户对"，有人交友考虑"志同道合"等。注意和认同虽然都是选择，但前者多是个体凭直觉所做非理性选择，如常见的"以貌取人"现象；后者则多为个体经过考察和思考所做理性选择，如人们对某人"金玉其表、败絮其中"的评价，就是认同的反向形式。

初步沟通是指人们在选定自己的交往对象后，所采取的试图与之建立某种人际联系的实际行动，也是试图建立更深刻人际关系的尝试。

人际关系的定向阶段，其时间跨度的长短不一。如有人一见如故、相见恨晚，其定向阶段可能一次完成；而有人却需经历漫长过程。此阶段的人际关系仍停留在表面接触状态。

2. 情感探索阶段。此阶段是指交往双方开始探索能与对方在哪些方面建立共同情感联系的过程。此时，双方的交往已不满足于停留在一般意义的正式交往模式，随着双方发现共同情感领域，彼此的沟通更为广泛，并开始有一定程度的情感投入，但其人际关系的安全感尚未充分建立，此时交往双方处于情感轻度卷入状态。

3. 感情交流阶段。此阶段标志着双方的人际关系已出现实质性变化，双方的人际安全感已确立，彼此间沟通涉及更深更广的领域，有较深的情感投入。此时，双方的人际行为已不拘泥于正式场合交往模式的各种规则，人们可以相互提供建议或评价性反馈信息，彼此以诚相待，给对方由衷赞赏和中肯提醒等。

4. 稳定交往阶段。此阶段交往双方的心理相容性进一步增加，彼此沟通的内容也更为深刻而广泛。此处的"稳定"是指在发展基础上动态的稳定。根据所谓"不进则退"的法则，停滞不前的"稳定"并非真正意义的稳定。此时，人们可允许对方进入自己内心深层的情感世界。分享自己的生活空间和财产等。一般认为，在人们的实际生活中，能达到这一情感层次的人际关系的仅限于至交、爱侣等极少数亲密的人际结构中。而许多人的"稳定"交往关系只相对保持在感情交流阶段，并未得到继续深入的发展。

（三）人际反应的倾向

上面我们谈了人际交往的一般群体特点，但是，由于每个人交往的需要不同和个性特点不同，从而形成了个体特有的人际交往和人际关系的基本倾向，心理学上称此为人际反应的特质，也称人际反应的倾向。根据心理学家修兹对人际交往需要与满足的行为倾向的研究，人际反应倾向分为六种类型。

人际反应倾向六种类型如表 7 - 1 所示。

表 7 - 1　　　　　　　　　人际反应倾向的六种类型

表现方式 需要类别	主动性	被动性
包容	主动与他人往来	期待别人接纳自己
控制	支配他人	期待别人引导自己
感情	对他人表示亲密	期待他人对自己表示亲密

（1）主动包容型。喜欢并主动与人交往，乐意建立维持和谐的人际关系。

（2）被动包容型。虽然也喜欢与他人交往，乐意维持与他人和谐关系，但在行动上表现为被动期待、缺乏热情精神。

（3）主动控制型。总想控制他人，将自己摆在交际活动中心，力图在权威和权力的基础上与人建立关系。

（4）被动控制性。常常根据情境的要求，使内在标准向外在标准妥协以追随他人，愿意与他人携手合作，共同分享自己的感情。

（5）主动感情型。希望在友情和爱情的基础上与人建立良好的关系。行为上感情奔放，表达自己。

（6）被动感情型。这类人期待别人对自己表示亲密，行为上不主动。

三、改善人际关系的途径

（一）领导者、管理者应主动引导群体内的人际关系朝积极的方向发展

1. 建立好的领导班子。一个单位领导班子的思想与作风，对其单位的人际关系有重要的影响，领导班子成员觉悟高，基本大公无私，办事公道，密切群众，能促使建立一种友好、和谐人际关系。

2. 做过细的思想工作，因人施教，对症下药。不能小看这一工作，它是在群体内建立良好人际关系的重要手段。通则顺，情则融，可从每个成员个性气质着手，互解互谅。

3. 创造有利的群体环境和交往气氛，促进群体成员的交往。人际关系是在相互交往的过程中逐步建立和发展的，人们交往的数量与质量对人际关系有重要影响，因此应有意识利用组织的力量，创造适宜的气氛，比如，根据人际规律，重视个性互补，需要相辅。

4. 建立合理的组织结构，采取必要的组织措施。组织结构是否合理，同样影响人际关系。如果组织机构重叠，人浮于事，相互扯皮，就会影响群体人际关系；反之，如果合理，成员在各自岗位能发挥所长，协调工作，便有助于建立良好的人际关系。

5. 员工参与管理。使员工了解相关情况，增强对组织的认识，减少或克服由于不了解意图引起的不满心理，使人际关系获得加强和改善，减少抱怨与不满。

6. 理论与方法。运用组织行为学的理论与方法，培养训练组织成员正确处理人际关系的能力。如引导员工心理互换（设身处地为人想，换一个角度看问题）。

（二）群体成员应自觉加强修炼，与其他成员和领导者、管理者发展双赢的良好关系

1. 树立正确的世界观。有了正确的世界观，可以说对人对群体、对人与人之间的关系，就会有正确的认识，就能科学地分析和解决人与人之间的矛盾，冷静地、妥善地处理人与人的关系。

2. 重视性格的锻炼。不良的性格，与人交往紧张，不利于人际关系的加强与改善，因此，要培养良好的性格。

3. 加强自我意识。自我意识发达的人对自己了解深刻，能较好地对待自己，自觉调整自己的行为，有意识地控制自己的动机与情绪，这样，容易搞好人际关系。

4. 提高人际交往技巧。要有爱心，要有良好的个人形象，要讲诚信，要赞美与赞同别人，学会尊重和感谢，学会倾听。

案例 7 - 1　通用电气的"情感管理"

一、案例介绍

现代企业管理已进入一个以人为本的管理新时代，其重要内容不再是板着面孔式的条条框框的限制，而是一门融进了管理者对员工、对事业献身精神的独特的艺术。

面对面管理是以走动式管理为主的直接亲近员工的一种开放式的有效管理，它洋溢着浓厚的人情味。其内容外延广阔，内涵丰富，富于应变性、创造性，以因人因地因时制宜取胜。实践证明，高技术企业竞争激烈，风险大，更需要这种"高感情"管理。它是医治企业官僚主义顽症的"良药"，也是减少内耗、理顺人际关系的"润滑剂"。通用电气公司前总裁斯通就努力培养全体员工的"大家庭感情"的企业文化，公司领导和职工都要对该企业特有的文化身体力行，爱厂如家。从公司的最高领导到各级领导都实行"门户开放"政策，欢迎本厂职工随时进入他们的办公室反映情况，对于职工的来信来访能负责地妥善处理。

公司的最高首脑与全体职工每年至少举办一次生动活泼的"自由讨论"。通用电气公司像一个和睦、奋进的"大家庭"，从上到下直呼其名，无尊卑之分，互相尊重，彼此信赖，人与人之间关系融洽、亲切。1990 年 2 月，通用电气公司的机械工程师伯涅特在领工资时，发现少了 30 美元，这是他一次加班应得的加班费。为此，他找到顶头上司，而上司却无能为力，于是他便给公司总裁斯通写信直言："我们总是碰到令人头痛的报酬问题。这已使一大批优秀人才感到失望了。"斯通看完信后，立即责成最高管理部门妥善处理此事。

三天之后，他们补发了伯涅特的工资，事情似乎可以结束了，但他们利用这件为职工补发工资的小事大做文章。第一是向伯涅特道歉；第二是在这件事情的推动下，了解那些"优秀人才"待遇较低的问题，调整了工资政策，提高了机械工程师的加班费；第三是向著名的《华尔街日报》披露这一事件的全过程，在美国企业界引起了不小轰动。

事情虽小，却能反映出通用电气公司的"大家庭观念"，反映了员工与公司之间的充分信任。

人际关系上常常也有"马太效应"的影子。常人总是密者密上加亲，疏者疏而远之。美国通用电气公司总裁斯通却主张"人际关系应保持适度的距离"。现实生活中，国与国、人与人之间的关系演变的例子一再证明"适度距离"理论不无道理。

斯通对"适度距离"身体力行，率先示范，密者疏之，疏者密之。斯通自知与公司高层管理人员工作上接触较多，在工余时间就有意拉大距离，从不邀请公司同僚到家做客，也从不接受客邀。相反，对普通工人、出纳员和推销员，他有意亲近，微笑问候，甚至偶尔"家访"。

1980年1月，在美国旧金山一家医院里的一间隔离病房外面，一位身体硬朗、步履生风、声若洪钟的老人，正在与护士死磨硬缠地要探望一名因痢疾住院治疗的女士。但是，护士却严守规章制度，毫不退让。

这位护士真是"有眼不识泰山"，她怎么也不会想到，这位衣着朴素的老者，竟是通用电气公司总裁，一位曾被公认为世界电气业权威杂志——美国《电信》月刊选为"世界最佳经营家"的世界企业巨子斯通先生。护士也根本无从知晓，斯通探望的女士，并非他的家人，而是加利福尼亚州销售员哈桑的妻子。

哈桑后来知道了这件事，感激不已，每天工作达16小时，为的是以此报答斯通的关怀，加州的销售业绩一度在全美各地区评比中名列前茅。正是这种适度距离的管理，使得通用电气公司事业蒸蒸日上。

通用电气公司像美国其他一些公司一样，从经理到基层领导人员，已有不少采用"静默沉思"法使紧张心理宁静下来，消除神经紧张所造成的不安。经常"静默沉思"的人说，自从坚持定时沉思默想后，工作效率提高了，不容易激动，能较好地对付外界压力了。

而以前通用电气公司也普遍采用节食和体育锻炼计划来消除工作人员的情绪病，虽长期执行，但见效甚微。许多人因紧张心理造成的血压升高、压抑感很重和易怒等现象并未减轻。

哈佛大学心理和体育治疗研究所推广沉思默想之后，通用电气公司便向雇员推荐此法，公司聘请了沉思默想辅导员指导员工苦练这种默思法，包括瑜伽、冥想、端坐不动等。员工们反映，他们已初步收到效果。

公司在推行此法后，使公司精神病治疗费用减少27%；各分公司经理用此法后工作效率大为提高，为此该分公司已安排经理人员参加静默活动，工作热情普遍高涨，精神也格外饱满。

企业中的人事管理要比政府、学校等其他职能管理棘手得多，因为企业人事管理的对象、性别、年龄、学历、工种、品性等方面存有更大差异。

通用电气公司在人事管理上近几年采取重大改革，改变了以往的人事调配的做法（由企业单方面评价职工的表现、水平和能力，然后指定其工种岗位）。现在，反其道而行之，开创了由职工自行判断自己的品格和能力，提出选择自己希望工作的场所，尽其可能由他自己决定工作前途的"民主化"人事管理，称为"建言报告"，引起管理界的瞩目。

专家们认为，"让棋子自己走"的这种"建言报告"式人事管理，比传统的人事管理更能收集到职工容易被埋没的意见和建议，更能发掘人才和对口用人，从而对公司发展和个人前途更加有利。

此外，通用电气公司还别出心裁地要求每位员工写一份"施政报告"，从1983年起每周星期三由基层员工轮流当一天"厂长"。"一日厂长"9点上班，先听取各部门主管汇报，对全厂营运有了全盘了解后，即陪同厂长巡视部门和车间。"一日厂长"的意见，都详细记载在《工作日记》上。各部门、车间的主管依据其意见，随时改进自己的工作，并在干部会上提出改进后的成果报告，获得认可后方能结案。各部门、车间或员工送来的报告，需经"一日厂长"签批后再呈报厂长。厂长在裁决公文时，"一日厂长"可申诉自己的意见供其参考。

这项管理制度实行以来，成效显著。第一年施行后，节约生产成本就达200万美元，并将节约额的提成部分作为员工们的奖金，全厂上下皆大欢喜。通用电气公司的日本子公司——左光兴产公司还实行一种特殊的"无章管理"，也是感情化管理，最大限度地减少公司内部人际间的紧张关系，增强员工之间的信任，上下级之间的信任及员工对企业的信任。该公司近几年实行"无章管理"以后，年销售额在通用电气的所有海外子公司中独占鳌头。

（资料来源：蒋董雷：《管理之美：人力资源管理哲理与方略》，中国纺织出版社2003年版）

二、案例分析

领导者在领导活动过程中，与群体其他成员间形成的心理上的联系，即彼此间的认识、评价、情感和行为倾向的关系。具体包括领导者与自己的上级、同事、下属。以及与其他群体中的威望、在社会公众心目中的形象、与群体成员的情感关系等方面，是其实际影响力的重要社会心理标志。领导者的人际关系，既是领导者与群体其他成员间的直接角色联系，又是其与他人的个人情感关系；既受社会规范和角色规范的强制性调节，又受双方在交往中所产生的情感的调节；衡量领导者人际关系的好坏，既要考虑其与社会规范、群体目标的符合程度，又要考虑关系双方情感上的相悦与否。所以，领导者的人际关系是一种具有丰富内涵和复杂内容人际关系。

案例中通用电气公司的管理制度体现了人本管理的理念。人本管理就是以人为本的管理，人本管理的立足点与核心是人的知识、能力的提高和创造力的培养，建立起让每一位员工都有机会施展才能的激励机制，努力营造尊重、和谐、愉快、进取的氛围，激发人们的工作热情、想象力和创造力。同时，人本管理也更加注重组织文化的建设和员工合作精神的培养，管理方式将更加多元化和人性化。注重在搞好与员工关系的基础上来实施其管理。并针对通用电气公司的管理实际，说明该公司管理方法的特点。

（1）人性化管理。从公司的最高领导到各级领导都欢迎公司员工随时进入他们的办公室反映情况，对于员工的来信来访都能负责地妥善处理。公司的最高首脑与全体员工每年至少举办一次生动活泼的"自由讨论"，领导和员工之间直呼其名，既无尊卑之分又相互尊重。

（2）柔性化管理。公司推广了哈佛大学心理和体育治疗研究所的"静默沉思"法。聘请了专门的辅导员指导员工进行沉思默想的训练，使紧张的心理宁静下来，减少了心理疾病，从而提高了工作效率；斯通自知与公司高层管理人员工作上接触较多，在工余时间就有意拉大距离，从不邀请同僚到家做客，也从不接受邀请。相反，对于普通员工、出纳员和推销员，他有意亲近，微笑问候，甚至偶尔"家访"。

（3）民主化管理。公司改变了传统的人事管理由企业单方面评价员工的表现、水平和能力，然后指定其工作岗位的做法，开创了一种被称之为"让棋子自己走"的"建言报告"，即由员工自己判断自己的品格和能力，提出自己期望的工作场所，尽其可能由自己决定工作前途的"民主化"人事管理。通用电气公司要求每一位员工写一份"施政报告"，每周三由基层员工轮流当一天"厂长"。"一日厂长"9点上班，先听取各部门主管汇报，对全厂营运有了全盘了解以后，再陪同厂长巡视部门和车间。各部门、车间的主管须根据其意见改进自己的工作。"一日厂长"的意见都详细记载在《工作日记》上。厂长在裁决公文时，"一日厂长"可提出申诉意见。

可见，作为一个企业管理者，应在搞好与职工关系的基础上实施其管理，通用电气公司的高层就是认真地贯彻了这一原则。他们创造出一种温馨的环境，使员工受到正确的对待，从而使员工努力去工作。当然，处世技巧并不是用来操纵和控制他人的诡计，它是控制你如何去影响他人，控制好自己对他人的影响力后，你就会更有成果、更有效率，同周围的人就更加融洽。

三、思考·讨论·训练

1. 通用电气公司的管理制度体现了何种管理理念？这一管理理念对于现代管理有什么指导意义？

2. 通用电气公司在管理方法上有什么特点？我们能够从中得到哪些启示？

3. 通用电气公司领导者处理员工关系有什么特点？

案例 7 - 2   严伟为何要跳槽

一、案例介绍

严伟从大学时代起就是一个成绩突出、有自信和抱负的学生，他的老师和同学都对他日后的发展做了充分的估计，十分看好。他的专业是工程设计，但不知何故，毕业后被一家电器公司招为销售员了。刚开始，他对这岗位挺满意，不仅工资高，而且尤其令他喜欢的是，这家公司给销售员发的是固定工资，而不采用佣金制。好强的他担心自己没有这方面的实际工作经验，如果比不过别人，拿的佣金少了该多丢脸呀。

刚上岗位的头两年，严伟虽然工作兢兢业业，但工作成绩只属一般，可是随着他对业务的逐渐熟练，又跟那些客户们搞熟了，他的业务量终于渐渐上升。到第三年年底，他觉得自己已在全公司技术业务员中大概属于中等了，至少在全公司几十名销售员中不会是末尾。下一年，根据和同事们的接触，他估计自己当属业务员上等水平了。由于该公司的政策是不公布每人的销售额，也不鼓励互相比较，所以，严伟对自己的成绩究竟如何没有多大把握。不过，这几年里，伟严的日子过得很舒坦，同事们之间关系一团和气，大家拿一样的工资奖金，没有激烈的竞争，几个老员工还把自己的技术传授给他。

然而，这种一团和气的日子不多了，去年，公司实行改革，打破"大锅饭"，改固定工资为佣金制，再也不能干多干少一个样，还要实行末位淘汰制。公司制定的报酬制度，使严伟的抱负与好胜心被激发出来，而且此时他在技术业务方面也已经老道成熟了，只要坐上了业务量的第一把交椅，就可以拿到最高的销售奖金。从去年开始，严伟干得特别出色。尽管定额比前年提高了15%，可到9月初他就完成了全年定额。虽然他对同事们仍不露声色，不过根据公司的业绩公布，他发现没有谁能接近完成自己的定额了。10月中旬时，公司刘经理特地召他去汇报工作。

听完他做的汇报后，刘经理对他说："咱们公司要再有几个像你一样棒的销售业务明星就好了。"严伟只微微一笑，没说什么，不过他心中思忖，这不就意味着承认他在销售员队伍中出类拔萃、独占鳌头吗？果然不久就风传他快要被提升为部门主管了。为此他一马当先，比过去干得更好。他觉得不能辜负公司领导对自己的信任。不过，近来他觉得自己心情不舒畅。一是部门经理经常要他干一些管理工作，过去他总是愉快地完成，可是现在销售奖和绩效挂钩，严伟觉得这些都成了负担。最令他烦恼的是大家之间的关系开始变味了。从过去的亲密无间，到现在的防范冷淡，大家的工作情况都保密，不互相通报信息。特别是有一个过去关系不错的同事，对严伟更是虎视眈眈，没个笑脸，后悔不该把销售的高招和关系介绍给他，现在倒成了竞争对手了，早知今日，何必当初。

随着销售额的提高，严伟的佣金在公司销售人员里已经是头一块牌子了。不过，公司人员流动也越来越大，除了被末位制淘汰下来的员工被辞掉以外，还有几个业务高手也酝酿着要跳槽，部门里人际关系挺紧张。五天前，就在严伟要被提拔为部门主管时，他也离开了公司，因为另一家公司看中了他，许以更高的佣金把他给挖走了。

（资料来源：葛玉辉、卜庆锋：《人力资源管理》，经济管理出版社2007年版）

二、案例分析

本案例可从麦克利兰的成就需要理论的角度进行分析，同时也说明了组织中人际关系的重要性。

组织中的人际关系，对组织的工作绩效和员工满意度都有很大的影响。首先，良好的人际关系是群体凝聚力的基础。一个部门或组织的人际关系协调融洽，必然使这个单位的凝聚力提高，从而增强群体士气。反之，则削弱群体凝聚力，降低工作效率。其次，良好的人际关系是保证员工身心健康的重要条件。最后，它还影响员工的自我发展。

在本案例中，严伟是一个成就需要强烈的人，他在大学时代起就是一个成绩突出，有自信和抱负的学生。工作以后也是十分要强，特别是当公司改固定工资为佣金制，实行末位淘汰制以后，严伟的抱负与好胜心被激发出来，他干得特别出色。然而，尽管他很努力，在工作上也取得了不小的成绩，但他的成就需要始终没有得到满足，因为其所在公司领导根本就没有对他的工作绩效进行过正式的、正面的反馈。由于得不到上级更好的评价和了解自己的工作情况，所以他决定不在这家公司干了，而去寻找能满足其高成就需要的工作，这是严伟跳槽的一个很重要的原因。

　　此外，个体在自我发展过程中，既受外部自然环境的影响，又受人与人之间相互交往关系的影响。良好的人际关系常常会导致一种社会助长作用，鼓励员工互帮互学，互相促进，增进员工之间的行为模仿和相互竞争的动机，加速员工的自我发展和完善。然而，严伟所在公司的同事相互间防范冷淡，大家的工作情况都保密，不互相通报信息，特别是有一个过去关系不错的同事，对严伟更是虎视眈眈。在这种紧张的人际关系中，严伟是不可能有发展空间的，这也是严伟不得不离开公司的另一个原因。

　　其实，绩效竞争和企业员工的满意度之间的关系不应该是对立的和矛盾的，如果将员工个体的目标和集体目标、组织目标有机地结合起来，那么很多的矛盾和冲突就可以避免。

　　成就需要理论是麦克利兰于 20 世纪 50 年代提出的，他把人的高层次需要归纳为对权力、友谊和成就的需要，尤其是对成就需要进行了深入的探讨。麦克利兰认为，成就需要强烈的人往往具有高度的内在工作激励，事业心特别强，外在激励对其作用相对较小，只要能为他们提供合适的工作环境，使他们发挥自己的能力，满足他们的成就需要，他们就会感到莫大的幸福。

　　建议严伟所在公司建立科学、合理的绩效管理制度，对员工的工作绩效进行及时有效的反馈；同时，在绩效考评中更多地提倡团队业绩，而不是仅仅以个体的业绩作为评价成员的唯一指标，并且使组织内部的信息渠道畅通，做到沟通及时，就会改善组织中的人际关系，使员工之间出现更多的合作行为。

三、思考·讨论·训练

1. 严伟为何要跳槽？
2. 绩效竞争和企业员工的满意度之间的关系如何？
3. 您对严伟公司的绩效管理和绩效文化建设有何意见和建议？
4. 案例中公司内人际关系对员工有什么影响？为什么？

案例 7-3　胜利公司无奈的株连政策

一、案例介绍

　　胜利公司是一家全国有名的民营钢铁企业，在我国钢铁产业蓬勃发展的大好环境下，经过短短几年的发展已经从原来的一家小型炼铁厂发展成为一家在业界颇有声望的中型钢铁企业，并带动了当地焦化、轧钢、建材、矿产以及服务等一系列相关产业的发展，解决了当地4000余名职工的就业与再就业问题，为当地的社会稳定和经济发展做出了突出贡献，公司管理层也是踌躇满志，希望把握住钢铁产业良好的发展机会，争做我国民营钢铁企业的领先者。

但是，胜利公司最近连续发生了好几起骨干员工跳槽事件，让公司的管理层感到坐立不安。随着钢铁产品市场形势持续看涨，钢铁投资浪潮一浪高过一浪，一边是新建的钢铁厂如雨后春笋般出现，一边是原有的钢铁企业纷纷扩建，这些新建的钢铁企业为了尽快投入生产，纷纷采取挖墙脚的方法来获取企业所需的人才。一时间，钢铁行业的技术人员和熟练技术工人呈现供不应求的局面，身价不断攀升，很多技术人员和技术工人禁不住外部高薪的诱惑，纷纷跳槽。胜利公司也不例外，仅一季度离职的骨干员工达到十几人。刚开始，管理层还算是比较镇定，觉得几千人的企业走十几个人很正常，对公司的正常经营生产不会有什么大的影响。但是，跳槽风波越演越烈，前两天公司下属的炼钢厂的两名技术非常出色的炼钢工被竞争对手给挖走了，更为严重的是，去了之后又陆续带走了一些工人。

管理层知道这件事情之后感到异常恼火，责令人力资源部尽快采取措施来改变当前被动的局面。公司人力资源部在经过一番调查和研究之后，向公司领导递交了一个报告，报告要求公司把那些跳槽员工的还在公司工作的家人和亲戚全部开除，以防止事态的蔓延。公司管理层很快就批准了人力资源部的报告，一星期之内，就有数十名员工因为与跳槽员工有亲属或者朋友关系被公司单方面解除了劳动合同。

但是，事情并没有管理层想象的这么简单，后来发生的一连串连锁反应令管理层始料未及：被开除的员工都为自己叫冤，纷纷进行抗议，并向当地的劳动主管部门上诉，要求维护自己的权利……当地劳动主管部门在经过现场调查之后，认定这样的"株连政策"是严重的侵权行为，责令胜利公司尽快恢复这些员工的劳动关系……当地媒体也为这些被无辜解雇的工人声援，纷纷谴责胜利公司……公司内部的员工一方面觉得公司的株连政策很不近人情，同时也担心自己会不会受到牵连……公司管理人员对此也纷纷发表意见，认为"株连政策"很不人性，对于那些被解雇的"家人和亲戚"是非常不公平的……

胜利公司的"跳槽风波"迅速就上升为公司的重大危机，管理层无奈之下只好撤销已经发布的株连政策，恢复那些被开除员工的劳动关系，并且花了很大力气做劳动主管部门和媒体的工作才化解了这次危机，但是，"株连政策"的负面影响却很难消除，员工关系变得非常脆弱……

（资料来源：中国人才资源开放网：http://www.chinahrd.net）

二、案例分析

案例中公司主要忽略了员工关系管理。我国民营企业是伴随市场经济发展而逐步发展壮大起来的，改革开放二十多年来，中国经济结构发生了翻天覆地的变化，一个最明显的特点就是民营企业的迅速崛起。据统计，自 1980 年以来，中国民营经济产值以每年 71% 的速度增长，民营企业的就业人数每年以41% 的速度增长，民营企业在 GDP 中的贡献超过了 50% 以上。但是，民营企业的主要优势还是体现在机制方面，管理状况却令人担忧。随着公司的业务量扩大和公司人员增加，企业的各种管理问题也随之出现，而创业者管理意志淡薄、家庭成员对正规化管理进行抵触都妨碍了企业管理水平的提升，随即引发相应的危机，要么停滞不前，要么濒临倒闭或是申请破产。

我国民营企业不能实现长期持续发展固然有很多原因，但是，急于求成、好高骛远，不注意基础建设是很多民营企业共有的痼疾，员工关系也成为很多民营企业一个共有的管理盲点。民营企业在参照西方产权制度的基础上建立现代企业经营机制的时候，也照搬了西方经营管理模式来管理中国的员工，大大简化了员工关系，认为企业与员工只是一种各取其利的金钱雇用关系，以为员工拿到了应该拿的钱，别的事就不用管了。而且，民营企业的组织结构通常比国有企业和国外企业还要简单，缺乏一些专门的机构来协调和维护员工关系，大部分企业都没有工会，成立了工会也往往是有名无实。

改善员工关系是现代人力资源管理的重要目标之一，但是，员工关系管理不像招聘培训绩效薪酬等人力资源工作那样具体，而是贯穿于人力资源的各项管理工作中。所以，改善员工关系没有什么秘诀，不同的企业面临不同的环境，在改善员工关系上也是面临不同的问题。但是，共同的要求是要踏踏实实做好相关的基础工作。一般来说，改善企业员工关系应该注意做到以下几点：

(1) 树立"以人为本"的管理理念。现代管理的着眼点已经从对物的管理转变为对人的管理，以人为本已成为现代管理的灵魂。那么要想在管理活动中做到以人为本，必须要让管理中的人乃至全社会的人都要转变理念，抛弃落后的"以物为本"的管理理念，树立起"人的因素第一"、"尊重知识"与"尊重人才"的观念，追求先进的以人为本的管理理念。

(2) 构建多角度的员工关系管理体系。公司领导要从企业未来发展战略出发，主动承担员工关系管理的领导责任，尽快成为创造和谐员工关系的倡导者和建设者。各级管理人员作为人力资源管理工作的直接执行者，要执行好公司人力资源政策和制度，将促进下属员工的发展作为重要职责，营造宽松的工作氛围，加强人才培养，注重能力提升，努力完成好团队的工作目标，创建良好的员工关系。人力资源部门作为员工关系管理政策的制定者与执行的监督者，要大力推进公司人力资源管理制度的优化，帮助和指导各级管理者做好各项人力资源管理工作，从而实现员工关系不断优化。

（3）建立全方位的员工激励机制。研究表明，企业员工对工作现状不满是导致员工关系紧张的主要因素，而提升员工的工作满意度，需要建立全方位的员工激励机制。有效的激励机制不仅包括薪酬物质激励，还应该包括培训、职业发展和荣誉等非物质激励。

（4）完善有效畅通的内部沟通机制。组织绩效面谈、传递工作信息、召开员工大会、设立总经理信箱、鼓励员工提出改善建议等，也包括非正式沟通机制，如设置企业内部 BBS、举办各种业余活动等。很多企业非常强调沟通和对话，保证各层级的员工有合适的渠道向相关人员表达自己对工作的理解以及工作中的不满意见，同时保证员工提出的不满意见能在可预期的时间内得到合理的解决，从而避免不满意见的扩散，避免出现紧张的员工关系。

（5）创建科学规范的弹性用工机制。通常来看，紧张的员工关系如果得不到有效的释放和缓冲，最终会上升为劳动纠纷，而解决劳动纠纷的重要依据是国家劳动法律法规和企业的用工机制。我国很多民营企业在用工机制建设上还存在很多问题。比如，有的企业漠视国家劳动法律法规对用工机制的指导和约束，甚至没有和员工签订劳动合同；有的企业没有前瞻性，制定的用工机制没有结合企业自身特点和发展趋势，在面对劳动纠纷时显得非常被动。

和谐的员工关系对于企业来讲就像是润滑剂对机器一样，平时可能感觉不到在起润滑作用，一旦缺乏，企业庞大的机器就无法正常运转。员工关系管理最终是人的问题，主要是管理者的问题。在员工关系管理中，管理者是企业利益的代表者，是群体最终的责任者，也应是下属发展的培养者。在员工关系管理中，每一位管理者能否把握好自身的管理角色，实现自我定位、自我约束、自我实现乃至自我超越，关系到员工关系管理的和谐程度，更关系到一个企业的成败。

三、思考·讨论·训练

1. 造成胜利公司面临的员工关系紧张的局面的原因是什么？

2. 您对民营企业员工关系管理存在的主要问题和误区是怎么理解的？为什么？

3. 民营企业老板与员工之间应该建立一种什么样的关系？

4. 改善民营企业员工关系管理应采取什么措施？

5. 如何才能建立这种合作伙伴关系呢？

案例7-4　民营企业如何处理好员工关系

一、案例介绍

黄总是一家民营公司的老板，近日到长沙参加订货会。出差期间，黄总忽然接到公司员工小李打来的电话。小李在陈述了一大堆理由之后，说出了他的想法：辞职。黄总非常恼火。小李是他非常器重的一名大学毕业生，本来打算好好栽培他，上个月刚刚给他加了奖金，又把他升为部门主管。这下可好，人家来了个突然辞职，黄总有种上当受骗的感觉。

平静下来之后，黄总不禁大发感慨："现在的员工越来越不好管，我总是想跟他们搞好关系，想留住人，但总是出这种事。"同行的刘总年龄稍大，一直望着愤愤不平的黄总笑而不语。

黄总说："老刘，您倒是帮我出出主意啊！为什么我总是留不住人呢？"

刘总答道："依我看，你的制度根本就不健全。拿我们的公司来说，每个员工都有押金，他即使想给我来个出其不意，也得先掂量掂量自己的几千块押金吧！"

黄总点点头，若有所悟："这倒是个办法！不过话说回来，你看人家常总，平日里优哉游哉，连订货会这样的大事都放手让别人去做，也不搞什么押金，人家不也做得挺好吗？"

"常总那是找对了人，用对了人！但找一个合适的人哪有那么容易啊！找人比管人难！"刘总说。

两位老板的对话还在继续。他们的对话是广大中小企业老板关于员工管理和员工关系处理所遇困扰的一个缩影。

（资料来源：倪龙腾、李开彤、徐霆：《正略钧策看企业管理》，人民邮电出版社2007年版）

二、案例分析

员工关系管理是人力资源管理的一项重要内容，融洽、和谐的员工关系，将会在团队中形成互相帮助、协调开展工作的良好氛围，从而促进团队整体工作效率的提高。因而，妥善管理好员工之间、员工与企业之间的关系，是增强团队凝聚力、向心力、战斗力，维护企业稳定性的重要环节。

员工进入企业、成为组织的成员后，就进入员工关系管理的框架。一般来说，企业人力资源管理从职位澄清、员工异动和员工激励三个方面影响企业和员工、员工与员工的之间的关系。

职位澄清是指根据企业目标和业务特点，确定各工作职位的工作任务、所应承担的职责、权限，与其他职位间的工作联系、管理关系和方式以及承担这些工作对员工的能力素质要求、任职资格要求等。职位澄清明确了员工应该做什么和如何做才能达到要求。

员工异动是指员工从进入企业到离开企业的整个过程。这个过程实际上是员工为实现本人的职业发展计划和企业为保证业务运转的整个人力资源配置过程，以及满足企业和员工本人对工作能力要求而进行的绩效评估、能力转化的提升过程。

员工激励是指如何通过内外部激励手段，不断促进企业目标实现和员工个人发展之间的良性循环。内外部的激励手段，既包含薪酬体系、福利体系，也包含其他满足员工心理需求的措施。激励是企业能否留住员工的一个关键。

从影响员工关系管理的三个方面，我们不难得出员工关系管理的最终目的不仅仅是让员工满意，而是使企业在竞争中赢取胜利，员工的积极参与和投入是企业制胜的保证。员工关系管理的目的是每一个民企老板必须首先明确和弄清楚的问题。唯有如此，管理者才能以正确的心态寻找适当的方法去面对和解决员工关系管理中的种种问题。通过员工关系管理确保民企老板与员工之间的良好沟通，争取员工通力合作。

（1）作为民企老板，要和员工建立这种合作伙伴关系。首先应该具有正确的世界观和价值观，具有高尚的道德情操和人格魅力，具有强烈的创业精神和事业心，具有先进的思想理念和创新意识，具有善思知进、虚心学习、礼贤下士的谦虚态度。"士为知己者死"，这样才能吸引和感染员工，凝聚有志之士为企业尽情挥洒自己的激情、智慧、热诚与执著。

（2）作为民企老板，要建立"不拘一格"的用人机制，创造良好的用人环境。坚持"见贤思齐，胜者为师"的人才战略思想，知人善任，人尽其才。同时，建立合理的分配激励机制、公平的竞争机制、创业的动力机制、有品位有特色的企业文化，通过事业、待遇、感情等各种途径留住人才，为我所用。

（3）作为民企老板，要善待每一位员工，尊重人性，提升员工的心灵。最重要的是要了解和信任员工，切忌猜疑，疑人不用，用人不疑。帮助员工发展自我，给每一位员工提供平等竞争的机会，给他们充分发挥和成长的平台，努力帮助员工设计好自己职业生涯的规划。

（4）作为民企老板，要采取谦虚谨慎的态度，竭力强调和搞好沟通。良好的沟通能够让员工感受到老板对自己的尊重和信任，因而产生极大的责任感和归属感，促使员工以强烈的事业心报效企业。

（5）作为民企老板，要有敢于否定自我的勇气，倾听取长、厚人薄己。善于重视听取员工的意见和合理化建议，让员工参与企业管理，真正下放权力给员工，充分发挥员工的潜力，群策群力。老板要学会利用员工的才华与智慧为公司创造财富，让员工拥有充分施展才华的机会和空间。

（6）作为民企老板，要有"身先士卒"的勇气。用对工作的满腔热忱感染和激励员工。没有热情的老板也就培养不出敬业的员工，更谈不上和员工建立合作伙伴关系。

优秀的民企老板是用"待人如待己"的法则去对待员工的。员工才是企业真正宝贵的财富。在要求员工忠诚服务公司的同时，自己有没有反省过，如何去做一个最佳的雇主呢？人与人之间的任何交往都是双向互动的，当老板从员工身上得到越多的时候，员工也会得到更多的机会和待遇。因此，正确处理好民营企业老板与员工之间的关系，真正建立起一种超越了雇用、相互依存、相互信任、相互忠诚的合作伙伴关系。它将带给老板的是发展，带给员工的是成功；它将有助于双方更好地走向未来，赢得明天；它将凝聚出一股冲天士气支撑企业大厦。

三、思考·讨论·训练

1. 民营企业老板与员工之间应该建立一种什么样的关系呢？
2. 如何才能建立这种理想状态的关系呢？
3. 民营企业员工关系管理的途径与方法是什么？

案例7-5 凯茜·布福德与乔·杰克逊的交流

一、案例介绍

凯茜·布福德是一个项目团队的设计领导，该团队为一个有迫切需求的客户设计一项庞大而技术复杂的项目。乔·杰克逊是一个分派到她的设计团队里的工程师。

一天，乔走进凯茜的办公室，大约是上午九点半，她正埋头工作。"嗨，凯茜，"乔说，"今晚去观看联赛比赛吗？你知道，我今年志愿参加。""噢，乔，我实在太忙了。"接着，乔就在凯茜的办公室里坐下来，说道："我听说你儿子是个非常出色的球员。"凯茜将一些文件移动了一下，试图集中精力工作。她答道："啊？我猜是这样的。我工作太忙了。"乔说："是的，我也一样。我必须抛开工作，休息一会儿。"

凯茜说："既然你在这儿，我想你可以比较一下，数据输入是用条形码呢，还是用可视识别技术？可能是……"乔打断她的话，说："外边乌云密集，我希望今晚的比赛不会被雨浇散了。"凯茜接着说："这些技术的一些好处是……"

她接着说了几分钟。又问："那么，你怎样认为？"乔回答道："噢，不，它们不适用。相信我。除了客户是一个水平较低的家伙外，这还将增加项目的成本。"凯茜坚持道："但是，如果我们能向客户展示它能使他省钱并能减少输入错误，他可能会支付实施这些技术所需的额外成本。"乔惊叫起来："省钱！怎样省钱？通过解雇工人吗？我们这个国家已经大幅度裁员了。而且政府和政治家们对此没任何反应。你选举谁都没关系，他们都是一路货色。""顺便说一下，我仍需要你对进展报告的资料，"凯茜提醒他，"明天我要把它寄给客户。你知道，我大约需要8～10页。我们需要一份很厚的报告向客户说明我们有多忙。""什么？没人告诉我。"乔说。"几个星期以前，我给项目团队发了一份电子邮件，告诉大家在下个星期五以前我需要每个人的数据资料。而且，你可能要用到这些你为明天下午的项目情况评审会议准备的材料。"凯茜说。"我明天必须讲演吗？这对我来说还是个新闻。"乔告诉她。"这在上周分发的日程表上有。"凯茜说。"我没有时间与篮球队的所有成员保持联系，"乔自言自语道，"好吧，我不得不看一眼这些东西了。我用我6个月以前用过的幻灯片，没有人知道它们的区别。那些会议只是一种浪费时间的方式，没有人关心它们，人人都认为这只不过是每周浪费2个小时。""不管怎样，你能把你对进展报告的资料在今天下班以前以电子邮件的方式发给我吗？"凯茜问。

"为了这场比赛，我不得不早一点离开。""什么比赛？""难道你没有听到我说的话吗？联赛。""或许你现在该开始做这件事情了。"凯茜建议道。"我必须先去告诉吉姆有关今晚的这场比赛，"乔说。"然后我再详细写几段。难道你不能在明天我讲述时做记录吗？那将给你提供你做报告所需的一切。"

"不能等到那时，报告必须明天发出，我今晚要在很晚才能把它搞出来。""那么，你不去观看这项比赛了？""一定把你的输入数据通过电子邮件发给我。""我不是被雇来当打字员的,"乔声明道。"我手写更快一些,你可以让别人打印。而且你可能想对它进行编辑,上次给客户的报告好像与我提供的资料数据完全不同。看起来是你又重写了一遍。"凯茜重新回到办公桌并打算继续工作。

(资料来源:瑞和项目管理网:http://www.ruihepm.com)

二、案例分析

案例中反映的是信息沟通存在的问题。问题的出现,项目经理有不可推卸的责任,这么重要的通知,凯茜只是用电子邮件进行知会,并且没进行反馈跟踪。交谈中乔的心思明显不在工作上,凯茜也没指出来,更未试图说服乔。两人的沟通很失败,谈话结束后也没有得出结论。

(1)交谈过程中显然存在着比较严重的问题。首先是环境,两个人的交谈氛围决定了这样的沟通是要失败的。其次是沟通中的相互尊重是处理好人际关系的前提。人立于世,一是做人,二是做事,做人是做事的前提,做人做事都要与人打交道。尊重别人,是与人和睦相处的必要条件。工作和生活中,对人心理影响最大是人际关系,人际关系不好,会给自己和别人带来心理上的不愉快,影响工作和生活。

(2)凯茜是项目经理,除了掌握项目技术以外,重要的工作任务应该是对整个项目任务的监控,其中包括对项目组成员工作状态、进度进行协调和跟踪,项目经理的工作不是只是布置任务就不管了,还要落实任务的执行及跟踪执行情况。本案例中,凯茜可以休息一下,放松一下,必要时从乔的兴趣出发,聊球赛,最后转换向要求乔做的任务。这是一种说话的技巧。沟通时,把话题引入到关注的焦点上。凯茜应及时发布详细的进度计划安排,并确保每个人都知道。

(3)通过员工与其主管持续、动态的沟通,明确员工的工作任务及绩效目标,并确定对员工工作结果的衡量办法,在过程中影响员工行为,从而实现公司目标,并使员工得到发展。乔在工作任务不明确时,作为项目组成员应该积极与项目管理者沟通,明确工作任务,并及时完成任务进度报告。乔·杰克逊不应该在工作时间谈论太多的休闲事情,容易给管理者造成一个比较懒散的印象。

(4)倾听是一种能力,更是一种态度,是尊重他人、与人合作、友善待人、虚心求解的表现,也是一种良好的习惯。倾听是一种积极主动获取信息的行为,积极认真地听往往获得一份惊喜,学会了欣赏他人,有了意外地发现,边听边思考，积极构建自己的认知，是一种高质量的听的训练与享受。每个人都有他的长处和特色，倾听将使我们能取人之长补己之短，同时防备别人的缺点错误在自己身上出现。这样便会使自己更加聪明，同时摆脱自我，成为一个谦虚的受人欢迎的人。倾听作为一种技巧，除了真心诚意、专心致志以外，还必须做到有耐心：一是等待或鼓励说话者把话说完，直到你能听懂他的全部意思；二是遇到你不能接受的观点，甚至有伤你的感情的话，你也得把话听完；三是避免插话、打岔、任意评论和表态等不良习惯；四是适时进行鼓励和表示理解；五是适时做出反馈；六是要注视说话者的眼睛，自己的目光不要游移，不管是微笑、严肃还是其他什么表情，要和说话者陈述的内容一致。这样，你就会和说话者在情感上产生共鸣，相互之间的沟通就容易了。倾听是与人合作成功的起点，是铸造事业辉煌的灵丹妙药。专注凝神地听别人说话吧，它将使你获得友情事业及合作成功的阶梯。凯茜要学会倾听，倾听完乔·杰克逊对比赛的谈论，并适当的给予评论，然后将话题带到项目上来。乔·杰克逊应该首先明确项目任务，工作完成后再谈论业余时间的安排。两人在沟通时要相互尊重对方，发现各自话题的闪光点。

三、思考·讨论·训练

1. 交流中的问题有哪些？
2. 案例中，凯茜和乔应该怎么做？
3. 您认为乔要做什么？
4. 凯茜和乔怎样处理这种情况会更好？
5. 为防止出现凯茜和乔之间的交流问题，您认为应该怎么做？

案例 7-6 吉星保险公司

一、案例介绍

人物：

冷科长——吉星保险公司赔偿支付科科长，男，40多岁，工作认真，性格内向。

牛先生——吉星保险公司赔偿支付科赔偿分析员，男38岁，业务能力强，脾气倔犟。

　　中午快下班的时候，公司老板打电话向冷科长布置了一项紧急任务，并特别强调一定要在下午两点以前办好。于是，冷科长拦住了正在收拾东西，准备下班的牛先生，请他把吃午饭的时间变动一下，要么在班上吃一份盒饭，要么推迟一会儿回家吃饭，以便把这项急件突击出来。其实，这项工作并不复杂，它要求在一大摞保险卷宗里，把几件事故索赔案卷查出来。冷科长知道，这件事情对于牛先生这样一个业务熟悉的老手来说，根本不费吹灰之力，只不过需要一点时间而已。可是，牛先生表现出了明显的不情愿。他说："对不起，我还要到银行去一趟。而且，我还想趁午休时间干点私事，恐怕不能遵命。"

　　冷科长非常不满地说："你怎么总是这样，每次让你干点儿工作，你就有事，你的事可以挪到下午办嘛。"

　　"午休时间是所有员工都应享受的权利，你无权占用。"牛先生也气冲冲地顶了回去。两人就这样争执起来。

　　冷科长与牛先生的矛盾由来已久。两年前赔偿支付科的前任科长调离，有小道消息传来，说牛先生是新任科长的候选人。他也认为凭自己的业务能力和工作经验可以当之无愧。但是，上级却从别的科室调来了冷先生当科长。冷先生对保险索赔业务完全是一个外行，性格也不像前任科长那样热情、开朗。他总是冷冰冰的、一本正经、严肃认真，从来不开玩笑，也不善于跟科里的人多来往，一副公事公办的样子。牛先生觉得冷科长一点也不喜欢他，他推测冷科长多半是提防着他这样一个经验丰富的人。而冷科长觉得牛先生由于没有当上科长对他充满了敌意。像牛先生这样一个业务能力强的人，准会讨厌一个外行来领导他。前一段发生的一件事，更加深了他们彼此之间的猜疑、隔阂。

　　事情是这样的，牛先生突然得了流行性感冒，高烧不退，病得不轻，遵医嘱病休在家。在他休息的第四天，接到冷科长的电话，问他病好了没有，能不能尽快回科里上班，因为人手不够，工作都积压了下来。牛先生回答说，他的病还没有好，还在发烧，医生给他开了一周的病假，还需要休息几天才能上班，碰巧，第五天天气特别好，牛先生感到自己的病好了不少，想出去活动活动，就骑上了他儿子的自行车，顺着大街蹬到一家修车铺修理车上的链条。这里距他家只不过十分钟的路程。可是，就在他修好自行车要离开的时候，一抬头看见冷科长正骑着自行车驶过。他敢肯定，冷科长也看见了他。

　　当下一星期他回到科里上班时，他觉得应该向冷科长解释一下。

　　"冷科长，上周我去修车，是……"牛先生结结巴巴地开口了，一看到冷科长冷若如冰霜的脸，他不知该怎样说下去。

　　"好了，不用说了，我都知道，病好了就上班吧。"冷科长不等他说完就走开了。

牛先生不知道冷科长都知道了什么，反正他知道冷科长是不会相信他的。

过了几周，科里有个高级赔偿分析员的职位出现了空缺，牛先生肯定自己完全可以胜任这个职务。于是，他向科长提出申请。但冷科长告诉他："提升，除了反映一个人的工作能力之外，也得反映一个人的责任感。你的确是这里最敏锐的分析员之一。但这个职位是要求个人具有高度的责任心，而你当了这么久的员工，在这方面表现太一般了。"

科里的人都为牛先生打抱不平，让他去找老板提出控告，不能就此罢休。牛先生生性倔犟，因为自己的要求被置之不理，感到非常丢人，就什么也不想说了。他只希望冷科长在这里待不长，否则，他就要求调离。反正他是不能再与他共事了。

现在冷科长要求他午饭时间加班，他就存心与他过不去了。他在想，既然你说我没有工作责任心，那我就真的做给你看看，看你到底能把我怎么样。冷科长也非常生气，他想，上次拒绝牛先生想晋升为高级赔偿分析员的请求是做对了。他太不负责任了，他的出勤记录一向平平，又不服从工作安排，这样的人怎么能够得到提升呢?!

现在他们两人的关系越来越僵了。

（资料来源：周文霞、孙健敏：《组织行为学教学案例精选》，复旦大学出版社 1998 年版）

二、案例分析

这是一个有关人际沟通的案例。在管理工作中，所有重要的管理职能都要依靠管理者与下属人员之间的有效沟通来实现。

（1）领导与员工说话：一是平等待人。领导做下属员工的思想政治工作，不论是一般的交流、谈心，还是了解有关情况，或有针对性地对其说服、教育、批评、帮助，自己首先要明白一点，即相互之间虽有职位高低、权力大小、角色主动与被动等差别，但在人格上则是平等的。二是真诚关心。每个人都渴望能引起别人的注意，得到同事特别是领导的关心、理解、同情和帮助。因此，作为领导，应注意经常观察每个下属的言行、举止、态度、情绪和工作方面的微小变化或波动，并分析产生这些情况的可能原因。在发现下属的某些表现反常后，只要我们能主动创造机会，例如，领导接待日、领导沟通电话等，让他把自己的担心、忧虑和烦恼倾诉出来，问题就解决了一大半。再加上一些分析和引导，并设身处地为他出主意、想办法，就会使其备感领导的关心和组织的温暖，并放下思想包袱，消除困惑、疑虑，解除后顾之忧，积极投入工作。当然，表达对同志的关心，应当是真诚的、负责的，虚情假意不行，不负责任更是有害。三是肯定优点长处。肯定、赞扬和激励，是调动人积极性的加油站。领导在日常工作中要经常发掘员工和部下做出的成绩和优点，哪怕是对平淡无奇的小事加以称赞，都能打动人，在表扬的激励下，人们会把事情做得更好。善于发现每个员工的"闪光点"，并及时在适当场合给予由衷的表扬和赞誉，是管理者应当很好掌握的比批评更为有效的工作方法之一。四是设身处地。这就要求领导者要善于"换位思考"，学会设身处地地站到对方的立场上考虑问题，甚至犯错误，往往也都是有自己"正当"的想法和理由的。善于换位思考，指出对方想法合乎情理的一面，并做同情的理解，既体现出对他人观点的尊重，又可避免两种观点的正面冲突和尖锐对立。当然，设身处地和换位思考，并不等于迁就错误，而是为了体察事情的发生、发展，找准问题的原因和对方动机，以利于更有针对性地分析、引导，使对方较为容易地接受自己的观点。如果不试图理解对方，而是一开始就拿出一些大原则和大道理，直截了当地对号入座批评对方，便很难达到比较满意的效果。五是留有余地。人们大都很爱面子，有时尽管明知是自己错了，为了维护自己面子的自尊心，往往也会使有的人强词夺理，甚至无理纠缠。遇到此情况，除了需要掌握恰当的方式、方法外，还要注意留有余地，给人一个下台的阶梯，以保全对方的面子。

（2）下级对上级说话，则要避免采用过分胆小、拘谨、谦恭、服从，甚至唯唯诺诺的态度讲话，改变诚惶诚恐的心理状态，而要活泼、大胆和自信。下级跟上级说话，成功与否，不只影响上级对你的观感，有时甚至会影响你的工作和前途。跟上级说话，要尊重，要慎重，但不能一味地附和，"抬轿子"，"吹喇叭"，等等，这只能有损自己的人格，却得不到重视与尊敬，倒很可能引起上级的反感和轻视。一是在保持独立人格的前提下，你应采取不卑不亢的态度。在必要的场合，你也不必害怕表示自己的不同观点，只要你从工作出发，摆事实，讲道理，领导一般是会予以考虑的。二是应该了解上级的个性。上级固然是领导，但他首先是一个人。作为一个人，他有他的性格、爱好，也有他的语言习惯等。如有些领导性格爽快、干脆，有些领导则沉默寡言，事事多加思考，你必须了解清楚，不要认为这是"迎合"，这正是运用心理学的一种学问。三是与上级谈话还要选择有利时机。上级一天到晚要考虑的问题很多。所以，假若是个人琐事，就不要在他埋头处理大事时去打扰他。你应该根据自己的问题重要与否，去选择适当时机反映。

　　本案例为此提供了生动的说明，它让我们看到上下级之间是怎样由于沟通不良而导致相互猜疑、敌视，使正常的工作任务无法完成的。它也提醒我们，作为一个管理者，必须掌握必要的沟通技巧，排除沟通中的障碍，以建立良好的人际关系，保证工作的有效性。

　　三、思考·讨论·训练

　　1. 从本案例中可以看出，冷科长与牛先生之间从未有过良好的沟通，您认为造成这种局面的主要原因是什么？

　　2. 如果您是冷科长，您会如何利用上任之初这个有利时机与包括牛先生在内的下属进行有效的沟通？

　　3. 面对目前的僵局，冷科长应该怎么做才能扭转局面？

第八章　信息沟通

语言是工具、武器，人们利用它来互相交际，交流思想，达到互相了解。

——斯大林

企业管理过去是沟通，现在是沟通，未来还是沟通。

——松下幸之助

一、信息沟通概述

（一）信息沟通的基本概念

信息沟通是指在管理中发生的、两个或两个以上的人或群体，通过一定的联络渠道，传递和交换各自的意见、观点、思想、感情和愿望，从而达到相互了解、相互认知的过程。

（二）信息沟通的重要性

沟通是实现组织目标的重要手段。组织中的个体、群体为了实现一定的目标，在完成各种具体工作的时候都需要相互交流，统一思想，自觉地协调。信息沟通使组织成员团结起来，把抽象的组织目标转化为组织中每个成员的具体行动。没有沟通，一个群体的活动就无法进行，特别是管理者通过与下属的沟通使员工了解和明确自己的工作任务，以保证目标的实现。

沟通使管理决策更加合理有效。对信息的收集、处理、传递和使用是科学决策的前提。在决策过程中，利用信息传递的规律，选择一定的信息传播方式，可以避免延误决策时间而导致的失败。管理人员通过一定的方式推行决策方案，赢得上级的支持和下级的合作，没有有效的沟通是不会达到这一目标的。

沟通成为企业中各个部门、各成员之间密切配合与协调的重要途径。由于现代组织是建立在职能分工基础上的，不同职能部门之间"隔行如隔山"，不易相互了解和协作配合。通过有效的沟通，可以使组织内部分工合作更为协调一致，保证整个组织体系的统一指挥，统一行动，实现高效率的管理。

沟通是管理人员激励下属，影响和改变别人的态度和行为，实现领导职能的基本途径。沟通不仅能增进员工彼此间的了解，促进彼此之间的合作，改善人与人之间的关系，也是最大限度地调动员工积极性的一种方式，管理者与员工的定期沟通能提高员工的满意度，从而提高工作效果，降低组织的缺勤率和流动率。

沟通也是企业与外部环境之间建立联系的桥梁。企业外部环境处于不断变化之中，企业为了生存就必须适应这种变化。企业必然要和顾客、政府、公众、原材料供应商、竞争者等发生各种各样的关系，它必须按照顾客的要求调整产品结构，遵守政府的法规法令，担负自己应尽的责任，获得适用、廉价的原材料，并且在激烈的竞争中取得一席之地，这就迫使企业不得不和外部环境进行有效的沟通。不同规模和不同类型的组织沟通联络的着重点也有所不同。例如，一个规模很小的企业，沟通的重点应是对外的，小企业的主管们需要从外部获得信息，以便决定自己的产品和服务。

（三）信息沟通的种类

按照沟通的方法划分，沟通可划分为口头沟通、书面沟通、非语言沟通、电子媒介沟通等。各种沟通方式比较如表8-1所示。

表8-1　　　　　　　　　各种沟通方式比较表

沟通方式	举例	优点	缺点
口头	交谈、讲座、讨论会、电话	快速传递，快速反馈，信息量很大	传递中途经过层次越多信息失真越严重，核实越困难
书面	报告、备忘录、信件、文件、内部期刊、布告	持久、有形，可以核实	效率低，缺乏反馈
非语言	声、光信号、体态、语调	信息意义十分明确，内涵丰富，含义隐含灵活	传递距离有限，界限模糊，只能意会，不能言传
电子媒介	传真、闭路电视、计算机网络、电子邮件	快速传递，信息容量大，一份信息可同时传递给多人，廉价	单向传递，电子邮件可以交流，但看不见表情

按照组织系统划分，沟通可分为正式沟通和非正式沟通。

（1）正式沟通。正式沟通方式如图8-1所示。

链式沟通。在链式沟通中，其中居于两端的人只能与邻近的一个成员联系，居中的人则可分别与两人沟通信息。

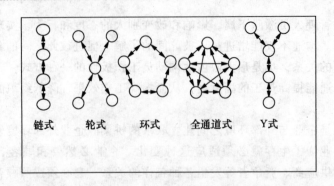

图 8 - 1   正式沟通方式图

环式沟通。此形态可以看成是链式形态的一个封闭式控制结构，表示 5 个人之间依次联络和沟通。其中，每个人都可同时与两侧的人沟通信息。

Y 式沟通。Y 式沟通，其中只有一个成员位于沟通内的中心，成为沟通的媒介。在组织中，这一网络大体相当于组织领导、秘书班子再到下级主管人员或一般成员之间的纵向关系。

轮式沟通。轮式沟通网络在组织中代表一个主管直接管理部属的权威系统。

全通道式沟通。这是一个开放式的网络系统，其中每个成员之间都有一定的联系，彼此可随时沟通情况。此方式集中化程度很低。

各种正式沟通方式比较如表 8 - 2 所示。

表 8 - 2   各种正式沟通方式比较表

沟通特点	轮式	链式	环式	全通道型	Y 式
解决问题速度	快	次快	慢	快	中
正确性	高	高	低	中	高
领导者的突出	非常显著	相当显著	不显著	无	中
士气	非常低	低	高	高	中

（2）非正式沟通。包括：

单线式。单线式传递方式是通过一连串的人，把信息传播给最终的接收者。

集束式。集束式传播方式是把信息有选择地告诉自己的朋友或有关的人，这是一种藤式的沟通传递。

偶然式。偶然式传播方式是按偶然的机会来传播信息，有些人未接受到信息，与个人的交际面有关。

流言式。流言式传播方式是一个人主动将信息传播给所有与他接触交往的人。

非正式沟通网络如图8-2所示。

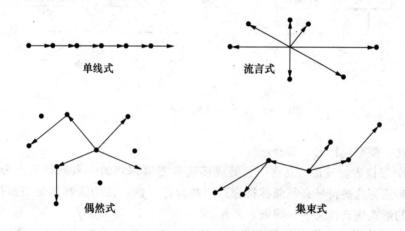

单线式　　流言式

偶然式　　集束式

图8-2　非正式沟通网络图

按照信息传递的方向划分，沟通可分为下行、上行、平行和斜向沟通。

按照是否进行反馈划分，沟通可分为单向沟通和双向沟通。

单向沟通和双向沟通的比较如表8-3所示。

表8-3　　　　　　　　单向沟通和双向沟通的比较表

	速度	准确性	传递者	接收者	干扰	条理性	反馈
单向沟通	快	低	压力小	无信心	小	有条理	无
双向沟通	慢	高	压力大	有信心	大	无条理	有

（四）沟通的过程

沟通是信息从发送者到接收者的传递和理解的过程。在沟通过程中，有一位发送者，他制作信息，传递给接收者。接收者收到信息后，立即将信息加以破解，然后再采取行动，如果他的行动符合信息发送者的原意，就可以说沟通成功了。

需要指出的是，反馈是接收者将对信息的了解、接受和执行情况返回给发送者，使发送者知道信息是否被接受和执行。信息沟通的一般过程模式如图8－3所示。

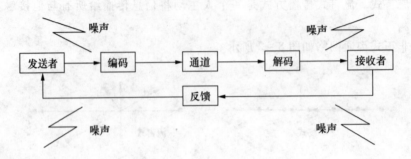

图8－3　信息沟通的一般过程模式图

这一模型包括七个部分：

1. 发送者。发送者需将信息做成接收者能够理解的一系列符号，为了有效地沟通，这些符号必须能够符合适当的媒体。例如，如果媒体是书面报告，符号的形式应选择文字、图表、照片。

2. 接收者。接收者是信息指向的客体，根据符号传递的方式，选择相应的接收方式。接收者必须先将通道中加载的信息翻译成他理解的形式，这就是对信息的解码。一个人的知识、态度和文化背景不仅影响着他传送信息的能力，同样也影响着他接收信息的能力。

3. 编码与解码。编码是发送者将其资讯与意义符号化，编成一定的文字等语言形式或其他形式的符号。解码则恰恰与之相反，是接收者在接收到资讯后，将符号化的资讯符号还原为资讯与意义，并理解其资讯内容与含义的过程。

4. 通道。沟通需要有沟通的通道。通道是由发送者选择、借以传递资讯的媒介物。如口头交流时所采用的口头语言表达形式就是其沟通通道。当人们在发电子邮件进行沟通交流时，电子邮件即是其沟通通道。

5. 反馈。完整无缺的沟通过程必定包括了资讯的成功传送与反馈两个过程。没有反馈的沟通过程容易出现沟通失误或失败。反馈是指接收者把收到并理解了的资讯返送给发送者，以便发送者对接收者是否正确理解了资讯进行核实。

6. 背景。沟通事实上总是在一定的背景中发生的。任何形式的沟通，都会受到各种环境因素的有力影响。

7. 噪声。噪声是指一切影响沟通的消极、负面、阻碍因素。沟通噪声存在于沟通过程的各个环节，给沟通造成失误、失败、损耗或失真。

二、信息沟通障碍及其改善

（一）信息沟通障碍

1. 发送者的障碍。包括：表达能力不佳、信息传送不全、信息传递不及时或不适时、信息传递过早或过晚，都会影响沟通效果。

2. 接收者障碍。包括：信息译码不准确、对信息的筛选、对信息的承受力、心理上的障碍、过早地评价、情绪。

3. 沟通通道障碍。包括：选择沟通媒介不当、几种媒介相互冲突、沟通渠道过长、外部干扰。

4. 沟通障碍在日常管理中的表现。包括：距离、曲解、语义、缺乏信任、不可接近性、职责不明确、个性不相容、拒绝倾听、没有利用恰当的媒介、沟通缺口、负载过重。

（二）有效沟通的途径

1. 确立问题。我们说问题的明确叙述，便解决了问题的一半。在企业管理过程中，除非管理人员本身建立了清晰的观念，并认清了问题的本质，否则他将无法给人以清晰的印象，只有清楚地认识了问题，才能去收集资料，选择最佳的信息沟通方式。

2. 征求意见。通常企业管理所面临的问题，都比较复杂，而且牵涉面较广，不是一两个人就能解决得了的，所以，在做出决策之前，管理者最好能与有关人员磋商，征求下属的意见和建议。这种方式有三个优点：一是可借他人意见观察验证本身意见的正确性。二是可以收集他人的想法和建议，有助于对问题进行周全的设想。三是由于下属有参与机会，可减少措施推行的阻力，赢得更大支持。

3. 双线沟通。企业管理人员在传达意见时，必须考虑传达的内容、对象、方法等，同时还应该顾及许多组织上与心理上的问题。一般而言，企业内不同的层次对一个问题或一项措施的看法都会有所不同，某种本人能理解的话语，并不一定都能为其他人所理解。所以，双线沟通十分重要，它可以使下情有所上达，以此来缩减地位上的障碍，从而增进彼此之间信息的沟通了解。

4. 强调激励。在企业中，信息（尤其是任务）的下达，着重体现激励。要做到使下属不但能了解命令，而且在了解之后又能产生工作热情。在进行意见交流时，管理人员的诚意与表达方式，都直接影响到沟通的效果。

（三）提高沟通技能

信息发送者和接收者都要努力增强自己的人际沟通技能，提高有效沟通水平。

1. 改进沟通态度。信息沟通不仅仅是信息符号的传递，它包含着更多的情感因素，所以，在沟通过程中，沟通双方采取的态度对于沟通的效果有很大的影响。只有双方坦诚相待时，才能消除彼此间的隔阂，从而求得对方的合作。另外，在信息沟通过程中还要以积极、开放的心态对待沟通，要愿意并且有勇气地用恰当的方法展示自己的真实想法，在沟通过程中顾虑重重，会导致很多误解。

2. 提高自己的语言表达能力。掌握语言表达艺术的前提是通过学习和训练，使自己运用语言的能力达到熟练自如、得心应手的程度。一般规律是沟通中要与沟通对象、沟通环境、沟通内容结合起来考虑怎么使用语言。也就是说，无论是口头交谈还是采用书面交流的形式，都要力求准确地表达自己的意思。同时，还要双方相互了解对方的接受能力，根据对方的具体情况来确定自己表达的方式和用语等；选择正确的词汇、语调、标点符号；注意逻辑性和条理性，对重要的地方要加上强调性的说明；借助于体态语言来表达完整的思想和感情的沟通，加深双方的理解。

3. 培养倾听的艺术。以前人们往往只注重说写能力的培养，忽视了听的能力的训练和培养。事实上，没有听就很难接收到有用的信息。而倾听则区别于一般的听，它是一种通过积极的听来完整地获取信息的方法。主要包括注意听、听清、理解、记忆和反馈五层内容。

4. 构建合理的沟通渠道。为实现有效的组织沟通，管理者应在注重人际沟通的基础上，进一步考虑组织的行业特点和环境因素，结合正式沟通渠道和非正式沟通渠道的优缺点，通过对组织结构的调整，设计一套包含正式和非正式沟通的沟通渠道，同时缩短信息传递的链条，以便使组织的信息沟通更加迅速、及时、有效。

（四）采用恰当的沟通方式

选用恰当的沟通方式对增强组织沟通的有效性也十分重要，因为组织沟通的内容千差万别，针对不同的沟通需要，应该采取不同的沟通方式。从沟通的速度方面考虑，利用口头和非正式的沟通方法，就比书面的和正式的沟通速度快。从反馈性能来看，面对面交谈，可以获得立即的反应，而书面沟通，则有时得不到反馈。从可控性来看，在公开场合宣布某一消息，对于其沟通范围及接收对象毫无控制；反之，选择少数可以信赖的人，利用口头传达某种信息则能有效地控制信息。从接收效果来看，同样的信息，可能由于渠道的不同，被接收的效果也不同。以正式书面通知，可能使接收者十分重视，反之，在社交场合所提出的意见，却被对方认为讲过就算了，并不加以重视。因此，要根据沟通渠道的不同性质，采用不同的沟通方式，沟通效果才会更好。

三、人际沟通的相互作用分析

（一）相互作用分析的理论基础

相互作用分析的理论是加拿大学者伯恩提出的一种提高人际交往能力和促进信息沟通的方法。这种分析理论认为，个体的个性是由三种比重不同的心理状态构成，这就是"父母"、"成人"、"儿童"状态。取这三者间的第一个英文字母，Parent（父母）、Adult（成人）、Child（儿童），所以简称人格结构的PAC分析。PAC理论把个人的"自我"划分为"父母"、"成人"、"儿童"三种状态，这三种状态在每个人身上都交互存在，也就是说，这三者是构成人类多重天性的三部分。

"父母"状态以权威和优越感为标志，通常表现为统治、训斥、责骂等家长制作风。当一个人的人格结构中P成分占优势时，这种人的行为表现为凭主观印象办事，独断独行，滥用权威，这种人讲起话来总是"你应该……"、"你不能……"、"你必须……"。

"成人"状态表现为注重事实根据和善于进行客观理智的分析。这种人能从过去存储的经验中，估计各种可能性，然后做出决策。当一个人的人格结构中A成分占优势时，这种人的行为表现为：待人接物冷静，慎思明断，尊重别人。这种人讲起话来总是"我个人的想法是……"。

"儿童"状态像婴幼儿的冲动，表现为服从和任人摆布。一会儿逗人可爱，一会儿乱发脾气。当一个人的人格结构中C成分占优势时，其行为表现为遇事畏缩，感情用事，喜怒无常，不加考虑。这种人讲起话来总是"我猜想……"、"我不知道……"。

（二）人际交往个性中的P、A、C比重

每个人的三种心态比重不同，形成了不同的行为特征：

P高、A低、C高——专制幼稚型。喜怒无常，难于共事，支配欲强，有决断能力，喜听歌颂和被照顾。

P高、A低、C低——专制型。墨守成规，照章办事，家长作风，不合潮流，养成下属依赖性。

P低、A低、C高——幼稚型。有稚气，用幼稚幻想决策，喜寻求友谊，对人有吸引力，讨人喜欢但不称职的经理。

P低、A高、C低——正统成人型。客观而重现实，工作刻板，待人较冷漠，只谈公事，不谈私事，难以共事。

P高、A高、C低——父母成人型。容易把"父母"心态过渡到"成人"状态，经训练学习和经验积累，可成为成功的管理者。

P低、A高、C高——成人与儿童型。将"成人"和"儿童"心态结合在一起，是理想的管理者，对人对事物都能搞好。

父母自我状态、成人自我状态和儿童自我状态这三种状态是一个人在其成长过程中逐步形成而成为心理结构的组成部分。当人们进行交往时，实质上是这些状态在进行相互作用。

（三）相互作用分析的类型

1. 互应性沟通。互应性沟通是一种在符合正常人际关系的自然状态下的反应，也是为人所预期的反应。这时，相互作用是平行的，对话可以很好地进行下去，不会引起矛盾。如主管：这任务一星期能完成吗？（AA）下属：如果没有其他干扰的话，我想是能够的。（AA）

2. 交叉性沟通。在沟通中，如果沟通双方不是适当的反应或预期的反应，就可能成为交叉性沟通。这时，沟通角色相互作用是交叉的，这样，信息沟通就会出现矛盾而中断。如甲：这工作你怎么做得这样不负责任，你要重做！（PC）乙：你少来指手画脚，你自己管好自己就是了。（PC）

3. 隐含性交流。这是一种最为复杂的交流方式。在隐含性交流中，发送者没有把真正的信息明白地表达出来，而是隐含在另一种社交客套之类的交流之中。如科长：张先生（科员），上面想请你调到山东当分支单位的主管，不过我想你不大适合。科员：你说对了，我想留在机关。

（四）PAC人格结构理论应用的意义

了解PAC分析理论，有助于我们在交往中有意识地觉察自己和对方的心理状态，做出互补性或平行性反应，使信息得到畅通。如果，能在交往中把自己的情感、思想、举止控制在成人状态，以成人的语调、姿态对待别人，给对方以成人刺激，同时引导对方也进入成人状态，做出成人反应，那就有利于建立互信、互助关系，保持交往关系的持续进行。国外对管理人员进行PAC分析理论教育，帮助他们了解人们在相互接触中的心理状态，取得了良好的效果。

案例 8 – 1 项目经理季亮该怎么做

一、案例介绍

海洋投资有限责任公司是一家集国际国内贸易、产品代理、科技项目投资、市场策划咨询为一体的民营企业。下设子公司"海洋理财顾问",并与"香港荣信企业"结为合作伙伴。

海洋投资本着"诚信、求实、创新、高效"的企业宗旨,背靠国内大市场,发挥合作伙伴荣信企业的优势,与国内外多家跨国公司和大型国有企业建立了长期稳定的经济合作关系。凭借公司丰富的市场营销策划推广、物流指导管理、企业经营诊断咨询及包装等方面的人力资源储备以及富有创意的市场开拓和整合能力,公司多次成功地为几家大型企业进行了包装、策划和推广,使他们在市场上独树一帜,保持良好的发展态势。

季亮,男,1972年生人,沈阳理工大学工学硕士,机械工程师,在公司担任市场部市场策划与营销管理项目经理。负责产品推广的策划与产品包装、每年业务宣传费的预算与管理,建立并管理业务营销服务体系,制定市场策划方案和业务拓展计划,并组织开展落实;业务广告宣传工作,并负责起草相关协议;市场信息收集、跟踪与分析;对公司市场营销人员的培训工作。他身边的员工始终在抱怨公司的工作氛围不好,沟通不足。季亮非常希望能够通过自己的努力来改善这一状况,因此,他要求项目组成员无论如何每周必须按时参加例会并发言,但对例会具体应如何进行,他却不知如何规定。很快项目组成员就开始抱怨例会目的不明,时间太长,效率太低,缺乏效果,等等,而且由于在例会上意见相左,很多组员开始相互争吵,甚至影响到了人际关系的融洽。为此,他非常苦恼。

(资料来源:起源网:http://www.v122.com)

二、案例分析

案例中,在项目经理应该具备的技能中,沟通技能是项目经理最应具备的技能。项目经理就项目总体目标的设定、项目计划的审批、各种资源的落实、项目进度分析汇报等要与管理层沟通;就项目计划的制订、职责分工、项目进展回顾及措施落实等需要与团队成员沟通;就项目方案、实施计划、进度汇报等需要与客户沟通，通过沟通协调处理项目团队内部的各种冲突、与项目有关的部门间的冲突、与客户之间的冲突。沟通贯穿项目管理的整个过程，是项目经理日常的主要工作。

良好的沟通是保障项目成功的重要因素之一，但在项目团队中做到有效畅通的沟通的确不是一件容易的事情，在这方面，项目经理起着关键的作用。项目经理应倡导团队成员间的沟通意愿，努力建立一个良性沟通的团队文化。要做到有效的沟通，首先应该学会倾听，倾听是对人的理解和尊重。作为项目经理，忙是可以理解的，但再忙也要给员工留出时间。不能对反映问题的员工带抵触情绪，对群众爱答不理。我们应当时时提醒自己，要有耐心，要真正坐得住，而且全神贯注，让人家把话讲完、讲透、讲彻底，满腔热忱地倾听。最需要注意的是，不以教训人的态度对待别人，不搞先入为主，力戒浮躁。当然，倾听也要讲究艺术，注意方法。在倾听过程中，保持一种敏锐的洞察力。耐心倾听不是无目的地听，不仅需要心与心的交流，更需要在交流中获取有用信息，准确地了解员工的意见和要求。

项目经理要想在团队中形成良性互动的沟通氛围，首先必须以身作则，努力成为一个有效的沟通者和有效沟通的倡导者。沟通因对象、环境、范围、内容不同而应有不同的方式，同一个议题在面对逻辑性较强的人采用的沟通方式，就不见得适合于特别注重情感关系的人；反之亦然。但唯一不变的是真诚的倾听始终是保证有效沟通的基础。有数据表明，在项目中沟通出现问题，80%是由于任务之间的错综复杂的关系；制订一个可行的项目计划，且计划得到所有项目组成员的认可；每项任务明确其约束关系以及输入和输出产物，等等。

项目例会可多样化。建议养成每日"站例会"的习惯，解决每日发生的问题。"站例会"对于时间限制在 15～20 分钟，人数控制在 7 人，对于大项目组可以考虑分组；了解例会召开的要领；学会关心员工，充分利用 8 小时以外的工作时间；了解和关心每个员工，尤其是我们通常说的"问题员工"；组织业务活动尤其体现团队的活动，例如，爬山，打篮球，踢足球；学会表扬员工，尤其当众人的面表扬员工，即便是一点点进步；学会善意的批评，当面说问题，私下交流，学会保护员工。

信息沟通是一个复杂的过程，某一信息的传递常常会受到各种因素的影响，致使沟通质量不高，为此，作为管理者要坚持及时、适量、灵活、有效的沟通原则；了解关注、理解、接受、行为四个沟通步骤；发展双向性、支持性、重复性、综合性四种沟通方法；提高说、写、听、读四种沟通能力，以改善管理沟通。

三、思考·讨论·训练

1. 本案例产生问题的原因是什么？应该采取哪些措施来改善团队氛围，促进沟通？

2. 缺乏有效的沟通手段，单一的项目例会能否解决沟通问题？为什么？

3. 对会议过程缺乏了解，只召开项目例会能达到沟通的目的吗？

案例 8-2 小道消息传播带来的问题

一、案例介绍

天讯公司是一家生产电子类产品的高科技民营企业。近几年，公司发展迅猛，但最近在公司出现了一些传闻。公司总经理邓强为了提高企业竞争力，在以人为本、创新变革的战略思想指导下，制订了两个战略方案：一是引入换血计划，年底从企业外部引进一批高素质的专业人才和管理人才，给公司输入新鲜血液；二是内部人员大洗牌计划，年底通过绩效考核调整现有人员配置，内部选拔人才。邓强向秘书小杨谈了自己的想法，让他行文并打印。中午在公司附近的餐厅吃饭时，小杨碰到了副总经理张建波，小杨对他低声说道："最新消息，公司内部人员将有一次大的变动，老员工可能要下岗，我们要有所准备啊。"

这些话恰好又被财务处的会计小刘听到了。他又立即把这个消息告诉他的主管老王。老王听后，愤愤说道："我真不敢相信公司会做这样的事情，换新人，辞旧人"。这个消息传来传去，两天后又传回邓强的耳朵里。公司上上下下员工都处于十分紧张的状态，唯恐自己被裁，根本无心工作，有的甚至还写了匿名信和恐吓信对这样的裁员决策表示极大的不满。

邓强经过全面了解，终于弄清了事情的真相。为了澄清传闻，他通过各部门的负责人把两个方案的内容发布给全体职工。他把所有员工召集在一起来讨论这两个方案，员工们各抒己见，但一半以上的员工赞同第二个方案。最后，邓强说：

"由于我的工作失误引起了大家的担心和恐慌，很抱歉，希望大家能原谅我。

我制订这两个方案的目的就是想让大家来参与决策，来一起为公司的人才战略出谋划策，其实前几天大家所说的裁员之类的消息完全是无稽之谈。大家的决心就是我的信心，我相信公司今后会发展更好。谢谢！

关于此次方案的具体内容，欢迎大家向我提问。"

通过民主决议，该公司最终采取了第二个方案，由此，公司的人员配置率得到了大幅度的提升，公司的运作效率和经营效益也因此大幅度地增长。

（资料来源：余敬、刁凤琴：《管理学案例精析》，中国地质大学出版社 2006 年版）

二、案例分析

信息沟通是指特定组织中的人们，为了达成组织目标而进行的管理信息交流的行为和过程。沟通渠道有正式沟通渠道和非正式沟通渠道之分，前者是对信息传递的媒介物、线路做了事先安排的渠道，是通过正式的组织结构而建立起来的。非正式沟通渠道——常常称为小道消息，它可以自由地向任何方向运动，并跳过权力等级，在促进任务完成的同时，非正式沟通满足了群体成员的社会需要。小道消息的传播形式有单线传言链、闲谈传言链、随机传言链和积聚传言链。

小道消息管理：一是开放正式的沟通渠道。在公司内部应尽量开放各类信息渠道。除非是十分重要的商业机密，企业应尽可能及时公布各类信息。公布的方式有：开会宣布、内部刊物宣布、黑板报宣布，等等。二是管理好小道消息传播积极分子。在任何组织内，积极传播小道消息的人总是少数。有资料显示，这类人大约占员工总数的 2% ~5% 。这一些人就被称为小道消息传播积极分子。对于小道消息传播积极分子要进行有效的管理，一方面，尽可能让小道消息传播积极分子获得正式的信息；另一方面，对于危害较大的小道消息传播积极分子，要予以教育、处罚。三是大力培养正面舆论。应通过企业文化建设，统一内部的基本价值观念，培养正面的舆论。四是维持适度的小道消息。小道消息的传播过程，同时也是组织成员不满情绪的释放过程。适度的小道消息的传播，有助于宣泄并抚慰组织成员的情绪。人们通过小道消息的传播，可以在感情方面获得一定程度的满足，所以，适度的小道消息对提高组织效率是有利的。

案例中，邓强的正式沟通及网络：一是将自己对工作方案的想法告诉秘书小杨，下令行文并打印，这属于组织正式沟通中的下行沟通，从较高的组织层次向较低的组织层次传递的形式。它常用于命令、指导、协调和评价下属，带有指令性、法定性、权威性和强迫性。二是为了澄清传闻，总经理邓强召集所有员工来讨论战略方案，这属于组织正式沟通网络中的轮型沟通网络，它对简单问题最有效率。

案例中，多次出现了不同形式的非正式沟通：一是秘书小杨在餐厅吃饭时私下把总经理的战略秘密告诉副经理张建波，会计小刘把消息告诉主管老王等都属于非正式沟通网络中的集束型方式，它是把信息有选择地告诉自己的朋友或者有关人员。二是会计小刘碰巧听到小杨与张建波的谈话则属于非正式沟通网络中的偶然型方式，即按偶然机会将消息随机地传递给其他人。三是消息最终又被传到邓强的耳朵里，这属于非正式沟通中的单线型方式，它是通过一连串的人把消息传递给最终的接收者。其传递的信息常常容易被夸大、曲解。这也是造成案例中传闻和风波的最主要的原因。

作为邓强，在沟通中应注意：一是需要建立信息反馈系统，以保证下行沟通的有效性。建立与员工的沟通体制，比如，建立经理公开见面会制度。二是不能孤立地采用一种沟通方式，比如，提倡民主性较高的上行沟通、直接与员工沟通、通过电子邮件，让员工们大胆反映实际问题，积极参与企业管理，多提建议和意见，避免中间环节。三是应对非正式沟通加以足够的重视，正确对待非正式沟通，学会利用和引导它，使之成为正式渠道的补充。同时还应积极主动收集这方面的信息，及时把握公司和员工的动态，以便及时避免和纠正非正式沟通中信息的偏差，将由此对个人、公司和员工造成的不良影响程度减至最小。四是在由于非正式沟通中信息的曲解对公司、领导和员工已经造成了一定程度的不良影响后，及时采取其他多种有效的沟通渠道进行澄清、补救。同时不应过多地追究传播者的错误和责任，对信息的传播者给予原谅。

三、思考·讨论·训练

1. 案例中的沟通渠道或网络有哪些？请分别指出，并说出各自的特点。
2. 案例中邓强的一次战略方案的制订为什么会引起如此大的风波？
3. 如果您是邓强，从中应吸取什么样的经验和教训？
4. 公司里如何防止小道消息传播？

案例 8-3 杨瑞该怎么办

一、案例介绍

杨瑞是一位典型的北方姑娘，在她身上可以明显地感受到北方人的热情和直率，她喜欢坦诚，有什么说什么，总是愿意把自己的想法说出来和大家一起讨论。正是因为这个特点，她在上学期间很受老师和同学的欢迎。今年，杨瑞从西安某大学的人力资源管理专业毕业。她认为，经过四年的学习自己不但掌握了扎实的人力资源管理专业知识，而且具备了较强的人际沟通技能，因此她对自己的未来期望很高。为了实现自己的梦想，她毅然只身去广州求职。

经过将近一个月的反复投简历和面试，在权衡了多种因素的情况下，杨瑞最终选定了东莞市的一家研究生产食品添加剂的公司。她之所以选择这家公司是因为该公司规模适中、发展速度很快，最重要的是该公司的人力资源管理工作还处于尝试阶段，如果杨瑞加入，她将是人力资源部的第一个人，因此她认为自己施展能力的空间很大。但是，到公司实习一个星期后，杨瑞就陷入了困境中。

原来，该公司是一个典型的小型家族企业，企业中的关键职位基本上都由老板的亲属担任，其中充满了各种裙带关系。尤其是老板给杨瑞安排了他的大儿子做杨瑞的临时上级，而这个人主要负责公司研究开发工作，根本没有管理理念，更不用说人力资源管理理念；在他的眼里，只有技术最重要，公司只要能赚钱，其他一切都无所谓。但是，杨瑞认为，越是这样就越有自己发挥能力的空间，因此，在到公司的第五天，杨瑞拿着自己的建议书走向了直接上级的办公室。

"王经理，我到公司已经快一个星期了，我有一些想法想和您谈谈，您有时间吗？"杨瑞走到经理办公桌前说。

"来来来，小杨，本来早就应该和你谈谈了，只是最近一直扎在实验室里就把这件事忘了。"

"王经理，对于一个企业尤其是处于上升阶段的企业来说，要持续企业的发展必须在管理上狠下工夫。我来公司已经快一个星期了，据我目前对公司的了解，我认为公司的主要问题在于职责界定不清；员工的自主权太小，致使员工觉得公司对他们缺乏信任；员工薪酬结构和水平的制定随意性较强，缺乏科学合理的基础，因此，薪酬的公平性和激励性都较低。"杨瑞按照自己事先所列的提纲开始逐条向王经理叙述。

王经理微微皱了一下眉头，说："你说的这些问题我们公司也确实存在，但是你必须承认一个事实——我们公司在盈利，这就说明我们公司目前实行的体制有它的合理性。"

"可是，眼前的发展并不等于将来也可以发展，许多家族企业都是败在管理上。"

"好了，那你有具体方案吗？"

"目前还没有，这些还只是我的一点想法而已，但是，如果得到了您的支持，我想方案只是时间问题。"

"那你先回去做方案，把你的材料放这儿，我先看看然后给你答复。"说完王经理的注意力又回到了研究报告上。

杨瑞此时真切地感受到了不被认可的失落，她似乎已经预测到了自己第一次提建议的结局。

果然，杨瑞的建议书石沉大海，王经理好像完全不记得建议书的事。杨瑞陷入了困惑之中，她不知道自己是应该继续和上级沟通还是干脆放弃这份工作，另找一个发展空间。

（资料来源：畅享网：http：//www.amteam.org）

二、案例分析

本案例是一个典型的由于管理者缺乏新员工导入机制理念而导致上下级沟通失败，最终使新员工的积极性受挫的案例。杨瑞满腔热情地想把自己所学的应用到实践中去，从而获得成就感。可是，她的直接上级却没有认识到杨瑞的特点和需求，过分强调杨瑞缺乏实践经验的一面，对杨瑞的行为做出了消极的反馈，致使杨瑞的积极性受到挫伤。

杨瑞在沟通之前要做好信息准备工作，这些信息包括：公司中的各种裙带关系和家族成员间的利害关系；公司以前是否有人提出过改革建议，结果如何；了解直接上级的性格和脾性以及他在公司中的地位和影响力；公司中存在的可以说明问题存在严重性的各种事实；事先提出解决问题的草案。比起听下级挑毛病，上级更希望下级拿出解决问题的具体方案而不仅仅是指出问题所在；先咨询后建议。作为一个刚毕业的大学生而且到公司只有一个星期，对许多事情的认识还只是停留在表面，有时候甚至是过于理想化。因此，应该不要把自己当做专家而是要事事抱着谦虚的态度。所以，在与王经理的沟通过程中，杨瑞可以先咨询后建议。也就是说，先向王经理请教有关管理方面的问题，这样既可以避免王经理把这次谈话当做一次抱怨，也可以探知王经理对公司管理的看法和态度。有了这一层铺垫后，杨瑞再根据王经理的态度决定是否现在就提出建议、以怎样的方式提出建议、提出哪些建议才是合适的。

王经理应认识到杨瑞作为一个刚刚毕业的大学生而具有的强烈的成就动机，对她的这种敢想敢说的精神应给予肯定和赞扬。这样，既使杨瑞希望得到认可的心理需求得到了满足，又为培养杨瑞以后的创新和工作积极性打好了基础；对杨瑞的谈话给予积极的反馈，鼓励杨瑞把自己的观点表达清楚；在肯定杨瑞行为的前提下，以列举公司中的事实的方式来提醒杨瑞应该多关注公司的实际，不要过于理想化；给杨瑞提供一些工作指导，使她明白以后工作中应该注意哪些方面的问题。

　　沟通是企业中人力资源管理工作的一个重要方面。企业在引导新员工方面应该注意以下几个方面的工作：给新员工安排一个专业技术强而且善于给新员工提供指导的直接上级；给新员工提供了解公司实际情况的各种渠道，使他们避免由于缺乏经验而在工作中出现盲目性和过于理想化；鼓励新员工多提建议，并且对他们提出的建议给予及时反馈，即使这些建议对公司并没有太大的实际意义，也应该对他们的这种精神给予肯定和赞扬，并鼓励他们再接再厉，如果由于各种原因这些建议不能在公司中施行，应该向他们说明不能实施的原因。给新员工提供明确的工作指导，使他们知道自己的努力方向和上级对自己的期望。

三、思考·讨论·训练

　　1. 您认为杨瑞沟通失败的原因是什么？
　　2. 管理者应如何做好组织沟通？
　　3. 杨瑞应做出什么改进？
　　4. 通过本案例分析，对您有什么启迪？

案例 8－4　和平航空售票中心女售票员

一、案例介绍

　　和平航空售票中心成立于 1998 年 2 月，是中国民航总局和民航华北管理局批准成立的国际国内飞机票代理公司，是国际航空运输协会成员。

　　该公司自成立以来，不断提高服务质量和自身实力，取得了较好的成绩。代理数家航空公司，诸如中国国际航空公司、东方航空公司、海南航空公司、四川航空公司、南方航空公司、上海航空公司、厦门航空公司。

　　公司秉承"以人为本，诚信为先，服务社会"的经营理念和"团结拼搏，务实创新，追求卓越"的企业精神，通过一系列创新，为顾客提供了最具吸引力的产品和更高品位的服务。在致力于"让顾客满意，为顾客创造价值"的服务理念的推广过程中，努力得到社会各界肯定。公司坚持价格公道、服务周到的原则，始终以维护乘客的利益为宗旨，赢得了许多乘客的好评。

　　公司将一如既往地在工作中纠正自己的不足，同时发扬自身的优点，以优秀代理人的标准要求自己，争取长足的进步。

　　公司对航空售票人员在服务礼仪上有严格的行为规范。作为一名航空售票人员，首先要掌握航空服务的礼仪，才能做好服务工作。他们是直接与旅客接触并为旅客服务的人，给旅客留下良好的第一印象是至关重要的。一位旅客也许一生就乘坐一次飞机，他对你的第一印象将永远留在他的心里。所以，掌握航空礼仪对一名合格的售票人员来说是非常重要的。

俗话说："良言一句三冬暖，恶语伤人六月寒。"可见，语言使用是否得当，是否合乎礼仪，会产生截然不同的效果。日常生活中，人们运用语言进行交谈、表达思想、沟通信息、交流感情，从而达到建立、调整、发展人际关系的目的。一个人的言谈是考察一个人人品的重要标志。

有一天，在和平航空售票中心，一位女售票员正在忙碌地工作着，窗外正排着长长的购票队伍。她在接待两位外地男旅客，向他们介绍班次，因而放慢了售票速度。后面一位女旅客等得不耐烦了，就挤到售票口训斥这位女售票员："你是同男人谈情说爱吗？半天说不完，烦死了。"后面的旅客也不分青红皂白地哄起来。面对这种情景，这位女售票员不是针锋相对，也不是反唇相讥，而是谦和地说："非常抱歉，让您久等了。"接着她还简要地向这位旅客解释了放慢售票速度的原因。这一说，女旅客平心静气地回到自己的列位上，售票工作又正常地进行了。

（资料来源：孙彤：《组织行为学》，高等教育出版社 2000 年版）

二、案例分析

这个案例涉及沟通中的相互作用分析理论。所谓相互作用分析，是一种对人与人交往时对方行为以及对工作人员本人行为的分析方法。目的在于帮助工作人员及其客户双方的沟通与了解。

相互作用分析的理论基础建筑于心理学上的"自我状态"。这种理论认为，一个人的个性由"父母"、"成人"、"儿童"三种"自我状态"构成，或者说，每个人都有三种"自我状态"，它们与年龄没有关系，是指不同的心理状态。

父母自我状态以权威和优越感为标志，通常表现为统治人的、训斥人的、命令、责骂以及其他权势式的作风。

成人自我状态表现为客观和理智。在一个人的人格结构中，当"成人"的成分占据优势时，其行为往往表现为待人接物冷静、理智，尊重别人。

儿童自我状态像是婴儿的冲动，表现为服从、任性和任人摆布。当"儿童"成分占据优势时，其行为往往表现为无主见、易激动、任性、冲动、感情用事。

相互作用有三种类型：互感性交流、交叉性交流和隐含性交流。互感性交流，即互应交流沟通。这是一种符合正常人际关系的自然状态下的反应，是为人所预期的反应。这种交流的相互作用是平行的。一个人在与他人沟通时，并非一定处于成人自我状态之中，也可以其他心理状态进行交流。但交流只要是平行的，就属于互应性交流。交叉性交流，即交叉交流沟通。如果在交流中没有表现出适当的预期反应，就可能成为交叉性交流，这时，沟通过程就会出现挫折或中断，甚至发生争吵。隐含性交流是一种最为复杂的交流方式。在隐含性交流中，发送者没有把真正的信息明白地表达出来，而是隐含在另一种社交客套之类的交流之中。

从本案例来分析，这位女旅客的行为发自"儿童"心理状态，并以恼火的"父母"状态训斥人，也就是说，这位女旅客是以"儿童"心理状态对"父母"状态模式交往的，倘若此时女售票员以"儿童"心理状态对"父母"状态模式交往或以"父母"状态对"儿童"心理状态模式反唇相讥，则争吵将会没完没了，交往危机就出现了。要避免危机，这时女售票员则以"成人"自我状态与女旅客沟通模式回答，她说："非常抱歉，让您等久了。"而不计较对方的骂人话，这是一种积极的成人状态。她将局面扭转到成人与成人的模式中，即注意事实，根据和理智的分析，合乎逻辑地分析顾客不满、指责的情况，心平气和地与旅客进行沟通，从而取得了顾客的谅解。在工作中自然少不了与人沟通，而沟通往往更能体现出一个人的沟通艺术，它在各项服务活动中也往往发挥着重要的作用。

总之，管理的核心是人，一个人、一个组织如何处理好人际关系，这是搞好人际交往、协调人与人之间的关系的重要内容，也是一个组织内求团结、外求发展的关键。本案例涉及人格结构以及人际交往的各种心理状态模式和"成人"反应模式等内容，有助于帮助管理者了解自己与他人之间以及他人与他人之间交往时的心理状态，并通过改变交往中的心理状态来改善人际关系；同样也有助于培养组织成员的理性，使他们冷静分析问题，用成熟的成人心态去交往，避免主观偏见和感情冲动，从而形成心平气和的交往氛围，最终实现组织的目标。

三、思考·讨论·训练

1. 这个案例涉及什么理论？请简要地阐述这个理论。

2. 当一个人用成人对儿童模式与人交往时，另一个人为了不与其发生交往误会，最好采用什么心理交往模式与其交往？为什么？

3. 假如您是一个领导者，您如何利用心理交往模式引导员工正确交往？

案例 8-5 联合制造公司总经理奥斯特曼的会议

一、案例介绍

奥斯特曼是联合制造公司总经理,她对随时把本公司经济上的问题告诉员工们的重要性非常了解。因为由于市场价格不断跌落,公司正在进入一个困难的竞争时期。同时她也清楚,为了保住公司的市场份额,必须降低本公司产品的出售价格。奥斯特曼每月向所有雇员发出一次定名为"来自总经理部"的信,她认为这是传递信息的一种好方式。然而,一旦出现了重要情况,她还要把各部门负责人召集到那个简朴的橡木镶板的会议室里,在她看来,这样做会使这些负责人确实感到他们是管理部门的成员,并参与了重大决策的制定。根据会议的礼仪规定,所有与会人员都要在预定时间之前就座,当奥斯特曼夫人进来时要起立致意,直至得到允许后再坐下。这次会议,奥斯特曼进来后只简单地点了点头,示意他们坐下。

"我叫你们都来,是想向你们说明我们所面临的可怕的经济形势。我们面对的是一群正在咬我们脚后跟的恶狼一样的对手。他们正在迫使我们以非常低的价格出售我们的产品,并且要我们按根本不可能实现的日期交货。如果我们这个大公司——自由企业的一个堡垒——还打算继续存在下去,我们所有的人就都要全力投入工作,齐心协力地干。下面我具体地谈谈我的意见。"

在她发表完意见以后,奥斯特曼用严厉的目光向在座的人扫视了一下,似乎在看是否有人敢讲什么。没有一个人说话,因为他们都知道,发表任何意见都会被奥斯特曼夫人看成持有不同意见。

"首先,我们这里需要积极思想的人,而且所有的人都应当通力合作。我们必须要使生产最优化,在考虑降低成本时,不能对任何一个方面有所疏忽。为了实现降低成本的应急计划,我在公司外聘请了一个高级的生产经理。

我们要做的第二件事是最大限度地提高产品质量。在我们这个企业里,质量就是一切。每部机器都必须由本部门的监督员按计划进行定期检验。只有经过监督员盖章批准后,机器才能开始运转,投入生产。在质量问题上,再小的事情也不能忽视。

在我的清单上所列的值得认真考虑的第三个问题是增强我们的推销力量。顾客是我们这个企业的生命线,尽管他们有时不对,我们还是要态度和气地、灵活地对待他们。我们的推销员必须学会做生意，使每一次推销都有成效。公司对推销员的报酬办法是非常公正的，即使如此，我们还打算通过提高滞销货的佣金率来增加他们的奖金数额。我们想使这个意见在董事会上得到通过。但是，我们必须保住成本，这是不能改变的。

最后，我要谈谈相互配合的问题。这对我们来说比其他任何问题都更加重要。要做到这一点，非齐心不可。领导就是配合，配合就是为同一目标共同努力。你们是管理部门的代表，是领导人，我们的目标你们是知道的。现在让我们一起努力工作，并迅速地把我们的这项复杂的事情搞好吧！要记住，我们是一个愉快的大家庭。"

奥斯特曼结束了她的讲话，参加会议的人都站了起来，静立在各自的椅子旁边。奥斯特曼收起文件，离开会议室，朝她的办公室走去。

（资料来源：有效营销网：http：//www．em－cn．com）

二、案例分析

案例中主要涉及如何进行会议沟通问题。在沟通中最常见的几种沟通障碍：一是职位的差距。总经理在工作中与人沟通时，人们是不可能忘记彼此的职位高低的。主管对你说话的时候，你总会觉得他是上司；当你和下属沟通时，就算你是非常擅长自理人际关系的人，你也无法让对方忘记职位的差距。这种感觉会使工作上的人际沟通变得比较复杂。二是缺乏兴趣或过分关切。对谈论主题过分关心或漠不关心，都是相当严重的沟通障碍。接收者对主题过分关心，往往会很急切地提出问题，发表评论，而不是很在乎发送者接下来要说什么；接收者或是急于去干其他事情，或是认为沟通的主题实在很乏味时，就会对发送者要说什么不关心了。而如果沟通的双方都觉得主题很无聊，情况就更不乐观了。三是对主题不了解。对谈论的主题了解不够，也常造成发送者和接收者之间的隔阂。当接收者因为不了解主题而不知道发送者说到哪里的时候，他的反应可能很担心，急于填补脑中的空白，做白日梦，或是三者同时进行。四是套用过去的经验。人们难免会把以往所吸收的信息累积为经验。在与人沟通的时候，如与人交谈或写报告，就会不知不觉地用过去的经验过滤所收到的信息；这样的结果是接收者所获得的信息很可能与发送者信息的含义和意图大不相同，导致沟通无效。五是选择性的认知偏见与假设。每个人都会把以往的经验、本身的想法和感觉介入人际沟通，因而难免会在某些议题上坚持自己的立场。对于已经做出的决定，则往往觉得不需要或不希望接纳新的资料。所以，接收到的新信息常会被个人的原则、道德标准和个人信仰所扭曲；根据对方外观条件而产生预先反应，如心想："哼，像他那种小年轻（小女人、乡巴佬儿……），能有什么见地？"等等，则这种偏见严重地扭曲沟通的信息。

总经理奥斯特曼在这次会议沟通中，引导与会者通过沟通信息，交流思想，来统一认识。为了更好地组织此次会议，必须在会议之前做好充分的准备。一是会议主题的准备。在这次会议上主要讨论哪些内容？最后要达到什么样的目标？需要哪些员工参加会议？二是会议程序的准备。会议将以怎样的程序进行？采取什么样的措施控制会议按照既定的程序进行？三是会议时间的准备。了解与会者可能出席的时间并计划整个会议过程各个环节所需要的时间。四是会议场地的准备。安排好适宜的场地，并保证该场地在会议期间不会被占用或打扰。五是会议所需材料的准备。准备好与会议内容有关的材料，给予与会者必要的信息，使他们了解会议的主题，并告诉他们应该做哪些准备。给大家发言和讨论的机会，这是非常必要但却容易被忽视的一个步骤，很多会议组织者都比较重视自己的准备，而忽视其他与会者的准备，其实，只有所有与会者都做好了充分的准备，会议才能取得良好的效果。六是会议过程中的组织。在会议开始的时候，介绍会议的议程，使与会者了解会议全部的时间安排和规则。主管人员应该尽量多地给下属发言的机会，力争做到真正发挥与会人员的智慧。当会议的讨论偏离主题时，主管人员应该及时将与会者的注意力拉回到与会议主题有关的内容上。不要急于在会议上立刻做出决策。七是注意制订会议结束后的计划和做好会议记录等。

三、思考·讨论·训练

1. 这次会议的目的是什么？
2. 奥斯特曼究竟想说什么？用简单、直截了当的语言把她的讲话改写一下。您认为她的分析正确吗？
3. 在这个案例中，构成沟通障碍的因素有哪些？
4. 假若这次会议由您安排，您打算怎样来保证双向沟通？
5. 从本案例中您得到了什么启示？

案例 8-6 "川气出川"工程不了了之

一、案例介绍

20 世纪 70 年代中期，"川气出川"工程计划使全国人民受到鼓舞和震动。按此计划经过 5 年努力，在 1980 年四川将实现年产天然气 300 亿立方米。中国的能源结构将发生巨大变化，中国的经济发展将实现大步前进。

实施这个宏伟的"川气出川"工程计划，国家确定预算 40 多亿元。为尽快实现这一年产 300 亿立方米天然气生产能力的目标，做出了从国外引进一批天然气化工厂设备的决策，并决定铺设川气出川的管道长 2940 公里，使年产的一半天然气将通过直径一米的管道，沿长江而下，穿巴蜀，过鄂中，经江苏，直抵上海。为此将耗钢材 150 万吨、水泥 12 万吨及数千个大型机电设备。1975 年工程全面展开，从重庆到上海专用公路破土了，附属设施的建设动工了，几百个研究课题飞向四机部、邮电部、一机部，等等。为了专用公路的修建，动用全国 150 多个单位，900 多个工厂，在沙市和资阳工地投资 1.2 亿元建设专门生产大口径的钢管厂。但是，到了 1980 年，这项显赫一时的"川气出川"工程无声无息、不了了之。管道铺设还没有出川，化工厂还正在建设之中，就发现这个决策是完全错误的。大口径专用钢管厂只好停产，从国外定购来的天然气脱硫装置，其中 13 套也都锁在仓库里，向国内 100 多个单位定购的专用设备也都积压在库里。据统计，到 1980 年年底，有 4 亿多元的物资积压在四川石油管理局仓库。计委估算为"川气出川"工程修公路铺管道等共耗资 3.7 亿元。由于改变经济格局而造成的损失则更大，四川石油工业局由此造成严重后果。

国家建设资金造成如此巨大损失，关键原因是决策者掌握的信息不准确、不完整，知识不足，情况不明，草率决策。四川天然气储量本来并不多，由于地质结构复杂，对川气的勘探也较困难，1973 年，掌握可采储量并不多。而川气能否出川，决定因素正是准确掌握可采储量。恰恰在这个可采储量上，国家计委掌握的 1 万亿立方米及远景为 10 万亿立方米的数字是虚假的、没有根据的。

1973 年，燃化部主要领导人提出，我国在"四五"计划期间，国家要改变能源构成比例，四川应找天然气，搞到年产 300 亿 ~ 500 亿立方米。1973 年8 月，四川石油管理局，按照燃化部领导人的指示，就组织 30 多个技术人员到北京汇报四川天然气资源初测的情况。汇报会上，燃化部两位副部长听了四川的汇报，批评四川局的技术人员"思想不解放"，把汇报会改为务虚会，大谈全国大好形势，不务出年产 500 亿立方米天然气的储量依据就不能过关。在这种权势的高压下，四川石油管理局的技术人员就算出 1 万亿、10 万亿两个神仙数字，似乎天然气在四川多得一跺脚就能呼呼地往上冒出来。

四川石油管理局的技术人员在高压下说的是违心话，他们在汇报书上把这些数字分成三级，就是可采储量、尚待验证储量、未经钻探储量。但这番真话不合燃化部领导人的胃口，要求把三级改为二级，把二级提为一级。1975年1月，国家计委、建委根据燃化部的汇报，向国务院作报告。就这样，把专家技术人员们用压降法计算出来的一级可采储量1000亿立方米扩大为1万亿立方米。后来四川石油管理局地质处在每年呈报天然气储量的报告中，如实汇报，并分别呈报燃化部和省计委。燃化部一位副部长见后严厉批评四川石油管理局搞翻案，并说是"政治事故"。四川石油管理局只好又改报，这位副部长才算满意了。

　　（资料来源：黄达强、许文惠：《中外行政管理案例选》，中国人民大学出版社1988年版）

　　二、案例分析

　　案例中"川气出川"工程决策尽管是特殊年代的产物，已经成为历史，但是，其决策过程中所反映出来的一些问题却是很典型的，对今天的领导者仍有警示作用。

　　（1）决策过程中的信息不准确、不完整、不全面。信息是决策的基础和重要资源，是决策者认识决策对象的中介和桥梁，是控制决策实施的依据，也是检验决策是否科学合理的尺度。信息的生命力在于它的真实性和准确性，只有真实、准确的信息，才能作为领导决策的依据。而川气工程的决策层恰恰在这个最基础的问题上出现错误。四川省地质结构复杂，对天然气的勘探比较困难。据四川石油管理局的技术人员所掌握的材料来看，四川天然气可采储量并不多。而川气能否出川，决定因素是准确掌握可采储量。恰恰在这个可采储量上，国家有关部门掌握的四川1万亿立方米及远景为10万亿立方米的天然气的数字是在"务虚会"上务出来的，是没有客观根据的。事实证明，在通常情况下，决策的科学性、准确性，与决策所需的信息的质量成正比。信息越真实、越准确、越及时，决策的基础就越坚实，决策过程中思维的广度和深度就越大，决策科学化程度就越高；如果信息失真，就会对决策者产生错误的导向，导致决策者判断错误，造成决策失误，酿成严重后果。"川气出川"决策的依据恰恰是失真的信息资料。

　　（2）有的决策者独断专行。决策者进行决策所需要的信息，除了通过深入实际、调查研究直接获取外，还要靠畅通的民主渠道，使基层的意见、群众的呼声及时畅通的反馈给决策机关和决策者。因此，必须造成一种宽松和谐的民主氛围，形成"上不塞耳，下不箝口"的言论环境。而燃化部的某些领导却独断专行，压制不同声音。确切地说，"川气工程"实际上就是某些领导者

"拍脑袋"的产物，根本谈不上科学的程序、科学的方法和科学的论证，其失误也就在所难免。对于重大项目没有严格的审查程序，程序不健全。任何正确的决策和规划都必须建立在准确和全面的信息基础之上，还必须有认真的科学态度。

（3）有关部门领导严重脱离实际。天然气实际储量到底多少要靠事实说话，它不会因人们的主观臆断或增多或减少。作为上级主管部门的燃化部领导者，在向专业技术人员了解情况过程中，不是以实事求是的态度对待客观实际，做到主观与客观实际相符合，而是企图使客观实际服从主观意愿，随心所欲、主观臆造，按照个人意愿划定框框和范围，要求专业技术人员进行有倾向性的论证，这是导致虚拟数字出台的主要原因，也是造成"川气出川"工程决策失误的关键所在。实际上，影响决策质量的因素是多方面的，但带有根本性的问题是世界观的问题，从实际出发，实事求是是领导决策总的指导思想，以现实情况作为分析问题、制定决策的基础，有的放矢，排除违反客观规律的主观主义和唯心主义，是科学决策的根本要求。任何决策如果脱离实际，违反客观规律，就是主观主义的蛮干、瞎干，必然会使决策发生重大失误。"川气出川程"决策就是很好的实证。

三、思考·讨论·训练

1. 如何理解信息沟通与决策、规划的关系？

2. 如何理解信息沟通是正确决策的必要条件？案例中导致"川气出川"决策错误的原因是什么？应该从中吸取什么教训？

3. 信息沟通具有哪些特点？案例中在哪些环节上导致信息沟通丧失客观性？应如何防范和克服导致信息沟通失真的障碍？

第九章　冲突管理

解决冲突靠两件事：在决策过程中相互尊重；在执行过程中相互信任。

——阿迪济斯

没有矛盾就没有世界。

——毛泽东

一、冲突的概念

（一）冲突的含义

冲突的含义很广，它既包括人们内心的动机斗争，比如，要对一件事情进行抉择；也包括外在的实际斗争，比如，争吵、打架、战争，等等。从组织行为学角度来讲，冲突是两个或两个以上的社会单元在目标上互不相容或互相排斥，从而产生心理上或行为上的矛盾。冲突是一种过程，这种过程始于一方感觉到另一方对自己关心的事情产生消极影响或将要产生消极影响。冲突必须是双方感知到的，是否存在冲突是一个知觉问题。如果人们没有意识到冲突，则常常会认为冲突不存在。

（二）冲突的类型

1. 群体内部的冲突。群体内部冲突不仅仅包含个体自身冲突和个体之间冲突的简单总和，群体内部冲突强调整个群体，也强调各个成员。因此，群体内部冲突经常影响群体的过程和成果。此外，群体内部的工作和社交过程影响群体内部冲突的起因和解决。

2. 群体之间的冲突。群体之间冲突强调在两个或者更多群体中的冲突。群体之间冲突有利有弊：一方面，冲突的存在对组织带来消极的影响；另一方面，群体之间的冲突往往能刺激群体更好地工作。比如，与其他群体的冲突会使本群体内变得更团结，产生一种忠于群体的意识，群体内的团结性很快增长，每个群体都关心任务目标，成员们更愿意服从管理者的指挥。负面影响就是群体之间会产生一种敌对情绪，每个群体都将其他群体看作"敌人"，对其他群体的看法产生歪曲，导致不正确的成见。随着群体间相互交往和沟通的减少，这种歪曲和成见被固定下来。这种敌对、误解和沟通的减少日益严重，冲突的紧张程度逐步升级。

3. 组织层次的冲突。组织层次的冲突一般有以下几种：

（1）纵向冲突。纵向冲突是指组织内部各等级之间的任何冲突，上下级之间的冲突就是一个例子。纵向冲突常常因为上级试图控制下级和下级倾向抵制而产生。下级抵制是因为他们感到这种控制会限制个人自由。纵向冲突也可能由于沟通不足，利益冲突（目标性冲突），对信息和价值缺乏一致的观点（认识性冲突）而引起。

（2）横向冲突。横向冲突是指在一个组织内同一层次的员工、部门之间的冲突。横向冲突的基本起因在于大多数组织中存在的追求局部优势的压力。每个部门都可能通过追求部门目标来实现最优化，而这些目标可能在部门之间不相容，导致目标性冲突；部门之间员工的看法不同也可能导致冲突，横向冲突的可能性随着下列情况增大：一是各部门职能的相互依赖提高；二是部门之间的缓冲减少；三是部门之间对共同资源的依赖增大。

（3）直线职能冲突。大多数组织都设有帮助直线管理部门的职能部门。直线管理人员通常负责生产本企业产品的一部分或全部过程，而职能管理人员则起着需要技术知识的顾问作用。直线—职能关系较易引发冲突，职能部门的员工往往有较高的教育程度，来自不同的环境，一般比直线部门的员工年轻。不同的个人特点不同的价值观之间极易造成冲突。直线管理人员可能觉得，是职能管理人员侵入了他们合法权利的范围。

（三）冲突的二重性理论

在传统意义上，冲突对组织是不利的，必须加以克服。从 20 世纪 40 年代开始，人们对冲突的认识有所变化，即组织中的冲突是不可避免的，所以应该接纳它。此外，还发现冲突有时能给组织带来好处。直到今天，这种观点发展成为冲突的二重性理论。

今天的冲突理论认为，冲突具有正面和反面、建设性和破坏性两种性质；没有冲突的组织将表现得呆滞，对环境变化适应慢和缺乏创新精神，因而绩效也不是最好的；而存在一定水平的冲突，可以促进组织变革，使组织充满活力，因而绩效水平可以大大提高。基于这种认识，管理者的任务不再是防止和消除冲突，而是管理好冲突，减少其不利影响，充分发挥其积极的一面。

两种不同性质的冲突的比较如表 9 - 1 所示。

表 9 - 1　　　　　　　　两种不同性质的冲突的比较表

建设性冲突	破坏性冲突
双方对实现共同的目标的关心	双方对赢得自己观点胜利十分关心
乐于了解对方的观点、意见	不愿听对方的观点、意见
大家以争论问题为中心	由问题的争论转为人身攻击
互相交换情报不断增加	互相交换情报不断减少

二、冲突的分析

（一）冲突的过程

冲突的产生和爆发有一个渐进的过程，并不是一下就产生冲突的。大致说来，冲突可以分为以下五个阶段。在冲突的不同阶段必须采取不同的处理方法，才能达到处理冲突的效果。

1. 潜伏阶段。潜伏阶段是冲突的萌芽期，这个阶段，冲突还属于次要矛盾，员工对冲突的存在还没有觉醒。但是，冲突产生的温床已经存在，随着环境的变化，潜伏的冲突可能会消失，也可以被激化。

2. 被认识阶段。在这个阶段，员工已经感觉到了冲突的存在，但是，这时员工还没有意识到冲突的重要性，冲突还没有对员工造成实际的危害。如果这时员工及时采取措施，可以将未来可能爆发的冲突缓和下去。

3. 被感觉阶段。在这个阶段，冲突已经为员工造成了情绪上的影响。员工可能会对不公的待遇感到气愤，也可能对需要进行的选择感到困惑。不同的员工对冲突的感觉是不同的，这与当事人的个性、价值观等因素有关。

4. 处理阶段。在这个阶段，员工需要对冲突做出处理，处理的方式是多种多样的。比如，逃避、妥协、合作，等等。对于不同的冲突有不同的处理方式，即便是同样的冲突，不同的员工采取的措施也不尽相同。

5. 结局阶段。冲突的处理总会有结果。不同的处理方式会产生不同的结果。结果有可能是有利于当事人的，也可能不利于当事人。当冲突被彻底解决时，该结果的作用将会持续下去。但很多情况下，冲突并没有被彻底解决，该结果只是阶段性的结果。有时甚至处理了一个冲突，又会带来其他几个冲突。

（二）冲突的结果

冲突的结果不外乎有益和有害两种。冲突的结果与组织的干预有关。组织的干预策略会使冲突的结果表现出四种可能性：一是冲突的成功—失败结果。

二是冲突的扩展—和解结果。冲突的结果对双方均有利，但不能满足全部利益要求。三是冲突的成功—成功结果。即冲突导致双方建设性的合作。四是冲突的失败—失败结果。前三种情况是在组织的有效干预下可能产生的结果，后者则是无效干预或无干预情况下容易导致的结果。冲突水平如图 9－1 所示。

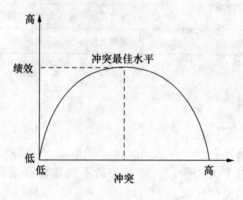

图 9－1　冲突水平图

（三）冲突调节

1. 冲突的预防。建立完善、科学的规章制度，明确工作职责，建立清晰可辨的目标体系，防治因制度疏漏、职责不清、目标不明等因素引起有害冲突；增强群体之间、个人之间以及个人与群体之间的信息和意见的沟通，减少误解和分歧；实行民主管理，使组织内信息畅通，让员工畅所欲言；采用人性化管理，使员工不断感受集体的温暖，形成良好的人际关系，等等。

2. 冲突的利用。在国内主要是指冲突的激发，一方面，可以通过教育和组织文化培养使得员工和管理者看到冲突的建设方面，在思想上对冲突有一个重新的认识；另一方面，可以借鉴国外的经验，例如，可以参考迪斯尼公司鼓励无规则限定和可以随意打断的大型会议；皇家荷兰壳牌集团、通用电气引入"吹毛求疵者"；IBM 公司建立鼓励人们提出不同意见的正式系统等的经验，这些公司的措施对于打破公司内部"一团和气"，激发内部员工的创造性和理性竞争具有极大的作用。

三、冲突的解决方法

（一）解决员工冲突的一般方法

1. 协商法。这是一种常见的解决冲突的方法，也是最好的解决方法。当冲突双方势均力敌且理由合理时，适合采用此种方法。具体做法是：管理者分别了解冲突双方的意见、观点和理由，然后组织一次三方会谈，让冲突双方充分地了解对方的想法，通过有效地沟通，最终达成一致。

2. 上级仲裁法。当冲突双方敌视情况严重，并且冲突的一方明显的不合情理，这时应采用上级仲裁法，由上级直接进行仲裁比较合适。

3. 拖延法。双方的冲突不是十分严重，并且是基于认识的冲突，这些冲突如果对工作没有太大的影响，采取拖延法效果较好。随着时间的推移和环境的变化，冲突可能会自然而然的消失。

4. 和平共处法。对于价值观或宗教信仰的冲突，宜采用和平共处法。冲突双方求同存异，学会承认和接受对方的价值观和信仰，这样才能共同发展。

5. 转移目标法。当员工自身产生冲突时，采取转移目标法更为有效。比如，让员工将注意力集中在某个兴趣点上，淡忘那些不愉快的事情等。

6. 教育法。如果员工是因为一些不切实际的想法而产生自身冲突时，管理者可以帮助员工认清自身的现实情况，教育员工用正确的方法来看待问题、认识问题，从而帮助员工缓解冲突。

（二）托马斯的冲突处理策略

1. 竞争。只满足自己利益，为达到目标而无视他人的利益。是一种"我赢你输"的策略。在实力相差很大或应付危机时往往有效。

2. 合作。尽可能满足双方的利益，通过沟通合作解决冲突，以找到双方可以接受的方案。

3. 妥协。实际是一种交易，通过讨价还价、彼此让步，努力使双方的目标在现有条件下获益最大。前提是都有解决冲突的愿望和保持一种灵活态度。

4. 回避。试图置身冲突之外，无视不一致的存在或保持中立。当双方依赖程度较低时，回避可以减少冲突或解决冲突时机不成熟时，有时采取这一策略。

5. 迁就。放弃自己的利益要求或屈从对方的意愿。避免在非原则问题上纠缠或实力过于悬殊通过让步、顺从使牺牲和损失最小化。

我们每个人都具有使用所有五种处理冲突方法的能力。任何人处理冲突的风格都不能被看作为单一的、固定的。彼此之间的得失要权衡。

（三）组织冲突的解决方法

1. 职权法。职权法就是运用职权控制来解决冲突的方法。当组织发生冲突时，管理者可以运用自己的职权来对冲突进行裁决，从而解决冲突。典型的例子是，当各部门在争夺公司有限的资源时，往往由总经理做最后的分配决定。

2. 隔离法。垂直管理体系实际上就是隔离法的具体应用。当一个部门需要其他部门合作时，通常不是直接去向该部门提出请求，而是向自己的直接上级进行汇报，由自己的上级和对方的上级进行协调，由对方的上级向该部门进行安排。这种隔离的方式减少了部门之间的冲突。但缺点是，它不适合现代企业快速反应的需要，并且缺少团队的主动协作精神。

3. 缓冲法。缓冲法具体可分为以储备作缓冲、以联络员作缓冲和以调解部门作缓冲三种形式：一是以储备作缓冲。在两个关联部门之间进行一些储备，从而减少部门间的冲突。比如，行政部门负责公司办公用品的采购，如果行政部门对物品有所储备，当其他部门需要领取办公用品时可以及时领到，自然就会减少它们之间发生的冲突。二是以联络员作缓冲。各部门的经理往往充当联络员的角色，负责处理本部门和其他部门的协作和协调问题。当然，也可以设置经理助理的职务，让经理助理充当联络员的角色。三是以调解部门作缓冲。对于比较大的企业，有专门的协调部门负责对部门间的冲突进行协调。实际上，各企业的办公例会往往就是一个临时的调解部门。在办公例会上，由于公司决策层和冲突的相关代表都在场，所以较容易解决部门间的冲突。

案例 9 - 1　女秘书 PK 老板"邮件门"事件

一、案例介绍

女秘书 PK 老板"邮件门"传遍全国外资企业圈。如果你今天还不知道"史上最牛女秘书"是谁，或者你还没收到那封在网络上引起轩然大波的邮件，只能说明你不是那些著名外资企业中的一员。最近一周，从北京、上海到成都、广州、南京……全国所有知名外资企业都在疯狂地转发一封来自 EMC（全球最大的网络信息存储商，总部在美国）北京总部的电子邮件：EMC 大中华区总裁陆纯初和他的高级女秘书因工作琐事发生激烈争吵，导致后者被迫离职。这起本该在企业内部消化的事件，却因牵起"老外和中国员工的文化障碍"的敏感话题，数天之内成为各大外资企业员工和网络舆论谈论的热点。

昨天上午，当事人瑞贝卡（秘书的英文名）无奈地告诉记者："这件事传得太广，我都找不到工作了。"而面对记者的质询，EMC 公司从美国发来的邮件却认为"该员工离职只是个人事件"。目前，该邮件仍在毫不停歇地转发中。

1. 下班锁门引起总裁不满。4 月 7 日晚，EMC 大中华区总裁陆纯初回办公室取东西，到门口才发现自己没带钥匙。此时他的私人秘书瑞贝卡已经下班。陆试图联系后者未果。数小时后，陆纯初还是难抑怒火，于是在凌晨 1 时 13 分通过内部电子邮件系统给瑞贝卡发了一封措辞严厉且语气生硬的"谴责信"。

陆纯初在这封用英文写就的邮件中说："我曾告诉过你，想东西、做事情不要想当然！结果今天晚上你就把我锁在门外，我要取的东西都还在办公室里。问题在于你自以为是地认为我随身带了钥匙。从现在起，无论是午餐时段还是晚上下班后，你要跟你服务的每一名经理都确认无事后才能离开办公室，明白了吗？"（事实上，英文原信的口气比上述译文要激烈得多）。陆在发送这封邮件的时候，同时传给了公司几位高管。

2. 秘书回了咄咄逼人的邮件。面对大中华区总裁的责备，一个小秘书应该怎样应对呢？一位曾在通用电气公司和甲骨文公司服务多年的资深人士告诉记者，正确的做法应该是，同样用英文写一封回信，解释当天的原委并接受总裁的要求，语气注意要委婉有礼。同时给自己的顶头上司和人力资源部的高管另外去信说明，坦承自己的错误并道歉。

但是，瑞贝卡的做法大相径庭，并最终为她在网络上赢得了"史上最牛女秘书"的称号。两天后，她在邮件中回复说："首先，我做这件事是完全正确的，我锁门是从安全角度上考虑的，如果一旦丢了东西，我无法承担这个责任。其次，你有钥匙，你自己忘了带，还要说别人不对。造成这件事的主要原因都是你自己，不要把自己的错误转移到别人的身上。第三，你无权干涉和控制我的私人时间，我一天就 8 小时工作时间，请你记住中午和晚上下班的时间都是我的私人时间。第四，从到 EMC 的第一天到现在为止，我工作尽职尽责，也加过很多次的班，我也没有任何怨言，但是如果你们要求我加班是为了工作以外的事情，我无法做到。第五，虽然咱们是上下级的关系，也请你注重一下你说话的语气，这是做人最基本的礼貌问题。第六，我要在这强调一下，我并没有猜想或者假定什么，因为我没有这个时间也没有这个必要。"

本来，这封咄咄逼人的回信已经够令人吃惊了，但是，瑞贝卡选择了更加过火的做法。她回信的对象选择了"EMC（北京）、EMC（成都）、EMC（广州）、EMC（上海）"。这样一来，EMC 中国公司的所有人都收到了这封邮件。邮件被数千人转发。昨天上午，记者打通瑞贝卡的电话，她已不愿回忆那两天的经历，"这只是我和 EMC 之间的事，跟别人没关系"。可就在瑞贝卡回邮件后不久，这封"女秘书 PK 老板"的火爆邮件就被她的同事在全国外资企业中广泛转发。

近一周内，该邮件被数千外资企业白领接收和转发，几乎每个人都不止一次收到过邮件，很多人还在邮件上留下诸如"真牛"、"解气"、"骂得好"之类的点评。其中流传最广的版本居然署名达1000多个，而这只是无数转发邮件中的一个而已。记者在邮件上找到了两位留有私人邮件的人士。黄小姐供职于IBM中国研究院。据她回忆，该邮件最早从公司同事的大学同学处转来，后来的来路也多为业务关系、大学同学等。张先生就职于通用电气公司北京总部，"我收到邮件比较早，当时就转给了成都和上海的大学同学，结果后来又从南京同学那里收回来了"。

从邮件的转发过程中，可以发现这样一个顺序：EMC→Microsft→MIC→HP→SAMSUNG→Honeywell→Thomson→Motorola→Nokia→GE……这些大名鼎鼎的外资企业大多为IT或电子类相关企业。

3. 女秘书已离开公司。邮件被转发出EMC后不久，陆纯初就更换了秘书，瑞贝卡也离开了公司。目前，EMC内部对此事噤若寒蝉，一些参与转发邮件的员工挨个儿被人事部门找去谈话。

尽管无论是邮件附加的个人点评还是BBS上的讨论，力挺瑞贝卡的声音都超过了八成，但外资企业人力资源部的管理层却并不买账。昨天早上，记者刚在电话中表明身份，瑞贝卡就明白了，"这事儿闹得太厉害，我已经找不到工作了"。她没有料到邮件会被转发出去，也没有料到目前的局面。

4. 最后消息EMC回应"邮件门"。"邮件门"对陆纯初有何影响？昨天晚上，陆纯初授意远在美国的EMC公司大中国区市场部经理吴薇给记者发来声明。这份外交措辞的声明表示："最近这位北京员工的离职完全是一个个人行为和独立的事件，EMC中国区的员工都充满了信心与EMC一起取得更大的发展。"有IT业资深人士分析，像对大中华区总裁这种高管的评价，一般只有美国总部的总裁和总部人力资源部的主管才有发言权。

（资料来源：黄亮：《女秘书PK老板"邮件门"事件》，《北京青年报》2006年4月25日）

二、案例分析

冲突理论对领导者如何正确处理与下属之间的冲突，正确对待下属成员间的冲突，正确处理与同级领导以及组织之间的冲突，有着重要的借鉴作用。它对于提高各级领导干部对所属人员的心理和行为的预测、引导和控制的能力，及时地协调个人、群体、组织之间的相互关系，充分调动和发挥人们的积极性、能动性和创造性等，具有重要的意义。

领导者应随时密切关注组织内部潜在的或已发生了的冲突，努力找出冲突发生的根源，并采取适当措施加以处理。对于可能带来不利影响的破坏性冲突，更应予以密切关注和重视。处理破坏性冲突，操作方法是多种多样的，比如，协商解决法、仲裁解决法、权威解决法、调整政策法、另寻出路法、暂缓解决法、求同存异法等。对于带有一定破坏性的组织冲突，处理办法最关键的是防患于未然。即预防为主，及早预测，及早发现，及早解决，不使之加剧、升级、恶化，造成大的损失。这就需要灵敏的信息、深刻的观察、正确的判断、恰当的方法。那种麻木不仁、推诿扯皮、官僚主义的作风是十分有害的。

方法一，平息怒火，让自己与对方保持冷静。每个秘书或助理都遇到过与上司或同事在某个问题上产生冲突的情况。不断的争执或强调只会造成冲突升级，由于消极的兴奋状态下双方压力会更大而导致恶循环，加剧了愤恨、不满、埋怨等情绪，甚至可能会通过大喊大叫、高声辱骂、大打出手来宣泄这种突然爆发的负面情绪，为解心头之恨都有可能产生杀之而后快的念头。冷静、再冷静，克制、再克制。首先，要站在对方角度用"换位思考"方式想一想问题。陆纯初所讲瑞贝卡的几条从制度上可以说过去，但在情理上让瑞贝卡难以接受，而之前从瑞贝卡加班描述来看是曾尽到职责的。双方都在气头上不冷静的情况下对事情做出回应，忘记对事不对人的原则矛头直指对方攻击，在瑞贝卡看来陆的批评有添枝加叶、借题发挥的感觉，一点面子不留的批评非为解决问题，当然会更激起对方在情绪上产生对立结果。此时的斤斤计较只能是火上加油，使冲突加剧。其次，作为秘书来讲，不妨采取"冷处理"的方式，在对方处于消极情绪状态时暂且回避，等对方气小了或消了再做解释或回应。也许错误的原因并不在你，但你的宽容恰恰是度量的表现而非代表软弱。最后，大家都是有思想感情的动物，冷静之后让对方感受到你的善意、真诚、可靠，才是根本消除对方对立情绪的技巧。

方法二，有些时候引起冲突的原因是当事人双方心中都按照自己的意愿和想法去行事或要求别人，所以争执后双方指责对方不可理喻直至闹翻。当秘书或助理遇到这样类型模糊性冲突的时候，首先是听，仔细地听。你需要把一切都停下来，什么也不要说而且要全面听对方所说的话。其次是想，理性地思考，明确谈话的内容，弄清楚对方重点说的是什么！必要时，可以重复并阐释所说内容的关键，如"请问你所认为是否是我今天所做之事缺乏责任心问题吗？"要做到比对方更关注事实，而非各执己见，钻牛角尖、较真的结果就是把鸡毛蒜皮的小事、细节给放大化，双方同时无意义受伤害，从中谁也得不到什么。发生冲突，当气氛僵住的时候，有建设性的问题加上积极的态度是解开"疙瘩"的最好方式。处理冲突的一个技巧是，要保持"中性"，把双方争执中"带刺的话"剔除掉，重新组织起话的内容。例如，"按照你的想法做事情就是"，回答："OK，如果你认为不适应，是否我们之间可以谈谈如何改变一下合作的流程？"最后是说而不是辩解，冲突时越是辩解对方越不想听。解决冲突的最终目的是解决问题，而非逞一时口舌之快。但能够善于清晰表达自己观点以理服人，让对方心悦诚服才是化解矛盾的至上之道。当然，表达自己观点并让对方接受的前提是在双方观点的差距上找到一个公平的契合点，使问题才有商量的余地。

方法三，面对原则性冲突或上司吹毛求疵的批评，例如，把指责工作问题上升到道德问题，或人格问题等极不尊重人的言语。这些是秘书或助理最为愤怒或心理压力也最大的刺激。处理这样的冲突，我建议秘书或助理客观看待，看对方是故意还是无意。如果是无意的，采用回避策略，例如，"我理解你的感受，我们换个时间或者方式再详细地沟通一下"。如果对方刻意而为之，那么你要向对方表明你的感受，告诉对方他的言语行为如何影响了你，比如，"你的话让我内心很受伤害，如果你继续，我将如何……""如果这样下去，我们之间不会有信任存在！"

三、思考·讨论·训练

1. 本案例中的冲突根源是什么？
2. 老板如何应对女下属？职业女性如何应对上司？
3. 用冲突理论如何解决这次冲突？
4. 本案例对如何处理上下级人际关系冲突有何启发？

案例 9-2　爱通公司

一、案例介绍

明娟不再和阿苏说话了。自从明娟第一天到爱通公司上班起，她就注意到了阿苏，阿苏总是表现得冷漠疏远。开始，她认为阿苏是憎恨她的工商管理硕士学位，她在公司的快速提升，或者是她的雄心壮志。但是，明娟有决心同办公室里的每一位同事都处好关系，因此她邀请阿苏出去吃午饭，一有可能就表扬他的工作，甚至还同他的儿子保持联络。

但随着中西部地区营销主管的任命，所有这一切都结束了。明娟一直盯着这个职位，并认为自己有很大的可能得到这个职位。她同与她同一级别的另三位管理人员竞争这个职位。阿苏不在竞争者之列，因为他没有研究生文凭，但是，阿苏的意见被认为在高层有很大的影响力。明娟的资历比其他的竞争者要浅，但她的部门现在已成为公司的核心部门，而且高层管理者多次对她进行褒奖。她相信，若阿苏好好推荐的话，她能得到这个职位。

但马德最后得到了提升，去了陕西，明娟十分失望。她未能得到提升就够糟的了，使她无法忍受的是选中的竟然是马德。她和阿苏曾戏称马德为"讨厌先生"，因为他们都受不了马德的狂妄自大。明娟觉得马德的中选对自己来说是一个侮辱，这使她对自己的整个职业生涯进行了反思。当传言证实了她的猜测：阿苏对决策的做出施加了重大影响之后，她决定把她同阿苏的接触降低到最低限度。

办公室里的关系冷了下来，持续了一个多月，阿苏也很快就放弃了试图同明娟修复关系的行动，他们之间开始互不交流，仅用不署名的小便条进行交流。最后，他们的顶头上司威恩无法再忍受这种冷战气氛，把他们两人召集到一起开了一个会，"我们要待在这，直到你们重新成为朋友为止。"威恩说道，"至少我要知道你们究竟有什么别扭。"

明娟开始不承认，她否认她同阿苏之间的关系有任何变化。后来，她看到威恩是严肃认真、誓不罢休的，只得说道："阿苏似乎更喜欢和马德打交道。"阿苏惊讶地张大了嘴，吭哧了半天，却什么也说不出来。

威恩告诉明娟："部分是由于阿苏的功劳，马德被安全地踢走了，而且以后你们谁也不用再想法对付他了。但如果你是对那个提升感到不满的话，你应该知道阿苏说了许多你的好话，并指出如果我们把你埋没到中西部去，这个部门会变得有多糟。加上分红的话，你的收入仍然与马德一样多。如果你在这儿的工作继续很出色的话，你就可以去负责一个比中西部地区好得多的地方。"

明娟感到十分尴尬，她抬头向阿苏看去，阿苏耸了耸肩，说道："你想不想来点咖啡？"在喝咖啡的时候，明娟向阿苏诉说了在过去这个月里她是怎么想的，并为自己的不公正态度向阿苏道歉。阿苏向明娟解释了她所认为的疏远冷漠实际上是某种敬畏：他看到她的优秀和效率，结果他非常小心翼翼，唯恐哪儿阻碍到她了。

第二天，办公室又恢复了正常。但是，一项新的惯例建立起来了：明娟和阿苏在每天的十点钟一起去喝杯咖啡休息一下。他们的友好状态使在他们周围工作的同事们从高度紧张中松弛下来了。

（资料来源：徐二明：《中国人民大学工商管理 MBA 案例·组织行为卷》，中国人民大学出版社 1999 年版）

二、案例分析

本案例涉及冲突管理方面的理论。冲突泛指各式各类的争议。一般所说的争议，是指对抗、不搭调、不协调，甚至抗争，这是形式上的意义；但在实质上，冲突是指在既得利益或潜在利益方面摆不平。什么是既得利益呢？就是指目前所掌控的各种方便、好处、自由；而潜在利益则是指未来可以争取到的方便、好处、自由。冲突的起因，一是稀少性资源争取。虽然从工业革命以来，由于生产力的提高，资源也已经更加充足，但与人类的欲望相比，稀少性依然存在。所以，由于争取稀少性资源而产生的冲突，始终无法消除。二是知觉差异。人们看事物都不是根据客观存在的事实来看它，而是根据他们对这件事物主观的心智形象来解释它。半杯水究竟"只是半杯"还是"好在还有半杯"？这都取决于人们的知觉。只要人类的知觉差异存在，冲突就无法回避。三是工作相互依存性。在工作流程上，上游的产出就是中游的投入，如果上游无法如期产出，它将变成中游的"瓶颈"。忽略了彼此的依存性，常常会造成可怕的冲突。四是信息之缺失。很多误解都是来自信息不足或信息的品质不好，要化解这种冲突，只有改进信息的品质和流通。五是角色混淆。角色是指别人对你想当然的期望，每一个人都被赋予许多的角色。但遗憾的是，社会上有很多角色混淆的事情。原因是：自我定位错误，忘了自己是谁；在其位不谋其政，很多主管占了企业中重要的位置，却没有扮演好主管的角色；不在其位却谋其政：很多做幕僚的，遇到问题，忘了自己只有建议权，而没有裁量权，这就是一个常见的例子。正因为冲突的原因没有办法消除，我们只能设法降低冲突的危害度，而无法永远消除冲突。

处理冲突操作方法是多种多样的：一是协商解决法。即经过冲突双方或多方协商，以求达成一致的意见。二是仲裁解决法。在双方争执不下时，由领导或权威机构经过调查研究，判断孰是孰非。三是权威解决法。有时对冲突双方很难立即做出对错判断，但又急需解决冲突，这时就需要由权威人士（机构）做出并不代表对错的裁决。但裁决者应负起必要的责任。四是调整政策法。如果是在工作或分配上确有不合理之处，就需要调整政策，使之合理，这样才能使冲突得到良好解决。五是另寻出路法。冲突双方各有某些道理，但又都有明显不足，这时就要考虑寻找别的途径。六是暂缓解决法。有些问题双方存在冲突，但一时又难以断定是非，如果不是急需解决的问题，不妨先"冷却"一下，暂缓解决。七是求同存异法。这一方法尤其对于解决"鸡毛蒜皮"一类的冲突有必要。就是对解决重大问题的冲突，也有积极作用。冲突不应只是对立，还应相互启发，相互谅解和让步。

本案例由职权之争引发冲突，又因信息沟通障碍产生矛盾。领导威恩解决矛盾的方法是可行的。他采用了转移目标的策略，如给他们设置一个共同的冲突者马德，并促进明娟和阿苏之间沟通信息，协调认知。改善人际关系一定要体现平等的原则、互利的原则和相容的原则。让明娟和阿苏和平共处、互相谅解，且告知他们未升迁的利益更大，并使他们相信威恩的话。这一过程启发我们应该依据人际交往的原则，运用科学的方法，帮助下属正确处理好人际关系方面的问题。

三、思考·讨论·训练

1. 明娟和阿苏之间产生冲突的原因是什么？
2. 威恩作为公司领导，他解决冲突的方法是否可行？
3. 本案例对如何处理人际关系有何启发？

案例 9-3 亚通网络公司

一、案例介绍

亚通网络公司是一家专门从事通信产品生产和电脑网络服务的中日合资企业。公司自 1991 年 7 月成立以来发展迅速，销售额每年增长 50% 以上。与此同时，公司内部存在着不少冲突，影响着公司绩效的继续提高。

因为是合资企业，尽管日方管理人员带来了许多先进的管理方法，但日本式的管理模式未必完全适合中国员工。例如，在日本，加班加点不仅司空见惯，而且没有报酬。亚通公司经常让中国员工长时间加班，引起了大家的不满，一些优秀员工还因此离开了亚通公司。

亚通公司的组织结构由于是直线职能制，部门之间的协调非常困难。例如，销售部经常抱怨研发部开发的产品偏离顾客的需求，生产部的效率太低，使自己错过了销售时机；生产部则抱怨研发部开发的产品不符合生产标准，销售部门的订单无法达到成本要求。

研发部胡经理虽然技术水平首屈一指，但是心胸狭窄，总怕他人超越自己。因此，常常压制其他工程师，这使得工程部人心涣散，士气低落。

（资料来源：魏江、严进：《管理沟通》，机械工业出版社 2006 年版）

二、案例分析

在案例中企业经理要花费 20% 的时间用于处理冲突，冲突管理能力因此被认为是管理者事业成功的关键因素之一。

（1）亚通公司的管理层与中国员工之间的冲突。这种冲突存在于不同组织层次之间，称之为纵向冲突，它属于群际冲突。产生这种冲突的原因有多种：一是权力与地位。管理层运用行政权力要求员工加班，但没有给予任何报酬作补偿；而员工则没有权利维护自身的利益。二是价值观不同。中国的员工在价值观上不同于日本的员工，要求员工（长时间）加班，如果没有相应的报酬，一般很难调动员工的积极性，久而久之就会削弱员工的工作动机强度。三是资源缺乏。管理的重要性很大程度上体现在对资源的合理配置，而可用的资源总是有限的。要求员工加班，通常需要提供合理的加班费作补偿；而主管们则希望把人力成本维持在一个较低的水平。

这样，员工就会表现出工作动机不强、工作效率低下，而有能力的明星员工则想方设法跳槽到更好的工作环境。如果情况长时间没有得到控制和改善，企业将会变成一个过滤器，把有能之士赶到竞争对手那里，并把平庸之士保留下来。解决方法是管理层应该根据具体的情况，合理地设计报酬系统，从新激发员工的积极性，并在人力成本与员工绩效之间取得一个动态平衡。

（2）各部门之间的冲突。这种冲突存在于统一组织层次不同部门之间，称之为横向冲突，它是另一种群际冲突。由于亚通采用的组织结构是直线职能制，出现这种类型的冲突就不足为怪了。产生这种冲突的原因：一是任务相互依赖。由于各部门之间存在着任务依赖性，而组织结构的先天缺陷却削弱了各部门之间必要的沟通，从而导致任务的不协调。二是目标不兼容。各部门都存在着自己的绩效目标，例如，销售部希望增加产品线的广度以适应多样化的市场需求，生产部则希望减少产品线的广度以节省成本，即销售部门的目标是顾客满意，生产部门的目标是生产效率。

企业通过信息管理系统来促进信息的流通，让各部门及时得到有用的数据，充分利用信息技术来增强企业的信息管理能力。不过，最根本的原因是目标不兼容，各部门同属于一个企业，但未能看到企业的统一目标，而只是看到各自的绩效目标。企业可以实施关联性绩效评估，把具有依赖性的部门的绩效关联起来。如果某些部门只顾实现自身绩效，而不顾与之关联的部门的绩效，就不能达到整体平衡，实现整体最优绩效。不过，这种做法还有一个小问题，就是如果主管本身的整体观念不强，实施的效果还是会令人失望的。企业可以考虑对主管进行恰当的培训，实在不行就要考虑换人了。

（3）胡经理与其下属之间的冲突。这种冲突存在于两个或两个以上的个体之间，称之为人际冲突。产生这种冲突的原因也是多种的：一是个性心理。个性是指在一个人身上经常稳定地表现出来的不同于他人的心理特点的总和，也是一个人的基本精神面貌。由于人的先天遗传因素和后天影响不同，就使人的心理活动过程和行为方式形成了千差万别的个性差异。二是缺乏信任。人与人之间越是相互猜疑，越会产生冲突；越是信任对方，越能互相合作。胡经理心胸狭窄，总是疑心别人超越自己，抢了自己的饭碗。这会极大地影响团队的凝聚力，导致团队效率低下。三是归因失误。当个体的利益受到他人的侵害，他或她就会弄清对方为什么如此行动。如果确认对方是故意的，就会产生冲突和敌意；如果对方不是故意的，冲突发生的概率就会很少。

在上述三点原因中，个性心理是最为关键的，如果胡经理真的不适合作为一名管理者，让他待在这个位置上肯定会出现问题的。所以，企业只好考虑调掉胡经理，但胡经理在技术方面是企业的明星，如果处理不当，将有可能把胡经理赶到竞争对手那里。解决替换胡经理所引起的问题有多种方法，企业可以试探他的工作动机，再结合他的个性心理，设计合适的报酬机制来重新吸引并激励胡经理。

三、思考·讨论·训练

1. 亚通公司的冲突有哪些？原因是什么？
2. 胡经理与其下属之间的冲突有哪些？
3. 如何解决亚通公司存在的冲突？

案例 9-4 混凝土预制件公司

一、案例介绍

混凝土预制件公司是普雷梅克斯公司的子公司，位于华盛顿特区，其主要产品是建筑石板。该厂有 150 名非技术生产工人，20 名金属制造技工，15 名一线主管及 20 名管理和办公室工作人员。

混凝土预制件公司经理十分注重公司的效益，因而聘请了精通组织行为学的管理顾问皮特·汤普森准备进行一项全面调查研究。在初步的调查中，汤普森先生将仔细评估公司的三个极不相同的工作岗位。他选择进行评估的个体是迈克·菲利普斯（生产工人）、卡罗尔·汉特（销售调度员）和盖瑞·赖利（公司的销售主管）。

（1）迈克·菲利普斯原来一直在托科姆水泥厂工作。1999年普雷梅克斯公司买下了托科姆水泥厂，迈克·菲利普斯也被调到华盛顿来工作了。他负责操作载机，这是一种传统的附加装置，用于将石板从传送带搬至铁架上，以备热压机进行处理。有两个因素表明，这项工作并不尽如人意：一是环境噪音极大，因为该工作十分靠近冲压设备；二是工作十分单调，因为生产线以永恒不变的速度进行工作。

迈克每天的工作始于早上7点整。他几乎不加任何耽搁就站在了生产线上。因为装配工前一天晚上就完成了车间的安装、修理及预防性维修的工作。这一工作十分简单明确，当水泥板被压制好后，迈克把它们从传送带上取下来，放置到特制的钢架上。他通过转动叉铲把水泥板放到与传送带平行的铁架上。听起来这一程序很简单，但实际上需要相当高的技术。迈克需要按照不同石板的大小和重量调整他的操作。

迈克还担当着生产线上的控制调整工作。如果生产线上出现延误，他负责纠正这种活动，这些延误主要是由于叉车驾驶员没能及时搬运铁架造成的。另外，设备故障、装卸工腾空铁架的速度过慢，叉车驾驶员有时的"急脾气"以及这项工作中任何一处的缺勤，都会造成这种延误。除此之外，批量生产时质量管理太差，石板模具的偏差以及由于设备问题导致的石板冲压太差，这些原因也会导致迈克的工作受到耽搁。迈克面对的另一个越来越多的问题是故意毁坏行为——一些员工常常往原料系统中扔入异料，这导致了模具的断裂或变形，并且几乎总是使很多工人（包括迈克在内）要加班工作。迈克估计，每天因耽搁而损失了至少一个小时的时间。当工作量加大时，故意毁坏行为也倾向于增加，因而耽搁的时间也更长。

工作满意度。迈克称自己对薪水"还算满意"，这可能与他的薪水计算方式有关。他拿基本工资额加小组奖金。小组奖金是每位主管对员工的绩效等级进行评价的结果，因而迈克小组中的10～12名员工各自拿的奖金是不同的。迈克一直是最高奖金的得主之一。钱对于迈克来说已不再像过去那样具有诱惑力了，但它依然是衡量成功的重要指标。他告诉皮特·汤普森："工作的价值是由公司对我所做的工作付多少钱决定的。"

迈克所在的工作小组也是令他满意的一部分原因。他的经验和技术水平使他在工作小组中处于相对较高的地位。这种地位弥补了一些工作方面的不利因素，如晋升或个人发展机会的局限性，工作条件不好以及从事高度重复性工作而产生的受挫感。

当问及迈克在工作中令他不满的事时，他提出了三点：首先，他很少有机会和叉车驾驶员进行言语沟通。他认为这可能是由于这些驾驶员不包括在奖金系统中造成的。其次是"新工人今天来明天走"。由于缺乏持久性，使他们之间很难发展和谐的合作关系。最后是公司的经营哲学。"这个地方与我曾经工作过的其他地方一样，并不关心帮助人们干好工作。除了能够使某些人提高利润和效益，我们的工作似乎没有更多的意义。"

与上级的接触。迈克与"上级"的接触仅局限于与他的直接主管的接触。好在他们之间的关系是相当积极的。迈克认为，他的主管"十分客观"并且"善于接受变化"。他常常给迈克提供机会参与改进石板处理方法的工作。比如，铁架系统的重新设计以及同时使用一对装载机是迈克提出的两项建议，现已投入使用。

对于其他高级管理人员，迈克除了见面打招呼之外几乎无任何接触。经理们常常巡视车间却很少与生产工人交谈。迈克认为这种距离导致了很多问题：几乎没有工人对经理感兴趣，这或许也是由于公司经理频繁变更的结果。生产工人普遍认为，混凝土预制件公司只不过是普雷梅克斯的一家附属小厂，其主要管理人员常常离职，经理"对这儿的具体工作不感兴趣，因此我们对他也不感兴趣"。

与同事的接触。高离职率导致生产工人分为两类群体："新来者"和"老员工"。在休息时间、午餐时间和下班之后，各自群体的成员倾向于分别活动。在迈克的同伴群体中，他的能力和水平是普遍公认的，但偶尔一些小组中的年轻工人也会对他的技术水平提出质疑，"这令我很恼火"。"老员工"常常对于有关个人和工作的事情征询迈克的建议。有趣的是，皮特·汤普森发现生产工人与装配工、机修工、叉车驾驶员之间的社交沟通极少。

（2）卡罗尔·汉特于1997年进入混凝土预制件公司，最初她是一名销售职员，近两年来，她负责西雅图地区主要城市的调度工作。作为高级销售调度员，她还管理着手下的三名职员。

卡罗尔的工作于早上8点整开始。此时她要确保前一天所有分派来的订单均已办理，了解当天可用的卡车和吊车数量，并负责检查故障。她还需要接收订单并给它们标价，检查盘货报告表，并追加等候时间、附加的货车运费以及信誉等要求。当然，信誉要求常常是由财务部门考虑的，仅偶尔由销售部门负责。10点钟左右，第一班出发的司机返回进行第二趟装载，当他们去装货场地的路上经过调度室时会得到新的订单。

整个一天的工作都持续这种模式。直到下午3点左右，卡罗尔将一天中的所有事务汇总起来报给销售主管检查。此时，第二天的订单也到了，卡罗尔还需要把运货单送至装货码头以备第二天一早使用。此外，她还要处理顾客的每一细小抱怨，并将各种情况通禀销售主管。一般情况下，卡罗尔每天去一两趟装货码头检查延误情况以及司机的抱怨。有时她发现会有八九辆车停在那里空闲没事，她认为这是由于铲车发生故障或生产领域分配不协调而导致的。

工作满意度。卡罗尔说，"当每件事都运作顺利时"，她还是喜欢这份工作的。遗憾的是，这种情况并不十分常见。她需要永无止境地面对有关装货和运输方面的问题。当然，这也增加了每日活动的挑战性，当她成功地解决了一个难题时，会颇有"满足感"。

卡罗尔的工作使她拥有很大的自由度和责任感。她的决策很少受到上级的质疑。对于工作令她满意的方面，她认为是自主、责任和成就。消极的一面是，当有人指责她偏护某些司机时，她感到灰心和不满。这些司机都是承包者，经常指责她把"轻松的活"分配给他们中间的某些人。卡罗尔提到，另外的消极方面是工作压力过大和缺乏奖励。有时这一工作的压力非常大，她觉得自己是在"连轴转"。她的上级对她的工作业绩缺乏口头赞赏也令人感到失望。她还认为公司在"剥削"她，因为给她的薪金比聘用一名干同样工作的男性职员所付的工资要少。

与上级的接触。由于"个性差异"，使得卡罗尔与她的直接上司——销售主管盖瑞·赖利的沟通受到阻碍。卡罗尔觉得这名主管"更喜欢说而不是听"，这使她怀疑她所提出的一些建议是否引起了足够的重视。卡罗尔与管理层中的其他成员的接触相当有限。她认为这可能是由于她所干的是"人们总认为男人干的活"导致的。

与同事的接触。卡罗尔与同事的所有社会接触均是在工作中进行的。她从不认为应该在工作之外的时间里与同事进行交往活动。她说，"我与这里的人很不相同"，卡罗尔的下属则描述她为"严厉、自负、以自我为中心"。

（3）盖瑞·赖利于1995年进入混凝土预制件公司，他最初是一名勤奋的销售员，1999年成为销售主管。

盖瑞的工作包括形形色色的不同活动。他的大部分时间用于阅读和寄发信件，处理电话查询，会见客户、上级主管和下属人员。盖瑞从来不做工作计划，而且工作压力也使他无暇反省深思。他一天的其他活动还包括授权其他的销售代表去"拜访"客户，向销售代表传达贸易信息、客户质疑、推销程序以及生产和运输困难的信息。盖瑞还负责对销售部门的所有活动进行监督和协调。

盖瑞一天中的大量时间用于处理即时事件，如进行日产分析、亲自拜访主要客户等。他还要传达销售代表反馈回来的信息，如石板质量、信誉、颜色范围、竞争活动、新的加工技术等信息。他试图把他们产品的一切可得的细节信息都收集起来。

工作满意度。前任销售主管被认为是抵制变革、高度专制的人。"中层管理层不参与公司的运作；这里有技术，但使用率不高。"自从盖瑞当上销售主管之后，非常愿意在销售部尝试部门重组与更新的挑战。

盖瑞认为，自己在销售部门中创设了一种气氛，使得他的员工有机会增加自己的知识和技能，从而为部门的成功做出贡献。这一改进是盖瑞满意感的持续源泉。

盖瑞的目标是彻底清除部门中的任何社交障碍，但他拿不准自己应该控制多少，授权多少。盖瑞的不满在于他常常被上级主管批评为缺乏决策能力和过于随和。他承认自己的风格与大多数其他管理者很不相同。他指出："从历史角度来看，这里一直是个极为专制的公司。"盖瑞对自己能力的评估与其他高层主管的评价有很大出入，其他高级主管常常对他作为管理者的能力存有疑问，但现任经理除外。

与上级的接触。盖瑞与他的直接上级主管，公司经理的沟通良好，这是该经理的参与式管理风格的直接结果，这种风格与过去普雷梅克斯董事会认命的经理所采用的高度专制风格截然不同。盖瑞能够与经理讨论他的许多困难和想法，经理也常常征询他的看法。这种双向的相互作用使盖瑞得到了许多过去的销售主管得不到的信息，他觉得这些信息对他的决策极有价值。

与同事的接触。盖瑞受到他的同事的普遍喜爱，但也有人怀疑他动机不纯。他与现任经理的密切接触引起了一些人的反感，尤其是生产和工程部门的人员。这两个部门目前正在进行组织改革，盖瑞承认自己的建议起到了一些作用。他认为自己可能因而得到"走狗"的名声。由于组织变革的进行，盖瑞发现他在同事中的地位也在改变。

（资料来源：中国管理传播网：http：//bbs. manage. org. cn）

二、案例分析

案例中，迈克：他是一位生产一线的操作工，有一定的工作经验和生产技术水平。虽然工作环境较差，有很多不尽合理之处，但他的主管对他比较好，能针对他的技术爱好提供发挥作用的条件，使他的两项建设得到有效的利用，发挥作用。迈克在工作小组中的地位、在群体中的威信较高，使他感觉到一分满足感。迈克在工作小组中，工作绩效使得他比别人拿的薪水、奖金要高，认为他所做的工作和公司付给他的报酬是均等的；对迈克，由于存在群体内的奖金偏高，其他操作工认为这是不公平的，缺乏相互间的沟通。但迈克也产生对工作的不满意度增加。另外，物质利益的刺激、奖金的相对较高，又使他对工作的满意度增加。这一对矛盾的做法得以长久的维持。

卡罗尔：她最初是一名销售职员，由于她工作努力，很快成为了一名高级销售调度员，她所做的工作，证明她比较认真，有工作责任。同时也很自信，总设法使一项工作经过努力取得一定的成就，有进取心；对于卡罗尔，不听取职工对她的指责和上级领导对她工作上缺乏肯定，使其对工作不满意增强。

盖瑞：他是公司的一名中层主管，他很满意那份工作，有自信心。他有一个良好的工作环境，和上级领导公司经理有较好的工作基础。他在群体中也有一定的威信，这些好的工作条件，都可成为他的优势。

公司如果能针对这些员工的各自特点，在管理中能充分发挥他们的特点，扬长避短，正确地按各自的需求，发挥他们的优势，就能更好地推动这些员工的工作，提高他们的工作绩效，以达到他们各自的目标；对盖瑞，由于其成就和与公司经理的良好关系，使其工作上信心增大，同时也引起一部分员工的反感，对他的工作造成一定的干扰和压力。

卡罗尔和盖瑞两者之间主要存在上下级之间的工作沟通，由于两人的"个性差异"，两者间不能把工作中的信息及时通气，而是相互的观点或建议都得不到理解，使得他们之间的沟通受阻。

案例中反映群体和群体外以及个体都出现一种极不正常的沟通，假如都像盖瑞和他上司经理那样的关系，通过各方面的沟通，形成相互作用，就能达到目的，以解决高级领导与中层领导之间的沟通以及中层领导与普通员工之间的沟通。

混凝土预制件公司中存在的冲突：一是工厂中的工作环境与员工的利益有冲突；二是领导层的频繁更换，这是工厂的主要不利因素；三是各个层次不同的沟通矛盾很多，使其造成各个环节中的协调不够，形成管理不善；四是公司领导在整个对人的使用和管理不得力，使很重要的管理功能得不到充分发挥。

针对案例中公司现状，向经理提出建议如下：要解决领导的管理，要有一定的管理层次的人员，有管理水平和管理能力。一是建立健全和完善公司的各类行之有效的规章，使员工能按规章办事。二是提高公司各层中的相互沟通、领导层和管理层的沟通，通过管理层贯彻公司的精神和需求。三是要努力营造一个良好的工作环境和工作气氛，善于调动各层次各类员工的工作积极性，充分发挥全体人员的聪明才智，最大限度地发挥各自的作用。四是要加强改革的力度，不能把原有的不符合发展的东西，一直保持不变。要革新、创新，对有用的建议充分采纳，并加以研究，通过变革、创新，促进企业的发展。五是要充分利用信息工程，组织多渠道的技术和经济信息，使其掌握市场的需求，来适应市场的需求。

总之，一个公司的发展是多方面的，要掌握和充分发挥多方面的功能，促进公司的发展。

三、思考·讨论·训练

1. 哪些因素分别激励着迈克·菲利普斯、卡罗尔·汉特和盖瑞·赖利的工作？

2. 您认为混凝土预制件公司中存在什么样的沟通问题？

3. 卡罗尔·汉特和盖瑞·赖利之间存在什么样的沟通和人际交往方面的问题？这些问题如何解决？

4. 分析存在于混凝土预制件公司中的冲突，它们是功能正常的还是功能失调的？

案例 9 - 5　借沟通解决劳资纠纷

一、案例介绍

由于全球业务的不断亏损，××集团公司决定将北京某事业部整体撤销，撤销方案涉及裁减 400 多名员工。该事业部整体裁员的前三个月，公司已经处于非正常运转状态，所有商务项目已经全部冻结，而公司没有任何关于裁员的官方信息。

一直到裁员当天上午，总经理召集所有员工开了一次会，很简单地讲述了公司的现状，并说明公司由于客观原因没有办法正常运转，将在接着的 5 天内与所有的员工变更劳动合同。同时，工资的计算截止到会议当天，公司采取合理的 N + 1 的方式给予劳动变更合同补偿金。消息公布后，部分员工现场对公司高层的决策表示非常不满，并提出公司是"强盗"的逻辑，明明是硬性解除劳动关系，而用冠冠堂皇的劳动合同日期变更来搪塞。部分员工代表提出，年底结束劳动关系的话，工作很不好找，要求公司将劳动合同日期变更到年后，还有部分员工不同意公司的决策，要求进行进一步协商，以增加赔偿金额……现场十分混乱，而公司人力资源部经理仅仅就公司的决策进行了解释，对于现场的追问和意见没有做出表态。

会后，由员工代表与公司代表进行进一步谈判。在谈判中，公司代表坚持已有的解决方案，而员工代表也是坚持不让，结果谈判破裂，全体员工无一人与公司签订劳动合同变更协议。最终全体员工（除了人力资源部以及公司高管）集合在公司大厅，将公司进出口挤得水泄不通，并且自发组织一系列抗议活动，比如，出示"××公司，强盗逻辑"，"强行解雇，违反人权"等标语。部分员工甚至与公司的保安发生冲突，且对人力资源部员工抱着敌对的态度。媒体记者也陆续赶到，拟对公司裁员做现场报道。

（资料来源：王建艺、陈馨：《中国中小企业杂志》2007 年第 9 期）

二、案例分析

案例的核心是普通员工与公司组织的冲突，由于公司高层是公司的代表，所以主要体现出来的就是普通员工与公司高层群体之间的冲突。从案例分析中，我们可以得出员工形成的对公司裁员方案的抗议力量的来源更多的是由于沟通不顺畅，而不是由于赔偿方案的不合理。同时，公司高层很清楚地知道普通员工的底线，即现已提供的裁员赔偿方案。然而，员工一致感觉被公司高层群体忽略了，因为他们在沟通过程中感觉到没有被尊重，并且在协商过程中没有得到组织的任何让步。

要考虑整体公司受到裁员事件媒体报道的影响。由于媒体的报道对客户以及投资者都会发出不利的信号，公司积累多年的高品牌价值或许会受到不同程度的影响。而这些影响或许超过一个分公司的价值，更别说因为裁员项目的损失了。当然，大众媒体的报道对公司品牌价值的影响难以计量。但是，因为涉及的是劳资关系，媒体以及各界社会舆论往往会对公司产生负面的效应，这个可以说是肯定的。要解决这个案例中出现的问题，应该从以下几方面入手：

（1）沟通机制的建立以及现状的明确阐述。作为公司高层群体对于普通员工采取尊重的沟通态度和顺畅的机制，可以减缓员工对于公司的敌对性。这个过程中，高层群体在与普通员工群体代表协商时应该做好听众的角色，同时，针对所有员工代表提出的问题，逐条解答，让员工感觉到受尊重和重视。另外，由于高层已经了解到提供的赔偿方案是合法的并且已经通过相关政府部门的认可，沟通过程中要特别强调做出方案的权威性及合理性，让事实说话，而不是以同情理解的眼光看待员工的要求。当然，让员工代表很清晰地明确现状还不够，高层群体还应该提供给员工拒绝公司方案后的其他问题解决途径，比如，可以通过司法手段等，让员工了解其他解决方案的社会成本和机会成本。

（2）由于人力资源部夹在公司与普通员工之间，由其在手续处理以及咨询过程中适当扮演小道消息传播者角色，将进一步导致普通员工凝聚力的削弱。当然，由于人力资源部与公司之间也存在着矛盾冲突，但由于其职业素养的约束，人力资源部在较大程度上会站在公司的立场上。

（3）针对公司与社会媒体冲突的解决方案，由于涉及集团公司的品牌问题，所以需要做快速的抉择。由于是涉及劳资关系，社会舆论的天平往往倾向雇员而非雇主，不妨采取选择对此事件持中立看法的员工进行采访，并通过媒体达到澄清事实的效果。这里需要强调的是冲突处理的时效性，若等各大媒体根据普通员工的舆论进行报道后才采取相应对策，则对公司品牌影响就比较大了。

三、思考·讨论·训练

1. 该公司的冲突有哪些原因？
2. 本案例冲突的根源在哪里？
3. 用冲突的相关理论分析以上案例，如何解决该公司存在的冲突？
4. 为了做好工作，总经理应该怎样做？

第十章 压力管理

天性常常是隐而不露的，有时可以压服，而很少能完全熄灭。压力之于天性，使它在压力减退之时更烈于前。但是习惯却真能变化气候，约束天性。

——培根

人的一生，总是难免有浮沉。不会永远如旭日东升，也不会永远痛苦潦倒。反复地一浮一沉，对于一个人来说，正是磨炼。因此，浮在上面的，不必骄傲；沉在底下的，更用不着悲观。必须以率直、谦虚的态度，乐观进取，向前迈进。

——松下幸之助

一、压力的概念

(一) 压力的定义

压力是我们生活中常见的词语，它就是生活中超越个人能力所能处理的或扰乱个体平衡状态的事件所引起的心理反应。压力是一种动态情境，在这种情境中，个体要面对与自己所期望的目标相关的机会、限制及要求，并且这种动态情境所产生的结果被认为是重要而又不确定的。

压力管理就是一种积极应对外来刺激的方式，它包括对压力的了解、评价，从而达到缓解和避免压力的目的。压力管理可分成两部分：一是针对压力源造成的问题本身去处理；二是处理压力所造成的反应，即情绪、行为及生理等方面的疏解。

(二) 压力程度 (压力程度与效率的基本关系)

压力能够对个人的效率起到促进或阻碍的作用，两者的关系通常如图10-1所示。当压力程度上升时，个人效率随之增加；当压力程度超过了最佳压力点时，个人效率随之减低。这就意味着，当压力使人更警觉或更精力充沛时，它对人有益，并能使人全神贯注和高水平地运作。

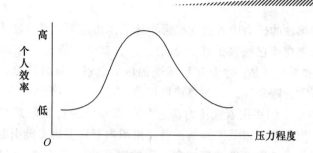

图 10 – 1　压力程度与效率的基本关系图

　　压力程度与效率两者之间的基本关系表明，人的目标之一可能是应该更好地认识最佳压力程度，或者是帮助人获得高效率的压力（清醒度）之数量。增加人对自己最佳压力程度的认识，同时有意识地调整自己的压力程度，从而会使该程度始终如一地处于最佳状态，这是控制自己的另一关键。

　　（三）压力管理的意义

　　1. 压力管理有利于员工健康。能预防压力对员工健康所造成的毁灭性损害，有效地维护和保持企业的人力资源的创造性。

　　2. 压力管理有利于提高工作绩效。从人力资源管理角度上看，压力是提高和改善员工工作绩效的根本性手段。积极的、适度的压力是促使员工前进的驱动器，是驱动员工超越平凡的动力，从而使员工提高工作行为效率，促进提高整个组织的绩效。

　　3. 压力管理有利于企业发展。通过缓解职业压力，化解潜在风险，延长企业生命周期。企业如果频繁地更换员工，则不利于企业的成长，而且还存在一个成本问题。而职业压力管理，科学合理地缓解，弱化了这个问题，使企业的风险降到最低，形成一个良性循环系统，从而在很大程度上延长了企业的生命周期。

　　4. 压力管理有利于构建良好的企业文化。能够充分体现以人为本的管理理念，有利于构建良好的企业文化，增强企业的凝聚力，提高员工的忠诚度。

二、压力源和压力的后果

　　（一）压力源

　　1. 个人因素。个人因素性压力源主要是指人格、个人的控制感、习得性无助、心理上的耐受力等。压力因素具有可加性，压力是逐步积累和加强的。

每一个新的持续性的压力因素都在增强个体的压力水平。单个压力本身可能无足轻重，但如果在业已很高的压力水平上，它就可能成为"压倒骆驼的最后一根稻草"。如果要评估一个员工所承受的压力总量，就必须综合考虑他所经受的机会性压力、限制性压力和要求性压力。

2. 组织因素。组织因素性压力源主要是指组织的行政政策与策略、组织的结构设计、组织程序以及工作条件等。组织内有许多因素能引起压力感，例如，所做的不是自己愿意做的事或在有限的时间内完成工作，工作负担过重，同时令人讨厌、难以相处的老板等，都会给员工带来压力。

3. 社会因素。社会性压力源主要是指造成个人生活方式的变化并要人们对其做出调整和适应的情景与事件。社会性压力源小到个人生活中的变化，大到社会生活中的重要事件。社会生活中的重要事件包括灾害、环境污染、政治动荡、经济衰退、过度拥挤、战争创伤等。由于城市人口的急剧增长，城里人不论住房、走路、乘车、逛商场都离不开一个"挤"字。到处是人，处处要挤，于是"拥挤综合征"出现了。拥挤、嘈杂的环境容易使人高度紧张，焦虑、烦躁、易怒，出现失眠、易怒、头痛、乏力、心悸等症状。此外，核泄漏事故、海湾战争、艾滋病威胁等社会事件也给人们造成巨大压力。不仅当事者有压力，知情者也会产生压力。例如，灾害出现，诸如地震、洪水、车祸、飞机失事对受害者造成重大打击，而那些目击者、救援者，乃至亲戚朋友也会感到或大或小的压力。

4. 文化因素。文化性压力源最常见的是文化性迁移，即从一种语言环境或文化背景进入到另一种语言环境或文化背景中，使人面临全新的生活环境、陌生的风俗习惯、不同的生活方式，从而产生压力。若不改变原习惯，以适应新的变化常常会出现不良的心理反应，甚至积郁成疾。例如，出国留学如果缺乏对环境改变应有的心理准备，没有一定的外语水平，在异文化背景下难以适应，无法交流，难以沟通，不得不中断学业或引发疾病的事例时有发生。

潜在的压力是否一定会转化为现实的压力，还与个体差异性有关，诸如个人的知识、工作经验、社会支持等。

（二）压力的后果

1. 生理征状。新陈代谢出现紊乱，如心率、呼吸率增加，血压升高，头痛，易患心脏病等。

2. 心理征状。压力能导致不满。如紧张、焦虑、易怒、情绪低落等。

3. 行为征状。生产率的变化，如缺勤、流动、饮食习惯改变、嗜烟、嗜酒、言语速度加快、烦躁、睡眠失调等。

三、压力管理

（一）压力管理的原则

1. 适度原则。进行压力管理并不是不顾组织的经济效益而一味地减轻员工压力、最大化员工满意度，而是要适度。

2. 具体原则。由于压力在很大程度上是一个主观感觉，因此，在进行压力管理时要区别不同的对象，采取不同的策略，根据对象的不同特点做到具体问题具体分析。

3. 岗位原则。组织中不同部门、不同岗位的员工面临的工作压力不同。一般岗位级别越高，创新性越强，独立性越高的员工，承受的压力也就越大。

4. 引导原则。由于压力的产生是不可避免的，所以，引导压力向积极的一面发展就显得很重要。对员工来说，有些外部因素是不可控的，比如，面对强大的竞争对手，这时可以灵活地将压力变为动力，激发更高的工作热情。

5. 区别原则。在消除压力前，首先要找出压力的来源并区别对待。有些压力是可以避免的，比如，由于员工之间不团结、人际关系复杂造成的工作压力；岗位职责不清、分工不合理所造成的压力；而有些压力，比如，来自工作本身的压力是不可避免的，只有通过提高员工自身的工作能力和心理承受能力来解决。

（二）压力管理内容

1. 压力的预防。首先，进行初级预防。用行动减少或消除压力来源以及正面提升一个有支持性及健康的环境。如改变人事政策，诊断压力工具，发展有支持性的组织气氛，多沟通，让员工多参与公司决策，减压、提升健康生活活动等。其次，进行次级预防。增加个人关注及改变减压技巧，从速测试及管理抑郁及焦虑感。例如，压力教育及管理压力课程、简单松弛方法（渐进式肌肉松弛法）、健康生活方式、时间管理训练（定下目标、优先次序）及解决问题的技巧。最后，进行高级预防。关注曾受压力引致严重病态人士的康复及痊愈。如保密的专业辅导服务、24 小时热线服务。

2. 压力的评估。首先进行初级评估。比如，这个因素是否与你有关？有没有威胁性？然后再进行次级评估。个人对威胁或挑战的压力是否有充足的评估？可否应付吗？在进行充分评估之后，可以决定采用集中处理情绪的应对策略或者集中处理解决困难的应对技巧。比如，松弛及寻求消遣、社会支持，用正面的方法来面对消极行为。

3. 压力的调节。调节压力的因素包括培养自信心（相信自己的能力）、保持乐观性格、不易发怒、保持主控性格、多和家人沟通、建立真诚友谊、经常运动等。特别需要提出的是，倡导积极主义心理学说，目前，已经从集中修补人性弱点、伤害转为推动人性德行。研究表明，具有正面积极心态的人能有较佳的心理健康水平及工作表现，这就是说"快乐能增加生产力"。同时，有关压力及茁壮成长的研究也显示，良好的心理品质、身体及行为上的压力征状的调控、工作满意感及就业安全等心理因素，对于工作压力的调节都会有积极的影响。

（三）员工个人压力管理策略

1. 预防策略。调整生活避开压力源，如人、事物或事件；调整要求水平，即做与自己所拥有的资源相符的事情；改变引起压力的行为方式，即改变自己易于产生压力的行为方式；扩展应对资源，即增加有助于应对压力的各种资源。

2. 抗争策略。有监视压力源和征状，集中资源，攻击压力源，容忍压力源。

3. 应对压力的一些专门技术。有合理情绪疗法、放松训练、系统脱敏法等。

（四）组织解决途径

1. 改善工作环境。管理者应致力于创造宽松宜人的工作环境，如适宜的温度、合理的布局等，有利于员工减轻疲劳，更加舒心、高效地工作。

2. 创造合作上进、以人为本的组织文化。要达此目标首先要增强员工间相互合作和支持的意识，当面临激烈的市场竞争或者艰巨任务的时候，作为一个团体，大家彼此支持，士气就会比预期的要高涨；同时，上下级之间要积极沟通。压力产生并不可怕，关键是要及时发现并消除。沟通方式可以采取面谈、讨论会或者设立建议邮箱等多种形式。国外有些企业常采用"部落会议"的形式，每个人都有平等的地位和发言权，这使员工有更多的主人翁感和责任感，减少了交流的障碍。

3. 任务和角色需求的管理。主要从工作本身和组织结构入手，使任务清晰化、角色丰富化，增加工作的激励因素，提高工作满意度，从而减少压力及紧张产生的机会。要达到这个目标，需关注两项内容：一是目标设置。当员工的目标比较具体而富有挑战性且能及时得到反馈时，他们会做得更好。利用目标设定可以增强员工的工作动机，减轻员工的受挫感和压力感。二是工作再设计。再设计可以给员工更大的工作自主性、更强的反馈，使员工对工作活动有更强的控制力，从而降低员工对他人的依赖性，有助于减轻员工的压力感。减轻压力的工作再设计包括工作轮换、工作扩大化、工作丰富化。

5. 生理和人际关系需求的管理。这主要是为员工创造良好的生理和心理环境，满足员工在工作中的身心需求。相关的管理方法有 6 种：

（1）弹性工作制。允许员工在特定的时间段内，自由决定上下班的时间。弹性工作制有利于降低缺勤率，提高生产率，减少加班费用开支，从而增加员工的工作满意度，减少压力的产生。

（2）参与管理。员工对工作目标、工作预期、上级对自己的评价等问题会有一种不确定感，而这些方面的决策又直接影响到员工的工作绩效。因此，如果管理人员让员工参与决策，就能够增强员工的控制感，帮助员工减轻角色压力。

（3）身心健康方案。员工应该对自己的身心健康负责，组织则为他们提供达到目的的手段。例如，组织一般都提供各种活动以帮助员工戒烟、控制饮食量、减肥、培养良好的训练习惯等。

（4）有效疏导压力。组织应充分认识到员工有压力、有不满是十分正常的现象。所以，组织有责任帮助他们调节情绪。员工只有将不满的情绪发泄出来，心理才能平衡，情绪才能平稳，因此，组织管理者应该开发多种情感发泄渠道，有效地改善员工不适的压力征状。

（5）努力创造条件帮助员工完成工作。组织员工进行提高工作能力的培训，如工作技巧的培训、谈判和交流技巧的训练等，帮助员工克服工作中的困难。另外，从硬件和软件上不断改进，对员工的工作进行支持，而不能不顾实际情况提出不合理的要求。

（6）针对特殊员工采取特殊措施。如对常出差的员工给予更多的帮助和支持，因为他们的工作与照顾家庭可能有更多的冲突，面临着更加复杂多变的工作环境，因此承担着更大的压力。

案例 10 - 1　"9·11"事件余震的反应

一、案例介绍

美国东部时间 2001 年 9 月 11 日上午（北京时间 9 月 11 日晚上），美国纽约和华盛顿及其他一些城市相继遭受恐怖袭击，下面是遭受袭击的大事记：

8 点 45 分，一架从波士顿飞往纽约的美国航空公司的波音 767 飞机（航班号 Flight 11）遭劫持，撞到了纽约曼哈顿世界贸易中心南侧大楼，飞机"撕开"了大楼，在大约距地面20层造成滚滚浓烟，并发生爆炸。

9点03分，又一架小型飞机以极快的速度冲向世贸中心北侧大楼。飞机从大楼的一侧撞入，由另一侧穿出，并引起巨大爆炸。两起爆炸造成了数千人伤亡。

9点25分左右，美国总统布什发表讲话称，美国正遭到恐怖分子袭击，美国政府将对飞机失事原因展开全面调查。另外，他宣布世贸中心遭袭击是一个"国家灾难"。在讲话中，布什表示美国政府不会姑息纵容任何恐怖主义行径，同时他对在此事件中遭受不幸的美国人民和家庭表示沉痛的哀悼。

9点35分左右，位于首都华盛顿中心的美国国防部五角大楼遭飞机撞击，并发生大火。五角大楼已经部分坍塌。白宫、财政部、国务院及其他主要政府机构内的人员开始撤离。

几乎与此同时，国会山也发生了爆炸，浓烟滚滚。五角大楼发出最高国家安全警报。美国联邦航空局下令关闭所有机场，命令所有飞机停飞。

10时30分左右，纽约世贸中心姊妹楼再次爆炸，然后相继发生大规模坍塌。

几分钟后，一架遭劫持的美国联合航空公司的飞机在宾夕法尼亚州匹兹堡市坠毁。

大西洋共同保险公司雪莉·希斯并不是一个好抱怨的人。如果她感到身体疼痛和不适，通常会一个人默默忍受。尽管她所在的公司给员工提供了援助项目，在工作场所中提供情绪与心理方面的支持，但她显然从没想到过要使用它，即使她内心十分忧虑。"他们都说她很保密，但谁真的知道呢。"希斯女士说，她是保险公司的行政助理。

但是，2001年9月11日，雪莉·希斯的生活完全变了。她的办公室在纽约市百老汇130号，紧挨着世贸中心大楼。"我从我的33层的窗户里目睹了整个事件的经过。"

希斯女士过去从没见过整栋高楼倒塌，也从没见过飞机冲向建筑物并彻底粉碎。她从来没有被汽油覆盖过全身，就像那一天她逃出来的样子。而且，她也从来没做过这么清晰的噩梦，让她一遍又一遍地重温9月11日这一幕。

"我每次和别人交谈时，他们都希望我说一些具体的情况，而这使我感觉更不舒服，我非常气愤，在我的生命中，在很多人的生命中，以及在这个我生活了36年的城市里发生了这样的事情。"

"9·11"事件两周之后，希斯女士依然经历着严重的余震困扰。尽管她住在斯塔滕岛，而且公司的办公室也临时迁至新泽西的麦迪逊，但是，无时无刻她都会闪回到 9 月 11 日那天的经历中。

（资料来源：电子科技大学组织行为学精品课程网：http：//218.6.168.52）

二、案例分析

从案例中应看到，美国"9·11"恐怖事件对人类的影响一般分为对直接参与者的直接影响和对间接参与人的间接影响。主要表现为直接影响该地区经济运行和社会生活，改变人们行为方式和工作方式，并对人们的心理造成不同程度的冲击和影响，人们更倾向于自身安全需求的满足。可以说，"9·11"恐怖事件等突发性偶然事件的直接参与者一般最为关注自己的安全需求和生理需求能否得到满足，而间接参与人更关心如何趋利避害。

（1）大西洋共同保险公司应该解决"9·11"事件的余震影响。具体方法为：一是公司要使用合适的压力测试方法来了解公司员工的心理压力情况。二是在了解员工压力情况后，要加强与员工之间的正式组织沟通，从中得到反馈，以此为依据对员工进行心理培训。三是解决员工压力和心理问题还可以用到 EAP，也就是员工帮助计划。EAP 是一个企业压力和心理问题的一揽子解决方案，围绕着职业心理健康，由专业的心理服务公司设计提供包括企业心理问题的调查研究、组织管理改进建议、宣传教育、心理培训、心理咨询等各个方面服务。

（2）如果公司不提供任何正式的帮助措施来解决员工的愤怒与压力，再加之员工个人也没有采取任何途径去解压，那么"9·11"事件的影响将持续终身，不仅会影响到工作效率，严重的会对员工的身心健康都带来危害。

（3）个体需要调适自己，正确面对发展过程出现的各种压力，找到一个平衡点，寻找更多的良性压力而尽量避免恶性压力的出现。帮助员工个人缓解压力：一是正确评价自己，不要过高地要求自己。正确地认识自己、评价自己是个性发展的重要前提之一。自己对自己的认识、评价是在发展过程中逐渐培养起来的。对自己有正确的认识，做自己可以胜任的事情，对自己有个合理的预期和评价。二是培养独立的人格，减少他人评价的影响。认识自己的价值，明确应该坚持什么、反对什么，有明确的是非界限，且不能人云亦云，不要被周围所左右。三是多与人交流沟通，及时倾诉自己感受到的无助和不快。交流是释放压力的有效途径，交流的过程也是自我反思的过程。通过与他人交谈，获取心理支持，增强自信心。四是利用各种社会支持。任何心理成熟的独立的现代人，都需要他人的帮助，广泛的社会支持是缓解压力不可或缺的途径。家人是社会支持网络的重要组成部分。此外，平时需注意扩大自己的交际范围，从没有利益冲突的第三方寻求心理支持。五是从多维度审视自己，建立自我同一性。由于自我意识具有复杂性与多维性，员工需要在多维度中审视自我、调整自我，寻找自我意识的统一点，整合自我意识，向理想自我靠近。

总之，社会的变化、经济的发展、高新技术的运用带给员工的是越来越巨大的精神压力，员工的心理健康受到了越来越强烈的影响。因此，关注员工的身心健康，建立更多的预防性、成长性咨询项目，帮助员工提高应付突发事件的能力、应对竞争的能力、适应社会需求的自我发展能力，是当今管理工作无法忽视的重大课题，而在未来这也将是一个长期的课题。

三、思考·讨论·训练

1. 大西洋共同保险公司为解决"9·11"事件余震对员工的影响，公司管理者应该做些什么？

2. 如果公司不提供任何正式的帮助措施来解决员工的愤怒与压力，员工受到"9·11"事件不利影响的时间会多久？

3. 管理层是否应该为那些显然经受创伤的员工做些什么，不管员工自己是否承认和接受来自管理层的帮助。如果是，他们应该做些什么？

4. 本案例对您做管理工作有什么启示？

案例 10 - 2　王永庆用人的两大法宝

一、案例介绍

在世界化工行业，一提到中国台湾的王永庆几乎无人不晓。他把台塑集团推进到世界化工工业的前50名。台塑集团取得如此辉煌的成就，是与王永庆善于用人分不开的。他从多年的经营管理实践中，创造了一套科学的用人之道，其中最为精辟的是"压力管理"和"奖励管理"两大法宝。

王永庆始终坚信"一勤天下无难事"。他一贯认为，承受适度的压力，甚至主动迎接挑战，更能充分表现一个人的生命力。

王永庆的生活阅历，使他对这一问题的感受比一般人更为深刻。他在总结台塑企业的发展过程时说："如果（中国）台湾不是幅员如此狭窄，发展经济深为缺乏资源所苦，台塑企业可以不必这样辛苦地致力于谋求合理化经营就能求得生存及发展的话，我们是否能做到今天的 PVC 塑胶粉粒及其他二次加工均达世界第一，不能不说是一个疑问。台塑企业能发展至年营业额逾千亿元的规模，可以说就是在这种压力逼迫下，一步一步艰苦走出来的。"他又说："研究经济发展的人都知道，为什么工业革命和经济先进国家会发源于温带国家，主要是由于这些国家气候条件较差，生活条件较难，不得不求取一条生路，这就是压力条件之一。日本工业发展得很好，也是在地瘠民困之下产生的，这也是压力所促成的；今日中国台湾工业的发展，可以说是在'退此一步即无死所'的压力条件下产生的。"

事实的确如此，台塑企业如果当初不存在产品滞销，在中国台湾没有市场问题的话，王永庆就不会想出扩大生产，开辟国际市场的高招；没有中国台湾塑胶粉粒资源贫乏的严酷事实，他就不会有在美国购下那 14 家 PVC 塑胶粉粒工厂之举。当然，台塑集团也不会有今天的规模。

王永庆深刻地研究了这一问题，把它用于企业管理中，创立了"压力管理"的方法。压力管理，顾名思义，就是在人为压力逼迫下的管理。具体地说，就是人为地造成企业整体有压迫感和让台塑的所有从业人员有压迫感。

首先是企业发展的生命力。随着时间的推移，台塑企业的规模是越来越大，生产 PVC 塑胶粉粒的原料来源将是一个越来越严峻的问题。尽管台塑在美国有 14 家大工厂，但美国的尖端科技与电脑是领先世界各国的，台塑与这样的对手竞争，压力是巨大的。他们必须去开辟更多的原料基地，企业才会出现第二个春天。这既是企业的压力，也是王永庆的压力。

其次是全体从业人员的压力。台塑的主管人员最怕"午餐汇报"。王永庆每天中午都在公司里吃一盒便饭，用餐后便在会议室里召见各事业单位的主管，先听他们的报告，然后会提出很多犀利而又细微的问题逼问他们。主管人员为应付这个"午餐汇报"，每周工作时间不少于 70 小时，他们必须对自己所管辖部门的大事小事十分清楚，对出现的问题做过真正的分析研究，才能够过得去。由于压力太大，工作又十分紧张，台塑的很多主管人员都患有胃病，医生们戏称是午餐汇报后的"台塑后遗症"。

王永庆呢？他每周的工作时间在 100 小时以上，由于他追根究底、巨细无遗，整个庞大的企业都在他的掌握之中，他对企业运作的每一个细节也都了如指掌。由于他每天坚持锻炼，尽管年逾古稀，但身体状况仍然很好，而且精力十分充沛。

随着企业规模的扩大，人多事杂，单靠一个人的管理是不够的，必须依靠组织的力量来推动。台塑集团在 1968 年就成立了专业管理机构，具体包括总经理室及采购部、财务部、营建部、法律事务室、秘书室、电脑处。总经理室下设营业、生产、财务、人事、资材、工程、经营分析、电脑 8 个组。这有如一个金刚石的分子结构，只要自顶端施加一种压力，自上而下的各个层次便都会产生压迫感。自 1982 年起，台塑又全面实施了电脑化作业，大大提高了经济效益。

"压力"是必要的，合理的激励机制是不可缺少的。王永庆对员工的要求虽近苛刻，但对下属的奖励却极为慷慨。台塑的激励方式有两类。一类是物质的，即金钱；另一类是精神的。有关台塑的金钱奖以年终奖金与改善奖金最有名。王永庆私下发给干部的奖金称为"另一包"（因为是公开奖金之外的奖金）。这个"另一包"又分为两种：一种是台塑内部通称的黑包；另一种是给特殊有功人员的杠上开包。1986 年，黑包发放的情形是：课长、专员级新台币 10 万～20 万元；处长、高专级 20 万～30 万元；经理级 100 万元。另外，还给予特殊有功人员 200 万～400 万元的杠上开包。走红的经理们每年薪水加红利可达四五百万元，少的也有七八十万元。此外，还设有成果奖金。对于一般职员，则采取"创造利润，分享员工"的做法，员工们都知道自己的努力会有结果的，因此，他们都拼命地工作。台塑的绩效奖金制度造成了 1 + 1 = 3 的效果。

（资料来源：U8 办公资源网：http://www.working5u.com）

二、案例分析

案例涉及的是压力与工作绩效的关系。压力较小时，工作缺乏挑战性，人处于松懈状态之中，效率自然不高。当压力逐渐增大时，压力成为一种动力，它会激励人们努力工作，效率将逐步提高。当压力等于人的最大承受能力时，人的效率达到最大值。但当压力超过了人的最大承受能力之后，压力就成为阻力，效率也就随之降低。所以，工作压力具有积极作用与消极作用。一方面，保持足够的压力使工作具有最高效率能使人产生满足感、工作良好、成就感等成功的感受；另一方面，过度的工作压力会导致工作效率低下，无法圆满地完成工作以及心理、生理健康方面的消极影响。

王永庆从多年的经营管理实践中，总结出了一套实用理论，其中最为精辟的是"压力管理"和"奖励管理"两大法宝。他的压力管理，就是在人为压力逼迫下的管理之道。具体地说，就是人为地造成企业整体及所有从业人员存在紧迫感。"一勤天下无难事"，王永庆始终对此深信不疑，他认为承受适度的压力，甚至主动迎接挑战，更能充分体现出一个人的旺盛生命力。因此，无论对人还是对己，王永庆都提倡严格要求。当然，奖惩分明是台塑集团的一贯做法，王永庆对员工的要求虽然苛刻，但对下属的奖励也极为慷慨。台塑的激励方式有两类：一类是物质的；另一类是精神的。台塑员工都知道自己的努力会得到相应的报酬，因此都拼命地工作，王永庆的"奖励管理"制度造成了"1＋1＝3"的效果。

王永庆的"压力管理"和"奖励管理"对企业有很重要的意义。因为所谓压力管理，可分成两部分：一是针对压力源造成的问题本身去处理；二是处理压力所造成的反应。在企业管理实践中，一般手段和方法大都蕴涵有压力管理的因素，压力可以激发人的潜能，唯有经过合理设计，制定出比较实用的管理措施和方法，企业才能达到压力管理的目的。

（1）压力管理是企业管理的有效措施。经营和管理企业，既是一门科学，也是一门艺术。其手段和方法很多，关键在于是否实用、合理，是否能最大限度地调动人的主动性，使员工自觉、自愿、自主地进行工作，完成其任务和目标。采用压力管理，把现实中普遍存在的压力推动道理与企业管理结合起来，就能够达到调动员工积极性的目的。

（2）压力管理可以激发人的潜能，有压力才有动力。具体地说，就是人为地造成企业整体有压迫感和让台塑的所有从业人员有压迫感。压力管理既简单又合情理，同时能够最大限度地调动各级管理人员的积极性、主动性，变被动管理为主动管理，促使企业各项管理制度得以贯彻执行、各项管理高效运行，从而有效地推动企业快速发展。积极探索和利用压力管理是降低成本、提高效益、促进企业发展的基本途径。

（3）利用团队合作，分散压力。习惯于把自我放在首位，不当地或过多地考虑自我，通常是造成焦虑和抑郁的原因。一方面，良好的团队合作氛围会引导员工更多地关注团队利益，而非自身得失；另一方面，同事的支持有助于消除工作中的负面情绪，增强员工的工作动机，促进员工学习和发展技能，抑制劣性压力源的作用，成功地减缓了员工的工作压力，降低了离职率。

（4）积极倾听员工的建议，为员工提供宣泄情感的渠道。王永庆每天中午都在公司里吃一盒便饭，用餐后便在会议室里召见各事业单位的主管，先听他们的汇报，然后会提出很多犀利而又细微的问题让他们回答。主管人员为应付这个"午餐汇报"，每周工作时间不少于70小时，他们必须对自己所管辖部门的大事小事十分清楚，只有对出现的问题做真正的分析研究，才能够过得去。管理者放下优越感，倾听员工的建议，往往能找出消除工作压力源的具体解决方案。

"压力管理"和"奖励管理"这两大法宝并用，可充分发挥人才要素的价值。这是值得我们借鉴的财富。

三、思考·讨论·训练

1. 您认为应该如何处理好"压力管理"和"奖励管理"的关系？
2. 您认为王永庆的经验对我们的企业管理有什么意义？
3. 管理者应如何做好压力管理呢？
4. 王永庆的"压力管理"和"奖励管理"经验，对我们有什么启迪？

案例 10 - 3　捷通科技有限公司的程序员

一、案例介绍

捷通科技有限公司致力于提供软件产品及专业 IT 服务。市场覆盖遍及全国。目前，公司代理了国内外主流软件，与 ORACLE、BEA、Microsoft、Symantec、瑞星等众多的知名软件生产商结成伙伴关系。作为微软国内重要的代理商，形成了以微软产品为核心，品种全面的软件产品销售及服务体系。捷通科技有限公司拥有一支过硬的技术队伍，公司正是凭借了这种最丰富的软件资源以及国内最具影响力的软件供应平台，为广大的 IT 专家和各类渠道策划、开发、实施和支持各种商业应用提供了卓有成效的软件产品和专业服务。

目前，张健是在这里做了 6 年的程序员，家住的离公司很远，路上要花费 2 个小时，他每天早上 6 点 30 分起床，顾不上吃早饭就往公司赶。而且程序员的工作压力最主要体现在思考问题上，不但要思考长远的事情，还要自己设想每半个小时后的工作，因此，张健精神始终处于紧张状态。

张健长得非常瘦，皮肤很白，鼻梁上挂着一副眼镜，随身背着一个硕大的电脑包，一看就是典型的 IT 青年，没什么时间出去运动的那种。张健经常向同学说："做我们这行特别费脑子，脑子经常得 24 小时运转，不能休息。"

为了赶进度，张健平均每天都得晚上 9 点钟以后才能下班，有时甚至会在 12 点以后下班。可是，即便下班回家也还要继续工作，"有时都不知道自己是怎么上床睡觉的。人睡着了，突然醒了后却发现电脑还开着。"特别累和忙的时候他干脆不回家，趴在办公桌上睡，睡醒了接着干活。吃饭也是随便对付，填饱肚子就行。由于周六、周日总有一天要加班，张健基本上没有锻炼身体的计划。

张健最近被提升为项目主管，还没来得及请大家撮一顿庆贺，几天后在体检时又被查出高血压，这才明白自己为什么经常心慌气短头晕……他搞不清自己是该高兴还是沮丧，IT业竞争压力实在是太大了，看看身边的同事同学，哪个不是白天拼命工作，业余拼命学习培训，谁敢有丝毫的懈怠？当上项目主管，张健更有一种时不我待的感觉，放弃是不可能的，当一个称职的主管，张健认为自己不一定做不到，只是更辛苦更劳累，更顾不上照顾家庭和自己的身体。今年32岁的张健，最大的享受就是周末能痛痛快快地睡上一天，至于40岁或50岁时，自己会是什么样子，张健不敢多想，"闹不好，那时就下岗了"，张健经常这样对朋友讲。

（资料来源：京红枫妇女心理咨询中心网：http：//health. olay. com. cn）

二、案例分析

可以说，世界上不存在没有任何压力的环境。适当的压力可以促使个体对工作更多的投入。但是，如果个体感觉到过大的心理压力，也会影响他的身体状况和工作绩效。因此，针对工作情景中的压力，个体和组织应采取适当的管理策略。

目前，有的人工作压力和健康状况确实令人堪忧。他们经常加班、精神压力非常大，就像一台超负荷运转的机器。有些人是短期的，奋战十几天或二十天完成一个项目；但大部分人是长期加班。而事实上，不管是长期还是短期，都会影响人体健康，长期过度紧张会造成免疫力下降、体内循环紊乱和内分泌失调；而短期的超负荷工作则会造成心脑血管疾病的猝发。因此，压力在本质上是人与环境系统的机能障碍问题。它有积极的一面，也有消极的一面，必须进行有效的管理，才能创设有利的压力情景，提高个体和组织的绩效。

案例中张健个人可以从两个方面来努力。一是进行压力管理。看看自己目前最大压力有哪些，倾听自己内心的声音，了解自己更看重的和最担心失去的是什么，据此设定合理的有效目标，这个目标既包括事业发展、经济收入和身体健康，也包括生活情感、人际往来。大目标可以分解成一个个具体的小目标，每天、每周、每月都有不同的优先顺序和次优先顺序，专注于优先顺序较高的活动。选择本身就是放弃，要主动地"失去"。二是在自己管辖的范围内，创造轻松和谐的氛围来缓解工作压力，比如，通过沟通、授权等方式，更合理地分配工作，有效地管理时间，通过学习来减少对未来的后顾之忧。还有，应该反省一下自己的生活方式，改变不良的生活习惯往往可以使身体慢慢恢复健康状态。再是可以和大家一起休闲娱乐，加强锻炼，让一个小团队以饱满的精力去迎接工作的挑战。公司可以从以下三方面为员工心理健康投资：

（1）加强培训方面的投入。一是加强人力资源培训，提高员工的工作技能，使之工作起来更为得心应手，从而减少员工完成工作的能力压力；进行更为有效的时间管理培训；加强员工的沟通技巧培训等。二是鼓励员工健康的生活方式。向员工提供保健或健康项目，可以建立专门的保健室和内部健身中心，配备专职的健康指导员监督锻炼计划和活动。三是保障员工的生活质量，完善薪酬体系，向员工提供富有竞争力的薪酬，增强员工的安全感和较为稳定的就业心理；在员工结婚、离婚、生育、配偶或近亲去世、搬家等特殊情况时给予额外的带薪假期。

（2）帮助员工提高心理保健能力。一是实施心理培训，开设有关心理卫生的课程或定期邀请专家讲座、报告，让员工学会缓解压力，应对挫折。二是提供有关心理健康期刊、书籍、光盘，利用内部网向员工普及心理健康知识。三是企业与专门提供心理咨询与心理治疗服务的公司签订合同，当企业有此方面需求时，心理咨询公司派人对问题进行评估、咨询，对超出自身服务范围的严重心理问题，介绍其到相应的专业医疗机构或治疗师那里接受治疗；并于当突发灾难引发大范围心理问题时提供及时全面的服务。心理服务公司可以组织多种形式的员工心理咨询，如电话咨询、网上咨询、信件咨询、一对一咨询等。

（3）优化企业工作环境。一是鼓励员工的兴趣爱好。举办集体活动，如唱歌、绘画、体育比赛等，在公司内部成立员工兴趣爱好团体。二是创造良好的工作环境，从人体舒适度的需要出发，如关注空气、噪声、光线、温度、整洁、绿化、装饰、拥挤度等方面，给员工提供良好的工作空间，提高员工的安全感和舒适感。在工作场所设置音响系统，工作时播放一些轻松舒缓优美的背景音乐，可以达到减压的目的。

三、思考·讨论·训练

1. 张健的工作和生活有压力正常吗？
2. 张健如何进行工作压力的预防呢？
3. 捷通科技有限公司是如何进行压力管理的？

案例 10 - 4 百事可乐公司

一、案例介绍

百事可乐（Pepsi Cola）是美国百事公司推出的一种碳酸饮料，也是可口可乐的主要竞争对手。在全球的可乐市场中，可口可乐均占上风，但在加拿大的魁北克省，百事可乐的销量却比可口可乐高，是少数能超越可口可乐的地区。在那里，不少说法语的人均惯饮百事可乐，透过法语明星做代言人，百事可乐在当地的市场地位得以保持。在20世纪中期，百事可乐的名称曾是当地的英语人贬低法语人的字词。

尽管百事可乐公司一直以发展迅速、竞争力强而自豪，但公司总裁安德罗尔·E. 皮尔逊（Andrall E. Pearson）最近仍为公司各级员工之间的勾心斗角而忧虑。调查表明，80%的公司员工曾经因工作不和而烦恼。许多员工抱怨他们没有得到关怀，不知道公司正在发生的事情，也没有人告诉他们工作绩效如何。

在百事可乐公司，工作职责划分不太明晰，这导致内部竞争十分激烈。管理人员常常分配给员工太多的任务并要求按时完成。那些能够圆满地完成任务的员工晋升很快，其他人则常常离职。平均来说，每人在一个职位上仅仅工作18个月。除离职率高外，管理层还过分强调短期效果。快速晋升的许诺吸引了不少有抱负的年轻人，但大多数人在百事可乐公司待不久。大家都说，百事可乐公司有许多职位，但鲜有事业。

皮尔逊要求各级主管给予下属更多的绩效反馈，并要求表现出对下属利益与成长的真正关心。公司今后将告知每位员工有关晋升的具体标准与途径，管理人员的晋升与工资也将部分取决于他们指导、培训下属的情况。此外，公司要求各级主管认真评估员工的绩效，及时反馈给员工，并详细解释奖金分配的依据。

（资料来源：电子科技大学组织行为学精品课程网：http://218.6.168.52）

二、案例分析

案例中，百事可乐公司工作职责划分不太明晰，这导致内部竞争十分激烈。管理人员常常分配给员工太多的任务并要求按时完成。那些能够圆满地完成任务的员工晋升很快，其他人则常常离职，这是因为员工感到工作压力太大。

工作中过度的压力会使员工个人和企业都蒙受巨大的损失。据美国一些研究者调查，每年因员工心理压抑给美国公司造成的经济损失高达 3050 亿美元，超过 500 强大公司税后利润的 5 倍。在日本，因工作负担过重而突然死亡的人数每年超过 3 万个。因此，重视员工压力管理，已成为企业人力资源管理的一个重要方面。百事可乐公司的员工也没有幸免于压力的影响。从案例中，我们可以看出导致员工产生压力的来源有：

（1）人际关系。公司内部的勾心斗角与恶性竞争会导致关系疏远、误会产生，甚至会产生恶性的冲突，不但不利于个体的发展，对于整个组织的发展也是有害的。

（2）工作负担。这里主要是工作超载和时间压力的问题。如果员工被要求在不足够的时间内完成过多的任务量，就会导致压力产生。

（3）角色模糊。没有明确地向员工提出工作要求，员工就不能对自己的工作和责任有一个清晰的了解，这会使得员工在工作上带有一定的被动性，不利于员工的积极性发挥，也会使员工产生不安和困惑。

（4）角色冲突。面对不合理的工作要求，很多员工即使施展浑身解数也无法使得上司满意，这就会产生角色冲突。不合理的工作要求会使员工心灰意冷、得过且过或者干脆另谋高就。

总的来说，皮尔逊的处理方向是正确的，但这并不代表实施的效果也同样会令人满意。

从上述四个方面主要的压力源中，人际关系这个压力源是最为重要的。优秀的经理深知，良好的关系可以提高生产率，通过良好的关系，他们就能对员工提出明确的要求和激励。关系不好，就会频繁发生误会。他为什么要我做这？他不知道这些目标有多难吗？他在乎吗？良好的关系帮助我们澄清误会，理清思想，不仅理解我们的工作有什么内容、目标、规则、要求，而且理解"为什么"。而无能的经理可以保持距离，生怕员工利用个人友谊图谋不轨。

皮尔逊的做法在很大程度上依赖于人员分配与安排的合理性。如果组织本身的人员结构就不合理，对应的岗位上也没有安排合适的人选，那么皮尔逊的做法就很有可能出问题，员工辞掉原来高薪的工作是很有可能的。

在企业中过度、持续的压力会导致员工严重的身心疾病，而压力管理能预防压力对员工造成的这种毁灭性损害，有效地维护、保持企业的人力资源。员工压力管理有利于减轻员工过重的心理压力，保持适度的、最佳的压力，从而使员工提高工作效率，进而提高整个组织的绩效、增加利润。企业关注员工的压力问题，能充分体现以人为本的理念，有利于构建良好的企业文化，增强员工对企业的忠诚度。

三、思考·讨论·训练

1. 百事可乐公司员工工作压力的来源有哪些？
2. 您认为皮尔逊总裁减轻员工工作压力的措施是否可行？为什么？
3. 对员工实行压力管理有什么意义？
4. 总裁应如何对员工实行压力管理？

案例 10 - 5 春天测控仪表厂青年女工的变化

一、案例介绍

春天测控仪表厂是一家集自主开发、研制、生产、安装调试于一体的高科技企业。该厂生产的系列测控仪器、仪表及配套产品，广泛应用于冶金、石化、机械、制冷等诸多行业。且已被众多大型国有企业，独资、合资企业所采用，在提高企业产品质量、降低生产成本、监测工艺参数、提高企业产品市场竞争力等多方面都起着重要作用。该厂现生产 6 大系列 50 余种测量控制及配套产品，本着"质量第一，用户至上，精诚合作，共同发展"的精神，以优良的产品质量、优惠的供货价格、良好的全程服务，积极、热忱地为广大用户服务。

老板有很好的员工管理理念：他认为员工的健康就是企业的财富。春天测控仪表厂倡导员工是企业的主人，更是支撑企业效益的基石。一个企业要发展，离开了员工的智慧和力量都是空谈。然而，要让员工的智慧和力量得到充分的体现，为企业所用，就得让他们拥有一个健康的身体和心理。

青年女工张彤彤在这里做仪表检测工作三年了，虽然家住郊区，她还是天天骑自行车上下班。平时工作热情比较高，工作也较泼辣。脚踏实地，努力钻研业务，团结同事，尊重同事，有问题必请教同事，严格按操作规范操作，从简单操作到疑难分析，得到师傅和厂领导的肯定。但是，有一次她骑自行车带母亲外出有事，发生了车祸，母亲不幸死亡，这使她精神上受到严重打击，变得和以前判若两人。事情虽已过去了半年，但她的情绪总是很低沉，工作提不起精神，经常出差错。单位领导通过调查发现，张彤彤半年来情绪一直很沮丧。除了由于意外事故引起的悲痛外，还有其他原因：她家住农村，奶奶和邻居都很迷信，说她是"丧门星"，另外，她每天上下班都要路过出事地点，等于天天受刺激，时过境未迁。

　　针对这种情况，单位领导在集体宿舍为她安排了床位，并经常与她谈心，开导她，业余时间还有意识地让她参加一些集体活动，多与其他青年接触。这样，她基本摆脱了过去的情绪环境，置身于一个温暖的集体中。脸上渐渐有了笑容，精神又开朗了，工作干劲也恢复了。

　　（资料来源：学习资料网：http://www.xueziziliao.org）

二、案例分析

　　本案例涉及压力源管理理论。企业组织应关注、调查和分析，识别压力产生的根源，拟订并实施有针对性的压力减轻计划。在很多情景下，组织对于减轻员工的压力还是大有可为的。张彤彤主要是受生活压力源的影响，导致情绪低落，工作上提不起精神。母亲不幸死亡，奶奶和邻居们的迷信指责，每天上下班路过出事地点的环境刺激，都是影响其工作热情的生活压力源。案例中，单位领导的主要做法是帮助她排除生活压力源，脱离引起伤心回忆的客观环境，在集体宿舍为她安排了床位。同时帮助她改变行为，多与同伴接触，这样也可以抵消压力对她的不良影响。使员工在工作中体验到愉快的情绪，从而提高工作绩效。同时，单位领导应该评价这些措施的执行结果，以确保措施的有效性。

　　单位领导在分析员工的压力体会和压力类型后，既可以从压力源管理角度来缓解压力，也可以通过培训增强工作压力的承受能力来减轻员工的压力体会。对员工进行知识、技术、技能的培训来增强其心理的承受力。另外，通过专家指导下的敏感性训练等，增加员工的沟通能力和人际交往能力，也可以减轻员工对人际压力的体会。

　　张彤彤个人应对心理压力的具体方法：

　　（1）扩大社会支持网络。当自己压力感过强时，通过与朋友、家人、同事聊天可以排解压力。因此，扩大自己的社交网络是减轻压力的一种手段。这样，在你有问题时，就会有人来倾听你的心声，并帮助你对问题进行客观的分析。研究还表明，社会支持有助于调解压力感——精神崩溃之间的关系。也就是说，较多的人际交往能够减轻因工作压力过大而累垮的可能性。

　　（2）体育锻炼。加强体育锻炼是一种很有效的缓解和消除工作压力的方法。保健专家们推荐了以下非竞技性的活动，来作为对付较高水平压力感的方法，例如，增氧健身法、散步、慢跑、游泳等，这些形式的生理锻炼有助于增强心脏功能，降低心率，使人从心理压力中解脱出来，并提供了员工用于发泄不满的渠道。

　　（3）放松。通过各种放松技巧，如自我调节、催眠、生物反馈等方法，员工自己可以减轻紧张感。进行放松活动的目标是达到深呼吸状态，员工从中可以体会到自己身体彻底放松了，在某种程度上脱离了周围环境，也没有了身体的紧张感。每天进行 15 分钟或 20 分钟的深呼吸练习，有助于减轻紧张感，使人感到平和。

（4）主动寻求专家帮助。有时员工自己有问题，他们会寻求专家帮助或临床咨询。希望得到这种帮助的人可以选择心理咨询、职业咨询、家庭咨询、生理治疗、药物治疗、外科治疗及工作压力咨询。

当然，解决员工压力和心理问题最有效、最全面的方法是有员工帮助计划。它是一个企业压力和心理问题的一揽子解决方案，围绕着职业心理健康，设计包括企业心理压力问题的调查研究、组织管理改进建议、宣传教育、心理培训、心理咨询等各个方面服务。

三、思考·讨论·训练

1. 从压力来源看张彤彤为什么工作上提不起精神？
2. 春天测控仪表厂领导帮助张彤彤减轻压力，采取的是何种性质的方法？
3. 企业应如何进行压力源的管理呢？

案例 10-6 王宏亮主管经常出现暂时性失忆

一、案例介绍

创合公关顾问公司成立于 1998 年，是中国最早成立的公关服务机构之一。曾为近百家跨国公司、知名企业和各类组织提供公共关系和市场顾问服务，该公司充分利用本地资源的公关咨询服务得到了各领域一流企业或组织的首肯。2002 年以来，该公司一直被中国国际公关协会评选为中国十大公关公司之一。目前，其业务涉及汽车、房地产、机构推广、医疗健康、时尚娱乐、大众消费品、体育旅游、传媒出版等产业以及政府、非营利性机构等。随着中国公共关系产业和市场环境的逐渐成熟，创合公关已发展成为中国本土最大和最具影响力的公关公司之一。

创合公关立足于公共关系的专业服务精神，立志为营销与传播事业的发展做出贡献。

公司对经理人的要求是：我们有责任运用多年的行业经验和良好的职业素养协助我们的客户和团队做出正确的判断，引导客户和团队走上健康发展之路，在遇到困难的时候与他们共同渡过，在取得成功的时候与他们分享喜悦。

最终达到客户和员工价值的共同实现。

公司对职员要求是：我们为了成就一个梦想而投入这个优秀的集体，并成为集体的不可缺少的组成部分。我们共同分享经验、贡献智慧，凭借敬业的精神、理性的观念和澎湃的创意而走向成功。在帮助客户成长的过程中，我们成就非凡的理想。

王宏亮，35岁，他是个外向、独立、有社会责任感的人，是这家公关公司的主管。"公关行业的工作强度和压力都比较大，要做好这份工作必须学会对时间的分配和对心理的调节。"王宏亮说，公关行业是服务行业，从业人员的时间必须得跟着客户走，所以不能按时下班是常事。

王宏亮自己也知道健康很重要，每天早上起床时，都计划着要早点下班，陪妻子和女儿去公园或一起吃饭。可是到了单位，一大堆工作等着要做，一大堆客户排着日期要应酬、联络感情，晚上12点钟以前到家都成了一个奢侈的想法。他对记者说，"说真的，我现在每分钟都在拼命，确实在对自己的健康进行透支。老板随时都在盯着，想偷懒一会儿都不行。不仅行内竞争的压力很大，就是同事之间都有竞争"。

王宏亮最近老是丢三落四，记忆力明显不如以前。常常这一分钟就忘记了上一分钟想做的事，最糟糕的还是经常会短暂失忆，绞尽脑汁也想不起来客户的名字。情绪低落，容易生气，感到生活枯燥、缺乏情趣和快乐，甚至对未来产生迷茫。

（资料来源：和讯网：http：//www.hexun.com）

二、案例分析

案例中，王宏亮先生的压力的主要表现有：工作头绪多，期限要求紧，学习负担重，家务较多，时间紧张；生理上的反应包括精神紧张，容易疲劳，偶尔发生短暂失忆，情绪低落，容易生气，感到生活枯燥，缺乏情趣和快乐，甚至对未来产生迷茫。

王宏亮身上的情况，是很多人都曾经经历过的。这种记忆力突然丧失并不是真的患了失忆症，多数是由于工作头绪太杂、日程安排过满、身体过于疲劳以及心理抑郁、焦虑等原因造成的。用脑过度会引起大脑因所需血液和氧气供应不足而出现脑疲劳，造成记忆力下降，注意力不集中。现代人工作、生活节奏紧凑，压力大，长期处于高压状态会造成记忆力突然中断，使储存在大脑中的事实和细节难以回忆起来。如果一段时间内突然发生记忆力急剧下降的情况，应进行充分休息和及时的自我调节，仍不见好转的，需到医院做进一步的身体检查，在排除器质性疾病后，可试试心理咨询。对于王宏亮这种心理状态，我们可以采用以下方法使他走出情绪的低谷。

（1）个体的自我压力管理。一是情景性自我管理技能。这是指个体面临压力情景，减轻最初压力反应的技能。这种技能包括认知重构、运动和呼吸训练等。个体可以通过改变假设来缓解压力体验。二是更新性自我管理技能。这是指个体在已经感觉到承受了很大的压力时，如何从现存的精神、身体和情感的过分紧张状态恢复到乐观、放松心态的技能，只有减轻压力才能提高个体绩效。三是防范性自我管理技能。这可以增强个体的适应能力，从根本上减少过度压力反应的机会。这些工具包括精神构想、运动调节等，可以有效减少因自身能力不足而体会到很大压力的可能性。

（2）组织层面的压力管理。一是加强人事甄选和工作安排。不同的员工对同一压力情境的反应也是不同的。这是因为员工在工作经验、个性等方面都存在差异。因此，进行甄选和安置决策时，应把这些因素考虑在内。二是设置现实可行的目标。员工的目标比较具体又富有挑战性，而且能及时得到有关情况反馈时，他们会做得更好。利用目标设定可以减轻工作压力，增强员工的工作动机。如果目标比较具体，而员工又认为目标可以达到时，这就有助于他们明确自己的绩效预期。三是加强组织沟通，减少角色冲突。员工的压力感多反映在人际关系中，强化与员工的组织沟通，有助于减轻角色的模糊性和角色冲突，从而减少不确定性。四是营造良好的组织氛围。良好的组织氛围有助于促成员工的归属感与整体感。当他们遇到压力时，会更多地寻找组织的管理与支持，有助于及时缓解工作压力。五是工作再设计。重新设计工作可以给员工带来更多的责任、更有意义的工作、更大的自主性、更强的反馈，这样就有助于减轻员工的压力感。六是提高员工参与程度。如果管理人员让员工参与这方面的决策，就能够增强员工的控制感，帮助员工减轻角色压力。从这个角度说，管理人员应提高员工参与决策的水平。七是实施身心健康方案。组织还可以通过实施身心健康方案来支持和帮助员工提高应对压力的能力。这些方案应从改善员工的身心状况着眼。

三、思考·讨论·训练

1. 王宏亮迷惑的原因有哪些？
2. 王宏亮先生压力的主要表现是什么？
3. 如果您是王宏亮的领导该怎样引导？
4. 帮助员工提高应对压力有哪些方法？

第十一章　领导行为

> 领导者的任务是创造一个可以让他的同仁乐于工作、发挥他们的才能和潜力的环境。
>
> ——戴明

> 成功的领导来自领导者的影响力，而非职权。
>
> ——肯尼士·布兰佳

一、领导概述

（一）领导的定义

关于领导的定义有很多，一般把领导定义为是一种影响力，是影响个体、群体或组织来实现所期望目标的各种活动的过程。这个领导过程是由领导者、被领导者和所处环境三个因素所组成的复合函数，用公式表示如下：

$$领导 = f（领导者 \times 被领导者 \times 环境）$$

1. 领导者。领导者是实施领导的人，即权力和责任的承担者。领导者是指在社会共同活动中，在一定的职位体系中担任一定领导职务的个人或集体。所以，人们往往把领导者视同领导。

2. 被领导者。被领导者是指在领导者的领导下，按照领导的意图，为实现组织目标，从事具体实践活动的个人或集团。

3. 领导环境。领导环境是指制约和推动领导活动开展的各类自然要素和社会要素的组合，是政治、经济、文化、法律、科学技术和自然要素影响领导行为模式的组织内部和外部的环境气氛与条件。

（二）经理角色理论

哈佛大学教授、管理学大师亨利·明茨伯格 1973 年在其《管理工作的性质》一书中，对管理者的角色和作用进行了全方面的研究和论述。他通过大量的、长期的观察和研究，认为管理者是一个复杂的，由人际、信息和决策三类角色交织而成的总体，一个管理者同时起着不同的作用。这些作用和工作可以综合为三个方面，共有十种角色。

1. 人际关系方面的角色。人际关系的角色通常是指所有的管理者都要在组织中履行礼仪性和象征性的义务。人际关系方面角色有以下三种：

（1）挂名首脑。由于其正式的权威，管理者是组织的象征，有责任和义务从事各种活动，如会见宾客、代表签约、剪彩、赴宴、致词，等等，有些属例行公事，有些具有鼓舞人心的性质。

（2）领导者。负责对下属激励和鼓励，负责用人、培训和沟通。管理者通过领导角色将各种分散的因素整合为一个合作的整体。

（3）联络者。负责同他所领导的组织内外无数个个人和团体维持关系，建立和发展一种特别的联系网络，将组织与环境联结起来。

2. 信息方面的角色。信息角色是指所有的管理者在某种程度上，都要从外部组织接受和传递信息，而且还要从组织内部的某些方面接受和传递信息。信息方面的角色有以下三种：

（1）监听者。作为监听者，其角色是寻求信息，使其能够了解组织内外环境的变化，找出问题和机会。

（2）传播者。将收集到的信息传播给组织的成员；有些信息是关于事实的信息；有些信息是关于价值的信息，即某人有关"应该"是什么的主观信息，目的是指导下属正确决策。

（3）发言人。作为正式的权威，代表组织对外发布信息，以期争取公众、利害关系人的理解与支持，维护组织形象。

3. 决策方面的角色。亨利·明茨伯格将决策制定分解为四个方面的工作，形成了决策方面的以下四种角色：

（1）企业家。作为企业家，管理者是组织中大多数可控变化的设计者和发起者，即按其意志进行变革的全部活动，包括发现利用各种机会，促进组织的变革。

（2）故障排除者。企业家角色把注意力集中于可控的变革，而故障排除者角色则处理非自愿的情况以及部分的非管理者所能控制的变革，如对一件未所预料的事件、一次危机或组织冲突的处理和解决。

（3）资源分配者。资源分配是组织战略制定的核心，战略是由重要的组织资源的选择决定的。作为正式权威，管理者必须进行资源分配，这里所说的资源包括时间、金钱、物质材料、人力以及信誉。所谓资源分配主要是安排时间、安排工作、批准行动等。

（4）谈判者。代表组织与相关组织和人士进行协商和谈判，进行资源的交易。

二、领导者的影响力

（一）领导者影响力的概念

所谓领导者影响力就是指领导者在与他人交往中所表现出来的影响和改变他人心理状态和行为的能力。尽管这种能力人都有之，但是，在组织中，领导者身居要位，作用特殊，其影响力也就具有不同寻常的意义。领导者要实现其领导功能，一个重要因素就是必须具有影响力。

（二）领导者影响力的构成

1. 权力影响力。所谓权力影响力也称强制影响力。它是由社会赋予个人的职务、地位、权力等构成的影响力。这种影响力是以"法定"为支柱，以权力为核心所形成的。领导者的职位越高，权力越大，这种影响力的作用也就越大。权力影响力的特点是：它对别人的影响带有强迫性、不可抗拒性，以外推力的形式来发挥作用。在它的作用下，被影响者的心理和行为主要表现为被动、服从。因此，它对人们的心理和行为的激励是有限的。与权力影响力有关的因素包括传统因素、职位因素和资历因素。这些因素都是外在的，先于领导行为存在的。

2. 非权力影响力。非权力影响力是与合法权力相对的，既没有正式的规定，也没有组织授权的形式，所以它属于自然性影响力。这种影响力的特点是：没有强制性的，被领导者所吸引，心甘情愿地接受领导者的影响，因此它对人的激励作用是很大的。这种影响力对于调动员工的积极性尤为重要，可以使员工对企业领导者自发地依赖与尊敬，追随领导者去实现管理目标，甚至不假思索地去执行领导者的决策。与非权力影响力有关的因素包括品格因素、才能因素、知识因素、感情因素。领导者影响力的构成如表 11-1 所示。

表 11-1　　　　　　　　　　领导者影响力的构成表

因素		性质	心理效应	
权力性	传统因素	观念性	服从感	强制性影响力
	职位因素	社会性	敬畏感	
	资历因素	历史性	敬重感	
非权力性	品质因素	本质性	敬爱感	自然性影响力
	才能因素	实践性	敬佩感	
	知识因素	科学性	信任感	
	感情因素	精神性	亲切感	

（三）权力影响力与非权力影响力的关系

领导者影响力可分为权力影响力和非权力影响力，二者互相区别但又互相联系。

权力影响力与非权力影响力的区别在于：二者权力来源不同，前者根据职务确定，是为了履行职务所规定的职责而赋予领导者对人和物的支配力；后者来源于领导者的品德、才能、学识等素质。由此二者对应的影响的范围、时限、效果也不相同。

权力影响力与非权力影响力又互相联系。首先，权力为非权力提供条件，虽然这种条件并非必要条件，但却意义重大。权力为领导者充分建立、展示其非权力提供了舞台，使领导者的人格魅力、品质、才干更直接、快捷地被组织内的其他成员了解和接受，间接地扩大了领导者的非权力影响力。同时非权力影响力又为权力影响力提供支持。领导者的权力来源有许多种不同途径，不同的领导者利用其权力产生的影响效果也不尽相同，这些效果对构成其领导者影响力可能有积极作用，但也可能具有消极作用，在这不同的权力影响力效果当中非权力扮演了重要角色，即领导者在领导岗位上能不能使下属信服的问题。所以，领导者的权力影响力与非权力影响力不是截然分开的，而是紧密地联系在一起的。

三、领导决策

（一）领导决策的概念

领导决策是指领导者在领导活动中，为了解决重大的现实问题，通过采用科学的决策方法和技术，从若干个有价值的方案中选择其中一个最佳方案，并在实施中加以完善和修正，以实现领导目标的活动过程。决策是领导者的一项基本职能，领导活动实际是领导者制定决策和实施决策的过程。

（二）领导决策的程序

1. 发现问题。所谓问题，就是应有现象和实际现象之间出现的差距。决策者要善于在全面收集、调查、了解情况的基础上发现差距，确认问题，并能阐明问题的发展趋势和解决问题的重要意义。

问题是决策的逻辑起点。人们只有发现问题后，才会去想办法解决问题，即为什么决策？决策什么？决策的目的就是为了解决未来可能发生的问题，问题决定了决策所涉及的范围及其基本性质。

2. 确立目标。问题发现后，在一定环境和条件下，为缩小应有状态与实际状态之间的差距而制定的总体设想，就是决策目标的确立。决策目标要具备以下基本条件：目标的明确性；目标的期限性；目标的可行性；目标的可量化性；目标的层次性。

3. 拟定方案。决策目标确定后，提出若干行动方案以备选择是决策不可缺少的环节。任何目标，人们都可以通过多种不同的途径与方法加以实现。因此，对同一个决策目标，人们可以从不同角度、立场出发，采用不同的方法、技术和途径来拟订各种各样的行动方案。备选方案的制订是出于择优的需要，因此这些方案之间必须是排他的，即拟订的方案之间不能雷同，要有原则的区别，否则备选方案的拟订就毫无意义。

4. 分析、评估与优选。备选方案拟订出来后，决策者还要委托各种专家和咨询机构对备选方案进行全面的分析、评估，在对各种方案的优劣得失进行比较后，选择一个理想的方案。

5. 慎重实施。一项重大决策的实施往往需要投入大量的人力与物力，如果出现决策方案或目标错误，全面实施决策就会造成巨大的损失。为此，决策实施必须慎重，不能搞所谓的"遍地开花"、"全面上马"，应该对重大决策在普遍实施之前，进行局部试验，以验证其可靠性，通过试点，如果确实可行再进行推广。对于那些不宜或无法进行试验的决策方案，则应在实施过程中，加强管理与控制，如果发现问题，要及时反馈，做到早发现、早诊断、早调整，及时采取补救措施。

6. 追踪决策。追踪决策就是对决策方案付诸实施后的情况进行严密的监控，随时检查其发展趋势是否与预定目标相一致。要是出现实施结果与预定目标发生偏差的情况，决策者应对原方案或目标进行及时修正或再决策。

（三）领导决策的方法

1. 头脑风暴法。头脑风暴法又称专家会议决策法，是指依靠一定数量专家的创造性逻辑思维对决策对象未来的发展趋势及其状况做出集体判断的方法。

2. 德尔菲法。德尔菲法是一种对传统专家会议法的面对面方式的改进和发展。德尔菲法采用匿名通信和反复征询意见的形式，通过书面方式向专家们提出所要预测的问题，得到专家的答复后，将意见集中整理和归纳，然后反馈给专家，再次征询意见和反馈。被征询的专家在互不知晓、彼此隔离的情况下不断交换意见，经过多次循环，最终得到一个比较一致的预测结果。

3. 模拟决策法。模拟决策法是指人们为取得对某种客观事物的准确认识，通过建立一个与所研究对象的结构、功能相似的微型模型，即同态模型，然后运行该模型，并对各种不同条件下的模拟运行结果进行评价、分析和优选，从而为领导决策提供依据的方法。

4. 决策树法。决策树法是风险决策的一般性方法。决策树法就是把决策过程用树状图来表示。树状图一般由决策点（常用方块表示）、方案枝（常用细线表示，一个方案枝代表一个方案）、状态结点（常用圆点表示）、概率枝（常用细线表示，每条概率枝代表一种自然状态）和结果点（收益值或损失值）等关键部分组成。

四、领导理论

（一）领导特质理论

领导特质理论的基本假设是：①成功的领导者与不成功的领导者具有不同的人格特质；②通过科学的方法可以测定并归纳成功领导者应具有的人格特质，以作为选拔领导者的重要依据。

20 世纪初，由于心理测量技术的发展，使得人格特质的测定成为可能。随之，有关领导者特质的研究便大量出现。例如，亨利（W. F. Henry）通过研究发现，优秀的领导往往具备以下六种人格特质：获得成就的欲望强烈、获得社会进步的欲望强烈、喜爱自己的上司、坚决、果断、务实。

伊迈斯（Eminons）则从反向进行研究，归纳出成功领导者一般不会具有的五种人格特质：利己自私；重视组织的效能，忽视成员的需要；马虎草率，毫无主见，任职虽久，却无建树；胆怯畏缩，尤怕团体；顽固专横，不善应变。

类似亨利和伊迈斯的领导者特质研究还有许许多多，但结果往往是众说纷纭，莫衷一是。因此，想要通过特质研究来确定理想的领导素质实在是非常困难的。此外，还有人对通过人格测量来鉴别领导者特质的研究方法本身提出质疑，认为人格测试的不完备、主试的经验以及被试的伪装等因素均可能影响研究结果的准确性。鉴于上述种种原因，20 世纪 50 年代后，西方学术界对领导特质研究的热情已大为减退。

（二）领导行为理论

1. 四分图理论。美国俄亥俄州立大学的领导行为研究小组对和领导行为有关的 1000 多种因素进行了分析整理，最后归纳出影响领导行为的因素主要来自两个方面：一是以人为重，关心体贴组织成员，尊重他们，听取他们的意见；二是以工作为重，认为组织纪律能带来效率，倡导有纪律的行动，主张发号施令和服从命令。

两因素还互相影响，于是出现了四种情况即四分图，表明了四种不同的领导行为或风格。领导的四分图如图 11-1 所示。

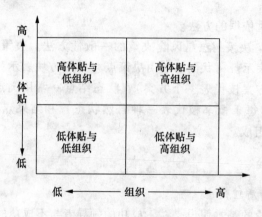

图 11 – 1   四分图模式

2. 领导方格图理论。在四分图理论的基础上，布莱克和莫顿于 1964 年提出了领导方格图理论。横坐标表示领导者对工作的关心程度，纵坐标表示领导者对人的关心程度。在坐标图上由 1 ~ 9 划分为九个格，作为标尺。整个方格共 81 个小方格。每个小方格表示"关心工作"和"关心人"两个基本因素相结合的一种领导类型，并分别在图的四角和正中确定五种典型类型。

（1，1）型：贫乏型领导，他们对人和工作都不够关心，这是最低能的领导方式，其结果必然导致失败。

（1，9）型：乡村俱乐部型领导，他们只关心人而不关心工作，对下属一味迁就，做老好人，这种类型也称为逍遥型领导。

（9，1）型：任务型领导，他们高度关心工作及其效率而不关心人，只准下级服从，不让其发挥才智和进取精神。

（5，5）型：中间型领导，他们对人的关心度和对工作的关心度保持中间状态，甘居中游，只是维持一般的工作效率与士气，安于现状，不能促使下属发挥创造革新精神。

图 11 – 2   管理方格图

（9，9）型：协调型领导，他们既关心工作，又关心人，领导者通过协调和综合各种活动，促进工作的发展，他们会鼓舞士气，使大家和谐相处，发扬集体精神，这种领导方式效率最高，必然可以取得卓越的成就。管理方格理论如图 11 – 2 所示。

3. PM 型领导模式。美国学者卡特赖特和詹德在其《团体动力学》一书中提出了

PM 型领导模式。这一理论认为，所有团体的组成，或者是以达成特定的团体目标为目的，或者是以维持及强化团体关系为目的，或者兼而有之。为此，领导者为达到不同的目的而采取的领导行为方式可划分为目标达成型（P 型）、团体维持型（M 型）和两者兼备型（PM 型）三类。后来，日本大阪大学教授三隅二不二发展了这一理论。他认为，P 职能是领导者为完成团体目标所做的努力，主要考察工作的效率、规划的能力等；M 职能是领导者为维持和强化团体所起的作用。他将领导的行为方式分为四种类型，即 PM、P、M、pm。

为了测量 P、M 的因素，他设计了通过有关下属情况的八个方面来测定 P、M 两职能的问卷。这八个方面是：工作激励、对待遇的满意程度、企业保健、心理保健、集体工作精神、会议成效、信息沟通、绩效规范。根据调查问卷分别统计单位平均的 P、M 分数和领导者个人的 P、M 分数，将后者与前者相比较，就可以知道领导者的领导类型。

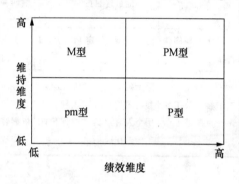

图 11 – 3 　 PM 型领导模式

PM 型领导模式如图 11 – 3 所示。

4. 领导作风理论。勒温（K. Lewin）以权力定位为基本变量，把领导者在领导过程中表现出来的极端的工作作风分为专制作风——权力定位于领导者个人、民主作风——权力定位于群体和放任自流作风——权力定位于每个组织成员三种类型。

在实际工作中，这三种极端的领导作风并不常见。勒温认为，大多数的领导者所惯用的作风往往是处于两种极端类型之间的混合型。勒温—独裁、民主、放任领导方式如表 11 – 2 所示。

（三）领导权变理论

1. 领导行为连续带模式。这个模式是行为科学家罗伯特·坦南鲍姆和沃伦·斯密特于 1958 年提出的。他们认为，在独裁和民主两个极端之间存在着一系列的领导行为方式，构成一个连续带。领导行为方式不可能固定不变，而是随着环境因素的变化而变化。领导行为方式不是机械地只从独裁和民主两方面进行选择，而是按客观需要将二者结合起来运用。连续带模式表示一系列民主程度不同的领导行为方式。有效的领导行为方式就是能在特定的条件下选择所需要的领导行为。领导者在选择其领导行为方式时，应考虑自身的能力和部

表 11 – 2　　　　　　　　勒温—独裁、民主、放任领导方式表

	独裁式领导	民主式领导	放任式领导
团体方针的决定	一切由领导者一人决定	所有方针由团体讨论决定	完全由团体或个人决定，领导不参与
团体活动的了解与透视	分段指示工作的内容与方法，因此，无法了解团体活动的最终目的	职工一开始就了解工作程序与最终目标，领导者提供两种以上的工作方式	领导者提供工作上需要的各种材料，当职工前来咨询即给予回答，但不做具体指示
工作分工与同伴选择	由领导者决定后，通知职工	分工由团体决定，工作的同伴由职工自己选择	领导者完全不干预
工作参与及工作评价的态度	除示范外，领导者完全不参与团体作业。领导者采用个人喜欢的方式评价职工的工作成果	领导者与成员一起工作，但避免干涉指挥。领导者依据客观事实评价职工的工作成果	除成员要求外，领导者不主动提供工作上的意见，对职工的工作成果也不做任何评价

属的能力。如果领导者认为部属有才干，则选择较为民主的领导方式；反之，则选择强制性的领导行为方式。

领导行为连续带模式如图 11 – 4 所示。

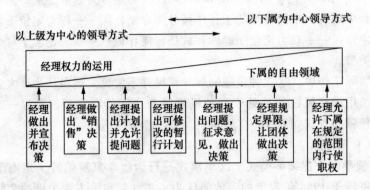

图 11 – 4　领导行为连续带模式

2. 菲德勒的权变模式。1967 年，美国华盛顿大学教授 F. 菲德勒经过 15 年的调查研究，提出了一个"有效领导的权变模式"，他将与领导有关的情境因素分为领导与成员关系、任务结构和职位权力三种。每一种因素分别有好

坏、有无、强弱两个不同方面。根据这三种因素六个方面的不同组合，菲德勒把领导者所处的环境从最有利到最不利，分成八种类型。他认为，领导与成员关系良好、有任务结构（工作任务明确）和职位权力强三个条件具备，这是领导最有利的环境；三者有一项或两项具备是领导的一般环境；三者都缺的是最不利的环境。这一模式说明，要提高领导的有效性，或者改变领导方式，或者改变领导者所处的环境。在环境因素最好或最坏的条件下，应该选择以关心工作任务为中心的领导者；否则，则应该选择以关心人为中心的领导者。

菲德勒模型如图 11 - 5 所示。

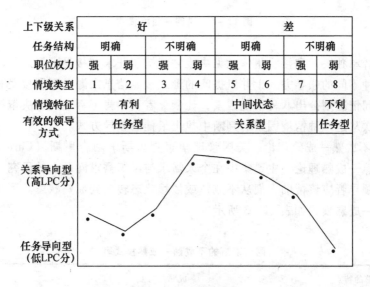

上下级关系	好				差			
任务结构	明确		不明确		明确		不明确	
职位权力	强	弱	强	弱	强	弱	强	弱
情境类型	1	2	3	4	5	6	7	8
情境特征	有利				中间状态			不利
有效的领导方式	任务型				关系型			任务型

关系导向型（高LPC分）

任务导向型（低LPC分）

图 11 - 5 菲德勒模型

3. 通路—目标模式。最早由加拿大多伦多大学教授 M. G. 埃文斯于 1968 年提出，其同事 R. J. 豪斯于 1971 年做了扩充和发展。该模式的基本要点是：要求领导者阐明对下属工作任务的要求，帮助下属排除实现目标的障碍，使之能顺利达到目标。在实现目标的过程中满足下属的需要和成长发展的机会。领导者在这两方面发挥的作用越大，越能提高下级对目标价值的认识，激发积极性。通过实验，豪斯认为，"高工作"和"高关系"的组合，不一定是有效的领导方式，还应考虑情境因素。通路—目标模式如图 11 - 6 所示。

4. 领导—参与模型。1973 年美国行为学家 V. 弗隆和 P. 耶顿运用决策树的形式试图说明在何种情境中在什么程度上让下属参与决策的领导行为。他们

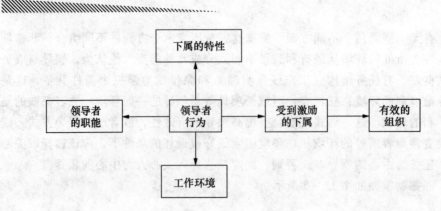

图 11 - 6   通路—目标模式

在领导者单独决策和接受集体意见决策之间按照征求和接受下属意见的程度划分出五种不同的领导方式，并以提问的形式按照信息来源、下属接受和执行决策的不同情况划分出八种情境因素，让领导者利用肯定否定式的决策树选择方法，依次从这八种情境因素的判断中找出最佳的领导方式。

5. 不成熟—成熟理论。美国管理学家克里斯·阿吉里斯（Chris Argyris）的不成熟—成熟理论，主要集中在个人需求与组织需求问题上的研究。他主张有效的领导者应该帮助人们从不成熟或依赖状态转变到成熟状态。阿吉里斯的不成熟—成熟模式如表 11 - 3 所示。

表 11 - 3   阿吉里斯的不成熟—成熟模式表

不成熟的特点	成熟的特点
被动性	能动性
依赖性	独立性
办起事来方法少	办起事来方法多
兴趣淡漠	兴趣浓厚
目光短浅	目光长远
从属的职位	显要的职位
缺乏自知之明	有自知之明，能自我控制

他认为，如果一个组织不为人们提供使他们成熟起来的机会，或不提供他们作为已经成熟的个人来对待的机会，那么，人们就会变得忧虑、沮丧，而且将会以违背组织目标的方式行事。

6. 领导生命周期理论。这一理论是由美国心理学家科曼于 1966 年提出，后由保罗·赫塞和肯尼斯·布兰查德发展为情境领导理论。领导生命周期理论将四分图理论和不成熟—成熟理论结合起来，创造了三维空间的领导模型。该理论认为，管理行为与被管理者的成熟度相适应时，管理最为有效。随着被管理者成熟度提高，管理的方式要做出相应的改变，这一理论对企业管理工作有着重要意义。

领导的生命周期理论使用的两个领导维度与菲德勒的划分相同：工作行为和关系行为，从而组成以下四种具体的领导风格：

（1）命令型领导方式（高工作—低关系）。领导者应告诉下属应该干什么、怎么干以及何时何地去干。

（2）说服型领导方式（高工作—高关系）。领导者同时提供指导性的行为与支持性的行为。

（3）参与型领导方式（低工作—高关系）。领导者与下属共同决策，领导者的主要角色是提供便利条件与沟通。

（4）授权型领导方式（低工作—低关系）。领导者提供极少的指导或支持。

下属成熟度的四个阶段，赫西—布兰查德的领导生命周期理论对下属成熟度的四个阶段的定义是：

第一阶段：下属对于执行某任务既无能力又不情愿。他们既不胜任工作又不能被信任。

第二阶段：下属缺乏能力，但愿意执行必要的工作任务。他们有积极性，但目前尚缺足够的技能。

第三阶段：下属有能力，却不愿意干领导者希望他们做的工作。

第四阶段：下属既有能力又愿意干让他们做的工作。

有效领导方式的选择方法：当下属成熟程度为第一阶段时，选择命令型领导方式；当下属成熟程度为第二阶段时，选择说服型领导方式；当下属成熟程度为第三阶段时，选择参与型领导方式；当下属成熟程度为第四阶段时，选择授权型领导方式。

领导生命周期理论模式如图 11-7 所示。

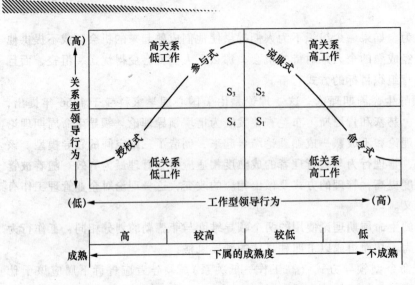

图 11 - 7 领导生命周期理论模式

案例 11 - 1 升任公司总裁后的思考

一、案例介绍

郭宁最近被一家生产机电产品的公司聘为总裁。在他准备去接任此职位的前一天晚上,他浮想联翩,回忆起他在该公司工作 30 多年的情况。

他在大学时学的是工业管理,大学毕业后就到该公司工作,最初担任液压装配单位的助理监督。他当时感到真不知道如何工作,因为他对液压装配所知甚少。在管理上也没有实际经验,他感到几乎每天都手忙脚乱。可是,他非常认真好学,他一方面仔细参阅该单位的工作手册,并努力阅读有关的技术书刊;另一方面监督长也对他主动指点,使他渐渐摆脱了困境,胜任了工作。经过半年多时间的努力,他已有能力独担液压装配的监督长工作。可是,当时公司没有提升他为监督长,而是直接提升他为装配部经理,负责包括液压装配在内的四个装配单位的领导工作。

在他当助理监督时,他主要关心的是每日的作业管理,技术性很强。而当他担任装配部经理时,他发现自己不能只关心当天的装配工作状况,还得做出此后数周乃至数月的规划,还要完成许多报告和参加许多会议,而没有多少时间去从事自己过去喜欢的技术工作。当上装配部经理不久,他就发现原有的装配工作手册已基本过时，因为公司已安装了许多新的设备，吸收了一些新技术，这令他花了整整一年时间去修订工作手册，使之切合实际。在修订手册的过程中，他发现要让装配工作与整个公司的生产作业协调起来是需要有很多讲究的。他还主动到几个工厂去访问，学到了许多新的工作方法，他也把这些吸收到修订的工作手册中去。由于该公司的生产工艺频繁发生变化，工作手册也经常修订，郭宁对此都完成得很出色。他工作了几年后，不但自己学会了做这些工作，而且还学会如何把这些工作交给助手去做。教他们如何做好，这样，他可以腾出更多的时间用于规划工作和帮助他的下属更好地工作以及花更多的时间去参加会议、批阅报告和完成自己向上级的工作汇报。

当他担任装配部经理6年之后，正好公司负责规划工作的副总裁辞职应聘于其他公司，郭宁便主动申请担任此任务。在同另外5名竞争者较量之后，郭宁被正式提升为规划工作副总裁。他自信拥有担任这一新职位的能力，但由于此高级职务工作的复杂性，仍使他在刚接任时碰到了不少麻烦。例如，他感到很难预测一年之后的产品需求情况。可是，一个新工厂的开工，乃至一个新产品的投入生产，一般都需要在数年前做准备，在新的岗位上他还要不断处理市场营销、财务、人事、生产等部门之间的协调，这些他过去都不熟悉。他在新岗位上越来越感到：越是职位上升越难以仅仅按标准的工作程序去进行工作。但是，他还是渐渐适应了，做出了成绩，以后又被提升为负责生产工作的副总裁，而这一职位通常是由该公司资历最深的、辈分最高的副总裁担任的。现在，郭宁又被提升为总裁。他知道，一个人当上公司最高主管之时，他应该自信自己有处理可能出现的任何情况的才能，但他也明白自己尚未达到这样的水平。因此，他不禁想到自己明天就要上任了，今后数月的情况会是怎么样？他不免为此而担忧！

（资料来源：都国雄：《管理原理》，东南大学出版社2003年版）

二、案例分析

本案例的总体分析思路与重点是经理角色理论。明茨伯格认为，经理一般担任十种角色，这十种角色可分为三类：

（1）人际关系方面的角色，包括挂名首脑、联络者和领导者三种角色。

（2）信息方面的角色，包括监听者、传播者和发言人三种角色。

（3）决策方面的角色，包括企业家、故障排除者、资源分配者和谈判者四种角色。

这十种角色是一个相互联系、密不可分的整体。人际关系方面的角色产生于经理在组织中的正式权威和地位；这又产生出信息方面的三个角色，使他成为某种特别的组织内部信息的重要神经中枢；而获得信息的独特地位又使经理在组织做出重大决策（战略性决策）中处于中心地位，使其得以担任决策方面的四个角色。

这十项角色表明，经理从组织的角度来看是一位全面负责的人，但事实上却要担任一系列的专业化工作，既是通才又是专家。

十项角色还表明，经理有六项基本的目标：保证组织有效率地生产出产品和服务；设计并维持组织业务的稳定性；使组织以一种可控制的方式适应变动中的环境；保证组织实现控制它的那些人的目的；担任组织和其环境之间的关键的信息环节；使组织的等级制度运转。

在案例中郭宁从基层管理者升任总裁的过程中，他的管理责任加重了。要成功地胜任公司总裁的工作，必须具备很强的概括分析能力、人际交往能力和相应的业务技术能力这三项基本技能，这就要扮演好联络官、代言人、谈判者三个角色，促进公司绩效的提高。

发言人角色。经理的信息传播者角色面向的是组织内部，而其发言人角色则面向外部，把本组织的信息向组织周围的环境传播。经理作为正式的权威，被外界要求代表其组织来讲话。他作为组织的神经中枢，也拥有充分的信息来这样做。在发言人的角色中，经理被要求在他的组织所从事的行业中是一位专家。由于他的地位和拥有的信息，经理的确也拥有他那行业中的许多知识，够得上称为一个专家。

谈判者角色。组织不时地要同其他组织或个人进行重大的、非程序化的谈判。这种谈判通常是由经理带队进行的。这就是经理的谈判者角色。经理之所以参加这些重大的谈判是由于，作为挂名首脑，他的参加能增加谈判结果的可信性；作为发言人，他对外代表着他那组织的信息和价值标准；而最重要的是作为资源分配者，他有权支配组织的资源。谈判就是当场的资源交易，要求参加谈判的人有足够的权力来支配各种资源，并迅速做出决定。

联络者角色。主要是维护自己发展起来的外部接触和联系网络，如发感谢信，从事外部委员会工作，从事其他有外部人员参加的活动。

在人群和组织中充当联络员，一方面可以使组织内部以及组织与外部环境之间进行信息的沟通，以获得各方面对组织有用的信息；另一方面可以造就良好的组织发展环境，发展组织的关系资源，为组织的发展提供良好的环境基础。

三、思考·讨论·训练

1. 您认为郭宁当上公司总裁后，他的管理责任与过去相比有了哪些变化？应该如何去适应这些变化？

2. 您认为郭宁要成功地胜任公司总裁的工作，哪些管理技能是最重要的？您觉得他具有这些技能吗？请加以分析。

3. 如果您是郭宁，您认为当上公司总裁后自己应该补上哪些欠缺才能使公司取得更好的绩效？

4. 郭宁的管理方法有什么问题？为什么？

案例 11 – 2 他为什么打不开工作局面

一、案例介绍

某街道医院是一个全区有名的"老大难"单位。前几任领导班子工作抓得不力，院内行政部门人浮于事，职工纪律松散，迟到早退屡见不鲜，医疗事故时有发生，病人对该院的医疗管理意见较大。针对这一情况，上级决定区医院外科医生苏伟到街道医院担任院长兼党支部书记。

苏伟，男，48 岁。1974 年去农村插队落户。插队期间，他刻苦自学医学，为贫下中农看病，成为当地农村一位小有名气的"赤脚医生"，曾负责全大队"赤脚医生"的业务工作。1978 年，他以较好的成绩考取了上海某医学院医疗系，1983 年大学毕业后，分配到该区医院外科工作。苏伟对工作兢兢业业，对病人和蔼可亲，热爱医疗事业，刻苦钻研业务，曾为医院解决一些复杂的医疗难题。并在有关医学杂志上发表过重要的学术论文。组织上考虑到他在插队期间负责过"赤脚医生"的业务工作，既年富力强又精通医疗业务，符合干部使用的基本条件，经研究决定调他到"老大难"的该医院担任院长兼党支部书记，主持该院的全面工作。领导希望他上任以后，能大胆工作，敢于改革，争取在较短时间内开创新局面。为此，苏伟决心很大，表示"我决不辜负领导的重托"。

苏伟认为，要搞好全院工作，首先应从行政部门下手，消除人浮于事的现象。因此，在他上任后的第二天，就对医院的行政部门、行政人员等进行调查。通过调查，他发现全院 30 名行政人员中，有一半人没有事干，整天东游西逛,在医务人员中造成了极坏的影响。上任后的第十天,他就宣布将医院行政人员减少到 10 人,其余 20 人重新安排工作。其次,苏院长狠抓了劳动纪律。每天上下班时间亲自到医院门口把守大门,每个职工必须登记签到,对迟到、早退者每次扣除奖金 2 元。并坚持每日 3 次对全院科室巡回检查,对离岗者同样每次扣奖金 2 元。苏院长这一制度下达后不久,院内迟到、早退、离岗现象有所减少,收到了一定的效果。但院内部分职工中流传这样一句话:新来的院长没本事,只好看门。再次,苏院长认为,该院之所以接二连三地出医疗事故,除劳动纪律松散外,主要原因是医务人员的业务知识贫乏所造成的。因此,他利用每周二、四下班后的时间,对医疗人员进行两小时业务知识补课。要求每个医务人员必须参加,考试合格者才能发放奖金。对此,医务人员特别是一些老大学生、民主党派人士的专家意见很大,他们说:"我们从医已有几十个年头,头发皆白,在社会上有一定的名望。而新院长来了却认为我们不会看病,也要留下来学习,这对我们太不尊重了。"所以,他们联名写信给卫生局要求调单位。

苏院长上任后所采取的上述措施,一度确实在改变医院落后状况上取得了一些成绩。但在领导和职工中造成了严重的对立情绪,特别是一些被扣除奖金的同志,有的上班出工不出力,有的要求调离单位,有的上诉卫生局,使医院工作出现难堪局面。苏院长本人也很苦闷,不知道工作该怎样做好。他在一份向党组织汇报思想的报告中说:"我还是我,为什么从医生换到行政干部岗位后,同样努力工作,其结果却不一样呢?"

（资料来源:陈瑞莲:《行政案例分析》,中山大学出版社 2001 年版）

二、案例分析

这个案例涉及干部人事制度和领导方法的问题。关于领导方式,领导作风理论认为,存在三种基本领导方式:一是独裁方式,采用这种方式的领导者往往刚愎自用,决定所有政策,发号施令,要人不折不扣地依从,为人教条而且独断,借助实施奖惩的权力进行领导。二是民主方式,采用这种方式的领导者认为,下属是平等的人,应该受到尊重。他们往往就拟议的行动和决策同下属磋商,主要政策由集体讨论决定,鼓励下属积极参与。三是放任方式,这种领导喜欢松散管理,极少运用权力,鼓励下属独立行事。由下属自己确定工作目标及其行动,管理者只提供信息,充当群体与外部环境的联系人。

在领导工作中,不同的职位有不同的要求。苏伟在大学里学的是医疗方面的专业知识,大学毕业后分配到医疗系统,现在他被组织调任到某街道医院担任医院院长，从事行政领导工作，尽管他以前在农村负责过全队"赤脚医生"的业务，但同目前的街道医院的领导工作完全不同。尽管苏伟是医疗科班出身而且在工作上、业务上成绩较为出色，但他缺乏行政管理经验和专业知识，而只是凭自己的感情、干劲、勇气管理医院，而且这是一家有"老大难"问题的医院，工作没有起色就很自然了。从领导的角度来看，由于苏伟缺乏管理学的专业知识，在管理医院时感情用事，丢掉了思想政治工作这个法宝，忽视了将制度建设与思想政治工作统一起来，造成领导与职工的对立；他过多地忙于琐事，而没有调动职能部门的作用，偏离了自己的工作重心，较多地移位到门卫和考勤员的职位上；他对医院的实际情况也认识不足，在实施机构改革过程中出现了盲动和轻率等，提出的改革方案脱离了医院的具体环境。

关于上级对苏伟的任命。对于像某街道医院这样的"老大难"单位，上级应任命有管理经验的医生担任。而时下苏伟上任后，工作中用人而不信人，不愿分权或不懂分权原则，不仅干不成大事，有时往往会误事。事必躬亲，工作必然不分重点，理不清头绪，抓不到点子上。这种领导即使起早贪黑忙到熄灯，结果是拾了芝麻，丢了西瓜，自己吃苦不少，上下却怨声载道。如此用人不信，实属领导之大忌。

专制作风的领导者以理服人，即靠权力和强制命令让人服从。其特点是：发号施令，要求他人依从，为人教条且独断，主要依靠行政命令、纪律约束、训斥和惩罚，偶尔也有奖励。有人统计，具有专制作风的领导者和别人谈话时，有60%左右采取命令和指示的口吻。概括起来，苏伟打不开工作局面的原因在于：管理经验不足；领导方式不当，处处事必躬亲，且采用强制命令的领导方法；提出的改革措施缺乏科学性和可行性。

领导的关键就在于用人。在很大程度上，管理的科学性就在于用人的科学性，领导的艺术就在于用人的艺术。

三、思考·讨论·训练

1. 上级对苏伟的任命是否正确？为什么苏伟打不开工作局面？
2. 苏伟打不开工作局面的原因是什么？
3. 从本案例中你可以获得哪些启迪？
4. 您赞成苏伟的做法吗？有何建议？

案例 11 - 3 挑战者号航天飞机

一、案例介绍

挑战者号航天飞机是正式使用的第二架航天飞机,开发初期原本是被作为高拟真结构测试体,但在挑战者号完成了初期的测试任务后,被改装成正式的轨道器,并于 1983 年 4 月 4 日正式进行任务首航。但很不幸的是,挑战者号在 1986 年 1 月 28 日进行代号 STS - 51 - L 的第 10 次太空任务时,因为右侧固态火箭推进器上面的一个 "O" 形环失效,导致一连串的连锁反应,并且在升空后 73 秒时,爆炸解体坠毁,机上的 7 名宇航员全在该次意外中丧生。

航天飞机本身虽然是一种需要承受极大外力的飞行工具,但它同时也需要尽可能减轻本身重量,因此几乎整架机身的每一部分,都负担了非常大的结构应力。但考虑到当年的计算机技术有限,工程师们并没有把握光靠软件仿真就能将航天飞机在受到机械负荷与热负荷情况下的表现,计算到非常精准的程度。为了安全,唯一的解决方法就是用真的航天飞机进行测试分析,这也是挑战者号被制造出来的初衷。挑战者号在一个由 256 架油压千斤顶所组成的 43 吨重测试仪中,进行了为期 11 个月的测试与分析,这些千斤顶能在 836 个不同的部位上施加荷重。在计算机的控制下,能够逼真地仿真出航天飞机在发射、爬升、绕行轨道、重返大气层与降落时所受到的各种力量,其中,航天飞机主引擎启动时的庞大推力是由三台具有 450 吨推力的液压汽缸来仿真。除此之外,挑战者号的机翼部分也经过相当程度的改良与强化,这些参考数据全来自它先前所进行的那些实机测试。最后,在驾驶舱中加装上两具抬头显示器(HUD)之后,挑战者号的改装工程遂告一段落,整架航天飞机的空重为 70552 公斤,加上主发动机后重 79500 公斤,比哥伦比亚号航天飞机约轻了 1311 公斤。挑战者号飞行 10 次,绕行地球 987 圈,在太空中总共停留 69 天。

1986 年 1 月 28 日,卡纳维拉尔角上空万里无云。在离发射现场 6.4 公里的看台上,聚集了 1000 多名观众,其中有 19 名中学生代表,他们既是来观看航天飞机发射的,又是来欢送他们心爱的老师麦考利夫的。1984 年,航天局宣布将邀请一位教师参加航天飞行,计划在太空为全国中小学生讲授两节有关太空和飞行的科普课,学生还可以通过专线向麦考利夫提问。麦考利夫就是从 11000 多名教师中精心挑选出来的。当孩子们看到航天飞机载着他们的老师升空的壮观场面时，激动得又是吹喇叭，又是敲鼓。

挑战者号航天飞机在顺利上升；7 秒钟时，飞机翻转，16 秒钟时，机身背向地面，机腹朝天完成转变角度；24 秒时，主发动机推力降至预定功率的 94%；42 秒时，主发动机按计划再减低到预定功率的 65%，以避免航天飞机穿过高空湍流区时由于外壳过热而使飞机解体。这时，一切正常，航速已达每秒 677 米，高度 8000 米；52 秒时，地面指挥中心通知指令长斯克比将发动机恢复全速；59 秒时，高度 1 万米，主发动机已全速工作，助推器已燃烧了近 450 吨固体燃料，而地面控制中心和航天飞机上的计算机上显示的各种数据都未见任何异常；65 秒时，斯克比向地面报告"主发动机已加大"，这是地面测控中心收听到的最后一句报告词。

50 秒钟时，地面曾有人发现航天飞机右侧固体助推器侧部冒出一丝丝白烟，这个现象没有引起人们的注意。73 秒时，高度 16600 米，航天飞机突然闪出一团亮光，外挂燃料箱凌空爆炸，航天飞机被炸得粉碎，与地面的通信猝然中断，监控中心屏幕上的数据陡然全部消失。挑战者号变成了一团大火，两枚失去控制的固体助推火箭脱离火球，成 V 字形喷着火焰向前飞去，眼看要掉入人口稠密的陆地，航天中心负责安全的军官比林格手疾眼快，在第 100 秒时，通过遥控装置将它们引爆了。

挑战者号失事了！爆炸后的碎片在发射地东南方 30 公里处散落了一小时之久，价值 12 亿美元的航天飞机，顷刻间化为乌有，7 名宇航员全部遇难。全世界为此震惊，各国领导人纷纷致电表示哀悼。然而，人们在悲痛之余，对科学事业的不懈追求并没有停止。在"阿波罗" 4 号飞船失事中遇难的格里索姆，生前曾说过一段感人的话："要是我们死亡，大家要把它当做一件寻常的普通事情，我们从事的是一种冒险的事业，万一发生意外，不要耽搁计划的进展，征服太空是值得冒险的。"

"挑战者"号航天飞机的失事在全世界造成了不小的轰动，美国政府对此事件委任了专门的调查团进行调查。"挑战者"号事件的直接原因是右部火箭发动机上的两个零件连接处出现了问题，它直接导致了喷气燃料的热气泄露。调查表明，对于该事件发生的技术上原因是必然存在的。虽然承建商在说明书中指出有关禁止条件，但是，萨科尔公司和宇航局的工程师并没有对问题提出任何质疑甚至根本就忽视了这样的细节。直到发射后问题明显地表现出来，所有人员只能抱以希望相信能够安全飞行，或者认为不能因为飞行而中止项目的进行。

"挑战者"号的失事是对技术提出的警告，产品必须经过合格验收才能运用。然而，"挑战者"号失事的真正原因是在决策上。不论是发射前的准备，还是发射的过程以及发射后对问题的分析，决策都存在严重的问题。

在早期的飞行实验中，一些工程师开始注意到腐蚀的影响，但是，他们并没有从宇航局和萨科尔公司那里得到任何支持，甚至在为解决密封圈的腐蚀问题会议上，宇航局高级官员科尔斯特将它定为一次毫无意义的会议。正是由于领导的有限见识和经历，他们在估计事件发生的概率、探寻行为产生的原因以及估量情况的风险大小时最容易发生错误，导致了他们在决策中所用的指导他们做出判断的策略过于简化。对决策中的认知偏见是问题之一。

20世纪80年代早期，人们对宇航局的做法是否有道理存在很多争议。宇航局当局在为制造宇航飞机选择制造商时过于草率。在后来出台的《空间站宇航员安全选择研究》中我们看到了问题的来源：消除和控制威胁而不是采取挽救措施的趋势得到发展，如此决策是领导者的严重失误。

对于挑战者号航天飞机决策存在另外的一个问题是决策的不确定性。人们总是倾向在获取好处避免冒风险，在回避损失时则较甘于冒险。在"挑战者"号发射的前6个月时间，萨科尔公司和宇航局曾对航天飞机重新改造做了一次预算，然而其飞行实验仍在继续进行。面对风险指数的增加，每个人却还在冒险进行着。工程师们提出的相关建议也没有明确的指向。对于这些消极因素的出现，他们采取了忽视的态度，将进一步问题扩大化了。

又由于曾经的成功先例与经验主义的错误引导，人们产生的骄傲情绪带来了更大的潜在危险。在做出发射"挑战者"号决策时，宇航局安全办的工作人员甚至没有一个人参加，做出这样失败的决策的确也在所难免。

（资料来源：徐二明：《中国人民大学工商管理MBA案例·组织行为卷》，中国人民大学出版社1999年版）

二、案例分析

案例中导致"挑战者"号失事的原因是多方面的，但决策原因才是其真正原因。一是管理层过于独断独行，缺少与下属的沟通。决策者缺少广阔的视野和开阔的胸怀，以至于工程师们没有向他们报告自己所知道的存在的问题。所以，显而易见的问题他们却没有看见，发生几率很高的灾难他们也没有意识到，更对解决密封圈腐蚀问题的组织的求救视而不见。二是工程师没有向领导报告问题也不全是领导的责任。员工可能也存在着诸如封闭性、保守性的"人怕出名猪怕壮"、"枪打出头鸟"等思想观念；"多一事不如少一事，少一事不如没有事"的清静无为和"不求有功，只求无过"的中庸行为思想。缺少对整个项目决策的责任感和献身精神。这方面的综合作用就导致这次决策违反了科学决策的信息准确性原则和集团决策原则。三是只有一家承造商，而没有候补的承造商，即只有一个选项供人选择。在明知道这一个选项有问题时，也没有其他选择。这就违反了科学决策的对比选优原则。四是决策者受到了外界环境压力，有政府压力，也有经济压力，而影响了决策时的理性、冷静性，让外界压力干扰了正常的决策。忽视了科学决策的可行性原则，只强调需要，不考虑可行性。只考虑成功、有利的因素，而不考虑失败和不利的因素。五是宇航局的领导们被过去的光辉历史冲昏了头脑，受过去的经验影响，不相信真有那么危险，并盲目相信工作人员能克服困难。也是因为存在侥幸心理，令决策者忽视了危险的严重性，而做出了错误的决策。要避免这些问题，可以从以下几个方面做起：

（1）集团决策。集团决策也叫群体决策，就是在充分发扬民主和认真听取有关专家意见的基础上，通过全面比较和分析，领导集团做出的决策。这种决策要求对重大问题必须在广泛征求群众意见的基础上，权衡利弊，由集体讨论决定，并严格执行民主集中制原则。这样有利于了解各方面的情况，有利于各个层级沟通，交流意见。如这样做了，这个案例决策中的前两个问题都可以得到有效避免。在进行集团决策时，需注意以下几个弊病：社会从众、权威主宰、先入为主和辩论中的批判口气，引起对立，造成僵局。

（2）决策群体的合理配置。这种决策群体必须合理配置，决策群体需要群体成员异质化，应包括各方面的人员。案例中，应该包括领导高层、工程师、预算师、安全人员，等等。在这个案例中的几次关键讨论中，宇航局的安全办公室竟都没有参加。所以，这次决策对安全问题的忽视也不是没有道理的。决策成员异质化可以使决策者听到不同的声音，从而有利于将各种可能发生的后果全部展现出来，使可能发生的危险几率降到最低。最高决策层还应有开阔的胸怀和眼界以及民主的作风，否则，只会阻塞言路，造成本案例中下情不能上传的情况。

（3）决策方案要有多个备选。在大多数人来看，只有一个选择方案是一个低级错误。只有有比较，才有冲劲去解决存在的问题，才能产生更好的方案。在这个案例中，宇航局至少应真正选择一个候补承造商，而不是敷衍了事，不仅给萨科尔公司压力，也给自己留一个选择的余地。

（4）决策者素质。从案例看，这次决策不仅受到政府压力、经济压力，决策者也受到自己主观侥幸心理的影响。这都需要决策者头脑冷静，意志坚定，坚持自己的原则立场，能克服侥幸心理，认清问题的存在，勇于面对问题，勇于解决问题。对于自己过去的成功和自己的能力必须有清醒的认识，不能自己想当然地以为"成功繁衍成功"，以为奇迹会发生在自己身上。

（5）信息沟通。案例中存在的最大问题是上下级之间的沟通问题。在上下级之间对沟通的态度是，上级不想听，下级不想说。必须改变这种现状，以后才能避免再次发生类似事件。首先应该建立良好的沟通渠道，可以采用丰富的媒介。现在的交流方式多不胜数，如面谈、电话、书信、电子邮件等。还可以规定定时的全员座谈会、总裁见面日等，还可以鼓励全员对组织建议意见，对提出的好建议进行奖励等。其次，领导必须认真对待这些沟通，重视员工提出的问题，避免再发生对员工求救视而不见的事件，或说出"这次会议简直是乱弹琴"来打击员工的积极性。不能敷衍了事，只是摆出样子来。这样不认真的态度不仅达不到预期的目的，还会抹杀员工的积极性，使沟通更难进行。

三、思考·讨论·训练

1. "挑战者"号航天飞机失事的技术原因是什么？

2. 您是否同意"挑战者"号失事的真正原因是决策问题？如果同意，请指出决策中存在的问题，应如何避免？

3. "挑战者"号航天飞机项目管理中还有哪些问题？应如何避免？

4. 如何理解信息是正确决策的必要条件？从案例中应该吸取什么教训？

案例 11-4　副总家失火以后

一、案例介绍

一家公司的销售副总，在外出差时家里失火了。他接到妻子电话后，连夜火速赶回家。第二天一早去公司向老总请假，说家里失火要请几天假安排一下。按理说，也不过分，但老总却说："谁让你回来的？你要马上出差，如果你下午还不走，我就免你的职。"这位副总很有情绪，无可奈何地从老总办公室里出来后又马上出差走了。

老总听说副总已走，马上把党、政、工、团负责人都叫了过来，要求他们分头行动，在最短的时间内，不惜一切代价把副总家里的损失弥补回来，把家属安顿好。

（资料来源：于省宽：《成功的灰色》，机械工业出版社 2005 年版）

二、案例分析

通过本案例的分析，明确领导及其艺术在现代管理中的重要性。本案例主要涉及管理方格理论。管理方格理论是研究企业的领导方式及其有效性理论，是由美国得克萨斯大学的行为科学家罗伯特·布莱克和简·莫顿在 1964 年出版的《管理方格》一书中提出的领导方式理论。布莱克和穆顿认为，在对工作关心的领导方式和对人关心的领导方式之间，可以有使二者在不同程度上互相结合的多种领导方式。为此，他们就企业中的领导方式问题提出了管理方格法，使用自己设计的一张纵轴和横轴各九等分的方格图，纵轴和横轴分别表示企业领导者对人和对工作的关心程度。第 1 格表示关心程度最小，第 9 格表示关心程度最大。全图总共 81 个小方格，分别表示"对工作的关心"和"对人的关心"这两个基本因素以不同比例结合的领导方式。其中有 5 种典型的领导方式：(1.1) 被称为贫乏式的管理、(9.1) 被称为任务式的管理、(1.9) 被称为乡村俱乐部式的管理、(5.5) 被称为中间式管理和 (9.9) 被称为团队（或战斗集体）式的管理。

管理方格法问世后受到了管理学家的高度重视。它启示我们在实际管理工作中，一方面要高度重视手中的工作，要布置足够的工作任务，向下属提出严格的要求，并且要有规章制度来保障；另一方面又要十分关心下属个人，包括关心他们的利益，创造良好的工作条件和工作环境，给予适度的物质和精神的鼓励等。从而使下级及其工作人员在责、权、利等方面高度统一起来，以提高下属的积极性和工作效率。

（1）从管理方格理论分析，这位老总属于 9.9 型团队型。因为老总对工作和下属的关心都达到了较高点。第一，命令副总再出差；第二，副总走了以后，立即全线动员，安排好副总家失火后的善后事宜，不是顾此失彼，而且都是高标准要求。

（2）从本案例中可以获得的启迪是，作为领导者，关心工作和关心员工都很重要，也可以同时做到。即努力使员工在完成组织目标的同时，满足员工个人需要，只有这样，才能使领导工作卓有成效。

管理是一门科学，也是一门艺术。有人也许会想："让副总请几天假安排好家之后再出差不是更近人情吗？"而这位老总却没有这么做，这正是他领导艺术的体现和反映。因为从这位副手角度来讲，正是为他树立形象的机会（公而忘私）。如果让他留下，亲自安排人去帮助他，会有损于他的廉洁形象，而如今这样做突出了他的敬业精神。另外，从公司而言，大家都觉得这个企业，领导人是可信赖的、能合作的，都觉得企业是一个团队。领导的本质是影响力，而这种影响力从本例中可以看出，其关键是一位领导者的胸怀和人格魅力，而非法定权利。

（3）这位老总应在副总出差的同时，就告诉其将如何安顿家属的决定，以免其牵挂而带着情绪出差。尽管副总迟早会知道老总用意，但事前沟通可能效果更好。这位老总在方式上应人性化一点，注意工作艺术。不仅在思路上体现以人为本，更要让副总明白为何做这样的安排，以避免意外情况发生。

三、思考·讨论·训练

1. 从管理方格理论分析这位老总属于哪一种领导风格？为什么？
2. 从本案例中您可以获得哪些启迪？
3. 您赞成这位老总的做法吗？有何建议？
4. 是否每一种领导方式在特定的环境下都有效？

案例 11-5　欧阳健的领导风格

一、案例介绍

蓝天技术开发公司由于在一开始就瞄准成长的国际市场，在国内率先开发出某高技术含量的产品，其销售额得到了超常规的增长，公司的发展速度十分惊人。然而，在竞争对手如林的今天，该公司和许多高科技公司一样，也面临着来自国内外大公司的激烈竞争。当公司经济上出现了困境时，公司董事会聘请了一位新的常务经理欧阳健负责公司的全面工作。而原先的那个自由派风格的董事长仍然留任。欧阳健来自一家办事古板的老牌企业，他照章办事，十分古板，与蓝天技术开发公司的风格相去甚远。公司管理人员对他的态度是：看看这家伙能待多久！看来，一场潜在的"危机"迟早会爆发。

第一次"危机"发生在常务经理欧阳健首次召开的高层管理会议上。会议定于上午九点开始，可有一个人姗姗来迟，直到九点半才进来。欧阳健厉声道："我再重申一次，本公司所有的日常例会要准时开始，谁做不到，我就请他走人。从现在开始一切事情由我负责。你们应该忘掉老一套，从今以后，就是我和你们一起干了。"到下午四点，竟然有两名高层主管提出辞职。

此后，蓝天公司发生了一系列重大变化。由于公司各部门没有明确的工作职责、目标和工作程序，欧阳健首先颁布了几项指令性规定，使已有的工作有章可循。他还三番五次地告诫公司副经理徐钢，公司一切重大事务向下传达之前必须先由他审批，他抱怨下面的研究、设计、生产和销售等部门之间互相扯皮，踢皮球，结果使蓝天公司一直未能形成统一的战略。

欧阳健在详细审查了公司人员工资制度后，决定将全体高层主管的工资削减 10%，这引起公司一些高层主管向他辞职。

研究部主任这样认为："我不喜欢这里的一切，但我不想马上走，因为这里的工作对我来说太有挑战性了。"

生产部经理也是个不满欧阳健做法的人，可他的一番话颇令人惊讶："我不能说我很喜欢欧阳健，不过至少他给我那个部门设立的目标我能够达到。当我们圆满完成任务时，欧阳健是第一个感谢我们干得棒的人。"

采购部经理牢骚满腹。他说："欧阳健要我把原料成本削减 20%，他一方面拿着一根胡萝卜来引诱我，说假如我能做到的话就给我油水丰厚的奖励。另一方面则威胁说如果我做不到，他将另请高明。但干这个活简直就不可能，欧阳健这种'胡萝卜加大棒'的做法是没有市场的。从现在起，我另谋出路。"

但销售部胡经理的态度则让人刮目相看。以前，销售部胡经理每天都到欧阳健的办公室去抱怨和指责其他部门。欧阳健对付他很有一套，让他在门外静等半小时，见了他也不理会他的抱怨，而是一针见血地谈公司在销售上存在的问题。过不了多久，大家惊奇地发现胡经理开始更多地跑基层而不是欧阳健的办公室了。

随着时间的流逝，蓝天公司在欧阳健的领导下恢复了元气。欧阳健也渐渐地放松控制，开始让设计和研究部门更放手地去干事。然而，对生产和采购部门，他仍然勒紧缰绳。蓝天公司内再也听不到关于欧阳健去留的流言飞语了。大家这样评价他：欧阳健不是那种对这里情况很了解的人，但他对各项业务的决策无懈可击，而且确实使我们走出了低谷，公司也开始走向辉煌。

（资料来源：余敬：《管理学案例》，中国地质大学出版社 2000 年版）

二、案例分析

通过本案例分析，能较好地掌握具有代表性的激励与领导理论及其在管理实践中的应用，更好地理解任务型、关系型、领导环境、强化、期望值、效价等概念。

欧阳健进入蓝天公司时，采取了专制式的领导方式，而留任的董事长的领导方式属于放任式的。两者的不同在于：前者指领导者个人决定一切，布置下属执行。这种领导者要求下属绝对服从，并认为决策是领导者个人的事情；后者指领导者撒手不管，下属愿意怎样做就怎样做，完全自由。这种领导者的职责仅仅是为下属提供信息，并与外部联系，以利于下属工作。欧阳健对研究部门和生产部门各自采取了关系型和任务型的领导方式。当蓝天公司各方面的工作走向正轨后，为适应新的形势，欧阳健的领导方式变为以关系型为主，在某些场合也不放弃使用任务型的领导方式。

根据菲德勒的领导权变理论，领导者究竟应该采取什么样的领导方式，取决于领导者的特征、被领导者的特征和领导环境等因素。领导环境又取决于职位权力、任务结构和上下级关系三大因素。菲德勒通过研究分析得出这样的结论，即当领导环境较好或差时，应采用任务型的领导方式，而当领导环境中等时，应采用关系型的领导方式。因此，欧阳健在不同的领导环境下所采取的上述领导方式是有其理论根据的。

蓝天公司一些高层管理人员因为工资被削减而提出辞职。按照双因素理论，工资属于保健因素。根据需要层次论，研究部主任的话反映他当前的需要属于自我实现需要。

生产部经理愿意留下跟着欧阳健干，而采购部经理却想离职。以期望理论来分析，激励力 = 效价 × 期望值。生产部经理认为，其完成目标任务的期望值为1；而采购部经理认为，其完成原料成本削减任务的期望值几乎为0。可见，采购部经理和生产部经理对取得满意的工作绩效的期望值很不一样，所受激励的程度也就大不相同。

欧阳健对销售部胡经理采取了消退的激励方式。从强化理论可知，所谓强化是指不断通过改变环境的刺激因素来达到增强、减弱或消除某种行为的过程。消退作为四种强化类型中的一种，是指撤销对原来可接受行为的强化，使这种行为逐步降低频率，以致最后消失。针对销售部胡经理的行为特征，欧阳健遵循强化手段应用原则，运用自然消退的激励方式是恰到好处的。

持这种观点的人通常会采用任务型的领导方式，所谓的"亲密无间"会松懈纪律的提法实际上是将"员工导向型"和"工作导向型"对立起来了，"亲密无间"与纪律松懈并无直接的因果关系。欧阳健在蓝天公司走上正轨后，所采取的以关系型为主，同时在某些场合也不放弃使用任务型的领导方式就是最好的例证。

领导的权变理论揭示，同样一种领导行为方式在某种环境下是最好的，但在另一环境下则可能效果不佳。故并不存在所谓"放之四海而皆准"的最好的领导方式。如在同一时期，欧阳健对生产部门采取的是任务型的领导方式，而对研究部门采取的却是关系型的领导方式。当蓝天公司各方面的工作走向正轨后，为适应新的形势，欧阳健的领导方式又变为以关系型为主，在某些场合也不放弃使用任务型的领导方式。所以，欧阳健的领导方式是复合型的。

三、思考·讨论·训练

1. 欧阳健进入蓝天公司时采取了何种领导方式？这种领导方式与留任的董事长的领导方式有何不同？

2. 他对研究部门和生产部门各自采取了何种领导方式？当蓝天公司各方面的工作走向正轨后，为适应新的形势，欧阳健的领导方式将做何改变？为什么？

3. 蓝天公司一些高层管理人员因为工资被削减而提出辞职，按照双因素理论，工资属于保健因素还是激励因素？

4. 生产部经理愿意留下跟着欧阳健干，而采购部经理却想离职，对其原因请用期望理论进行分析。

5. 试用强化理论说明欧阳健对销售部经理采取了何种激励方式，为什么？

案例 11-6　机加工车间主任的领导方式

一、案例介绍

北方某机床公司具有五十余年机床生产历史，公司占地面积 25 万平方米，建筑面积 15 万平方米，拥有资产 3.3 亿元。现为中国机床工具协会、中国锻压协会常务理事单位，中国机床工具协会锻压分会副理事长单位，连续多年被评为 AAA 级资信企业；2001 年通过 ISO9001 质量体系认证，2005 年通过环境保证体系和职业健康安全管理体系认证；2006 年被认定为省级高新技术企业。

公司始终坚持"做精品机床、树一流品牌"的经营方针，不断加大产品结构调整力度。现主要产品包括：J11、J21、J23 等系列开式机械压力机；JE、JH、JZ、JG、JK、JD、JL、JF、JS 等系列开式高性能机械压力机；JE31、JE36、JH31、JH36 系列闭式、半闭式单、双点机械压力机；VH、SH 系列开式高速机械压力机；JF75G 系列闭式高速机械压力机；NTP 系列数控回转头压力机；DP21、DP31 系列精密数控伺服压力机；Y27、Y32 系列液压机；XD 系列汽车钢圈成套制造设备等 28 个系列 170 余个产品。产品广泛应用于汽车、家电、电子、电机、电器、IT、五金、农机、军工、仪器仪表、航空等行业。

公司重视人才的引进和培养。先后引进多名高、中级技术人员及具有大学本科学历和较高外语水平的优秀人才,为企业的进步和发展提供了保证。多年来,公司凭借先进的加工设备和模具,高素质的技术人员和可靠的质量保证体系,研制生产压铸件和汽车传动系统零部件上百种,现在获得自主进出口权,自营进出口业务,赢得了市场,赢得了顾客的信任。

机加工车间有加工中心9台,其中,日本新潟卧式加工中心2台、汉川机床厂卧式加工中心3台、德国DMG立式加工中心4台。还有组合机床5台,包括日本引进的设备2台和国产的3台,用于加工汽车变速箱零件。另有车、铣、钻、磨、制齿等品种规格配套的机械加工设备120余台,已形成普通车床的生产能力。车间里德国DMG立式加工中心有李四、赵六、张三、王五四个操作工人。

李四是刚来公司的大专毕业学生,以前没有参加过任何工作,只有满腔热情,不知道如何才能做一个好员工,现在主要想多学习、多做些实践,以增长才干。

赵六已来公司工作三年多了,能在师傅指导下,独立从事工作。他家庭负担重,母亲常年有病。

张三是已经在公司工作十年多了,独立从事操作工作能力强,家务重,与同事不易配合好。

王五是老员工了,独立从事操作能力很强,是业务骨干。学习工作抓得严又紧,然而善于配合领导和同事工作。

车间主任选用领导有效性的情景理论,应如何对他们进行有效管理?

(资料来源:竺溪心斋——浙江博客网: http://rsy1960.blog.zjol.com.cn)

二、案例分析

本案例中,车间主任可应用领导生命周期理论进行管理。领导生命周期理论是一种三因素的权变领导理论。认为领导方式应由工作行为、关系行为、下属的成熟程度三个因素来决定。随着下属成熟程度的由低到高,形成一个领导生命周期,一般为"高工作、低关系"—"高工作、高关系"—"低工作、高关系"—"低工作、低关系"。

"高工作、低关系"是命令式的领导方式。当一个新工人刚进厂时,成熟程度低,经验和自觉性都较差。这时的领导方式应该是,多强调工作行为,明确规定其工作任务,并加强指导,不能让他多行使自行做主的权力。

"高工作、高关系"是说服式的领导方式。当工人进厂一段时间以后,工作经验和自我控制能力都逐渐增长。这时的有效领导方式是，在工作指导方面还不能放松，但不是采取简单命令的方式，而是通过说服方式，使工人通过自我控制来完成工作任务。

"低工作、高关系"是参与式领导方式。当工人更为成熟、工作上更为熟练、自我控制能力更强时，有效的领导方式应该是吸引工人来参与决策，进一步发挥工人的主动性和积极性，而不必在工作上对工人做太多的规定和约束。

"低工作、低关系"是授权式领导方式。当工人在工作和性格上都已高度成熟时，有效的领导方式应该是授权给他，让他放手去干，不要多加干预。

案例中，车间主任对李四、赵六、张三、王五四名工人，应根据他们的不同的成熟度采取不同的领导方式。

李四是一位不成熟的工人，宜用高工作、低关系的命令式的领导方式。因为他既无生活负担又上进心强，所以，可基本上持"高工作低关系"态度，先后安排他参加公司里管辖的几乎每项活动，逐步压担子，使他较快熟悉同事，在同事中获得广泛好评。

赵六是初步成熟工人，宜用高工作、高关系的说服式的领导方式。他好学习、随和却工作成绩一般，领导对他分管的工作在每个环节都具体过问、支持和帮助他一起落实，当他老母亲患上甲肝时尽心尽力相助。

张三是比较成熟工人，宜用低工作、高关系的参与式的领导方式。他能干而孤高。对他只在大处同他商量，大量日常事务一概由他做主，使他感受到信任和被尊重，而在他忙不过来时，就安排他人去协助一下，平时经常抽空关心他的生活，如有困难尽量帮助解决。张三工作积极、主动性很高，并积极为领导出点子，配合良好。

王五是成熟的工人，宜用低工作、低关系的授权式的领导方式。他是业务骨干，善于配合领导和同事工作。群众基础较好。再加上多年来一直参加试制生产压铸件工作，领导对他施之以授权式管理方式，恰好给了他充分发挥自己潜能的环境。

三、思考·讨论·训练

1. 车间主任的领导方式怎么样？这说明了什么？

2. 根据领导生命周期理论，是否在任何情况下车间主任的做法都有效？

3. 领导生命周期理论向我们揭示了人的专业成长的规律，这是管理者应该认真领悟和遵循的吗？

4. 领导者应该如何理解员工的成熟程度？

第十二章 组织行为

组织的目的在于让平凡的人做不平凡的事。

——彼得·德鲁克

未来成功的组织，将会是那些能够快速、有效、持续地、有系统地进行变革的组织。

——罗伯特·雅各

一、组织概述

（一）组织的一般概念

组织定义为"由人组成的具有明确目的和系统性结构的实体"（罗宾斯）。在这个意义上，组织是一种社会实体或社会机构。

在上面的定义中，所谓"系统性结构"实质上是组织内部部门之间或组织成员之间由于劳动分工而引致的相互的权力、责任关系。因此，在管理学意义上，我们也可以将组织视为一种权、责角色结构。一般来说，我们可以用四个概念来进一步地描述这种权、责角色结构。

1. 职权。职权是指经由一定的正式程序所赋予某项职位的一种权力。因此，它是一种职位权力，而不是某特定个人的权力。换言之，它是只有居其位才拥有和行使的指挥、监督和控制以及惩罚、裁决等权力。

2. 职责。职责是指某项职位应该完成的任务及其责任。

3. 负责。上下级之间的一种关系：下级有向上级报告自己工作绩效的义务和责任；上级有对下级的工作进行必要指导的义务和责任。

4. 组织结构图。反映组织内各机构、岗位上下左右相互关系的一种图表。组织结构图是组织结构的直观反映。

（二）组织类型

现实中，组织可以按照不同的标准进行分类。按组织的形成方式，可以划分为正式组织与非正式组织。

1. 正式组织。正式组织是为了有效地实现组织目标，而明确规定组织成员之间职责和相互关系的一种结构，其组织制度和规范对成员具有正式的约束力。这是判别一个组织是否是正式组织的主要标准。

2. 非正式组织。非正式组织则是组织成员在感情相投的基础上，由于现实观点、爱好、兴趣、习惯、志向等一致而自发形成的结伙关系。非正式组织也有自己的目的，也可能存在分工，但其目的和分工并不是经过正式计划的，也没有严格的规章制度来保证其目的和分工的实施和存续。非正式组织中的目的和分工是自发的、富有弹性的、非生存性的或自娱性的。

正式组织与非正式组织区别如表 12 – 1 所示。

表 12 – 1　　　　　　　　正式组织与非正式组织区别

正式组织	非正式组织
有经过计划的正式的组织结构	没有正式计划的组织结构
有意创造出具有一定形式的关系	经由相互作用而自发产生
通常用组织结构图来说明	不用图表来说明
传统理论推崇正式组织	人际关系理论推崇非正式组织

（三）组织结构的设计原则

组织结构设计是一个建立或改造企业组织的过程，包括对企业活动框架和组织结构的设计和再设计，是把任务、流程、权力和责任进行有效组合和协调的活动。如人体由骨骼作为基本框架一样，企业也由组织来体现其运作架构。组织结构的设计要遵循以下原则：

1. 目标原则。组织是实现组织目标的有机载体，组织的结构、体系、过程、文化等均是为完成组织目标服务的；达成目标是组织设计的最终目标。通过企业组织结构的完善，使每个人在实现企业目标过程中做出更大的贡献。

2. 职能专业化原则。组织整体目标实现需要完成多种职能工作，包括战略规划、计划、控制、审计、资源配置等；对于以事业发展、提高效率、监督控制为首要任务的业务活动，应以此原则为主，进行部门划分。

3. 对象专业化原则。对象专业化是建立业务单元的基础，业务单元是公司事业发展的基石，部门划分应充分考虑劳动分工与协作，包括采购、市场、生产、研发、技术支持等；充分考虑公司的现状与资源，明确权限与责任。

4. 效率原则。企业的目标是追求利润，同时将成本降低到最低点，效率原则是衡量任何组织结构的基础。组织结构，如果能使人们（指有效能的人）以最小的失误或代价（它超出了人们通常以货币或小时等计量的指标来衡量费用的含义）来实现目标，就是有效的。

5. 适应创新原则。组织结构设计应综合考虑公司的内外部环境，组织的理念与文化价值观，组织的当前以及未来的发展战略，组织使用的技术等以适应组织的现实状况；并且，随着组织的成长与发展，组织结构应有一定的拓展空间。

6. 管理层级原则。管理层级与幅度的设置受到组织规模的制约；在组织规模一定的情况下，管理幅度越大，管理层级越少；组织管理层级的设计应在管理有效的控制幅度之下，尽量减少管理层级，以利精简编制，促进信息流通。

7. 有效控制原则。对组织的有效控制，在组织设计时应注意命令统一、权责对等；制定规范可行的政策、制度；职能部门加强计划、预算、核查等工作，业务部门加强事前的协调、事中的过程控制、事后的经验总结。

8. 系统运作原则。组织运作整体效率是一个系统性过程，组织设计应简化流程，有利于信息畅通，决策迅速，部门协调；应充分考虑交叉业务活动的统一协调；保证过程管理的整体性。

（四）组织结构设计的程序

1. 确定组织目标。组织目标是组织设计的基本出发点。任何组织都是实现某一目标的工具，没有明确的目标，组织就失去了其存在的意义。因此，组织设计的第一步，就是要在综合分析组织外部环境和内部条件的基础上，合理确定组织的总目标及各种具体的派生目标。

2. 确定业务内容。根据组织目标的要求，确定为实现组织目标所必需的业务活动，并按其性质适当地分类，如企业的市场研究、经营决策、产品开发、质量管理、营销管理，等等。并进一步明确各类活动的范围和大概工作量。在此基础上，进行业务流程的总体设计，使总体业务流程优化。

3. 确定组织结构。根据组织规模、技术特点、业务工作量大小，参考同类组织结构设计的模式，确定应采取的组织结构的基本形式，进而确定需要设置哪些单位和部门，并把性质相同或相近的业务活动划归相应的单位和部门负责，形成层次化、部门化的组织结构体系。

4. 配备职务人员。根据各单位、部门所分管的业务工作的性质和对人员的素质要求，挑选和配备称职的人员及其行政负责人，并明确其职务和职称。

5. 规定职责权限。根据组织目标的要求，明确规定各单位和部门及其负责人对业务活动应负的责任以及评价工作绩效的标准。同时，根据完成业务活动的实际需要，授予各单位和部门及其负责人相应的权力。

二、组织结构形式

(一) 传统的组织结构形式

1. 直线制。它是工业发展初期的一种最简单的组织结构形式，使用于小型组织或现场作业。当然，为了政令统一和提高组织效率，政府机构通常也采取这种组织形式。其特点是组织中一切管理工作均由领导者直接指挥和管理，不设专门的职能机构。在这种组织中，上下级的权责关系呈直线形，上级在其职权范围内具有直接指挥权和决策权，下属必须服从。这种结构形式具有权责明确、命令统一、决策迅速、反应灵敏和管理机构简单的优点，但组织发展要受到管理者个人能力的限制，组织成员只注意上下沟通，而忽视横向联系。

2. 职能制。这种组织结构形式采用专业分工的管理人员，来代替直线制的全能管理者，设立了在自己业务范围内有权向下级命令和指挥的职能机构（包括人事、财务等职能机构）。各级主管除了服从上级行政领导的指挥以外，还要服从上级职能部门在其职能领域的指挥。这种组织结构有利于发挥专业人员的功能，以弥补行政管理手段的不足；其缺点是：容易形成多头领导，削弱命令统一。一般的组织不宜采取这种形式。

3. 直线职能制。这是我国多数企业组织采用的结构形式。在直线制的基础上，只有各级行政主管有权指挥和决策，保证命令统一；职能人员只作为参谋，对下级起指导作用，只有在行政主管授予其向下级发布指示的权力时才拥有一定的指挥职能。这种组织结构既保证了集中统一指挥，又能发挥专业人员的作用。其缺点是：各职能部门自成体系，易产生矛盾和不协调，对组织绩效产生不利影响；如果对职能部门授权过大，易干扰直线指挥；职能部门缺乏弹性，对环境变化反应迟钝，并增加管理费用。

(二) 现代的组织结构形式

1. 事业部制。事业部制也称分权制结构，是一种在直线职能制基础上演变而成的现代企业组织结构形式。事业部制是把市场机制引入公司内部，按产品、部门、地区或顾客划分为若干独立经营单位，实行集中指导下的分散经营的一种管理组织模式。事业部制之所以有效率，就是因为它使企业整体命运负有责任的领导人摆脱了常规的经营活动。这样，他们才有可能将自己的时间、信息、心理能量用于企业的战略性决策。这种组织创新的本质内涵是实现企业决策的科学化。

2. 超事业部制。超事业部制又称为"部门执行制"，适用于规模超大型化的组织，是在原事业部上面再增加一层管理机构的形式。这是由于组织规模越来越超大型化，总公司直接领导各事业部，会因管理幅度过大而影响管理效果。这种结构相当于给事业部又设立了"领导部门"，使管理体制在再分权的基础上适当地再集中。这不仅可以减少高层管理人员的日常事务工作，而且还有利于协调各事业部的力量进行市场开发，增强企业的灵活性和适应性。

3. 矩阵制。矩阵制是由两套管理系统相结合而形成的长方形组织结构，是在直线职能制垂直形态组织系统的基础上，加上一套为完成某项任务而暂时设立的横向项目系统，是一种"非长期固定"的组织。它较适用于创新工作较多或经营环境复杂多变的组织。这种结构在进行产品开发、科研项目攻关时能够发挥各方面专业人才的作用，加强各部门的横向联系，提高组织管理的机动性和灵活性，但具有多头领导和临时观念的倾向。

4. 立体组织制。这种结构适用于跨国公司或规模巨大的跨地区公司。它是矩阵制的进一步发展，包括三四个方面的管理机构。通常为三维：一是按产品划分的事业部，是产品利润中心；二是按职能（如生产、技术、管理、市场调研等）划分的专业参谋机构，是专业成本中心；三是按地区或时间划分的管理机构，是地区（或时序）利润中心。这种结构除了将直线职能制与事业部制统一以外，还使规模庞大的组织在地区或时间上取得协调。随着我国企业集团的发展，一些特大型的企业也可以采用这种结构形式。

（三）新型的组织结构

1. 团队结构制。团队结构的特点是：打破部门界限，把决策权下放到团队员工，要求团队成员既是全才又是通才。团队结构包括两个方面：一是成员总数应少于12人，过多则凝聚力下降，相互间信任与忠诚度下降。二是团队结构至少应包括技术专家；能解决问题，善于决策的人；人际协调功能良好的人这三类人物。

20年前，沃尔沃、丰田等公司采用可以自我调节、相互约束的工作团队代替传统的直线等级结构。现在，在通用汽车公司、惠普公司、摩托罗拉、联邦快递、苹果电脑公司、3M公司等著名企业中，团队结构已成为其主要工作方式。

2. 虚拟结构制。虚拟组织是一种规模较小，但可以发挥主要商业职能的核心组织，它决策集中化程度很高，但部门化程度很低，或根本就不存在（如耐克公司、戴尔计算机公司）。虚拟公司追求的是最大的灵活性。这种虚拟组织创造了各种关系网络，管理人员如果认为别的公司在生产、配送、营销、服务方面比自己更好或成本更低，就可以把自己的有关业务委托或出租出去。虚拟组织从组织外部寻找各种资源，来执行企业的有关职能，而把精力集中到自己最擅长的业务上。管理人员把公司基本职能都移交给了外部力量，组织的核心是一小群管理人员。

3. 无界限组织。无界限组织是美国通用电气公司总裁杰克·威尔奇设想的理想组织结构。这种组织以被授权的多功能团队取代各种职能部门，取消组织垂直线使组织趋于扁平化，极大地降低等级秩序，使组织看上去更像粮仓筒而不是金字塔；通过经营全球化、实行组织间战略联盟等策略，致力于打破组织与客户之间的外在界限及地理障碍。例如，通用电气公司引入跨等级团队（包括高级、中级、基层主管和员工）、员工参与决策、全方位绩效评估等策略来取消组织垂直界线。可口可乐公司把自己看作一家全球性的公司，而不是美国或亚特兰大的公司。波音飞机公司、日本电气公司等都与几十家公司存在战略联盟或伙伴关系。计算机网络化使人们能够超越组织界限进行交流，远程办公方式也能模糊组织界限，使无界限组织形式成为可能。

三、组织变革

组织变革是指对组织功能方式的转换或调整。所有的组织都会不断地进行一定的变革。组织管理部门需要不断地调整工作程序，录用新的干部或员工，设立新的部门或机构，改革原有的规章与制度，实施新的信息技术，等等。组织总是面临各方面的变革压力，有来自竞争对手的、信息技术的、客户需求的等各种压力。因此，组织变革已经成为管理的重要任务之一。组织变革可以大致分成适应性变革、创新性变革和激进性变革三类。

（一）组织变革的目标

1. 使组织适应环境，以便在不断变化的环境中求发展。虽然组织行为对环境会有一定的影响，但环境的变化是客观的，任何组织的管理当局都无法阻止，也无法控制身外的环境因素。它们唯一可以做到的就是连续不断地变革自己的组织机构，设计新的奖励报酬制度、决策程序、生产经营流程和对组织成员工作实绩的考核程序，等等。通过这些内部变革的办法，以求满足组织成员对尊重和参与的需要，能够适应竞争的加剧和其他环境变动等外部环境变化的要求，从而使自己在变化的环境中得以发展。

2. 改变组织成员的观念、态度、交往手段和彼此联系的方式。一个组织，除非其成员能随着环境的变化而更新自己的观念，并能以不同的方式处理彼此间的关系、他们与工作的关系以及他们与外部顾客等的关系，否则它就不可能应付环境的变化。组织的成败兴衰取决于人们怎样做出决定。任何一种工作设计的变革，工资结构和分配制度，用工制度或组织目标的变动等，都是为了改变人们的观念和修正人们的行为。这种变更人的观念，改造人的行为的变革，是针对个人、群体、组织以及群体之间的行为方式而做的。所以，改造组织成员的观念和行为，也就像组织适应环境一样，是组织变革的一个最基本、最重要的目标。

（二）组织变革的模式

1. 阶段性变革模式。社会心理学家勒温将组织变革过程概括为由"解冻—变革—再冻结"三个阶段组成的阶段性变革模式。成功的组织变革应当首先对组织现状加以解冻，然后再组织实施变革，移动到新的组织状态，最后应当对变革后的组织状态予以再冻结，使之相对稳定。

2. 行动研究变革模式。行动研究是指一种以数据为基础、以解决问题为导向的组织变革过程，这种过程首先是系统地收集有关信息，然后在信息分析的基础上选择变革行为，将组织成员卷入变革之中。它是推行有计划的组织变革的强有力的工具。行动研究包括诊断、分析、反馈、行动和评价五个步骤。

行动研究变革模式如图 12 - 1 所示。

图 12 - 1　行动研究变革模式图

（三）组织变革的动力与阻力

1. 变革的动力。一是外部环境的变化。外部的动因是指市场、资源、技术和环境的变化，这部分因素是管理者控制不了的。市场变化如顾客的收入、价值观念、偏好发生变化，竞争者推出新产品或产品增添功能等。资源的变化包括人力资源、能源、资金、原材料供应的质量、数量以及价格的变化。技术的变化如新工艺、新材料、新技术、新设备的出现等。这些变化不仅会影响到产品，而且会出现新的职业和部门，会带来管理和人际关系的变化。二是内部环境的变化。组织成员的工作态度、工作期望、个人价值观念等方面的变化，如果与组织目标、组织结构、权力系统不相适应时，也必须对组织做相应的变革。

2. 变革的阻力。一是变革的个体阻力。变革的个体阻力有个人的知觉防御、习惯、个性、对未知的恐惧、经济原因及安全感等。二是变革的组织阻力。变革的组织阻力有组织的结构惯性、有限的变革点、文化与规范、资源限制、组织间的协议、对既得利益群体的威胁六个方面。

（四）变革阻力的化解

1. 选择好时机。组织变革前要重视舆论工作，做好各方面的准备。有时成员思想抵触较大时，要加强工作、促使条件成熟，切不可武断行事，最好是避开工作和任务特别繁忙的季节，以免过多影响任务的完成。

2. 明确从何处着手。组织的变革必须来自上层，自上而下才能推行，即使不是从最高层开始变革，也需要在获得上层的许可的条件下，从中层或从基层的某一点发动。

3. 弄清变革的范围和深度。组织变革准备涉及多大的范围，准备进行几个阶段，每个阶段达到什么样的深度，解决哪些重点问题等，都要心中有数。

4. 始终把握组织变革的目标。组织变革的最终目标在于使组织与其所处的环境相适应，不断提高组织效力，同时要改造成员的行为方式，激励成员的积极性，使组织充满活力。

（五）组织变革的主要技术方法

1. 以组织的设计和战略为重点的变革方法。组织整体范围的变革常常涉及变更组织的战略和组织设计；以设计为重点的变革方法涉及重新定义职位、角色和职位间的关系以及重新设计部门、团队和组织的结构；以战略为重点的变革方法涉及重新考虑组织的基本使命或目标，以及那些对达到这些目标至关重要的专门计划或战略。适应性组织设计的基本目标是：建立支持团队、项目、联盟、合作的经常变化网络，放弃传统的、官僚组织结构和章程。

2. 以技术和任务为重点的变革方法。以技术和任务为重点的变革方法主要是对组织的部门、层次、工作任务进行重新组合，改变原有的工作流程；对完成工作和任务的技术工作进行更新、改变解决问题的机制和方法程序等。主要包括工作设计、社会技术系统、质量圈、再造工程和全面质量管理。

四、组织发展

（一）组织发展的概念

组织发展是一种基于行为科学研究和理论的、有计划的、系统的组织变革过程，也可以看作组织变革过程的一种模式。

狭义的组织发展是指组织成员行为的变革，而广义的组织发展还包括组织结构的变革以及技术变革等。它是以组织中有关个体、群体行为理论为基础的系统的组织变革。

组织发展并不是一项单一的技术，而是建立在人本主义价值观基础上的有计划变革的一系列干预措施的总和。大多数组织发展活动都是以尊重人、信任和支持、权利均等、正视问题和参与为其基本价值观念，重视组织和成员的成长、合作、参与等过程，并重视组织的有效性与员工幸福等方面。

（二）组织发展的基本特征

1. 组织发展包含深层次的变革和高度的价值导向。组织发展意味着需要深层次和长期性的组织变革。例如，许多企业为了获取新的竞争优势，计划在组织文化的层次实施新的组织变革，这就需要采用组织发展模型与方法。由于组织发展涉及人员、群体和组织文化，这里包含着明显的价值导向，特别是注重合作协调而不是冲突对抗，强调自我监控而不是规章控制，鼓励民主参与管理而不是集权管理。

2. 组织发展是一个诊断和改进周期。组织发展的思路是对企业进行多层诊断、全面配方、行动干预和监控评价，从而形成积极健康的诊断—改进周期。因此，组织发展强调基于研究与实践的结合。组织发展的一个显著特征是把组织发展思路和方法建立在充分的诊断、裁剪和实践验证的基础之上。组织发展的关键部分之一就是学习和解决问题，这也是组织发展的一个重要基础。

3. 组织发展是一个渐进过程。组织发展活动既有一定的目标，又是一个连贯的不断变化的动态过程。组织发展的重要基础与特点，是强调各部分的相互联系和相互依存。在组织发展中，企业组织中的各种管理与经营事件不是孤立的，而是相互关联的；一个部门或一方面所进行的组织发展，必然影响其他部门或方面的进程，因此，应从整个组织系统出发进行组织发展，既要考虑各部分的工作，又须从整个系统协调各部分的活动，并调节其与外界的关系。组织发展着重于过程的改进，既解决当前存在的问题，又通过有效沟通、问题解决、参与决策、冲突处理、权力分享和生涯设计等过程，学习新的知识和技能，解决相互之间存在的问题，明确群体和组织的目标，实现组织发展的总体目标。

4. 组织发展是以有计划的再教育手段实现变革的策略。组织发展不只是有关知识和信息等方面的变革，而更重要的是在态度、价值观念、技能、人际关系和文化气氛等管理心理各方面的更新。组织发展理论认为，通过组织发展的再教育，可以使干部员工抛弃不适应于形势发展的旧规范，建立新的行为规范，并且使行为规范建立在干部员工的态度和价值体系优化的基础之上，从而实现组织的战略目的。

5. 组织发展具有明确的目标与计划性。组织发展活动都是订立和实施发展目标与计划的过程，并且，需要设计各种培训和学习活动来提高目标设置和战略规划的能力。大量的研究表明，明确、具体、中等难度的目标更能够激发工作动机和提高工作效能。目标订立与目标管理活动，不但能够最大限度地利用企业的各种资源，发挥人和技术两个方面的潜力；而且还能产生高质量的发展计划，提高长期的责任感和义务感。因此，组织发展的一个重要方面就是让组织设立长远学习目标和掌握工作计划技能，包括制定指标和计划、按照预定目标确定具体的工作程序以及决策技能等。

（三）组织发展的干预措施

组织发展的干预措施又称干预技术，是指为了改善组织效能，针对有关组织成员或群体所采取的各种措施或技术。最常见的组织发展干预措施的分类有：

1. 根据工作对象划分的组织发展干预措施。根据组织发展干预措施的工作对象，将其分为组织、群体（或部门）之间、群体、人际、个体或个人五个层次，每个层次应对的问题和工作内容有所不同，各有特点，需要使用不同的干预措施。

2. 根据变革因素划分的组织发展干预措施。这种分类方法一般是按照组织内的任务、结构、技术和人员四个相互作用的重要因素来划分组织发展的干预措施。组织发展所针对的变革因素重点不同时，其工作内容及其所需要使用的干预措施也应有所不同。

3. 以人员和文化为重点的变革方法。以人员和文化为重点的变革方法常用的有：检查反馈、团队结构与团队建设、过程咨询、工作生活质量、高绩效高承诺的工作体系和文化变革六种。

案例 12 - 1　巴恩斯医院

一、案例介绍

10 月的某一天，产科护士长黛安娜给巴恩斯医院院长戴维斯博士打来电话，要求立即做出一项新的人事安排。从黛安娜急促的声音中，院长感觉到一定发生了什么事，因此要她立即到办公室来。5 分钟后，黛安娜递给了院长一封辞职信。

"戴维斯博士，我再也干不下去了，"她开始申述，"我在产科当护士长已经四个月了，我简直干不下去了。我怎么能干得了这工作呢？我有两三个上司，每个人都有不同的要求，都要求优先处理。要知道，我只是一个凡人。我已经尽最大的努力适应这种工作，但看来这是不可能的。让我给举个例子吧。请相信我，这是一件平平常常的事。像这样的事情，每天都在发生。"

"昨天早上 7 点 45 分，我来到办公室就发现桌上留了张纸条，是杰克逊（医院的主任护士）给我的。她告诉我，她上午 10 点钟需要一份床位利用情况报告，供她下午在向董事会作汇报时用。我知道，这样一份报告至少要花一个半小时才能写出来。30 分钟以后，乔伊斯（黛安娜的直接主管，基层护士监督员）走进来质问我为什么我的两位护士不在班上。我告诉她雷诺兹医生（外科主任）她们两位从我这儿要走了，说是急诊外科手术正缺人手，需要借用一下。我告诉她，我也反对过，但雷诺兹坚持说只能这么办。你猜，乔伊斯说什么？她叫我立即让这些护士回到产科部。她还说，一个小时以后，她会回来检查我是否把这事办好了！我跟你说，这样的事情每天都发生好几次。一家医院就只能这样运作吗？"

（资料来源：朱秀文：《管理学教程》，天津大学出版社 2004 年版）

二、案例分析

根据案例分析，巴恩斯医院的组织设计违反了统一的原则，统一指挥原则要求每位下属应该有一个上级，要求在上下级之间形成一条清晰的指挥链。黛安娜因为有多个上级，而上级之间又彼此不同甚至相互冲突的命令而感到无所适从。为了避免像巴恩斯医院那样存在多头指挥，应明确上下级的职权、职责和沟通联系的具体方式。

巴恩斯医院的结构问题。一是组织结构可以分解为三种成分：复杂性，正规化和集权化。就复杂性而言，该医院未进行细致的劳动分工，反映在越权行事和协调各科人员工作困难。正规化不够，各项规章制度不健全，才使得整个管理混乱。在集权化方面，未将决策制定权力授予下层人员，也就是分权化不够，使得产科护士长不能行使正常的固有的权力。多头管理，两个上司在管，外科室的主任还可以来支配她，使她手足无措，应接不暇，虽自己尽了最大努力，仍未取得成效。二是黛安娜是一个产科护士长，不是基层护士监管员。所以，该医院的问题是产科护士长没有能坚持自己的主张，而将两名护士借给外科使用，护士监督员乔伊斯没有实行有效的监督权。

案例中有两人越权行事。一是外科主任雷诺兹在急诊外科手术缺人手时，未经过主任护士杰克逊的同意，直接到妇产科借用走两名护士，属跨科室行使权力。二是产科护士长黛安娜对本职工作中的人事操作上有意见，有情绪，不是直接向主管领导基层护士监督员乔伊斯反映或向医院的主任护士反映，而是直接打给院长，并要求院长立即做出新的人事安排，同时递交辞职信，这属于越过职权层级链行事。

戴维斯博士改进医院现状。一是对医院进行更完善组织设计，重要的是制定详细的规章制度。一个组织使用的规章条例越多，其组织结构就越正规化。

制定出院规、处规的科室规章制度，便于院长的统一管理、检查、考核，等等。二是职权明确，职责到人，各司其职，避免类似的越权行事。如产科护士受产科部护士长的指挥、调动、管理，产科护士长的工作由基层护士监督员将情况反映给主任护士，基层护士监督员既是各病区护士长的直接主管，同时又是主任护士的助理，形成一种直线的职权关系，管理调动有序。在授权的同时要授责，否则会给滥用职权创造机会。医疗行业是个非常重要和特殊的行业，人命关天，所以，尤其强调管理有序，职责明确。三是在强调各部门分工的同时，更要注重院内各部门、各科室之间的协作。如，会诊等。但一定要在院医务处或主任护士的统一安排、协调下进行。否则，松散结构，会造成案例中出现辞职状况。

护士长要更好地处理冲突。一是发挥自己应有的权力。权力有五种来源或基础：强制的、奖赏的、合法的、专家的和感召的。对照分析，可采取强制权力，在影响了本科室工作人员的情况下，向外科主任耐心解释仍无效的情况下使用。二是向本科室的直接主管，如基层护士监督员反映，由她向主任护士汇报，统筹安排，调配人员。出了问题后，黛安娜应及时请示汇报，由监督员妥善处理，以防正面冲突。即黛安娜采取一种与职位相关的职权——合法权。

三、思考·讨论·训练

1. 巴恩斯医院的正式指挥链是怎样的？

2. 有人越权行事吗？

3. 戴维斯博士能做些什么改进现状？

4. "巴恩斯医院的结构并没有问题。问题在于，黛安娜·波兰斯基不是一个有效的监管者。"对此，您是赞同还是不赞同？提出您的理由。

5. 波兰斯基可以利用哪些权力来使自己更好地处理冲突呢？

6. 这个案例中您发现了什么问题？

案例 12-2 美国商用计算机和设备公司

一、案例介绍

美国商用计算机和设备公司由于其最佳而又新颖的产品、富有想象力的销售办法和对各公司客户的优质服务，已发展到位于在它经营领域的前列，每年销售额超过 10 亿美元, 利润率高, 股票价格节节上升。该公司已获得投资者的青睐, 因为他们从中可得到的高股息增长率, 高利润。然而公司总裁不久发现, 一向运行良好的组织结构, 现已不能适应该公司的需要了。

多年来, 公司是按照职能系列组织起来的, 由几位副总裁分管财务、销售、生产、人事、采购、工程以及研究开发, 随着公司的发展, 公司已把其产品系列扩大, 从商用计算机扩展到电动打字机、照相复印机、电影摄影机和放映机、机床用计算机控制设备以及电动会计机。随着时间的推移, 人们对以下情况感到关注: 该公司的组织结构使总裁办公室以下的人员、机构无法对公司的利润负责, 无法适应目前在国外许多国家进行的业务的广泛性, 并且似乎加固了阻碍销售、生产和工程各职能部门之间有效协调的 "壁垒"。此外, 有许多决定似乎除了总裁办公室以外, 其他任何低于这一级的都不能做出。

因此, 总裁将公司分成 15 个在美国和海外的各自独立经营的分公司, 每个公司对利润负有全部的责任。然而在实行公司重组后, 总裁开始感到对分公司不能实行充分的控制了。分公司在采购和人事职能方面出现了大量的重复, 各分公司经理无视总公司的方针和策略, 各自经营自己的业务, 在总裁面前逐步显示出公司正在瓦解成一些独立部门。

总裁亲眼见过几家大公司当一家分公司的经理犯了错误并使该公司遭受重大损失时而陷于困境的事例, 终于认识到他在分权方面已走得太远了。于是, 他收回了分公司经理的某些职权, 并要求他们就下述重要事项决策应征得公司最高管理部门的批准, 即: 超过 1 万美元的资本支出、新产品的推出、制定销售和价格策略及政策、扩大工厂、人事政策的改变。

当分公司的一般经理们看到他们的某些自主权被收回时, 他们的不愉快是可以理解的。他们公开抱怨公司的方针摇摆不定, 一会儿分权, 一会儿集权。

总裁对自己处于这种情况感到忧虑。请你作为一位顾问, 就他该怎么办提出建议。

(资料来源: 余敬:《管理学案例》, 陕西人民出版社 2000 年版)

二、案例分析

通过本案例分析我们可以看出公司原先的组织结构及其存在的问题, 以及总裁要重新控制公司的原因。多年来, 公司是按照职能系列组织起来的, 由几位副总裁分管财务、销售、生产、人事、采购、工程以及研究开发, 随着公司的发展, 公司已把其产品系列扩大, 从商用计算机扩展到电动打字机、照相复印机、电影摄影机和放映机、机床用计算机控制设备以及电动会计机。随着时间的推移，人们对以下情况感到关注：该公司的组织结构使总裁办公室以下的人员、机构无法对公司的利润负责，无法适应目前在国外许多国家进行的业务的广泛性，并且似乎加固了阻碍销售、生产和工程各职能部门之间有效协调的"壁垒"。此外，有许多决定似乎除了总裁办公室以外，其他任何低于这一级的都不能做出。因此，公司必须进行组织变革，总裁将公司分成15个独立的分公司时，一些制度、方案、流程等不是太完善、太合理，导致15个分公司有点像迷失了路的小羊，没有了方向。再加上每个分公司都要对利润负全责，更导致每个分公司都以自己的利益为重，不顾总公司的方针和策略，疏忽了15个分公司是一个总体的概念，每个分公司都各自为政，致使一家有难也无人援助的现象发生。

从案例来看，公司总裁在组织变革时，也就是由原来的直线职能制转向事业部制的过程中，出现的主要问题：一是总裁对分公司不能实行充分的控制了，如各分公司经理无视总公司的方针和策略，各自经营自己的业务；二是各事业部之间的横向协调困难了；三是管理成本提高，资源浪费，如分公司在采购和人事职能方面出现了大量的重复。

面对公司重组中出现的上述问题，总裁收回了分公司经理的某些职权，并要求他们就下述重要事项决策应征得公司最高管理部门的批准，即：一是超过1万美元的资本支出，二是新产品的推出，三是制定销售和价格的策略及政策，四是扩大工厂，五是人事政策的改变。

在进行组织结构设计时要注意制定制度，对一些老套的公司制度加以完善。对于公司出现的问题应及时了解，知道企业的问题出在哪些环节，是什么原因导致的，应采取什么相应措施。采用现代管理理念，对企业传统的、落后的、不适应市场需求的管理思想、管理模式来一次脱胎换骨的革新和再造。对企业的管理权限、管理职能、管理方法、管理效果都将进行根本性的变革。

所以，在对一些重要的权力进行重新集权时，总裁有必要进行有效的沟通，使分公司的经理能够理解公司的意图，从而减少阻力。组织结构的设计和变革过程中考虑得比较多的一个问题是集权和分权的问题，也就是权限的划分。事业部制的基本思想是"集中政策，分散经营"。对于一些重要权力，比如采购、预算、人事任免等必须集中，从而能够加强公司对各事业部的控制；同时我们也看出，任何变革都将涉及部门的利益问题，所以，为了减少变革的阻力，管理沟通是必要的。

三、思考·讨论·训练

1. 您认为总裁设立 15 个独立分公司时，存在哪些问题？
2. 总裁为什么要重组公司？您如何评价总裁为重新控制公司所做的一切？
3. 在总裁决定重新控制公司时，您认为总裁应该怎样做才能消除分公司的抱怨？
4. 针对上述案例，您认为在进行组织结构设计时应注意哪些问题？

案例 12 - 3　三九企业的组织设计

一、案例介绍

三九企业是中国目前五大制药工业企业之一，是一家特殊形式的国家所有制——军队所有制企业。其直接行政主管单位 1987 ~ 1991 年间是第一军医大学，后从 1992 年开始脱离军医大，归属中国人民解放军总后勤部生产部管理。作为一家军队开办的经营有方的药品生产企业，它从 1987 年建成投产，截止到 1994 年年底，共为国家上缴 2.541 亿元的所有者收益。

三九企业在迅速发展过程中产生了引进外资扩大再生产规模的需要。1992 年 8 月 1 日，经上级主管部门批准，并通过深圳会计师事务所的资产审计评估后，同泰国正大集团合资成立了三九正大药业有限公司，三九企业占 51% 的股份，正大集团投入 2000 万美元，占 49% 的股份。这样组建起来的中外合资经营企业是一种混合型所有制形式，国有股在其中居主体地位，企业在法律上的表现形式是有限责任公司。通过采用股份制方式来组建三九药业，初步解决了药品研制开发、生产和销售中存在的资金短缺和发展后劲不足问题，使三九企业在 1992 ~ 1994 年全国国有企业普遍滑坡形势下仍保持了发展态势。这次三九企业内部药品生产经营主体业务在财产组织形态上的重大改组，被称做是三九药业"三级跳的第一跳"。

三九药业的第二跳是扩股。1993 年下半年，在国务院有关机构联办主办下，经过各方协商努力，经世界最权威的香港毕马威会计师事务所重新对三九药业进行资产评估后，三九正大药业有限公司进一步改组为三九药业有限公司，股东由原来的 2 个扩大为 9 个，即在原三九企业和泰国正大集团基础上新增了美国默克制药公司、花旗银行、帕洛玛投资公司、图德投资公司、泰国光大国际公司、香港国泰财富基金 7 个股东。扩股以后，三九企业的持股由原

51%降为39%，正大集团由49%降为20%。虽然扩股后三九企业所持股份比例有所下降，但相对说来国有股份在三九药业中仍占有多数份额。通过这次扩增海外股份，三九药业获得了6000万美元的扩展资金，为生产经营的上规模、上档次提供了更为可靠的物质保证。而且，将股东扩展到美国4家公司、泰国和中国香港各2家公司后，三九企业在财产组织上也初步演化成为国际性的跨国制药公司。三九企业还积极准备，争取三九药业股票在美国纽约上市，以进一步扩大海外股东规模，拓宽资金来源渠道。具体设想方案是，各股东均稀释出25%的股份，九大股东内部持股比例不变，这样将引进1亿~1.5亿美元资金，使三九药业发展进入良性循环的轨道，并实现三九企业以"单纯产业型"向产业与金融业相结合的"高级组合型"跨国公司发展的战略部署。

三九企业在财产组织上的第三次变革是，它将作为全军22家现代企业制度试点企业之一进行股份制改造。目前三九集团内的企业，除了三九药业外，全都是单一的国有制独资企业。为了寻求军队公有制企业与社会主义市场经济接轨的更有效途径，探索军企职责分开的新路子，使企业从军事机构附属物中摆脱出来，真正成为自主地进行商品生产经营和资本经营的独立经济实体和市场竞争主体，这次改制拟采用中外合资、兼并私人企业和让员工参股等多种方式，把集团的核心企业逐步改组为以国有制为主、集体和私有制为辅、多种所有制并存的混合所有制形式的企业，并争取在将来条件具备时向股份有限公司转化乃至成为股票在国内外同时上市的公众公司。

三九企业在规模不断壮大和发展过程中，其管理组织结构也在不断地调整和变化之中。概括起来，它经历了以下几个阶段：

（1）创业阶段。从1985年开始筹建到投产前的那一段时间，三九企业的中心任务是，尽快把科技成果转化为生产力，形成药品的批量生产能力。赵新先厂长带领5个年轻人在艰苦的创业过程中，不但没有给自己配副手，而且责成手下5人各自独立负责一摊子工作，各自也都没有配副手，这是一种权力高度集中、精干高效的组织形式。赵新先发现这种办法用人少、矛盾少、责任明确、效率很高，故将其归纳为"正职领导一人负责制"，并视为一条基本组织原则，在企业发展壮大后的日常生产经营管理系统的多次组织改组中都给予了坚持。

（2）投产阶段。三九企业于1987年9月建成投产以后，开始形成正式的直线职能制。这种组织形式的特点是，企业设立两套组织系统：一套是按统一指挥原则设立的直线管理系统；另一套是按专业化分工原则设立的参谋职能系统。职能管理人员作为直线指挥人员的参谋和助手，只对下一层次机构的工作进行业务指导，而无权发布命令进行指挥。这种组织结构形式可以避免多头领导，同时也实现了管理工作上的职能分工。三九企业投产初期的组织机构包括开发部、供应部、生产部、贸易部、企管部和后勤部。赵新先作为一厂之长，对药厂的工作全面负责，各位部长对所管辖领域的一切问题负责。为了避免各部门之间频繁地发生不必要的跨部门联系，三九企业在设置直线职能制组织结构时遵循了一条重要的原则——"大职能，小部门"原则，即在坚持少用人的前提下，尽可能把相关的工作归并在一个部门内。这样按部门系统组合相关的职能，可以使现场作业活动与其联系密切的专业管理活动紧密地结合起来，以便简化和减少跨部门的联系，使工作中的许多协调问题就在部门内获得基本解决。这种把相互关系比较密切的工作尽可能地组合到一起的做法，在三九企业日后的其他机构设计中都得到了遵循和体现。

（3）强化经营阶段。三九企业经过几年的发展已经形成了一定的生产规模，并将三九胃泰、壮骨关节丸、正天丸、感冒灵冲剂等6个产品成功地推向了市场。鉴于全国医药市场从1991年年底开始出现不利的变化及药厂的拳头产品出现了断层的现象，为加强经营工作，三九企业在原贸易部基础上组建了三九贸易公司（隶属于三九药业有限公司）。贸易公司着力进行销售网络建设，在全国各大城市建立了62个分支机构，销售网络共达3000多个，并在1994年完成了对宁波、长沙、无锡三家营业额达1亿元以上的国营医药商业单位的收购（三九药业有限公司下设医药投资管理部，负责对购并来的医药经销渠道进行管理），使三九药业销售规模达到了8.6亿元的水平。

三九企业鉴于在发展过程中要投入大量的资金做产品宣传广告，为此投资建立了三九广告传播公司，一方面为药厂制作高水平的广告并形成独具特色的广告风格，有力地宣传三九系列药品；另一方面又通过承揽其他厂家的广告业务挣得额外收益。三九企业还完成了制药产业链上配套供应环节的纵向一体化经营，创设了九星印制包装中心、九辉实业有限公司等。

三九企业组织结构调整的再一步骤，是成立了"两部"、"两院"。

以往，药厂的产品质检是由开发部负责，考虑到药品质量是药品生产经营工作的一大关键，三九企业及时成立了质检中心，加强产品质量把关。后来，为将药品质检工作与药品质量管理工作有机地结合起来，1992年3月成立了质量管理部，下设实验室质量检验和业务室质量管理两大部门。另外，由于药厂生产规模扩大、人员日益增多，对干部的考核和使用、企业的思想宣传工作和文化建设也显得日趋重要。为此，药厂成立了人事部和党务部（1994年年底合并为党务人事部）负责上述工作。

三九企业成立的"两院"，一是在撤销药厂开发部机构基础上设立的三九医药研究院，另一是新近着手筹建的三九医院。成立"两院"的目的，是建立药厂自己的科研基地和新药临床试验基地，以进一步增加产品储备，占领和扩大医药市场。

随着各类组织机构的建立和完善，内部联系也逐步变得复杂起来。为了理顺各种关系，三九企业逐渐形成了横向协调的机制。如企业每月制定生产计划，先是由贸易公司根据销售和库存情况与生产部协商确定，然后由生产部根据能力负荷情况做出计划安排，报请厂长批准后，下达具体生产任务到各车间并通知供应部和质量管理部。平常的工作联系主要是通过电话来实现销售、生产、供应和质检等环节的沟通与协调。这样灵活的、自主的协调机制，是三九企业组织设计的另一特色。

（4）以药品生产为主，实行多元化经营，开拓国际市场阶段。这一阶段的组织结构调整是伴随着三九企业集团的成立与发展进行的，主要包括以下几个方面：一是在加强中成药生产基地建设的同时，围绕医药关联产品建立了西药生产基地（九新药业有限公司）和生化制品生产基地（九升生物制品厂、九阳天然保健制品厂、九泰保健日用品厂等），目前正抓紧建设生物工程产品生产基地（如九先生物工程有限公司）。二是1990年，三九企业得到了美国食品与药品管理局（FDA）同意"三九胃泰"在美国生产和销售的批文，并与外商合资建立了一个生产厂（九美企业），在美国就地加工和生产"三九胃泰"胶剂（英文名称 ST. MTAE）。同时，为协调三九系列药品的海外开拓工作，三九企业于1995年年初成立了海外公司党委和海外公司管理部，以加强企业对海外业务的统一管理。三是三九企业投资和联合了一些军队和地方企业，壮大了三九集团队伍，并在一段时间内与三九集团管理机关合署办公，实行"两个牌子，一套班子"，以更有效地精简机构和管理人员。三九企业集团自1991年年底组建以来，截至1994年年底，集团企业已由原来的34家发展到90余家，固定资产从16亿元增加到43.33亿元，经营领域从医药工业发展到汽车工业、食品工业等八大产业和八大综合性公司。三九集团成立三年来产值利税连年翻番，1994年集团实现产值32.08亿元，利税4.66亿元，人均产值和利税分别为138万元和20万元。三九集团在短短的几年时间内获得这么迅速的发展，是同集团坚持以医药为主、科工贸并举、多元化和国际化经营的发展战略分不开的，同时也同集团的合理的组织与管理密不可分。

三九企业在作业活动组织方面也形成了自己的特色。

首先从药品生产经营的主体作业（"一线"）活动、辅助作业（"二线"）活动和附属性作业（"三线"）活动来看，"二线"和"三线"活动对"一线"

活动的主从关系的处理是否妥当，是衡量企业作业组织水平的一个重要方面。三九企业在作业组织设计上一开始就注意其合理化的方向，并经过近年来力量配备的调整而得到不断优化。在三九药业现有的职工队伍中，销售一线上的队伍包括有 62 名负责各地销售分支机构工作的高级业务代表和 229 名负责各地市场推广工作的常驻业务代表以及 1017 名负责当地医院等客户信息工作的编外的专职或兼职信息员。生产一线上的工人为 174 人，设备检修工人 103 人，医药研究院人员 37 人。这样的人员结构反映了三九企业"以市场为导向，以科技为动力，科工贸并举"的经营思想。

再从生产现场的组织来看，三九企业在建厂初期就力求破除传统的大锅煎熬的中药制剂工艺，用高技术和一流设备创造高质量、高效率和高效益。在研究开发"三九胃泰"生产工艺时，赵新先厂长亲自参加设计了一条 NF－A 型现代化生产线，将提取、浓缩、干燥三道工序集中在一个 450 平方米的车间里，从投料到出成品，全部工艺流程由中央操作室集中控制，达到自动化、管道化、密闭化。这条生产线的全套设备造价 110 万元人民币，与传统的工艺和设备相比投入高出数倍，但它每天出厂的药量可供 20 万人日服两次，使生产效率提高 60%，而生产工人只需 9 人，每班 3 人。1989 年，药厂又投资 300 万元，设计制造了 NF－B 型新一代中药生产线，全部流程由电脑监控，比原来的 NF－A 型线技术更加先进，产品质量又有了新的改善。为了进一步拓展国际市场，增强产品的国际竞争能力，三九企业从 1992 年开始又投资 2300 万元在国内率先对全厂 9 个生产车间进行了 GMP（世界卫生组织规定的药品生产和质量管理规范）改造，并投资了 3000 多万元从国外引进 20 世纪 80 年代先进的制药设备，装备了其中 5 个主要生产车间，从而使原有中成药生产基地改建成了符合 GMP 要求的现代化的中药生产基地，为药厂吸引外资及寻求国际合作创造了有利条件。同时，遵循"高投入、高产出"的原则，三九企业新建的化学药生产基地（九新制药有限公司），全套设备由德国引进，达到国际 90 年代先进水平，生产的头孢类抗菌素产量逐年翻番，质量达到日本、瑞士等厂家的水平。对此，"九新"的前任总经理陈重深有体会地说："长期以来，国内提'投资少、见效快'的多。事实上，这是一种理想状态，在特定情况下是可能的，但不会是普遍的。中国医药界经过 20 多年的发展，现在已经进入了高投入、高产出的阶段，这是历史的必然。只有面向 21 世纪，高起点、高投入，才能有高产出、高效益，企业才有发展后劲。"

（资料来源：吴培良、郑明身、王凤彬：《组织理论与设计》，中国人民大学出版社1998 年版）

二、案例分析

从案例中我们看到经过十多年的不断探索，三九集团逐步建立并形成一套高效的管理机制。其核心：一是实行法人代表负责制。领导班子为一个人全权负责，没有副手，责任明确。二是实行"四能"管理机制，即"干部能上能下，机构能设能撤，职工能进能出，工资能高能低"，不让机构和职务框死人，而让机构和职务为发展生产力服务，使企业在高效运作中始终保持生机和活力。三是实行"岗位工资＋效益工资为主体的按劳取酬、按责领薪、按利分红"的工资分配制度，用利益动力来调动企业和个人的积极性。四是制约权力、防止腐败、行之有效的监督机制。不受约束的权力必然产生腐败。三九集团在实践中逐渐形成了一套行之有效的监督约束机制，以此来制约权力。它既是推动企业高速前进的车轮，又可以随时保障车轮不出轨。

案例中我们可以清楚地看到，三九集团将组织工作当成一种过程看待时，必须考虑的几项基本因素：一是企业结构必须反映企业目标和计划，因为企业的活动是从目标和计划而来的。二是企业结构必须反映出企业管理可使用的权力。三是与任何计划一样，组织结构必须反映它的环境，必须把组织结构设计得能进行工作，能让集体中的成员做出贡献，并能帮助人们在变化中的未来有效地达到目标。从这个意义上讲，可行的组织结构绝不能是静止的，没有一种唯一的、最好的组织结构适用于任何一种环境。有效的组织结构取决于具体环境。

案例中三九集团的体制创新是推动企业迅速发展的强大动力。企业的体制弊端主要表现在产权不明晰，管理混乱，企业效益低下。搞好企业保持国民经济可持续发展，必须加大改革力度，推动现代企业制度的建立和完善。三九集团经过十多年发展，摸索出了一条在国家出资人（总后）与集团总部，集团总部与成员企业之间进行有效的产权管理的路子，形成了法定代表人制度。这为探索国有企业深化改革，实行政企分开，提供了很好的样板；调整经济发展战略，加大结构调整力度，实施企业的战略性改组，盘活存量，对企业生产要素进行有效的重新配置，提高企业生产力水平，是摆脱企业困境的重要思路。企业发展一直实行粗放型扩展战略，企业无所不在。也使项目重复建设严重，出现"大而全"、"小而全"现象。结果，国有资产配置不合理，生产能力总量闲置，结构矛盾突出，单个企业生产能力达不到规模经济。必须调整企业经济发展战略，有进有退。三九集团的经验说明，通过结构调整和资产重组，发展跨行业、跨地区的企业集团，是增强企业的竞争活力，重振企业雄风的一条重要途径；企业集团要有自己的内涵，要建立自己的技术基础。没有强有力的科研开发实力为后盾，企业很难在激烈的市场竞争中维持生存并取得迅速发展。这在医药行业尤其如此。三九集团从高科技起步，始终坚持科技兴企的原则，大力推动技术进步，加大技术改造力度，提高企业的产品档次和装备水平，创造了自己的品牌，使企业的产品在市场上具有了强大的生命力，既能走向市场，也能占领市场，并巩固和扩大市场的实力，使企业不断发展壮大。

三、思考·讨论·训练

1. 您认为三九企业是一个集权的企业还是分权的企业？为什么？

2. 三九企业所形成的组织原则是否具有普遍适用性？为什么？请说明你的理由和具体的适用范围。

3. 请绘制一个组织图来概括反映三九企业各单位的地位和组织关系。

4. 试结合本案例说明组织结构是如何跟随企业战略的。

案例 12-4　通用电气公司的组织变革

一、案例介绍

一百多年的发展，使西方国家里崛起了一批像通用电气公司那样的跨国工业组织，如美国的埃克森、通用汽车、福特、杜邦，英国的壳牌、帝国化学，荷兰的飞利浦，法国的雷诺、圣戈班，德国的西门子、大众汽车，意大利的菲亚特，日本的三井和三菱，等等。

就是这样一批经济巨人，进入 20 世纪 80 年代后突然患病，行动迟缓，肌体老化，工作效益急剧下降。有的企业已重病在身，步履艰难。显赫的庞然大物正面临着一场生命的更新和管理上的革命。

通用电气公司也患上了巨人症，步履蹒跚，困难重重，亏损严重。公司共有 350 家大小工厂，40 多万员工，经营着几乎无所不包的产品，并且机构重叠，错综复杂。350 家企业中约有 1/4 正在亏损，1/3 的企业正在走下坡路。这个大家族中，小企业太多，其中混杂了许多薄弱企业，它们不仅影响高效益的经营，也影响管理的精力。是让这棵百年大树慢慢枯萎？还是给这棵老树注入新的生机？通用电气公司面临着艰难的选择。

当时的公司领导人是瑞吉诺德·琼斯，是一个身体羸弱、声音柔和的理财专家。琼斯在建立非凡的财务管理的同时，也建立起一套繁文缛节的官僚体系，即在公司军队式的命令系统中，又增加了更复杂的财务报告。一位财务总裁说：他有时不得不阻止几十个部门的计算机打印出高达几十英寸的日常报告。官僚机构中无用的信息湮没了高层行政人员，从而削弱了高层领导的决策能力，并奴役着需要收集这些无用信息的中层管理者。琼斯或许已经意识到了这个庞大组织所存在的问题，所以，在他临退休之前，他需要选择一个具有叛逆精神的接班人来对公司进行管理的变革。

在通用电气公司，每个人都凭真本事竞争职务。每名员工都有可能爬到金字塔的顶端。每当重要职位出现空缺，公司都从内部人事档案中挑选出 5 个最可能胜任的候选人，由负责的主管决定适当的人选。

公司的前任最高主管琼斯 1981 年从董事长的职位退休，但是，他在 1974 年就要求人事部门拟出接班人的候选人名单。最初名单上的 96 人很快被删减为 10 人，以后又减为 7 人。琼斯利用几年的时间轮调这批人，指派他们不同的任务，希望能在重重的考验中筛选出杰出人才。另一方面他也不放弃搜寻其他有潜力的候选人。事实上，最后中选的杰克·韦尔奇就未被列上初始的名单。

在筛选过程中，琼斯用了几个不同的技巧。其中，他最津津乐道的是他所谓的"飞机失事"面谈。

在候选人事先毫不知情的情况下，他分别和每个人谈了几个小时，琼斯在谈话中会突然地问："比尔，假如咱们俩一块乘飞机出差，飞机坠毁了，谁该当公司下一任的董事长？"

有些人说：他们会想办法从飞机残骸中出来。但琼斯说："不行，我们都丧生，谁应该接我的位置？"这下子，被问者心凉了。起先，每个人都顾左右而言他，但是在长达数小时的面谈中，还是吐出不少真言。

同 7 个候选人都谈过之后，琼斯开始了解这个小圈子里的人与事，例如，谁和谁可以合作，谁和谁不和，等等。3 个月后，琼斯又约 7 个候选人一一面谈，这次题目相同，他们可以事先准备，带着笔记和资料回答问题。同时，他也征询公司资深主管的意见。这些人即将退休，不可能角逐公司最高职位。他们对谁来经营公司，什么人可以合作，哪些人不适合等问题提出的意见，都很宝贵。这一次，琼斯又突如其来地打电话询问每一位候选人："这次飞机失事，我完了，但你还活着，谁应该接我的位子？"这次的反应很有趣，有些候选人经过上一次思考，已经不再卷入竞赛中，老实推荐心目中的人选。还有些人则毫不客气地自我推荐，"我就是最适当的人选。"于是琼斯问："好，如果是你，你觉得当前通用电气公司面对的主要挑战是什么？你会推动哪些计划，重用哪些人？"

这时，问题已直指公司发展战略与人事等重要问题。琼斯采取这类面谈方法的目的，是让公司最高主管在同事的推举中产生。在面谈期间，琼斯随时让董事会了解情况。最后，董事会在 7 个候选人中选了 3 位出来担任副董事长。3 位副董事长与琼斯一起主持公司大计达 15 个月之久。最终中选的韦尔奇，就在这段时间内赢得了公司内部广泛的支持，并培养起自己的管理班子，使实际"交棒"的过程格外顺利。

在军师的参谋下，一场精兵简政的管理革命拉开了序幕。韦尔奇拆掉了以前重叠的管理机构，将 40 万名员工缩减到 29 万，并将 29 个工资级别压缩为 5 个粗线条的等级。精简后的 13 个部门是：航天航空部、飞机发动机部、家用电器部、资金服务部、工业及动力系统部、照明工程部、医疗设备系统部、全国广播公司、塑料部、配电和控制系统部、信息服务部、电动机部和运输系统部。这些企业中，最大的年营业额高达 130 亿美元，最小的年营业额也超过 25 亿美元。

韦尔奇调整结构的标准是：衡量这个企业是否能跻身于同行业的前两名。如果这家企业在市场上排名第三或第四位，那么，在经济景气时它盈利，在萧条时，它就会倒闭。对这种企业就要毫不客气的砍掉。就这样，短短的 5 年间内砍掉了公司 25% 的企业，削减了十多万份工作。

从 1985 年开始，到 1990 年韦尔奇把公司的行政人员从 1700 人减少到 1000 人稍多一点。在韦尔奇担任通用电气公司最高负责人之前，公司的大多数企业负责人要向一个群部负责人汇报工作，群部负责人又向高一级部门负责人汇报，直至公司最高负责人。而且，每一级都有自己的一套班子，负责财务、推销计划以及检查每一个企业的情况。韦尔奇解散了这些"群"和"部"，消除了组织上的障碍。现在，企业负责人与业务最高负责人办公室之间没有任何阻隔，可以直接沟通。

经过裁员以后，公司行政班子的干预大大减少。过去，企业每月都向总部提出一份财务报告——尽管没有任何人使用它。现在公司财务主任丹尼斯·戴默曼让各企业把每个月的数字留在它们自己手里，他的财务班子把更多的精力用于改进"影响最终结果的事情"——如存货、应收账款、现金流动状况等。财务班子不再是整天死盯着几个小数点，而是用更多的时间来评估可能做成的生意。

改革使通用电气公司的经理们都很明白，如果在规定的时间里，成本指标和市场份额目标达不到，就只有离职一条路。他们必须要高度自觉、灵活，有判断力，善于想象和充满活力，还要敢冒风险，欢迎和主动创造变化，具有改革和开拓精神。正如哈佛大学一位教授说："大公司天天在说要开拓、再开拓，喋喋不休地重谈提高管理效果，迎接外国竞争者的挑战的老调，可唯有通用电气公司将其付诸了行动。"

通用电气公司的各产业群部都能不断推出高品质高效用的产品。如塑料部每年生产大量的各种工程塑料，所有材料都具有机械强度高、色彩稳定、耐热、耐腐蚀和耐火的特点。这些新材料对电视机、计算机、通信、电子、汽车及仪器仪表等行业都产生了特殊的影响。医疗设备系统的 X 射线摄影术、磁共振、核医学影像、超声波和放射治疗技术在世界上都遥遥领先。运输系统部已向世界各国的铁路部门提供了 1.5 万多台机车。而 DaSh8 型机车运用了先进的微处理技术，大大提高了可靠性、牵引力和燃油效率，其优良性能令人叹为观止，深受各国用户的欢迎。通用电气公司的各产业群部正以它先进的技术、高质量的产品和周到的服务，赢得了广大的客户。从 1981 年年底到 1990 年，通用电气公司的销售额从 270 亿美元上升到 300 亿美元，股东资本盈利率从 17% 上升到 20%；公司的股票也从 120 亿美元上升到 580 亿美元，超过了美国任何一家企业。另外，通过精简，公司以前需要 6 人干的活，此时只需 3 ~ 4人。同时，由于投资者们竞相出价，通用电气公司的股票市价不断上涨，从 43 点已涨至 67 点。

进入 20 世纪 90 年代，通用电气公司管理革命的步伐不但没有放慢，反而加速。从 1989 ~ 1993 年，公司的职工人数从 29.5 万人削减为 25.5 万人，13个业务部门只剩下了 12 个，航天航空部又被分离出去与马丁·玛丽埃塔公司合并了。

1994 年 9 月，又一个惊人的新闻传出：通用电气公司正在与时代华纳公司谈判，准备卖掉它唯一的一个新闻电视产业全国广播公司（NBC）。韦尔奇的想法是只保留那些在行业中占有绝对优势的部门，主要的是高效和第一，而不是大而无用、徒有虚名的大盘子。

韦尔奇上任后，更多的注重管理层的交流。每年 10 月，经过更严格挑选的100 名通用电气公司的负责人在菲尼克斯的亚利桑纳饭店里举行另一次为期两天半的交流会。同博卡拉顿的会议形成鲜明对照的是，这次进行的讨论从性质上更具有战略意义。另外，公司执行委员会的季度会议更是能加强凝聚力的场所。这个委员会成立于 1986 年，由一批精选的 30 ~ 40 位通用电气公司高级负责人组成，除了韦尔奇，他的两位副董事长和 13 个企业群部的首脑外，还包括执行副总裁兼总部办公厅主任、首席财务主管等十几位杰出人物。公司执行委员会的会议一般不超过两天。韦尔奇在会议开始时用简短有力的发言为会议确定基调，他总是施展他强烈的幽默感，会议进程经常有笑声和一些俏皮话。

1989 年 1 月，公司一年一度的碰头会在美国佛罗里达州的勃卡雷顿举行。韦尔奇向到会的 500 名高级总经理宣布了实施"群策群力"管理方式的计划。

"群策群力"的基本含义是：举行企业内各阶层职员参加的讨论会。在会上，与会者要做三件事：动脑筋，想办法；取消各自岗位多余的环节和程序；共同解决出现的问题。

"群策群力"管理方式起始于 1989 年 3 月，一时间，纷纷出现于公司的各个部门。据 1991 年统计，共有 4 万名职工参与了这种管理方式，占职工总数的 1/8。群策群力把本来毫不相干的人们聚集到了一起，包括计时工人、白领阶层、经理以及工会领袖。平时他们在工作中很少有机会能互相交谈。群策群力的宗旨就是发动基层人员参与管理，发挥所有工作人员的聪明智慧。讨论会是由执行部门从不同阶层、不同岗位抽出 40 ~ 50 个人到会议中心或某一宾馆，大家分组讨论，专找管理工作中的弊病，最后找出解决方案。

发动群众提意见的做法有时很激烈，很令某些部门的管理人员下不了台。飞机发动机制造厂的后勤部主任阿门德回忆当年的感受时说："在答复小组讨论问题时，不到半小时，我已大汗淋漓，他们一共提出了 108 个问题，答复每个问题只有一分钟时间。"不过，阿门德肯定地说，所提出的建议为该厂后勤节约了 20 万美元；通用家用电器制造厂的讨论会同样富有戏剧性。在一次讨论会上，有一小组的任务是解决车间环境问题。这个车间制造洗衣设备，一到夏天车间就热气腾腾，闷热难耐。为了说服领导，讨论小组将其上司带到气温高达华氏 90 度的停车场晒太阳，而他们自己却在会议室里慢悠悠地进行讨论。其结果，此条建议被优先通过。韦尔奇有一信条：实际工作中的人最了解情况！他实行"群策群力"运动，目标之一是克服管理层的官僚主义。一家配件部的经理说："以前我们极力提高工人和机器的效率，而现在我们要考虑整体资产管理效率。其结果，1991 年我们节省时间 50%，库存的成本减少 400 万美元，库存周转次数从以前的一年 2.6 次变为现在的一年的 2.7 次。"

经过企业文化革命，通用电气公司的生产效益有了大幅度的提高。家用电器已将 16 周的生产周期削减到 8 周，同时增加品种 6%，库存成本降低 20%。韦尔奇认为，确立这种新文化并使它像现有的文化观念那样稳固，还需 10 年的时间。到那时，公司中等级观念将不复存在，即使在横向结构内，虽然仍有责任分配，但其界限将变得模糊。韦尔奇心中的目标是一个无边界的组织境界，即企业中的上上下下一齐动脑筋、想办法，为企业出谋划策。"无边界"已经常常挂在通用电气人的嘴边。这个词集中体现通用电气人要追求高速所需全部行为的总和。

在"无边界"公司里，通用电气公司的供应商并不是"外人"，而是公司业务活动中可信赖的伙伴。通用电气公司更把客户比喻是公司的生命线，他们的需要与公司的目标是一致的。公司的每一位雇员的每一项努力，都致力于去满足客户的需要。

在"无边界"公司里，内部的功能开始变得模糊了。工程技术部门并不是设计出一种产品然后就"甩给"生产部门：他们会与市场开发、销售、财务及其他部门共同组成一个班子。为客户服务，是每个人的工作。工厂的环境保护也不只是某些经理或部门的事，每一个人都应是环境问题专家。

近年来，通用电气公司在打破边界方面所跨出的最大一步，就是在以往的公司文化中加入了新的内容，即接受不是自己而是别人所发明的东西。现在，通用电气人正试图在全球范围内寻找各种更好的方法去解决问题。

比如，前两年通用电气公司的一位雇员在新西兰的一家家用电器公司发现了一种真正能缩短产品生产周期的革新性方法，公司马上将这种方法用到自己的家用电器工厂，从而缩短了产品生产周期，加快了对客户需求的反应，并减少库存积压达每年几亿美元。公司还抽调制造业务部门的人到实地学习，目的是把这种先进的经验传到通用电气公司的每个业务部门，以此在全公司范围内实现对卓越的不断追求。

通过分享智慧，通过对先进技术的多重应用，通过使人员在各业务部门间流动以产生新鲜灵感和全面经验，通用电气公司把 12 个不同的业务领域紧紧地结合在一起。这样的一体多样化使通用电气公司具备了明显的优势，其结果大大超过各个部门的简单叠加。

一体多样化只有在多样化的各个组成部分，也就是通用电气公司的 13 大全球业务，都在各自的领域内领先的情况下才会发生作用。仅靠以大养小、以强扶弱，是不能获得整体竞争优势的。正是这个原因，通用电气公司在 20 世纪 80 年代所做的工作——建立强大自立的业务——实际上是 90 年代的一体化进程所不可缺少的前提。通用电气公司认为，有高质量的管理和科技人才，才会有高质量的公司。为此，通用电气公司十分注重职工的培训，在纽约克罗顿维尔开办的管理学院就是公司的一个重要的培训中心。

管理学院的使命是：使公司的管理人员更着眼于行动，更着眼于承担风险，更着眼于人。它不仅仅要培养管理人员，而且要培养领导人才。韦尔奇说："过去关于老板的概念就是：他是管理人员。他们之所以当上老板，是因为他比在他手下干活的人多知道一些情况。而将来的老板则将通过远见、一套共同的价值观、共同的目标来实现领导。"

传授这些本领并非易事，公司的教学课程有许多是自己的独创。例如，新提拔的管理人员在任职大约6个月（这段时间足够他们犯错误）以后，就带着他们的下属和上司对他们表现的评语来到管理学院。他们要认识过去自己哪些地方做得不对，并及时加以改正。他们分组讨论问题，这样做可以使他们知道自己的经验不是孤立的。

管理学院十分注重对学员们实际工作能力的培养。学院用四个星期的课程让学员们解决通用电气公司的一个实际业务问题。首先，学员们进行一些准备性的专题研究，然后钻研业务问题，并会协同工作。或者，他们用几天时间干体力活，以便建立组员之间的信任。然后他们参观企业、同顾客或他们想见的任何人见面。然后再写出建议并向有关的副总经理提出，与另一个组竞赛。除了分析等本领之外，这些课程还要教会人们解决比他们认为能够解决的更大的问题。公司每年都有5000多人到管理学院培训，包括所有的新经理和新招聘的大学毕业生，还有有经验的经理和老资格的业务负责人。按照要求，管理学院应该在公司雇员"尚可教学的时候"对他们进行培训，使雇员忠于公司，并告诉他们如何进行协作和把更多的权力交给别人。

学员们都很乐意上这种课。通用电气公司航空航天业务部门负责雷达计划的经理艾尔斯是学院的一个小组的成员。她说："通过学习使你对公司发生的一切感到极大的鼓舞和振奋。"艾尔斯在家里也学习，从组员的相互交流中促使管理400人的艾尔斯把更多的权力交给别人。艾尔斯说："现在公司向外（市场）看而不是向内看以及用竞争意识思考问题的欲望大大加强了。"这正是韦尔奇所期望的！每当他参观管理学院时都要反复强调竞争，他在一年之内要和学员们会面好多次。

通用电气公司当今仍保持了公司创始人爱迪生的传统：创业与革新。到1931年爱迪生去世之时，他已获得了1093项专利。数十年来，通用电气公司的继承人已将这一纪录扩大到6万多项，其中约1.6万余项专利至今仍然有效。如今，通用电气公司仍然是每年获得美国专利最多的公司。

通用电气公司创办了世界上第一个工业基础研究实验室；在美国率先将多学科小组研究方法用于工业研究；拥有世界上最早的高级工程实验室。

设在纽约斯克内塔迪的通用电气公司研究开发中心是世界上涉猎面最广的工业实验室之一。研究开发中心80%以上的工作人员是科学家、工程师和技术专家，在每个主要科学和工程领域几乎都有它自己的专业队伍——包括化学家、化学工程师、数学家、机械工程师、冶金专家、陶瓷专家、微生物学家、系统工程师、控制工程师和其他各类专业人员。正是由于汇集了各学科的优秀人才，才使该中心能够迅速组织起举世无双的多学科专业大军，承担最复杂的研究题目。

1990 年，通用电气公司的研究开发经费总额数加了 2%，达到创纪录的 43 亿美元，这表明了通用电气公司对前景充满信心。科学和技术的创造精神以及满足人民日常和未来需求的愿望相结合的爱迪生传统，始终是通用电气公司研究发展中心的主要宗旨。这一传统促使通用电气公司继续走在技术飞速发展的最前列。十多年来，韦尔奇的战略目标几乎全部得到了实现。通用电气的 13 个主要产业部都在相应行业的世界市场上占据数一数二的地位。到 1990 年，高技术和服务业利润占通用电气总利润的比例已从 50% 提高到 80%。销售额从 1982 年的 217.89 亿美元上升到 1991 年的 602.36 亿美元，翻了一番多，大大超过美国 GNP 的增长率。无怪乎美国《幸福》杂志一篇论及 20 世纪 80 年代美国企业领袖何处觅的文章说：四位佼佼者中首推杰克·韦尔奇，其余三位则是鼎鼎大名的克莱斯勒汽车公司的李·艾柯卡、通用汽车公司的罗杰尔·史密斯和花旗银行的约翰·李。《幸福》杂志还将韦尔奇誉为"美国 80 年代企业领袖的楷模"、"带领通用电气进入 21 世纪的总裁"。

到 1994 年，韦尔奇掌管通用电气公司已经整整 14 年，年龄也已 58 岁了，但韦尔奇仍然稳坐钓鱼台。如有可能的话，有人断定他能干到 2000 年。连续 20 年担任一个大公司的领导，如果说在 20 世纪 70 年代之前是常见的现象，但在变动激烈的今天是绝无仅有的。

通用电气公司的变革远远没有结束。1993 年秋天，在中国广东的一家饭店里，韦尔奇望着远处建筑工地上高高耸立的无数塔吊，毅然决然地做出了一项关系重大的决定：将通用电气公司的"重心"从发达国家移到亚洲和拉丁美洲。因为通用电气公司的业务和优势主要是在基础建设领域，而当今世界上这一领域发展最快的地区是亚洲，尤其是中国。做出这一重大的决定是伟大而明智的。我们可以说通用电气公司再一次把握了公司的命运和方向。美国《财富》杂志一篇封面文章的作者这样写道："通用电气公司的新人陆——首席执行官杰克·韦尔奇看到了未来，那里是中国、印度和墨西哥。"

（资料来源：黄雁芳：《管理学教程案例集》，上海财经大学出版社 2001 年版）

二、案例分析

本案例主要是探讨通用电气公司如何运用它的经营策略及其组织结构的调整，维持全球霸业于长期而不辍，通用电气公司整体的策略目标乃在于迎头赶上的受好评的生产效率、低成本、高品质与值得信赖的产品。全球性的竞争、过度拥挤的市场及企业多角化经营与扩张，让通用电气公司不得不在经营策略与组织上做出适当的调整，以适应瞬息万变的市场环境。

通用电气公司组织管理的经验，一直被引为商界的经典，杰克·韦尔奇以"扁平化"延续了这个经典。1981年4月，年仅45岁的韦尔奇成为通用电气公司历史上最年轻的董事长和首席执行官之后，他看透了大公司的弊端，锐利的改革从人事架构开始。他称之为平面化无边界管理的做法是将高管层9名成员削减到4名；而他开创的名为"群策群力"的管理方法，使公司不同部门、级别、职位的员工得以坐在一起，共同讨论和决定如何改善公司的操作。美国通用电气公司的管理层次也由9层减为4层，公司的高级经理从700名减少到400名，总公司的行政人员由原来的1700人减少到1000人稍多一点。

通用电气公司在韦尔奇接手的时候，被称为一艘巨大的航空母舰，它庞大，结构严整，它的事业部制是全世界企业所效仿的企业组织结构典范。但韦尔奇就拿事业部制开刀，他说，对于这么一个严整的组织，大家都只看到了它的好处，但在他看来，这个公司官僚主义盛行，必须要做外科手术。所以，韦尔奇对通用电气公司的组织做了一系列非常深刻的变革，主要有四个方面：

（1）推行扁平化的改革。通用电气公司原来的组织结构是高耸的，管理层次非常多，好像一个王国，从国王到平民中间有许多层次，最下面的员工向韦尔奇报告工作要通过16层。扁平化说起来简单，其实很深刻，韦尔奇为此解雇了一大批中高层管理者。

（2）提出了"无边界"理念。韦尔奇为构筑学习型组织，提出"无边界"理念，使得建设学习型文化有了一个切实可行的模式。企业自然有边界：企业内外存在边界，企业内部的部门间也存在边界。韦尔奇发现正是这些边界阻碍了好思想的流动，所以，他要打破这些内在壁垒，把通用电气公司建成一个无边界的透明企业，让好的思想、好的主意自由流动，这样企业才能步步向上。

（3）群策群力的活动模式。韦尔奇提出群策群力的活动模式，以达到运用全体员工的智慧改进通用电气公司工作的目的。这个模式有点像中国过去所说的合理化建议，但是又不尽相同，韦尔奇做得更透。

（4）创立了公司管理运营系统。在促进高层管理者学习和分享好思想方面，他发起了致力于推动新思想在通用电气公司应用的行动集团。也就是说，一系列高层会议和高层行为，不再是官僚们在一块聚会、讨论，而是把这一系列的行动作为一个传播好思想的系统。

在杰克·韦尔奇"扁平化"变革之前，通用电气公司也有过两次非常著名的组织变革：波契主持的"战略事业单位"的变革和琼斯主持的"超事业部制"变革。从通用电气公司这两次变革的措施与成效来看，我们惊讶地发现，在杰克·韦尔奇扁平化之前的两次组织变革无疑也是成功的，然而这两次成功的组织变革却在走一条与扁平化完全相反的道路——它们是在把通用电气公司变"臃肿"的过程中获得成功的。

三、思考·讨论·训练

1. 通用电气公司的这次组织结构重组有哪些特点？在重组过程中可能有哪些风险？

2. 请根据有关组织变革的理论分析为什么重组取得了成功。

3. 通用电气公司的组织变革是如何推进的？你认为是否还有更好的实施组织变革的计划和方法？

4. 通用电气公司在内外部沟通上有什么特色？试分析沟通对组织变革的作用。

5. 通用电气公司的员工培训体系有什么特色？对如何将"培训转化为行动"提出你的意见？

案例 12 - 5　王安实验室与惠普公司

一、案例介绍

王安实验室（Wang Laboratories）以年销售额超过 30 亿美元名列 1989 年《幸福》500 家大公司的第 146 名。这一文字处理计算机的先驱者，在全世界范围雇有 2.7 万名员工。可就在 3 年之后，王安公司申请了《破产法》第 11 章保护。这时，王安公司的销售额已下降到 19 亿美元，员工人数为 8000 人左右。公司遭受巨大的损失，其亏损额 1990 年达到 7.16 亿美元；1991 年为 3.86 亿美元；1992 年为 3.57 亿美元。公司的股票市场价值一度达到 56 亿美元，现在跌落到 7000 万美元。

再来看看惠普公司。这家计算机与电器企业在 1989 年出现了销售额锐减，并多年来第一次经历了盈利下降局面。但是，惠普公司没有像王安公司那样步入大规模衰退时期，而是迅速走向引人注目的复苏。在员工队伍从 9.2 万人减少到 8.9 万人（并没有实行强制性的解雇裁员）的情况下，公司实现了销售额的大幅回升。1992 年第一、二季度的盈利分别增长了 49% 和 40% 。公司的市场价值剧增到 190 亿美元以上。惠普公司到底采取了什么措施，使其取得与王安公司截然相反的结果呢？

20 世纪 80 年代后期以来，计算机行业成了面临环境急剧变化的典型例子。它对像国际商用机器公司、数据设备公司和优利系统公司（Unisys）这样的大企业都造成了不利的影响。顾客需要已经从大型计算机转为小型机乃至更小的多用途的个人计算机（PCs）。许多硬件成了日用品一样的商品，无论是低价的供货者，还是提供优质服务或持续创新的厂家，都可以加入争夺市场份额的行列。在这一时刻，王安公司管理当局的行动仍像在一个稳定的环境中运行似的。公司的创建者王安博士本人也没有意识到变革的需要。他自以为使办公室职员们从打字机时代中解放出来，就已经完成了办公室的革命。他和他的整个管理队伍没能看到，飞速发展的个人计算机已远远超过了王安的单功能文字处理机和价格昂贵的微型机。

惠普公司则走了另一条路子。其管理当局看到了环境的变化并全力推进公司的变革。他们给员工们授予了充分的权力，简化了决策制定过程，并大幅度削减了成本。虽然惠普公司仍然是一家大公司，但它的管理当局已经决定，绝不能使惠普公司成为行动缓慢者。高层经理们视察了全国的生产基地，收集了生产和销售第一线员工的意见和建议。他们所到之处听到的是对于公司官僚行政机构的普遍抱怨以及新项目得到批准的重重困难。于是，管理当局对组织进行了重组。他们撤销了两个高层管理委员会，取而代之的是一种跨职能领域和组织界限的团队结构。工作团队被给予前所未有的从新产品设计到分销全过程的充分自主权。高层管理当局投入了大量的时间向员工们宣传，他们需要有一种高度的紧迫意识，勇于采取冒风险的行动。同时，需要认识到，在竞争者不断削价的新形势下，仅靠提供优质的产品是不够的。管理当局鼓励员工们寻找全新的办法，使公司从研究开发到行政管理和销售各领域都能降低成本。这些措施的结果，使惠普公司在其大部分产品的毛利都下降的情况下，得以取得了较高的盈利性。

（资料来源：赵涛、齐二石：《管理学》，天津大学出版社 2004 年版）

二、案例分析

本案例涉及组织变革理论。变革过程中的两种不同观点。我们用两个比喻来说明变革过程。一种是设想组织是一艘在风平浪静的海洋中航行的大船，船长和船员都清楚地知道他们正开往何处，因为他们以前已经做了多次这样的航行，只是偶尔遇到风暴时才会有变化出现，其他平静、可预见的旅程中尽可放心享受。另一种比喻则是把组织看做是在不断出现险滩的湍急河流中航行的小木筏，筏上有多半的船工，但他们以前从未在一起出航，也不完全熟悉河流的构造，不了解最终的目的地，甚至情况可能更坏，他们得在漆黑的夜晚航行。在这种急流险滩比喻下，变化就是一种自然的状态，对变革的管理因此是一个持续的过程。

1. 不同的组织变革方式。王安公司不思变革、没有危机感，在经济滑坡的过程中，采取消极的办法应付。大量裁员，把员工当做雇用者看待，没有与员工携手合作、共闯难关的意识和做法，这样势必造成人心涣散，人人自危，企业失去凝聚力，更谈不上群策群力，容易使公司失去集体的战斗力。二是企业内部机制没有变革，建立快速响应市场的组织和具体做法。三是产品开发没有更新，以适应市场的需求，还是停留在死守旧产品的观念上。

惠普公司锐意变革、临危思变，在经济滑坡的过程中冷静分析，采取积极办法应对。一是不裁减员工，而是把公司面临的危机毫无保留地传递到每位员工，变市场压力为动力，发动全体员工群策群力，勇于为公司的生存和发展献计献策及冒险，注重团队精神，提高公司做法的透明度，并使公司的做法成为员工的自觉行动。二是裁减官僚机构，建立快速响应市场的组织，并改变原来的做法。三是深入研究市场，开发出低成本、高质量，并能满足用户需求的新产品，把节支降耗贯穿于整个生产经营的各个环节，为产品市场竞争力的提高创造出先决条件。

2. 不同的组织变革观念。惠普的变革观念同样适用于王安公司，理由有以下几点：一是王安公司的经济实力与惠普公司不会有很大的差别。二是同样是计算机行业，专业人员结构应该差不多。三是惠普公司员工比王安公司更多，负担更重。人员多，建立快速响应的组织难度更大。四是两个公司在同一时期、同一地理位置，社会文化，市场环境都差不多。所以，王安公司若有危机感，研究好市场，以升发适应市场需求的产品为首要目标，配合内部建立快速响应市场的组织变革，倡导团队精神，与全体员工患难与共，把员工作为企业最宝贵的资源看待，不实施消极的裁员方法，必能起死回生。

3. 不同的组织文化。对比王安公司和惠普公司的组织文化，它们有各自的特点。一是惠普公司把员工当做一个管理者，而不是简单的雇用者。公司的存亡与自身利益息息相关。员工是具有创造力的，是会提出有利于公司生存和发展的建议和设想的。王安公司把员工看成是简单的劳动者，遇到困难就解雇，容易造成员工打工意识浓厚，没有强烈的与企业共存亡的精神。显然就不会发挥出其主动性和创造性。所以，惠普的文化是开发式的，王安的文化是封闭式的。二是由于两个公司文化不同，所以管理当局的决策就不同。惠普公司可以采取大胆的改革，也能把改革的必要性和紧迫性告诉员工，大家取得认同，使行动步伐一致。而王安公司由于是封闭式的，王安没有推动的力量，致使其不敢采取大胆的变革，患得患失，贻误战机。因为其改革，很容易造成思想混乱，造成行动上的不一致，产生更多的内耗。三是惠普公司把公司看成是市场的分子，只有满足消费者才能生存，把消费者看成是公司的衣食父母。而王安公司把公司看成是市场的主宰，消费者要依赖公司的产品，公司给什么产品消费者就购买、使用什么产品。所以没有开发出适合消费者需求的产品，也没有建立快速反应市场的组织和做法。

三、思考·讨论·训练

1. 以变革的"风平浪静"观和"急流险滩"观来分析 20 世纪 80 年代后期的电子计算机行业，分别体现了什么样的理念？

2. 对比王安公司和惠普公司的组织文化，它们各自如何影响管理当局对环境变化的反应？

3. 惠普公司在 20 世纪 80 年代后期所采取的管理措施是否也适用于王安公司？为什么？

4. 惠普公司的经验反映了哪些组织管理的思想？

案例 12 - 6　乐百氏组织的结构

一、案例介绍

1. 架构轨迹

3 月 15 日，身兼乐百氏总裁的达能中国区总裁秦鹏悄然来到成都，召集西南事业部的核心人员——云南、贵州、四川及重庆四地乐百氏分公司的负责人，开了一个为期两天的会议。此举意味着乐百氏在 3 月 11 日出台的区域事业部制架构正式拉开运营帷幕。

区域事业部将乐百氏划分西南、中南、华东、北方和华北五大"藩地"，每个事业部都成了一个"小乐百氏"，从生产到销售都将建立起一套自己的独立体系。每个事业部将紧紧抓住本地区各种产品的消费习惯，迅速对市场变化做出反应，灵活调整生产计划。

自此，在乐百氏的历史上，经历了三种业态的架构模式：从1989年创业到2001年8月，乐百氏一直都采取直线职能制，按产、供、销分成几大部门，再由全国各分公司负责销售；从2001年8月到2002年3月，实施了产品事业部制，这在乐百氏历史上虽然实施的时间很短，但为现在实施区域事业部制奠定了基础，实现了组织结构变革中的平稳过渡。

架构调整无疑是一个公司的重大战略转变，也必然是外界甚至内部的各种环境变化促成的。值得令人关注的是，乐百氏在不到8个月的时间里，就进行了两次架构调整，原因何在？

2. 直线职能制

乐百氏创立于1989年，在广东中山市小榄镇，何伯权等五个年轻人租用"乐百氏"商标开始创业。据乐百氏一位高层人士介绍，创业伊始，何伯权等与公司的每个员工都保持一种很深的交情，甚至同住同吃同玩，大家都感觉得到，乐百氏就是一个大家庭，"有福同享，有难同当"，公司的凝聚力很强。这时采用直线职能制这种架构模式，使乐百氏在创业初期得到快速稳定的发展。

12年间，五位创始人不但使乐百氏从一个投资不足百万的乡镇小企业发展成中国饮料工业龙头企业，而且把一个名不见经传的地方小品牌培育成中国驰名商标。

然而，随着乐百氏的壮大，原来的组织结构显得有点力不从心。此时，再按前面那位高层人士的话说，何伯权不可能再与公司的每一个员工同吃同住，原来的领导方式发生了变化，起不到原有的作用。何伯权有些迷茫了。

特别自2000年3月与法国最大的食品饮料集团达能签订合作协议，并由达能控股后，直线职能制的弊端更加暴露无遗。为了完成销售任务，分公司都喜欢把精力放在水和乳酸奶这些好卖的产品上，其他如茶饮料那些不太成熟的产品就没人下工夫，这对新产品成熟非常不利。更糟糕的是，由于生产部门只对质量和成本负责，销售部门只对销售额和费用负责，各部门都不承担利润责任，其结果就变成了整个集团只有何伯权一个人对利润负责。

近几年来，乐百氏的销售额直线下降，有着50年国际运作经验的达能，肯定不愿看到这种局面，因此，寻求变化势在必行，其中组织架构的改革就是为适应新形势的举措之一。

3. 产品事业部

2001年8月，一次在乐百氏历史上最为关键的组织结构变革在月间完成：

75%的员工换岗位，原五人创业组合中的四大元老位置同时发生重要变化，都退出原先主管的实力部门，何伯权是唯一的不变，仍然任总裁。

改革后，乐百氏的事业部制架构变为：在总裁之下设5个事业部、8个职能部门和一个销售总部。其目的是利润中心细分，瓶装水、牛奶、乳酸奶、桶装水和茶饮料共5个事业部，每一个都将成为一个利润中心。同时减少了中间层，集团的权力结构由从前的5人会议，变为一个总裁和14个总经理，成为一个比较扁平化的组织架构。这是公司首次将战略管理和日常营运分开，形成多利润中心的运作模式。

促成这次改革的重要力量是达能这个欧洲第三大食品集团，自1987年进入中国成立广州达能酸奶公司后，就开展了一系列"收购行动"，并且每次都神鬼莫测。尤其是在水市场上对行业内领袖企业的浙江娃哈哈、深圳益力、广州乐百氏、上海梅林正广和的控股或参股分别达到41%、54.2%、50%的股份，足以让人相信达能已经完成了它在中国水市场的布局，已经成了当之无愧的老大。

但这老大只是表面现象，许多问题都摆在达能管理者的面前，收购的这些企业能够盈利的很少，它需要整合资源，减少运行成本。乐百氏连年亏损的状况，迫使何伯权痛下决心实施组织结构改革。

然而，新的架构还没实施几天，就在2001年11月底，乐百氏爆出大新闻：何伯权、杨杰强、王广、李宝磊、彭艳芬五位乐百氏创始人向董事会辞去现有职务，并决定由达能中国区总裁秦鹏出任乐百氏总裁。

何伯权称，五位元老集体辞职的原因是与董事会的战略思路发生重大分歧，无法达成一致，并且，还因为没有完成董事会下达的销售任务。

还没有来得及检验自己的改革成果，何伯权就匆匆退出了乐百氏的历史舞台。又一场架构改革在秦鹏的控制下悄悄地酝酿。

4. 区域事业部

2002年3月11日，区域事业部正式出台，乐百氏按地域分为西南、中南、华东、北方和华北五大块。

这次架构改革距上次仅仅7个多月的时间，据业内人士分析，速度之所以这样快，一个重要原因还是达能的全国战略思路在操纵着这次变革。随着达能旗下产品的不断增多，它也在寻求一种更能整合现有生产和销售资源的最佳方法，来改变许多品牌因为亏本，反而成为它的负担的局面。据可靠消息，达能为了加强对自己绝对控股的乐百氏的支持，要求乐百氏扮演更加重要的角色，甚至欲将其他如深圳益力、上海梅林正广和、广州怡宝等在外地的工厂和销售渠道交由乐百氏托管。

除了上述一些已收购的品牌，达能的收购行动远未停止，前不久，达能将持有豪门啤酒和武汉东西湖啤酒分别 62.2% 和 54.2% 的股份转让给华润；华润则以桃报李，心甘情愿地让达能收购其旗下的怡宝公司。

然而，正如达能一位高层人士所说，这还只是它欲将中国水市场进一步控制在自己手中的一个很小的行动计划。据一些媒体报道，达能已将触角伸到了许多地方品牌。

乐百氏也因拥有良好、稳定的经销商网络，使达能委以重任，它在中国市场上的战略地位将越来越重要。随着乐百氏托管的产品增多，每个市场的产品更加复杂、各种产品的销售情况各不相同。原来的产品事业部制可能对客户的变化需求反应不再迅速，很快不再适合新的发展，于是区域事业部制，这种以工厂为中心、更扁平的组织结构应运而生。因为它将更有助于了解消费者的需求，能更灵活的进行品牌定位。

其次，区域事业部将更有利于培养事业部的全局观念。负责人注重利润的追求，使决策和运营更加贴近市场，对市场形势和客户需求做出快速预测和反应，加强了区域的市场主动权和竞争力，对资源的调控更为快捷和趋于合理。同时，让总部从日常业务中脱离出来，多进行一些宏观性的战略决策。换句话说，原来的乐百氏只有何伯权一人是企业家，现在的乐百氏可以造就五个甚至更多有全局观念的企业家。

有业内人士开玩笑说，善于资本运作的达能将乐百氏一分为五之后，如果到了一定的时候，它可以把其中的任何一个事业部单独转让，既灵活，并且分开卖比整体卖更赚钱。

但达能一位高层人士矢口否认这种说法，他认为，因为"水"是达能的三大主业（其余两项是乳制品和饼干）之一，达能只有加强水市场的投资力度和资源整合，没有理由把自己的主业都卖掉。

当然，这次改革还有一个不容忽视的原因，那就是随着领导的更替，特别是前者是有极强影响力的何伯权，他与其他四位创业者亲密无间的合作一直被业内和传媒传为美谈，何伯权的名字一直与乐百氏紧密相连。何伯权等五位创业元老在乐百氏的关系错综复杂，根深蒂固，他们这些高层领导的出局，肯定在乐百氏内部布下一层阴影，带来一些消极因素。新的领导上任后，不得不采取一些有效措施改变这种被动局面。组织架构的重新调整，必然会导致各种人事关系、职位的变动，所谓"一朝天子一朝臣"，新的领导把老的人才重新分配，把涣散的人心收拢，尽快摆脱"何伯权时代"的阴影，提出新的发展方向，有利于增强公司的凝聚力。

事实证明，乐百氏人并未受这次"乐百氏地震"的高层领导更替事件的影响，没有外界想象中的动荡和冲突，顺利进入了"秦鹏时代"。

3月16日，西南事业部会议开完后的当天晚上，几位核心人士聚到一起，他们为这种给予了他们更多自主权的架构模式感到兴奋，无不摩拳擦掌，对今年能取得更好的业绩充满信心。

（资料来源：韦乔：《乐百氏组织的结构》，《21世纪人才报》2003年2月10日）

二、案例分析

本案例涉及设置组织结构理论。在企业设置组织结构时，应坚持以下原则：目标任务原则；权责利相结合的原则；分工协作及精干高效原则；适宜的管理幅度原则；统一指挥和权力制衡原则；集权与分权相结合原则。

随着乐百氏的壮大，原来的组织结构显得有点力不从心。此时，乐百氏在组织结构的设计上，将矩阵式结构转变为以各产品事业部和其他职能部门为中心，以各大区为单位，其作用不仅在于反映问题、传达政策，更主要的职责在于根据区域情况制定整合计划。

1. 关于直线职能制

乐百氏创立于1989年，在广东中山市小榄镇，何伯权等五个年轻人租用"乐百氏"商标开始创业。据乐百氏一位高层人士介绍，创业伊始，何伯权等与公司的每个员工都保持一种很深的交情，甚至同住同吃同玩，大家都感觉得到，乐百氏就是一个大家庭，"有福同享，有难同当"，公司的凝聚力很强。这时采用直线职能制架构模式，使乐百氏在创业初期得到快速稳定的发展。以职能部门划分工作任务，实行集权式决策，控制跨度狭窄，通过"命令链"进行经营决策来维持日常的组织运行。其优点是能够实现规模经营，使组织资源充分利用；对中低层管理人员的创新能力，决策水平，工作经验要求较低，可以节约沟通和协调成本；易实行标准化操作和高度的正规化经营；决策权的集中可在某种程度上提高决策的时效性。这种结构对于乐百氏初创之时，再恰当不过。

2. 关于产品事业部

2001年8月，一次在乐百氏历史上最为关键的组织结构变革在月间完成：75%的员工换岗位，原五人创业组合中的四大元老位置同时发生重要变化，都退出原先主管的实力部门，何伯权是唯一的不变，仍然任总裁。改革后，乐百氏的事业部制架构变为：在总裁之下设5个事业部、8个职能部门和一个销售总部。其目的是利润中心细分，瓶装水、牛奶、乳酸奶、桶装水和茶饮料5个事业部，每一个都将成为一个利润中心。同时减少了中间层，集团的权力结构由从前的5人会议，变为一个总裁和14个总经理，成为一个比较扁平化的组织架构。这是公司首次将战略管理和日常营运分开，形成多利润中心的运作模式。然而，新的架构还没实施几天，就在2001年11月底，乐百氏爆出大新闻：何伯权、杨杰强、王广、李宝磊、彭艳芬五位乐百氏创始人向董事会辞去现有职务，并决定由达能中国区总裁秦鹏出任乐百氏总裁。这是何伯权等人适应不了新的企业发展，在达能的整体布局中，对乐百氏的高层准备采用产品事业部制这种过渡的组织架构，实现让他们一步一步稳妥地"退位"。

3. 关于区域事业部

2002年3月11日，区域事业部正式出台，乐百氏按地域分为五大块：西南、中南、华东、北方和华北。3月16日，西南事业部会议开完后的当天晚上，几位核心人士聚到一起，他们为这种给予了他们更多自主权的架构模式感到兴奋，无不摩拳擦掌，对今年能取得更好的业绩充满信心。因为在大企业中培养小企业的企业精神，使每个员工成为企业家。打破部门界限、层次扁平化、下放决策权，这是保持竞争优势的重要途径。但在开始实施时，对人才的要求较高。乐百氏当机立断，走出了关键的一步。当然，实施后的效果究竟如何，还必须经过一段时间的检验。

三、思考·讨论·训练

1. 乐百氏的早期组织结构为什么是有效的，而后来却不适应了？
2. 结合本案例，谈谈乐百氏组织结构变化的历程。
3. 组织结构与人的心理和行为有关系吗？为什么？
4. 本案例讨论各种组织结构的适用性及特点，是否存在一种完美无缺的组织结构？
5. 从案例中得到了什么启示？

第十三章 组织文化

文化系指一群人的行为准则以及共同价值观。

——科特（John P. Kotter）

建立企业文化堪称为一项无形投资，甚至可谓是企业识别系统的一部分。

——杨千一

一、组织文化的概念和基本特征

关于组织文化的含义，有着多种不同的说法和意见。较为全面的一种解释是：组织文化是指组织成员的共有价值观、信念、行为准则及具有相应特色的行为方式、物质表现的总称。组织文化使组织独具特色，并区别于其他组织。

（一）组织文化的特征

1. 实践性。每个组织的文化，都不是凭空产生或依靠空洞的说教建立起来的，它只能在生产经营管理的实践过程中有目的地培养而形成。同时，组织文化又反过来指导、影响生产经营管理实践。

2. 独特性。每个组织都有自己的历史、类型、性质、规模、心理背景、人员素质等因素。这些内在因素各不相同，因此，在组织经营管理的发展过程中必然会形成具有本组织特色的价值观、经营准则、经营作风、道德规范、发展目标，等等。

3. 可塑性。组织文化的形成，虽然受到组织传统因素的影响，但也受到现实的管理环境和管理过程的影响。而且，只要充分发挥能动性和创造性，积极倡导新准则、精神、道德和作风，就能够对传统的精神因素择优汰劣，从而形成新的组织文化。

4. 综合性。组织文化包括了价值观念、经营准则、道德规范、传统作风等精神因素。这些因素不是单纯地在组织内发挥作用，而是经过综合的系统分析、加工，使其融合成为一个有机的整体，形成整体的文化意识。

（二）组织文化的功能

1. 组织文化的导向功能。组织文化的导向功能，是指组织文化能对组织整体和组织每个成员的价值取向及行为取向起引导作用，使之符合组织所确定的目标。

2. 组织文化的约束功能。组织文化的约束功能，是指组织文化对每个组织员工的思想、心理和行为具有约束和规范的作用。组织文化的约束不是制度式的硬约束，而是一种软约束，这种软约束源于组织中弥漫的组织文化氛围、群体行为准则和道德规范。

3. 组织文化的凝聚功能。组织文化的凝聚功能，是指当一种价值观被该组织员工共同认可之后，它就会成为一种黏合剂，从各个方面把其成员团结起来，从而产生一种巨大的向心力和凝聚力。

4. 组织文化的激励功能。组织文化的激励功能，是指组织文化具有使组织成员从内心产生一种高昂情绪和发奋进取精神的效应。组织文化强调以人为中心的管理方法。它对人的激励不是一种外在的推动而是一种内在引导，它不是被动消极地满足人们对实现自身价值的心理需求，而是通过组织文化的塑造，使每个组织员工从内心深处生成为组织拼搏的献身精神。

5. 组织文化的辐射功能。组织文化的辐射功能，是指组织文化一旦形成较为固定的模式，它不仅会在组织内发挥作用，对本组织员工产生影响，而且也会通过各种渠道对社会产生影响。组织文化向社会辐射的渠道有很多，但一般可分为利用各种宣传手段和个人交往两大类。一方面，组织文化的传播对树立组织在公众中的形象有帮助；另一方面，组织文化对社会文化的发展有很大的影响。

（三）组织文化的结构

1. 精神层。精神层是组织文化的核心和灵魂。是指组织的领导和成员共同信守的基本信念、价值标准、职业道德和精神风貌。

2. 制度层。制度层是组织文化的中间层次。是指对组织和成员的行为产生规范性、约束性影响的部分，它集中体现了组织文化的物质层和精神层对成员及组织行为的要求。

3. 物质层。物质层是组织文化的表层部分。它是组织创造的物质文化，是形成组织文化精神层和制度层的条件。

组织文化的三个层次是紧密联系的，物质层是组织文化的外在表现和载体，是制度层和精神层的物质基础；制度层则约束和规范着物质层及精神层的建设，没有严格的规章制度，组织文化建设无从谈起；精神层是形成物质层和制度层的思想基础，也是组织文化的核心和灵魂。

二、组织文化的建设

（一）制约组织文化建设的因素

1. 经济体制。国家的经济体制既是影响组织经营管理制度的重要因素，又是影响组织文化发展完善的重要因素。

2. 政治体制。当我们具体地观察每一个组织文化特征时，就会发现，任何组织文化都体现着一定的政治性，政治因素对组织文化有着普遍影响。

3. 社会文化。组织是在社会文化环境中生存和发展的，组织文化建设必然接受并服从它所在的环境的影响和要求。

4. 科学技术与生产力发展水平。科学技术与生产力发展水平是影响组织文化的重要因素。这两种因素推动社会文化的进步，改变人们的生活方式、交往方式和生产经营方式。在一定意义上说，科学技术和生产力水平是组织文化建设的决定因素，原因就在于这两者都是组织发展和壮大的基础。

5. 行业技术经济特点。行业不同，组织的生产、经营的业务必然不同，该行业中的组织文化也必然带有明显的行业特征。例如，铁路运输业和航空运输业，在任何国家几乎都纪律严明近似于军队一般；相对而言，森林工业中的林场营林作业就显得纪律松弛得多。

6. 组织所在的地理位置。任何组织及其所属单位都占据一定的空间、位置。不同的空间位置承载着不同的社会环境、民族习俗、市场发达程度、生产力布局特征等有差别的组织存在条件，从而直接或间接地成为影响组织文化的重要因素。

7. 组织基本员工的特点。人是构成生产力的最活跃的因素，也是对组织文化具有决定性影响的因素。组织文化建设中要求考虑员工的特征，其实质是指要因人员队伍的具体情况而制宜，通过适当的思想、文化、道德教育或宣传工作，去培养和提高组织全体员工的素质。

8. 组织的历史传统。任何一个组织，只要是经历了一定时期的成长、发展过程，都会使员工形成种种约定俗成的价值观念、工作习惯和生活习惯，从而表现为组织传统。组织的历史传统是建树或更新组织文化时必须认真调研并严肃对待的因素。

（二）组织文化建设的步骤

1. 研究树立阶段。这个阶段要调查研究组织的历史和现状，然后在此基础上，有针对性地提出组织文化建设目标的初步设想，经各有关部门审议之后，向组织全体职工发起组织文化建设的倡议，并动员广大群众积极参加组织的文化建设活动。

2. 培育与强化阶段。这个阶段是将组织文化建设的总任务分解成组织内部各部门各业务环节明确分工的工作任务，使各部门根据自己的特点而有意识地激励本部门职工形成特有的精神风貌和行为规范，把组织文化建设变成具体的行动。

3. 分析评价阶段。这个阶段是根据信息反馈将整个组织文化建设工作开展以来的工作成绩和存在问题进行剖析，研讨深层次的原因，评价前阶段的成功与失误。具体内容应该看组织文化建设的目标和内容是否适合本组织实际需求，各基层机构的风气、精神面貌是否体现了组织文化建设的宗旨。

4. 确立与巩固阶段。这个阶段的工作包括处理问题与归纳成效两部分。前者是在评价基础上摒弃原来组织文化中违背时代精神的内容；后者是将符合时代精神的组织文化建设经验加以总结，并加工成通俗易懂的、有激励作用的文字形式，用以进一步推广。

5. 跟踪反馈阶段。随着组织经营环境的变化，组织文化的内容也要适应这种变化。这是意识形态上应变的需要。然而，现有的组织文化是否能及时地迎合环境变化，不应该依靠组织管理者的主观判断，而应依靠来源于基层实际情况的反应。这就是反馈信息。但检验组织文化适应性的反馈信息必须是经常性和系统性的。

（三）建设组织文化的方法

1. 示范法。即通过总结宣传先进模范人物的事迹，发挥党员、干部的模范带头作用，表扬好人好事，等等。通过这种方法给广大员工提供直观性强的学习榜样。这些榜样的事迹和行为，就是组织文化中关于道德规范与行为准则的具体样板。做好这项工作，就是把组织所要建立的文化意识告诉给广大员工。

2. 激励法。即运用精神与物质鼓励，或者二者相结合的鼓励，包括开展竞赛活动、攻业务技术难关活动、提口号、提目标、提要求、评先进等一切使员工能感到自己的事业进取心将有满足的机会，从而努力工作。与此同时，企业还必须从生活方面关心员工，通过不断改革分配制度去满足员工物质利益上的合理要求。

3. 感染法。即运用一系列的文艺活动、体育活动和读书活动等，培养职工的自豪感和向心力，使之在潜移默化的过程中形成集体凝聚力。

4. 自我教育法。即运用谈心活动、演讲比赛、达标活动、征文活动等形式让职工对照组织的要求找差距,进行自我教育,转变价值观念和行为。

5. 灌输法。即通过讲课、报告会、研讨会等宣传手段进行宣教活动,把组织想要建立的文化目标与内容直接灌输给职工。

6. 引导法。即有目的地举行各种活动以引导员工树立新的价值观念,并创造出新价值观念氛围。

三、组织文化管理

(一) 选择价值标准

由于组织价值观是组织文化的核心和灵魂,因此选择正确的组织价值观是塑造组织文化的首要战略问题。选择组织价值观有两个前提。

1. 立足于本组织的具体特点。不同的组织有不同的目的、环境、习惯和组成方式,由此构成千差万别的组织类型,因此必须准确地把握本组织的特点,选择适合自身发展的组织价值观,否则就不会得到广大员工和社会公众的认同与理解。

2. 实现系统整体优化。要把握住组织价值观与组织文化各要素之间的相互协调,因为各要素只有经过科学的组合与匹配才能实现系统整体优化。

在此基础上,选择正确的组织价值标准要抓住四点:一是组织价值标准要正确、明晰、科学,具有鲜明的特点;二是组织价值观和组织文化要体现组织的宗旨、管理战略和发展方向;三是切实调查组织员工的认可程度和接纳程度,使之与本组织员工的基本素质相和谐,过高或过低的标准都很难奏效;四是选择组织价值观要坚持群众路线,充分发挥群众的创造精神,认真听取群众的各种意见,并经过自上而下和自下而上的多次反复,认真地筛选出既符合本组织特点又反映员工心态的组织价值观和组织文化模式。

(二) 强化员工认同

1. 营造环境氛围。充分利用一切宣传工具和手段,大张旗鼓地宣传组织文化的内容和要求,使之家喻户晓,人人皆知,以创造浓厚的环境氛围。

2. 树立榜样人物。典型榜样是组织精神和组织文化的人格化身与形象缩影,能够以其特有的感染力、影响力和号召力为组织成员提供可以仿效的具体榜样,而组织成员也正是从英雄人物和典型榜样的精神风貌、价值追求、工作态度和言行表现之中深刻理解到组织文化的实质和意义。尤其是在组织发展的关键时刻,组织成员总是以榜样人物的言行为尺度来决定自己的行为导向。

3. 培训教育。有目的的培训与教育能够使组织成员系统接受和强化认同组织所倡导的组织精神和组织文化。但是,培训教育的形式可以多种多样,而在健康有益的娱乐活动中恰如其分地融入组织文化的基本内容和价值准则不失为一种有效的方法。

（三）提炼定格

1. 精心分析。在经过群众性的初步认同实践之后，应当将反馈回来的意见加以剖析和评价，详细分析和仔细比较实践结果与规划方案的差距，必要时可吸收有关专家和员工的合理化意见。

2. 全面归纳。在系统分析的基础上，进行综合的整理、归纳、总结和反思，采取去粗取精、去伪存真、由此及彼、由表及里的方法，删除那些落后的、不为员工所认可的内容与形式，保留那些进步的、卓有成效的、为广大员工所接受的内容与形式。

3. 精炼定格。把经过科学论证的和实践检验的组织精神、组织价值观、组织文化，予以条理化、完善化、格式化，加以必要的理论加工和文字处理，用精炼的语言表述出来。

建构完善的组织文化需要经过一定的时间过程。如我国的东风汽车公司经过将近三十年的时间才形成"拼搏、创新、竞争、主人翁"的企业精神。因此，充裕的时间、广泛的发动、认真的提炼、严肃的定格是创建优秀的组织文化所不可缺少的。

（四）巩固落实

1. 建立必要的制度。在组织文化演变为全体员工的习惯行为之前，要使每一位成员都能自觉主动地按照组织文化和组织精神的标准去行事，几乎是不可能的。即使在组织文化业已成熟的组织中，个别成员背离组织宗旨的行为也会经常发生。因此，建立某种奖优罚劣的规章制度是十分必要的。

2. 领导率先垂范。组织领导者在塑造组织文化的过程中起着决定性作用，他本人的模范行为就是一种无声的号召和导向，会对广大员工产生强大的示范效应。所以，任何一个组织如果没有组织领导者的以身作则，要想培育和巩固优秀的组织文化是非常困难的。这就要求组织领导者观念更新、作风正派、率先垂范，真正肩负起带领组织成员共建优秀组织文化的历史重任。

任何一种组织文化都是特定历史的产物，所以，当组织的内外条件发生变化时，需要不失时机地调整、更新、丰富和发展组织文化的内容和形式。这既是一个不断淘汰旧文化和不断生成新文化的过程，也是一个认识与实践不断深化的过程，组织文化由此经过循环往复达到更高的层次。

案例 13 – 1　米其林有什么"文化"

一、案例介绍

法国百年老店——世界头号轮胎巨人"米其林"（MICHELIN）以 13 万员工、70 多家工厂的雄厚实力，在全球市场中雄踞同业榜首。米其林之所以获得如此骄人的业绩，与其企业文化的深刻内涵密不可分。

文化一：突出公司品牌和形象

米其林很重视与媒体的关系，但其宣传的聚光灯却始终聚焦在米其林的品牌标志——轮胎人"必比登"身上，而不是老板爱德华·米其林身上。

1959 年 6 月 12 日，当戴高乐将军来参观工厂时，前总裁弗郎索瓦（爱德华·米其林的父亲）为了"保守公司秘密"，居然让戴高乐的随行人员在大门外等候。与父亲相比，爱德华在对外沟通上进步很大，但初出茅庐时，也因涉世未深得到了教训。1999 年 9 月，在爱德华接过帅印后不久，公司的业绩显示，当年第一季度盈利 3 亿欧元。不过，试图节约成本和提高效益的"少帅"在此时决定，将米其林的欧洲员工裁减 7500 人，其中法国员工为 1500 人。这一出人意料的决定在社会上激起强烈反响。时任法国劳工部长的奥伯雷夫人也向爱德华亮起了黄牌，米其林也成为法国乃至欧洲媒体的"反面教材"。

裁员风波使爱德华认识到同工会及媒体加强交流与沟通的重要性。此后不久，爱德华向记者敞开了办公室的大门。他首先接受了法国《解放报》的采访，然后同巴黎大大小小的报纸负责人共进午餐，解答他们的疑问，倾听他们的意见，并对其中的一些误会和失误报以歉意的微笑。2001 年 6 月 20 日，法国一家《蒙太奇》日报还组织了一次"星期日步行"活动，让数千人参观一向被视为神秘帝国的米其林工厂。公司的许多职工都很自豪地带着他们的家属前来参观。

爱德华在加强对外宣传工作时信守"宣传公司而不是老板本人"的信条。他曾说："过分在媒体曝光的老板是脆弱的。"因此，他总是强调"米其林就是必比登，而不是爱德华"。为了强化必比登的形象，米其林在 1998 年发起了一年一度的必比登环保挑战赛，邀请汽车厂家们一起，为汽车能源的多元化发展和保护地球环境出谋划策，并在 2001 年获得了联合国的赞赏和很多环保组织的积极参与。这一系列的成就进一步提升了米其林的品牌形象和社会地位。

文化二：创新挑战自我

现在人们一想起辐射层轮胎，就自然地联想起"米其林"（MICHELIN）这个在轮胎界享有颇高威望的名字，因为这项 1964 年申请专利技术从拖拉机轮胎运用到飞机轮胎，足足有 40 年的轮胎历史。近百年来，米其林为世界轮胎的进步不断地研究、发明、创新。

现在，米其林集团分别在法国、日本、美国及中国设有研究与测试中心，在全球生产及推广众多的品牌和产品。除了轮胎以外，米其林集团还生产轮辋、钢丝、地图及旅游指南。其中地图与指南出版机构是该领域的领导者。著名的法国"红色指南"在 2000 年已有 100 岁。

1998 年，米其林集团庆祝其逾世纪的轿车、摩托车及自行车赛车运动。2000 年的"协和"空难事故后，米其林应法航的请求为协和飞机特制了一款新式加固轮胎，使这只"超音速大鸟"得以重返蓝天。法航人士当时表示，如果没有爱德华领导的米其林，协和很可能"插翅"也再"难飞"了。

文化三：崇尚节俭

对于一个年轻亿万富翁来说，爱德华·米其林始终保持简朴的生活是非常难能可贵的，也为公司上上下下树立了一个非常好的榜样，这远比空洞的说教更有价值和作用。

1999 年，当年仅 36 岁的爱德华从父亲手中接过米其林的帅印时，他成为法国 CAC40（40 种股票平均价格指数）俱乐部里年龄最小的成员，并跻身欧洲最年轻的富翁之列。

米其林家族历代掌门人生活俭朴，作为欧洲最年轻的富翁之一，爱德华也毫无富豪的派头，过着同平凡人一样的生活。他既没有豪华游艇，也没有私人飞机，唯一的奢侈品是一辆 6 万多美元的奥迪 RS4 跑车。该车装有米其林轮胎，可以为公司做广告。

文化四：开拓新市场

海外事业的蓬勃发展是 500 强企业的一个共同特点，也是做大做强的必由之路。1988 年，米其林在香港成立了销售办事处。为进一步加强在中国市场的发展，又于 1989 年在北京成立了首个代表处，负责产品推广及筹备分销网络。现米其林在上海、广州、成都、沈阳及香港都设立了营销办事处，销售网络遍布全国。1995 年年底，米其林集团与沈阳市达成协议，成立米其林沈阳轮胎有限公司（MSTC）。它是米其林首个在中国的合资项目，其目的主要生产米其林品牌的轿车、轻卡及卡车轮胎，以满足国内不同消费者的需要。

同父亲留下的"江山"相比，爱德华的最大成就是成功地发展了中国市场业务。2001年4月，米其林集团投资2亿美元同中国头号轮胎公司上海轮胎橡胶集团联合组建了上海米其林回力轮胎股份有限公司（SMW），并在新企业中控股70%。这是中国首次让一家外国公司在战略行业中控制绝大部分股权。1995年、1997年完成了四家合资企业的合并工作，并于2003年8月成为一家外商独资公司。至此，米其林在沈阳合资企业的总投资额为1.5亿美元。

与此同时，米其林在上海成立了研发中心。研发中心着力满足中国当地以及外资车辆制造商的技术需求，开发高性能新型轮胎。它还为轮胎的原材料供应商，如天然橡胶和钢丝厂家提供技术指导。另外，米其林已同意为上海轮胎橡胶集团的卡、客车子午线轮胎生产设施提供技术支持。

对于从小生活和工作在欧美的爱德华而言，古老的中国难免显得遥远而陌生。然而，他手下的一批高参以及他每年至少一次的中国之行使他对中国市场的了解程度让许多竞争对手叹服。米其林的子午轮胎在中国市场的售价是普通轮胎的3倍，集团内部曾有人怀疑，如此高昂的轮胎是否能被购买力尚弱的中国客户接受。爱德华在通过向中国的经销商咨询后认为，在中国市场实行"高价"战略并非行不通，因为中国的卡车往往超载，普通的轮胎很快就需要更换，而用钢加固的子午胎则能适应这样的运输条件。

正是基于对中国市场的熟悉和热爱，爱德华将他的全球战略重心明显向中国倾斜。几年来，他将米其林在欧洲的6万个销售网点裁减了一半，却在中国市场注入了巨大的资金和人力，使这个市场以年均15%的增速在发展。

（资料来源：齐冬平、白庆祥：《中外企业文化镜鉴案例教程》，中国经济出版社2008年版）

二、案例分析

企业文化建设的目的在于保证企业在不断变化的环境中持续发展。如果将其细化，可以分为如下三个部分：一是企业文化塑造是为了使企业适应不断变化的环境。企业文化塑造主要通过让企业提高对企业成员的凝聚力和对外部环境的影响力来实现这个目的。二是企业文化是为了将企业的生命周期延长。企业文化主要通过两种方式延长企业的生命周期，一方面通过企业文化的不断创新来长期保证企业对环境的主动适应，另一方面通过企业文化的传承使企业避免受到个人及其他短生命周期事物的影响。三是企业文化是为了企业经营绩效的提高。企业要想主动地适应环境变化，就必须时刻保持企业文化的开放与创新，通过不断地完善和更新事业理念来推动企业战略和管理变革，而不要等到环境逼迫我们变革的时候才有所动作，因为到那时你已经丧失了主动，你的竞争对手说不准已经超过你了。

米其林企业文化从如何对待与媒体和工会的沟通、如何处理企业领导人与企业品牌形象的关系、如何坚持不断创新和平实务本、如何拓展市场与海外事业发展等方面都给予我国处在与国际接轨阶段的广大企业非常有益的启发和借鉴作用。概括起来，米其林的企业的文化主要有四个特点：

（1）品牌形象高于一切。对企业领导人形象的树立与宣传可以对企业的品牌形象起到锦上添花的作用和效果，但不能本末倒置，更不能喧宾夺主。不能用领导人的形象遮掩企业的品牌形象，更不能代替企业的品牌形象。

（2）不断创新是持续发展的有力支撑。只有不断创新，才能及时满足不断变化的客户需求，也才能保持在激烈竞争中的市场地位。

（3）持续开疆辟土是保持成长的有力手段。当国内市场不能满足成长发展的需要时，海外发展就成了必然选择。由于文化的差异，普遍容易存在的排外抵触心理和管理能力与手段的制约，循序渐进和结合地缘成为减少失误、有效发展海外事业的良途佳径。轻敌冒进肯定是要付出巨额学费的。

（4）节俭务实是永续经营的基础保障。奢靡铺张是摧毁上进心，使组织涣散、效率降低、成本加大、利润流失的罪魁祸首。小富即安的结果就是重归贫穷。

米其林轮胎人（米其林宝宝）的构思源于米其林公司在1894年里昂举办的一次展览会上，展台入口处那由许多不同直径的轮胎堆成的小山启发了老爱德华·米其林："如果有了手臂及腿脚，它就是一个人了！"于是在1894年4月，一个由许多轮胎做成的特别的人物造型出现了，上面有画家奥加罗普的签字。从此米其林轮胎人便开始出现在海报上，他手擎一只装有钉子和碎玻璃的杯子说道："Nuncest bibendum。"这句意为"现在是举杯的时候了"的拉丁语来自古罗马诗人贺拉思的一句颂歌，寓意是米其林轮胎能征服一切障碍。这句话立刻成为一句口号，在几个月的时间里，"米其林轮胎人"被明确地以法语命名为"Bibendum"。

三、思考·讨论·训练

1. 米其林企业文化有什么特点？
2. 如何建设先进的组织文化？
3. 组织文化在现代管理中的地位和作用如何？
4. 米其林实施文化管理的关键是什么？从分析中您得到了什么启示？

案例 13 - 2　迪斯尼的成功

一、案例介绍

如果你要寻找美国企业中的佼佼者，佛罗里达州的迪斯尼世界（也称迪斯尼乐园）无疑是有史以来最出色的。在忙碌的夏季，一天中最少也有十多万人光临迪斯尼世界，乐园在 2002 年接待了大约 2300 万来自世界各地的旅游者，总收入达 7.3 亿美元。到底是什么吸引了这么多游客，并达到如此高的收入呢？一句话，就是乐园的注册商标"米老鼠"具有不可抗拒的魔力。

如何能够维持这一处装扮出来的景色长盛不衰呢？人们见到的是一座巨大的舞台，但是要使这座舞台真正活跃起来却需要表演，迪斯尼公司优于他人之处就是训练其工作人员在这座舞台上进行逼真的表演。

迪斯尼公司中没有人事部门，招聘工作由演员中心负责，每位新受雇的人员都必须先在瓦尔特迪斯尼大学接受传统方式的培训。迪斯尼公司精心安排训练的每一个细节，目的是要使其工作人员明了，迪斯尼世界首先是一个表演企业。

每天的训练总是以赞扬式的回顾开始，当训练人在班上讲述米老鼠、白雪公主等等这些奇妙的形象时，他是在向新来的人敞开瓦尔特迪斯尼有关这座梦幻王国的想象，训练人制造一种气氛，似乎瓦尔特本人就在房间里，正欢迎新的工作人员来到他的领地，其目的是使这些新的工作人员感到自己是这位乐园奠基人的合作者，和他共同来创造世界上最美妙的地方。一家大公司向其工作人员灌输本身的价值，恐怕没有再比迪斯尼乐园更好的办法了。

员工们首先需要学习的是，要对游客友好、客气，彬彬有礼，有求必应。要让他们觉得来到迪斯尼世界所花费的美金是值得的，然后才是学习怎样在生动活泼的表演中充当一名演员。培训本身也是一种演出，或者严格一点说是一种彩排，是由训练人员口传身授的。让每一个人明确他在表演中扮演的角色，在传统的培训方式完成之后，新的工作人员进入乐园实习三天。

员工们必须牢记，从来到大街的那一时刻起，就登上了舞台，就得时时面带笑容，要记住自己所扮演的人物要说的话，记住当人们在市政大厅门前时，自己要给他们讲些什么，记住自己要笑容满面，记住自己在帮他们消磨时间，这些都是头等重要的大事。对迪斯尼的人员来说，列队通过大街是最长和最苦的差事，但他们的步法、姿势整齐一致，对游客来说实在是一种地道的款待。乐园强调，不在演员名单上的人，绝不允许偷看一个除掉面具的角色，那种头戴面具的印象必须永远保持，这些演员接到指示在任何情况下都不准破坏角色的形象。

迪斯尼被称为完美画面里的活动，但这里的一切并非目力所及，迪斯尼世界全部舞台实际是在舞台之下，乐园之下的地面一层是称做地下乐园的隧道网络，设置在这条地下隧道中的是一个控制灯光的计算机中心，一家为工作人员设立的咖啡店和一处藏衣室。每天一早把干干净净的戏装提供给演员，由于众多的节目和大量的库存，这里是世界上最大的藏衣室。躲在这谢绝一切游人的地下隧道之中，工作人员可以吸烟、进餐、喝水和化妆，一般也可以像在真实天地中那样自如地行动，然而，他们一旦被送出隧道，穿过僻静角落中不显眼的门洞进入上面的魔幻王国，他们就再次来到舞台之上，进行人们预期的表演。

收获是显而易见的，这一魔幻王国很快就成了一个童话世界。

时间流逝，但这里仍盛况空前，人们被这里的魔幻气氛所吸引不断涌来，而一旦步入园内就会忘乎所以，仿佛真的回到了童年时代。

（资料来源：广州企业网：http://www.gze.cn）

二、案例分析

本案例体现了企业实施文化管理的关键所在。我们通常把企业文化在企业的发展历程分三个阶段：第一阶段是经营产品即以产品为中心，通过产品交易实现企业的商业利益。第二阶段是经营品牌即产品只是品牌的载体，同样的产品贴上不同的品牌它的价值就会迥异。第三个阶段是经营文化，世界500强中优秀而长寿的企业，实际上都是在经营文化。

迪斯尼公司首先为自己的企业价值进行了准确、清晰的定位，即：表演公司，为游客观众提供最高满意度的娱乐和消遣，必须依靠员工。公司最终提供给顾客的产品和服务，必须要由员工实施。

（1）注重企业文化传达的招聘过程。这足以看出企业文化在迪斯尼公司所发挥的重要作用。同样，维持并提升公司现有的企业文化也是人力资源部的一个非常重要的任务。它必须使员工清楚地认识到消费者为什么会走进迪斯尼世界，并最终成为迪斯尼的一位忠实顾客，让他们理解自己在吸引顾客重复光顾迪斯尼中所发挥的作用。因此，人力资源部非常注意从招聘开始就对可能成为公司员工的人员进行企业文化熏陶。

（2）鼓舞士气的新员工教育。迪斯尼公司对新员工进行的岗前教育不仅仅局限于基本技能，他们更重视的是精神层面的教育，希望通过这些教育能够使新员工明白公司对他们的期望和要求，并能够向这方面努力。每一位新员工都会接受一天半的"传统教育"，这些课基本上由那些自愿来授课的老员工讲解。培训部门通常会按照各部门经理的要求有组织地安排讲课内容。这包括如果去做一些事情，然后在紧急事件发生时提供第一手的帮助，等等。

（3）灵活的激励机制。迪斯尼公司的具体做法是创建一系列的识别程序，主动去发现员工的先进事迹并及时地给予奖励。值得一提的是以下五点：一是迪斯尼公司废除了有关出勤的奖励。因为他们不希望顾客看到生病的员工，这会影响到公司的整体形象。二是迪斯尼公司取消了考核部门。因为他们认为考核不应该仅仅是一个部门的工作，考核更应该是各部门领导的责任。三是人力资源部将在新任经理上任的前几天向他们讲述公司总体的考核基准及奖励办法。每一部门可以根据自己的实际情况，在这一基准上制定自己的奖惩制度。四是公司的部门经理可以根据本部门的实际情况制定自己的考核基准。这一新的考核基准要能够有效地运转，降低本部门的员工流失率，提高顾客的满意度。五是以何种方式奖励新员工，经理会征求新员工本人的意见，采取休假、送电影票、公开表扬等不同方式。

（4）完善的内部沟通网络。迪斯尼公司坚信，能够让员工在既定的时间内分享到公司的最新消息，是保持员工积极参与的一个重要方法。因此，大多数部门的经理都会每周定期召开会议，进行有关工作总结及信息通报。迪斯尼公司还认为，尽管有各种各样的沟通工具，但部门领导的直接参与是最好的沟通方式。因为每一个员工都希望从他的上级那里直接得到消息。迪斯尼公司每年都会聘请外部咨询公司，帮助调查员工对公司的企业文化领导模式、工作流程等方面的满意度，并将结果公布，找出其中可以改进的方面，用来指导下一年的工作。可以肯定，有效的内部沟通大大降低了迪斯尼的内部交易费用，提高了工作效率，保证了公司正常高效营运。

三、思考·讨论·训练

1. 迪斯尼公司对员工采用了什么样的奖励与惩罚机制？哪些激励员工的原则是该机制的基础？

2. 试分析迪斯尼公司岗前培训的原则及方法。

3. 维持并提升公司现有的企业文化是人力资源部的一个非常重要的任务，你同意这一说法吗？

4. 迪斯尼公司实施文化管理的关键是什么？从案例分析中，您得到了什么启示？

案例 13-3　华为公司的企业文化

一、案例介绍

华为成立于 1988 年。经过十年的艰苦创业，华为建立了良好的组织体系和技术网络，市场覆盖全国，并延伸到中国香港、欧洲、中亚。公司现有员工 3000 余人，其中研究开发人员 1200 余人。在发展过程中，华为一直坚持以"爱祖国、爱人民、爱公司"为主导的企业文化，发展民族通信产业，连续三年获得深圳市高科技企业综合排序第一，1995 年获得中国电子百强第 26 名。1996 年产值达 26 亿元，1997 年已超过 50 亿元，到 1999 年已达到 120 亿元。

目前，华为在大容量数字交换机、商业网、智能网、用户接入网、SDH 光传输、无线接入、图像多媒体通信、宽带通信、高频开关电源、监控工程、集成电路等通信领域的相关技术上，形成一系列突破，研制了众多拳头产品。1996 年交换机产量达到 250 万线，1997 年达 400 万线（含出口）。华为的无线通信、智能网设备和 SDH 光传输系统正在大批量装备我国的通信网。华为不仅在经济领域取得了巨大发展，而且形成了强有力的企业文化。因为华为人深知，文化资源生生不息，在企业物质资源十分有限的情况下，只有靠文化资源，靠精神和文化的力量，才能战胜困难，获得发展。

（1）民族文化、政治文化企业化。华为人认为，企业文化离不开民族文化与政治文化，中国的政治文化就是社会主义文化，华为把共产党的最高纲领分解为可操作的标准，来约束和发展企业高中层管理者，以高中层管理者的行为带动全体员工的进步。华为管理层在号召员工向雷锋、焦裕禄学习的同时，又奉行绝不让"雷锋"吃亏的原则，坚持以物质文明巩固精神文明，以精神文明促进物质文明来形成千百个"雷锋"成长且源远流长的政策。华为把实现先辈的繁荣梦想、民族的振兴希望、时代的革新精神，作为华为人义不容辞的责任，铸造华为人的品格。坚持宏伟抱负的牵引原则、实事求是的科学原则和艰苦奋斗的工作原则，使政治文化、经济文化、民族文化与企业文化融为一体。

（2）双重利益驱动。华为人坚持为祖国昌盛、为民族振兴、为家庭幸福而努力奋斗的双重利益驱动原则。这是因为，没有为国家的个人奉献精神，就会变成自私自利的小人。随着现代高科技的发展，决定了必须坚持集体奋斗不自私的人，才能结成一个团结的集体。同样，没有促成自己体面生活的物质欲望，没有以劳动来实现欲望的理想，就会因循守旧，故步自封，进而滋生懒惰。因此，华为提倡欲望驱动，正派手段，使群体形成蓬勃向上、励精图治的风尚。

（3）同甘共苦，荣辱与共。团结协作、集体奋斗是华为企业文化之魂。成功是集体努力的结果，失败是集体的责任，不将成绩归于个人，也不把失败视为个人的责任，一切都由集体来共担，"官兵"一律同甘共苦，除了工作上的差异外，华为人的高层领导不设专车，吃饭、看病一样排队，付同样的费用。在工作和生活中，上下平等，不平等的部分已用工资形式体现了。华为无人享受特权，大家同甘共苦，人人平等，集体奋斗，任何个人的利益都必须服从集体的利益，将个人努力融入集体奋斗之中。自强不息，荣辱与共，胜则举杯同庆，败则拼死相救的团结协作精神，在华为得到了充分体现。

（4）"华为基本法"。从1996年初开始，公司开展了"华为基本法"的起草活动。"华为基本法"总结、提升了公司成功的管理经验，确定华为二次创业的观念、战略、方针和基本政策，构筑公司未来发展的宏伟架构。华为人依照国际标准建设公司管理系统，不遗余力地进行人力资源的开发与利用，强化内部管理，致力于制度创新，优化公司形象，极力拓展市场，建立具有华为特色的企业文化。

（资料来源：陈广：《华为的企业文化》，海天出版社2007年版）

二、案例分析

企业制度文化是企业为实现自身目标对员工的行为给予一定限制的文化，它具有共性和强有力的行为规范的要求。企业制度文化的规范性是一种来自员工自身以外的、带有强制性的约束，它规范着企业的每一个人，企业工艺操作规程、厂规厂纪、经济责任制、考核奖惩制度都是企业制度文化的内容。

企业制度化的本质，是通过制度创新来实现与提高员工对制度的认同，从而达到最大限度地挖掘员工潜能的目的。从本质上看，制度化就是制度变迁或制度创新的过程。制度创新就是为了提高制度认同。"认同"就成为创新的直接目的，是衡量新制度好坏的标准。同时，制度认同也是为了挖掘人的潜能。管理思想、经营理念、员工的价值观念是与工作中客观事物联系在一起的。全体华为人认同公司的目标，并把自己的人生追求与公司的目标相结合。企业文化是生生不息的，它会成为支撑企业可持续成长的支柱。

（1）华为制度文化形成了华为的服从文化。服从文化有助于企业"执行力"的增强。华为新员工要进行包括为期一个月的军事训练在内的5个月严格的封闭式培训。尽管有人会质疑服从文化会扼杀了创新精神，但是服从文化对于中国企业的执行力问题，是一个有效的解答，华为出色的企业执行力能够将企业的决策很好地贯彻执行下去。

（2）华为制度文化是华为凝聚力的源泉，华为文化就像企业的"魂"，推动着华为管理的改进与提高。企业文化具有融合功能，它可以把企业组织内各个不明的团体从文化上融合成一个共同体，把企业个人文化或个体文化融合于统一组织内，并且能够对渗透进企业内部来的异质文化进行融合并消化。华为鼓励各部门逐步形成适合各自工作特点，有利于推进部门工作的特色文化。华为公司的管理制度和规范已摆脱了生搬硬套的形而上学管理模式，走上了在自身文化氛围中借鉴成功企业先进经验来酝酿和构建具有华为特色的管理模式和管理制度规范的道路。

（3）华为制度文化给员工多重需要的满足。华为员工比其他企业员工有优越感，因为他们为自己是华为员工而骄傲。他们就会被这种理念所驱使，自觉自愿地发挥潜能，为公司更加努力、高效地工作。华为员工对华为有一种归属感，华为给他们的是一种信仰，这会由始至终地激励着华为员工的工作。

企业制度文化是一种无形的生产力、一种无形的资产。对一个企业来说，良好的企业文化是优秀企业的综合反映和具体表现。成功的企业将属于积极倡导和运用企业文化的企业。华为拥有良好的企业文化，这种企业文化让华为傲视国内企业，并且随着华为国际化的进程，华为还要进一步发展，可以预测的是，华为将在外国的竞争搏杀中，不会轻易妥协退让。这种韧劲，正是值得中国企业学习的。

三、思考·讨论·训练

1. 什么是制度文化？华为文化有什么特点？
2. 制度文化在企业管理中有什么作用？
3. 建立组织制度文化的基本指导原则是什么？应考虑哪些影响因素？
4. 通过本案例分析您得到了什么启示？

案例 13 - 4   西安杨森

一、案例介绍

西安杨森制药有限公司是目前我国医药工业规模最大、品种最多、剂型最全的先进技术型合资企业之一。合资中方为陕西省医药工业公司、陕西省汉江制药厂、中国医药工业公司和中国医药对外贸易总公司，以陕西省医药工业公司为代表，外方为美国强生公司的成员比利时杨森制药有限公司。

强生公司是当今世界上规模最大、产品最多元化的生产消费者护理品、处方药品和医疗专业产品的企业，迄今为止，在世界上 50 个国家或地区拥有 168 个子公司，并向 150 个以上的国家或地区销售产品。目前，强生公司在中国大陆有 7 家合资、独资企业。比利时杨森公司创办于 1953 年，1961 年加入美国强生公司。到现在，比利时杨森已成功研制出 80 多种新药，成为世界上开发新药最多的制药公司之一。

比利时杨森是以发明新药为主的公司，创始人杨森博士一生的主要追求是将更多更好的新药介绍给更多的人。他对中国怀有好感，说："如果我发明的新药不能供占全世界人口 1/4 的中国人使用，那将是莫大的遗憾。"于是，在中国改革开放之初，比利时杨森公司就主动到中国尝试进行合作。

经过 3 年的谈判，1985 年 10 月，西安杨森制药有限公司成立了。总投资 19 亿元人民币，注册资本比例为外方占 52%，中方占 48%，合资期限 50 年。

1. 严格管理，注重激励。合资企业的工人和中层管理人员是由几家中方合资单位提供的。起初，他们在管理意识上比较涣散，不适应严格的生产要求。有鉴于此，合资企业在管理上严格遵循杨森公司的标准，制定了严格的劳动纪律，使员工逐步适应新的管理模式，培养对企业和社会的责任感。

他们通过调查研究发现，在中国员工尤其是较高层次的员工中，价值取向表现为对高报酬和工作成功的双重追求。优厚的待遇是西安杨森吸引和招聘人才的重要手段，而不断丰富的工作意义，增加工作的挑战性和成功的机会则是公司善于使用人才的关键所在。在创建初期，公司主要依靠销售代表的个人能力，四处撒网孤军奋战，对员工采用的是个人激励。他们从人员—职位—组织匹配的原则出发，选用那些具有冒险精神、勇于探索、争强好胜又认同企业哲学及对企业负责的人作为企业的销售代表。他们使用的主要是医药大学应届毕业生和已有若干年工作经验的医药代表。这两类人文化素质较高，能力较强，对高报酬和事业成就都抱有强烈的愿望。此时，西安杨森大力宣传以"鹰"为代表形象的企业文化，他们自己这样解释："鹰是强壮的，鹰是果断的，鹰是敢于向山巅和天空挑战的，它们总是敢于伸出自己的颈项独立作战。在我们的队伍中，鼓励出头鸟，并且不仅要做出头鸟，还要做搏击长空的雄鹰。作为企业，我们要成为全世界优秀公司中的雄鹰。"

2. 注重团队建设。在培养"销售雄鹰"的同时，他们还特别注重员工队伍的团队精神建设。在1996年年底的销售会议中，他们集中学习并讨论了关于"雁的启示"：

"……当每只雁展翅高飞时，也为后面的队友提供了向上之风。由于组成V字队形，可以增加雁群71%的飞行范围。"启示：分享团队默契的人，能互相帮助，更轻松地到达目的地，因为他们在彼此信任的基础上，携手前进。

"当某只雁离队时它立即感到孤独飞行的困难和阻力。它会立即飞回队伍，善用前面同伴提供的向上之风继续前进。"启示：我们应该像大雁一样具有团队意识，在队伍中跟着带队者，与团队同奔目的地。我们愿意接受他人的帮助，也愿意帮助他人。

经过大力进行企业文化建设，员工的素质得到了不断提高，对公司产生了深厚的感情，工作开展得更为顺利。特别明显的是，在20世纪80年代后期困扰公司的员工稳定问题得到了很好的解决。当时，由于观念的原因，许多人到西安杨森工作仅是为了获得高收入，当自己的愿望得不到满足时就产生不满，人员流动性曾连续几年高达60%。如今，他们已使员工深深地认同公司，喜爱公司的环境和精神，1996年和1997年人员流动率已处在6%～10%。

3. 充满人情味的工作环境。西安杨森的管理实践，充满了浓厚的人情气息。每当逢年过节，总裁即使在外出差、休假，也不会忘记邮寄贺卡，捎给员工一份祝福。在员工过生日的时候，总会得到公司领导的问候，这不是形式上的、统一完成的贺卡，而是充满领导个人和公司对员工关爱的贺卡。员工生病休息，部门负责人甚至总裁都会亲自前去看望，或写信问候。员工结婚或生小孩，公司都会把这视为自己家庭的喜事而给予热烈祝贺，公司还曾举办过集体婚礼。公司的有些活动，还邀请员工家属参加，一起分享大家庭的快乐。西安杨森办的内部刊物，名字就叫《我们的家》，以此作为沟通信息、联络感情、相互关怀的桥梁。

根据中国员工福利思想浓厚的状况，公司一方面教育员工要摒弃福利思想；另一方面又充分考虑到中国社会保障体系的不完善，尽可能地为员工解决实际生活问题。经过公司的中外方高层领导之间几年的磨合，终于形成共识：职工个人待业、就业、退休保险、人身保险由公司承担，有部门专门负责；员工的医疗费用可以全部报销。在住房上，他们借鉴新加坡的做法，并结合中国房改政策，员工每月按工资支出 25%，公司相应支出 35%，建立职工购房基金。这已超过了一般国有企业的公积金比例。如果基金不够，在所购房屋被抵押的情况下，公司负责担保帮助员工贷款。这样，在西安杨森工作 4～6 年的员工基本上可以购买住房了。

4. 加强爱国主义的传统教育。1996 年 11 月 22 日，西安杨森的 90 多名高级管理人员和销售骨干，与来自中央和地方新闻单位的记者及中国扶贫基金会的代表一起由江西省宁岗县茅坪镇向井冈山市所在地的茨坪镇挺进，进行 30.8 公里的"96 西安杨森领导健康新长征"活动。

他们每走 3.08 公里，就拿出 308 元人民币捐献给井冈山地区的人民，除此以外，个人也进行了捐赠。公司还向井冈山地区的人民医院赠送了价值 10 万元的药品。

为什么要组织这样一次活动呢？董事长郑鸿女士说："远大的目标一定要落实在具体的工作中去。进行健康新长征就是要用光荣的红军长征精神激励和鞭策我们开创祖国美好的未来。"参加长征的员工说："长征是宣言书，宣布了我们早日跨越 30.8（远期销售目标）的伟大誓言；长征是宣传队，宣传了西安杨森'忠实于科学，献身于健康'的精神；长征是播种机，播下了西安杨森团队合作、勇于奉献、敢于挑战的火种。"

1996 年冬天的一个早晨，北京天安门广场上出现了一支身穿"我爱中国"红蓝色大衣的 300 多人的队伍，中国人、外国人都有，连续许多天进行长跑，然后观看庄严肃穆的升国旗仪式，高唱国歌。这是西安杨森爱国主义教育的又一部分。

前任美籍总裁罗健瑞说："我们重视爱国主义教育，使员工具备吃苦耐劳的精神，使我们企业更有凝聚力。因为很难想象，一个不热爱祖国的人怎能热爱公司？而且我也爱中国！"

（资料来源：张晓华：《涉外企业管理教程》，电子工业出版社 2006 年版）

二、案例分析

企业文化不是摆设，不是装饰品，企业文化建设是一项十分艰巨的工程。任何能够撼动人心的东西均非朝夕之功，因此企业文化建设要求于细微处提炼精神，于烦琐中汲取精华，日积月累，常抓不懈。企业文化建设重在全员参与、整体互动。任何一件事情，只有你亲身参与了，你才会有责任感。"事不关己"才会"高高挂起"，在参与的过程中让员工体会成就感、挫折感、温暖感、危机感等不同感受，通过交流与融合，培养员工的责任感，逐渐形成大家共同遵守的价值准则。

人力资源管理一定要适应其所在的文化环境。由于跨国公司在不同的国家里进行经营活动，所以，在管理上必须充分考虑到不同文化这一因素。在中国的文化环境下，就要充分发挥个人的作用，使其体会到个人的存在及价值，并按照组织的要求建立有利于团队发展的氛围。推销员对于西安杨森是关键的人力资源，他们针对中国实际情况，从培养员工敢于个人承担责任入手，并最终进行销售团队的建设，可以说是非常好地适应了企业所处的文化环境。案例中杨森文化的主要特点有：

（1）建造学习型组织。在西安杨森公司，每一个人，无论是高级职员还是普通员工，从他们身上你都能感受到仿佛有一种无形的物质在流动，一种蓬勃向上、生生不息的精神在感染着每一个员工，这就是所称的"西安杨森的企业文化"。杨森可以保证每年每个员工有 100 个小时的培训，最多的可达到 200 个小时，而工商管理硕士的课程时间是 600 个小时，这样，如果一个能在西安杨森工作五六年的员工，也就等于获得了 MBA 学位。杨森培训一支不分国籍的成功和强有力的队伍，使之成为一群最自信、最能自我激励、极其努力进取和奋斗的高标准人才精英。

（2）知行合一。文化是行动的积累，文化的第一步是行动，行动在同一个环境下不断重复，习惯了，继续下去就变成文化。一个好的领导者，必定是一个好的跟随者。因为，如果不会服从别人的命令，就无法下命令给别人。这两点基本认识是企业文化贯彻过程中的重要因素，即：第一，每个人的行为→大家的习惯→企业文化；第二，管理人员以身作则。企业文化中较为成熟的伦理观念，应当及时转化为制度和行动，西安杨森在自己短短的 14 年历史上开展了多次贯彻企业文化的活动。如杨森高级管理人员和销售骨干参加了西安杨森领导健康新长征活动、天安门广场的"我爱中国"晨跑等活动，让员工深深地懂得了"爱国才能爱企业，做事先做人"的道理。

（3）信条为本。西安杨森特别强调信条为本，而不是笼统地讲以人为本，立志将公司建成一个"客户信任，员工爱戴，同行尊敬，社会推崇"的公司。西安杨森公司每年都有"信条日"和"信条周"活动。对信条加以重申和强化，公司投产以来，从未发生过质量信誉问题，他们为陕西、江西、北京及全国公益事业的捐赠已达 2000 万元。

搞活大中型企业、发展经济是我们这个时代的主旋律。无论是现代企业的经营管理，还是市场经济的运行机制，乃至建立强力型的企业文化，对大多数人而言都是新的课题。缺少现成的路可走，但又没有退路。解决的办法只有两个：一个是学习借鉴，一个是创新提高。而西安杨森的企业文化正是值得学习和借鉴的。

三、思考·讨论·训练

1. 什么是组织文化？它具有哪些特征？
2. 西安杨森的企业文化是如何建立起来的？
3. 西安杨森的组织文化是什么？这一文化是如何影响员工的？
4. 西安杨森的企业文化在建立过程中采取了哪些措施来保证实施？

案例 13-5　锦江集团宾馆文化的标志

一、案例介绍

锦江国际集团成立于 1984 年，是中国规模最大的综合性旅游企业集团之一。集团以酒店、餐饮服务、旅游客运业为核心产业，并设有酒店、旅游、客运物流、地产、实业、金融六个事业部。注册资本 20 亿元，总资产 150 亿元。进入 21 世纪以来，锦江国际集团在全球旅游业中的地位不断上升，竞争力得到显著提升。

锦江国际集团能够达到今天的规模，是与政府的支持分不开的。进入 21 世纪以来，我国旅游产业中掀起了一股大型国有旅游企业资产重组的浪潮。以 2003 年锦江集团与新亚集团合并，成立锦江国际集团时，许多国有大型旅游企业相继实现了重组。

2004 年 4 月，在北京市国资委的大力支持下，首旅集团、新燕莎集团、全聚德集团、东来顺集团和古玩城集团成功地进行了资产合并重组，新的首旅集团经营业务涵盖了旅游主业吃、住、行、游、购、娱六大要素，首旅集团控制的总资产量超过 200 亿元。

2005 年 3 月，广州岭南国际企业集团正式宣告成立，这一大型集团整合了广州市 113 户独立核算企业，拥有花园酒店、中国大酒店、广之旅、流花宾馆等一批知名品牌，资产规模达到 76.48 亿元，成为全国商贸旅游业的"重量级"集团。

这些大型旅游企业的资产重组有其特殊的背景。党的"十六大"以后，中国的国有资产管理体制正在向着分级管理的方向演变，地方政府对所在区域的国有企业行使并享有出资人权利、责任和利益，它们有动力也有能力对所属企业进行更加符合自己发展需要的体制转型与组织变革。此外，我国加入世界贸易组织以后，国外大型旅游企业大举进入中国，使得国内竞争国际化和国际竞争国内化的趋势愈发显现，中国民族旅游企业的扩张空间受到挤压，在这种情况下，学术界、政界和产业界中都出现了组建大型企业应对国际竞争的呼声。在这些因素的共同作用下，以地方政府为主导的国有旅游企业重组频繁。无论从总资产角度看，还是从销售收入的角度看，重组后的大型旅游企业集团的规模都有了很大的扩大。但是，规模的扩大并不能等同于竞争力的提高，要想使企业在规模扩大的同时增强竞争力，还必须在管理和经营上有所创新。几年来，锦江集团实现了与国际旅游先进水准接轨的目标，走出了一条有中国特色的饭店管理道路。集团形成了有锦江风格的《锦江集团饭店管理模式》是锦江集团宾馆文化的显著标志。

1. 全方位的服务——"锦江模式"的核心。一个服务性企业赢得市场、取得效益，是多种因素共同作用的结果，但其核心在于能长年累月、坚持不懈地为中外客人提供全方位的优质服务。全方位的服务是"锦江"的服务特色。提取行李，陪同进房，介绍设施，送上茶水毛巾，了解生活爱好，引领进入餐厅，转告餐厅和厨房有关客人的口味特点，离店前的诚恳征求意见，直至最后送别……这点点滴滴，看似简单琐碎，没有高深的学问，然而要做得完美无缺，绝非易事。可是，锦江人做到了。

一位客人扔掉了一件旧衣服，服务员从上到下检查一遍，摸出了一个金锁片还给客人；一位客人在赴宴会前十分钟，猛然想起自己的外衣还未烫好，于是连忙打铃唤来服务员。没想到服务员微笑着说，我了解到您今晚有个宴会，在您休息时，我已请您的随员取出这套外衣，现已烫好放回原处了。

2. 规范化的管理——"锦江模式"的基础。锦江集团从成立之日起，就准备着参与国际竞争，发展跨省市、跨国界的经营。在全市、全国乃至全球管理的大跨度中，如何保持稳定的服务质量，是"锦江"管理面临的难题。以规范化的管理为基础的"锦江模式"的形成，为解决这一难题创造了条件。

"锦江"的管理规范是国际先进饭店管理经验和自身传统的结合。它用文字统一规定了饭店各工种、各岗位的操作规程、作业标准和职业要求。这种要求，是建立在不断提高职工文化技术素养的基础之上的。

"锦江"通过年年、月月从不间断的岗位培训、岗位考核，打破了各饭店自成习惯的纯经验型的做法，逐步形成了统一而又鲜明的锦江风格。这种风格，一方面是全集团统一的服务规范，另一方面是各个饭店别具一格的服务特色。

3. 继承、借鉴、创新——"锦江模式"的特色。饭店是文化型的企业，建筑风格、饮食菜肴是文化，职工的仪容仪表、精神面貌也是文化。开放把"锦江"推向了国际舞台，中西两种不同的文化在"锦江"这个特定的环境中不可避免地发生了碰撞。如何继承中国饭店的优秀文化传统，借鉴吸收西方文化中精华，是"锦江"在开放中遇到的又一课题。

"锦江"的党政领导在继承、借鉴、创新中，发挥"锦江"传统文化的优势，探索出一条有中国特色的饭店管理的道路。

（资料来源：康定民族师《管理学原理》精品课程网：http：//depart. kdntc. cn）

二、案例分析

案例中锦江集团在认真总结经营管理理论和实际工作经验的基础上，学习和吸收外国科学的管理方法，编写了《锦江集团饭店管理模式》，它是锦江集团宾馆文化的显著标志。对一个能体现企业文化的纲领性文件的起草，如能作为一个文化建设的过程，让全体员工共同参与起草企业纲领，就能促使企业上下对企业的使命、追求、核心价值观达成共识。锦江集团的全方位服务、规范化管理和继承、借鉴、创新锦江模式，具体有如下几个方面：

（1）有效的管理机制。一种优秀的企业文化能够成为影响组织成员行为的有效管理机制，从而协助组织成员共同为实现组织目标而努力工作。在这样一种文化氛围内，组织成员愿意自觉地遵守由企业文化所形成的价值准则和行为规范，这将比任何其他控制手段都更理想、更有效。因为靠强制命令虽然也能迫使组织成员改变其行为，但因为这不是自觉的行为，工作效率必然很低。

（2）良好的组织气氛。在具有良好文化环境的组织里工作，可以使人心情舒畅，精神振奋，充满生气，积极进取，畅所欲言，有较强的满足感和自我实现意识。在这样的环境中，人力资源的潜力可以得到充分的发挥和利用，组织成员愿意为组织的发展贡献其创造力。

（3）强大的推动作用。建立优秀的企业文化，将会对企业的经营业绩产生强大的推动作用，原因在于以下三个方面：一是企业文化能够带动员工树立明确的目标，并在为此目标而奋斗的过程中保持一致的步调。在今天企业生产社会化程度很高、分工复杂的世界中，做到这一点极为困难。二是企业文化能够在员工中营造出非同寻常的积极性，因为企业成员共享的价值观和行为方式使得他们愿意为企业出力。三是企业文化还提供了必要的企业组织结构和管理机制，从而产生了一个合适的鼓励积极创造的压力水平。

（4）生存和发展壮大的灵魂。21世纪的企业家就要从关心人、爱护人、以人为本的企业价值观念出发，注重企业的科学技术人才和优秀管理人才的培养和使用，创造一个能使他们充分发挥积极性、创造性的文化和工作环境，这是企业文化的重要内容。企业文化是企业生存和发展壮大的灵魂所在，它规范和指导着企业的一切商务活动。

三、思考·讨论·训练

1. 锦江集团在建设"锦江模式"的组织文化过程中，有哪些值得学习和借鉴的经验？

2. 有哪些因素促使锦江集团进行组织文化建设？

3. 锦江集团建设组织文化过程中是否还存在不足？如何完善？

4. 在当今的中国企业中，如何建立并培养适合于企业发展的企业文化？

案例 13 - 6 快乐的美国西南航空公司

一、案例介绍

美国西南航空公司，创建于1971年，当时只有少量顾客，几只包袋和一小群焦急不安的员工，现在已成为美国第六大航空公司，拥有1.8万名员工，服务范围已横跨美国22个州的45个大城市。

1. 总裁用爱心管理公司。现任公司总裁和董事长的赫伯·凯勒，是一位传奇式的创办人，他用爱心（LUV）建立了这家公司。LUV说明了公司总部设在达拉斯的友爱机场，LUV也是他们在纽约上市股票的标志，又是西南航空公司的精神。这种精神从公司总部一直感染到公司的门卫、地勤人员。

当踏进西南航空公司总部大门时，你就会感受到一种特殊的气氛。一个巨大的、敞顶的三层楼高的门厅内，展示着公司历史上值得纪念的事件。当你穿越欢迎区域，进入把办公室分成两侧的长走廊时，你就会沉浸在公司为员工举行庆祝活动的气氛中——令人激动地布置着有数百幅配有镜架的图案，镶嵌着成千上万张员工的照片，展示内容有公司主办的晚会和集体活动、垒球队、社区节目以及万圣节、复活节。早期员工们的一些艺术品，连墙面到油画也巧妙地穿插在无数图案中。

2. 公司处处是欢乐和奖品。你到处可以看到奖品。饰板上用签条标明心中的英雄奖、基蒂霍克奖、精神胜利奖、总统奖和幽默奖（这张奖状当然是倒挂着的），并骄傲地写上了受奖人的名字。你甚至还可以看到"当月顾客奖"。

当员工们轻松地迈步穿越大厅过道，前往自己的工作岗位，到处洋溢着微笑和欢乐，谈论着"好得不能再好的服务"、"男女英雄"和"爱心"等。公司制定的"三句话训示"挂满了整个建筑物，最后一行写着："总之，员工们在公司内部将得到同样的关心、尊敬和爱护，也正是公司盼望他们能和外面的每一顾客共同分享。"好讲挖苦话的人也许会想：是不是走进了好莱坞摄影棚里？不！不！这是西南航空公司。

这里有西南航空公司保持热火朝天的爱心精神的具体事例：在总部办公室内，每月做一次空气过滤，饮用水不断循环流动，纯净得和瓶装水一样。

节日比赛丰富多彩。情人节那天有最高级的服装，复活节有装饰考究的节日彩蛋，还有女帽竞赛，当然，还有万圣节竞赛。每年一度规模盛大的万圣节到来时，他们把总部大楼全部开放，让员工们的家属及附近小学生们都参加"恶作剧或给点心"游戏。

公司专为后勤人员设立"心中的英雄"奖，其获得者可以把本部门的名称油漆在指定的飞机上作为荣誉，为期一年。

3. 透明式的管理。如果你要见总裁，只要他在办公室，你可以直接进去，不用通报，也没有人会对你说："不，你不能见他。"

每年举行两次"新员工午餐会"，领导们和新员工们直接见面，保持公开联系。领导向新员工提些问题，例如，"你认为公司应该为你做的事情都做到了吗？""我们怎样做才能做得更好些？""我们怎样才能把西南航空公司办得更好些？"员工们的每项建议，在 30 天内必能得到答复。一些关键的数据，包括每月载客人数、公司季度财务报表等员工们都能知道。

"一线座谈会"是一个全日性的会议，专为那些在公司里已工作了十年以上的员工而设的。会上，副总裁们对自己管辖的部门先做概括介绍，然后公开讨论。题目有："你对西南航空公司感到怎样？""我们应该怎样使你不断前进并保持动力和热情？""我能回答你一些什么问题？"

4. 领导是朋友又是亲人。当你看到一张赫伯和员工们一起拍的照片时，他从不站在主要地方，总是在群众当中。赫伯要每个员工知道他不过是众员工之一，是企业合伙人之一。

上层经理们每季度必须有一天参加第一线实际工作，担任订票员、售票员或行李搬运工等。"行走一英里计划"安排员工们每年一天去其他营业区工作，以了解不同营业区的情况。旅游鼓励了所有员工参加这项活动。

为让员工们对学习公司财务情况更感兴趣，西南航空公司每12周给每位员工寄去一份"测验卡"，其中有一系列财务上的问句。答案可以在同一周的员工手册上找到。凡填写测验卡并寄回全部答案的员工都登记在册，有可能得到免费旅游。

这种爱心精神在西南航空公司内部闪闪发光，正是依靠这种爱心精神，当整个行业在赤字中跋涉时，他们连续22年盈利，创造了全行业个人生产率的最高纪录。1999年有16万人前来申请工作，人员调动率低得令人难以置信，连续三年获得国家运输部的"三皇冠"奖，表彰他们在航行准时、处理行李无误和客户意见最少三方面取得的最佳成绩。

（资料来源：黄雁芳、宋克勤：《管理学教程案例》，上海财经大学出版社2001年版）

二、案例分析

组织文化是处于一定社会经济文化背景下的组织在长期发展的过程中，逐步生成和发展起来的日趋稳定的独特的价值观，以及以此为核心而形成的行为规范、道德准则、群体意识、风俗习惯等。组织中不同背景和地位的人在描述组织文化时基本上用的是某种特定的语言和方式，比如，仪式、规章制度、习惯等。一般来说，一个组织的组织文化主要体现在整体意识、协作意识、沟通模式、纷争容忍度、对风险的态度、管理者与员工的关系、目标导向性等方面。案例中美国西南航空的组织文化具有以下几个特点：

（1）"员工第一"的价值观。在西南航空的组织文化中，其"员工第一"的信念在激发员工工作积极性中起着至关重要的作用。公司董事长赫伯·凯勒认为，公司努力强调对员工个人的认同，如将员工的名字雕刻在特别设计的波音737上，以表彰员工在美国西南航空公司中的突出贡献；将员工的突出业绩刊登在公司的杂志上；对员工的访问等。通过这些具体的做法，让员工认为公司以拥有他们为荣。不仅是泛泛地强调重视员工整体，更有对每个员工个人的关注。美国西南航空认为，公司所拥有的最大财富就是公司的员工和他们所创造的文化，人是管理中第一位的因素。

（2）合作精神。美国西南航空强调组织内部以及在员工、供应商和顾客间建立一种积极的信任关系。公司里无论是管理层还是员工在强调外部的顾客的同时都很注重内部顾客（内部顾客包括所有的员工和关键的利益者）。在共同工作的过程中合作精神渗透到了企业的各个角落，人们积极寻求改进工作关系的方法，从而提高经营成果。大家都相信：与其彼此竞争，不如做得最好。此外，公司还提出了一系列口号，诸如"了解他人的工作"，鼓励员工了解其他部门、员工的工作，建立共同工作、合作的意识。共同的合作促使公司的生产率不断提高，也提高了部门间的相互协调能力。

（3）让员工享受快乐，成为热爱和关心工作的"真正"的雇员。总裁用爱心管理公司、公司处处是欢乐和奖品、透明式的管理、领导是朋友又是亲人，员工随时可以见公司董事长。可以看出美国西南航空组织文化的特质。在员工培训中强调员工应该"承担责任、做主人翁"，"畅所欲言"，在组织文化中真正引导员工形成一种主人翁意识，让其认为公司的发展也就是个人的发展，促使员工愉快地投入到工作中去。

从美国西南航空公司 32 年的发展历程中可以看出，除了健全的规章制度和高效的管理团队外，组织文化建设对于公司不断提高自身竞争能力起到了极其重要的作用。美国西南航空公司能够在激烈的航空市场竞争中始终保持高昂的士气和领先的竞争地位，这在很大程度上得益于公司组织文化建设所带来的员工凝聚力。对于航空公司而言，现阶段最大的挑战是如何通过降低运营成本来提高自身的竞争能力，满足大众对航空运输服务不断增长的需求。在这一过程中，提高管理绩效，降低营运成本，提高自身竞争能力是现阶段航空公司的主要发展方向。在提高管理绩效的过程中，规章制度和管理团队建设起到了对员工的"硬约束"作用，而同样需要倚重的是组织文化建设所形成的"软约束"作用。两条腿走路，借助组织文化所形成的凝聚力和亲和力，引导员工沿着企业发展规划所确定的路径，按照规章制度的需求去达到组织的发展目标。

三、思考·讨论·训练

1. 美国西南航空公司的企业文化是什么？采用了哪些手段去贯彻？

2. 公司董事长赫伯·凯勒在创建西南航空公司的企业文化中起到了什么作用？

3. 哪些事实说明了西南航空公司的"爱心管理"是成功的？

4. 西南航空公司的企业文化应如何完善呢？

参 考 文 献

1. ［美］加里·约翰斯著，彭和平译：《组织行为学》，求实出版社 1989 年版。

2. 俞克纯：《激励、活力、凝聚力》，中国经济出版社 1988 年版。

3. 里德著，徐德任、曾剑秋译：《哈佛第一年：商学院的真实经历》，中国建材出版社 1998 年版。

4. 刘新哲：《哈佛学不到，海尔是课堂》,《青岛日报》1998 年 3 月 30 日。

5. 《社会心理学》编写组：《社会心理学》，南开大学出版社 1990 年版。

6. 王凤彬：《企业管理组织变革的理论与实践》，中国人民大学出版社 1994 年版。

7. 卢盛忠：《组织行为学》，浙江教育出版社 1998 年版。

8. ［美］S. P. 罗宾斯：《组织行为学》，中国人民大学出版社 1997 年版。

9. ［美］T. 荷尔瑞格等：《组织行为学》，东北财经大学出版社 1998 年版。

10. 石含英：《世界管理经典著作精选》，企业管理出版社 1995 年版。

11. 徐联仓：《组织行为学》，中央广播电视大学出版社 1993 年版。

12. 张玉利、程斌宏：《重新设计组织》，天津人民出版社 1997 年版。

13. 张金成：《再造工程》，天津人民出版社 1997 年版。

14. 斯蒂芬·P. 罗宾斯：《组织行为学》，中国人民大学出版社 1999 年版。

15. 孙彤：《组织行为学》，高等教育出版社 2000 年版。

16. 张德：《组织行为学》，清华大学出版社 2000 年版。

17. 李剑峰：《组织行为学》，中国人民大学出版社 2000 年版。

18. 约翰·W. 纽斯特罗姆：《组织行为学》，经济科学出版社 2000 年版。

19. 江超庸：《行政管理学案例教程》，中山大学出版社 2001 年版。

20. 徐雪梅：《公共管理案例》，中国商业出版社 2001 年版。

21. 张成福等：《公共管理学》，中国人民大学出版社 2001 年版。

22. 竺乾威、邱柏生、顾丽梅：《组织行为学》，复旦大学出版社 2002

年版。

23. 俞文钊：《管理心理学》上、下册，东方出版中心 2002 年版。

24. 苏东水：《管理心理学》，复旦大学出版社 2002 年版。

25. 崔运武：《公共事业管理概论》，高等教育出版社 2002 年版。

26. 陈荣富：《公共管理学前沿问题研究》，黑龙江人民出版社 2002 年版。

27. 弗雷德·鲁森斯：《组织行为学》，人民邮电出版社 2003 年版。

28. 陈潭等：《公共政策案例分析：基于理论的和实证的视角》，湖南师范大学出版社 2003 年版。

29. 谭仲池：《行政管理实践简论》，湖南大学出版社 2003 年版。

30. 张钢：《公共管理学引论》，浙江大学出版社 2003 年版。

31. 汪玉凯：《公共管理》，中央党校出版社 2003 年版。

32. 刘熙瑞：《公共管理中的决策与执行》，中央党校出版社 2003 年版。

33. 吴照云等：《管理学原理》，中国社会科学出版社 2008 年版。

34. 薛岩松：《公共管理案例解读与分析》，中国纺织出版社 2006 年版。

35. 李春青：《新编管理学原理》，黄河水利出版社 2004 年版。

36. 马春光：《管理学：全球化视角案例分析》，经济科学出版社 2006 年版。

37. 周三多、贾良定：《管理学（第二版）习题与案例》，高等教育出版社 2006 年版。

38. 袁勇志：《管理学原理》，苏州大学出版社 2002 年版。

39. 肖更生、刘安民：《管理学原理》，中国人民公安大学出版社 2002 年版。

40. 吴培良：《企业领导方法与艺术》，中国经济出版社 1997 年版。

41. 许庆瑞：《管理学》，高等教育出版社 1997 年版。

42. 杨文士等：《管理学原理》，中国财政经济出版社 1998 年版。

43. 余凯成：《管理案例学》，四川人民出版社 1987 年版。

44. 张丽华：《管理案例教学法》，大连理工大学出版社 2000 年版。

45. 梅子惠：《现代企业管理案例分析教程》，武汉理工大学出版社 2006 年版。